现代汉语疑问句研究

（增订本）

邵敬敏　著

2014年·北京

图书在版编目(CIP)数据

现代汉语疑问句研究/邵敬敏著.—增订本.—北京：商务印书馆,2014
ISBN 978-7-100-10744-0

Ⅰ.①现… Ⅱ.①邵… Ⅲ.①现代汉语—疑问(语法)—研究 Ⅳ.①H146.3

中国版本图书馆 CIP 数据核字(2014)第 217820 号

所有权利保留。
未经许可,不得以任何方式使用。

现代汉语疑问句研究
（增订本）

邵敬敏 著

商 务 印 书 馆 出 版
（北京王府井大街36号 邮政编码100710）
商 务 印 书 馆 发 行
北京瑞古冠中印刷厂印刷
ISBN 978-7-100-10744-0

2014 年 11 月第 1 版　　开本 880×1230　1/32
2014 年 11 月北京第 1 次印刷　　印张 16

定价：40.00 元

序

《现代汉语疑问句研究》是一部既带有总结性又带有开创性的专著，是敬敏同志多年研究疑问句成果的结集。其中大部分章节曾以论文形式发表，引起语言学界的广泛注意。由于特殊因缘，我在本书出版之前得到通读全书的机会。根据个人体会，我觉得这本书有许多值得称道的地方。

日常语言中陈述句占的比重最大，人对客观事物的认识也大多以陈述句的形式表现出来，因此，语法学研究大多以陈述句为主。其实疑问句在句法结构上有特殊形式，在思维和交际中也占有独特的地位。疑问句引起语法学家的关注，并成为近几年汉语语法研究讨论的焦点之一，是很自然的。疑问句研究将进一步开拓语法研究的领域，并且正像敬敏同志所讲，它将成为运用语法研究的三个平面的理论进行语法研究的突破口。把疑问句作为研究课题，这种选择本身就是值得称道的。

作者在本书中多次提到语法研究的三个平面问题，并在每个专题研究中都有意识地分别从句法、语义、语用三个平面进行讨论。目前倡导、阐释语法研究的三个平面的学者不少，但是像敬敏同志这样在现代汉语语法的一个较广的领域自始至终明确地运用三个平面理论进行研究的语法学者还不多见。尤为难能可贵的是作者对三者关系的处理。在每一章中都可见到，作者总是在语法形式结构的基础上进行语义分析，并联系语境进行语用功能的探讨。作者的着力点在语义和语用分析上，而分析研究的基础和归宿都是形式结构。即使对从语用平面划分出来的"回声问"和"设问"的"语用价值"的探讨，也坚持必须与形式标志相结合。这种既不把语法研究局限于静态的结构分析，又不脱离语法研究的核心的方法，无疑是一种正确的方法。

当代功能语法学家把语言放在人际关系中进行研究，同言语行为理论和话语分析方法一起开拓了语法研究的视野和领域，促进了语用学的发展。敬敏同志在本书中加以借鉴、吸收、融化，并同他的语法的三个平面及其相互关系的观点结合起来，使各种特殊疑问句的语用规律的分析更加具体，更加深入，也更有说服力。这种立足于汉语实际，吸收外来新知，以发掘汉语的语言规律的方向，是值得提倡的。

语法研究必须形式同意义相结合。但是一说到什么是形式，什么是意义，分歧就出现了。本书作者提出了自己的看法。他认为语义不是同语法和语用相平行的，而是贯串于二者之中。他在《叹词疑问句语义层面分析》一章中，把叹词疑问句中的叹词的"意义"分为词汇义、句类义、结构义和语用义等不同层次；并在《现代汉语正反问句研究》一章中提出要"放宽形式标志的理解"，"提倡多元的研究"。作者在书中实践了他的主张，探讨归纳了一些以"形式"为标志的语用规律。虽然这些研究还有待于进一步完善和补充，这种勇于创新、勇于探讨的精神是难能可贵的。

语法研究的一个主要方法是从言语材料来概括规律，即以一定语法理论为指导，通过语言事实的调查研究，找出言语交际的形式规律。这种研究是以事实为根据的，充分占有材料是成功研究的必要条件。敬敏同志本书所以能对特殊疑问句有关的一些结构和语气词，从句法、语义、语用诸方面提出新的规律或对已有的规律作出新的解释，就在于他能认真调查研究，充分占有材料，仔细观察分析，虽然不能说他的结论和论证都是颠扑不破的，但是的确使人感到有根有据，富于说服力。

《荀子·解蔽》有"凡人之患，蔽于一曲而暗于大理"的话，并且认为"凡万物异则莫不相为蔽，此心术之大患也"。用现在的话说就是，我们不但要看到事物的正面，而且也要看到事物的反面，要全面地看问题。做到这一点是不容易的。因此人们常常有所见同时就有所蔽。本书作者在本书的不少地方都有意识地从不同角度不同侧面考虑问题，提出一些比较通达的意见，这也是本书值得称道的一个方面。

我与敬敏同志相处较久，相知亦深。十数年来他勤奋耕耘，致力于现代汉语语法研究，在80年代成长起来的这一代语法学者中是成绩比较突出的一个。他的大部分著作都既注意理论又注意应用，本书在现代汉语教学上的实用价值也是十分明显的。因此我非常乐意把本书推荐给从事现代汉语语法研究和语法教学的同志们。

王维贤
1996年3月，杭州

自　序

　　现代汉语疑问句很能彰显汉语语法的特点，虽然是块"硬骨头"，可是肉头也厚，滋味也足，很有"啃头"，历来颇受大家青睐，一直是汉语语法研究的热点、重点和亮点。我运气好，当年看到苗头就毫不迟疑先下手为强，在1990年申报"现代汉语特殊疑问句研究"这一课题，并有幸获得了国家社科项目的资助。经过几年潜心研究，终于在1995年结题，由胡裕树、张斌、王维贤、范晓、濮侃几位教授进行评审，顺利通过，并在1996年由华东师范大学出版社出版了《现代汉语疑问句研究》一书。这也是迄今为止唯一的一本有关现代汉语疑问句全方位研究的专著。

　　全书一共分为十五章，其中十四章在各家杂志上先行发表了，可以问心无愧地说，每一篇都是认认真真地去做的，不敢有半点偷懒和取巧。如果做得不到位，那只能归结为自己的水平有限。记得那几年，我参加的一些学术会议，几乎都是拿疑问句的论文去"说事"，毅然成了汉语疑问句研究的"专业户"，把它作为实践"三个平面"语法研究理论的最佳试点。不过，那本书出版后，由于环境的转移，我的研究兴趣发生了变化。从1996年起，我开始到香港发展，先是到香港城市大学跟徐烈炯先生合作，撰写《上海方言语法研究》一书，其中自然也涉及上海方言的疑问句，例如"阿V"疑问句，但是那毕竟不是专门的疑问句研究，只能算是"顺手牵羊"。一直到2002年，我从华东师范大学南下调入著名侨校暨南大学，这才重新点燃了我对疑问句研究的热情。这次研究的角度变了，对象不是现代汉语普通话的疑问句，而是关注汉语方言的疑问范畴，并且再次有幸申报到了国家社科项目"汉语方言疑问范畴比较研究"，并邀请了周娟、彭小川、甘于恩、邵宜以及曾毅平加盟。我除了整体设计和通稿之外，主要负责上海方言的疑问句研究。也正因为如此，由于比较研究的需要，我对普通话的疑问句研究也进行了重新思考，对原先的一些老大难问题重新进行了分析，比如由"是"构成的三种附加问、"是非问句"内部类型的特点和疑惑的细化、语气词"啊"的性质和作用，等等。

这就促使我萌发了对旧著《现代汉语疑问句研究》进行增订的念头。这次增订，第一，打破原先书稿的旧框架，重新编排，除了"导论"，按照"疑问句的结构类型""疑问句的功能类型""疑问句专题研究"以及"汉语方言疑问句研究"这四大板块组合。第二，原先的章节全部保留，即使有些观点发生了变化，我们也尽量保留历史原貌，同时增加新撰写的12个章节，分别插入四大板块。其中第四章是全新的，现在除了导论，分为4章25节。

可见，有关疑问句的研究，我前后经历了二十年之久，在整个研究过程中，我的研究思想有了几次重大变化。

第一，开始时的重心是放在"特殊疑问句研究"，其实就是功能类型，比如回声问、附加问、反诘问等等，但是随着研究的深入，我们不能不关注疑问句的常规结构类型，因为那是使用频率最高，也是最最重要的。

  第二，当时我们深受三个平面语法研究理论的影响，把疑问句看作是运用这一理论进行全面结合研究的最好试验田，但是在研究进程中，我们的视野开始发生变化，主要是开始关注汉语方言疑问范畴，此外也开始注意疑问句的历史发展。换言之，向横向、纵向发展了。

  第三，对一些有争议的问题，进行了比较大胆的探索与思考，提出了一些新的想法，比如关于语气词"呢"的作用，关于"是不是"问句的肯定性倾向，关于"啊"是不是疑问语气词，关于语调是非问的功能特点等等。

  有许多套话，当时似乎很流行，时过境迁，也就渐渐淡出了。但是有一句话，我觉得还是比较有意思的，那就是："与时俱进"。时代在前进，我们的语法研究也要发展、变化，不能老是那么几招。所以，我在30年的语法研究中，总是在思索，总是在寻找新的语料、新的热点、新的思路、新的角度、新的方法，希望能够突破自我，超越自己，不断地产生疑惑，不断地提出询问，也不断地寻找答案。疑惑—询问—回答—再思索—再前进。

  在长达几十年的研究过程中，开始时我就得到我的恩师王维贤教授的指点，几乎所有的论文都在各种学术会议上宣读过，在国内各家杂志发表过，许许多多的朋友、责编、审稿专家提出了很好的意见与建议，使我受益无穷。我还在跟我的硕士生和博士生的讨论辩驳中获得众多的启迪，尤其是跟朱彦、周娟以及王鹏翔合作撰写了有关疑问句的论文，在此一并感谢。

  学习无止境，研究也无止境。现代汉语疑问句的研究还刚刚启程，还有许多问题需要我们去探索，去总结。拙稿只是一片报春的绿叶，一声破晓的鸡鸣。希望有更多的年轻朋友来关注这一课题，形成新的冲击波，攀上新的高峰。

邵敬敏

2013年2月10日春节

广州暨南大学明湖苑乐思斋

目 录

导论　现代汉语疑问句研究概述 …………………………………… 1
第一章　疑问句结构类型研究 ……………………………………… 25
　第一节　是非问内部类型的比较以及"疑惑"的细化 ……… 25
　第二节　"吧"字疑问句及其相关句式比较研究 …………… 43
　第三节　论语气词"啊"在疑问句中的作用暨方法论的反思
　　　　　………………………………………………………… 63
　第四节　语气词"呢"在疑问句中的作用 …………………… 79
　第五节　"非疑问形式＋呢"疑问句研究 …………………… 92
　第六节　"怎么"疑问句的语法意义及功能类型 …………… 111
　第七节　现代汉语选择问研究 ………………………………… 130
　第八节　现代汉语正反问研究 ………………………………… 151

第二章　疑问句功能类型研究 ……………………………………… 171
　第一节　"回声问"的形式特点和语用特征分析 …………… 171
　第二节　"X 不 X"附加问研究 ……………………………… 191
　第三节　由"是"构成的三种附加问比较研究 ……………… 204
　第四节　反问句的类型与语用意义分析 ……………………… 221

ix

第五节　设问句的类型与问答框架的语义关系 ········· 248

第三章　疑问句专题研究 ····························· 259
　　第一节　"是不是 VP"问句的肯定性倾向及其类型学意义
　　　　　　································· 259
　　第二节　疑问句的结构类型与反问句的转化关系研究 ········ 287
　　第三节　叹词疑问句语义层面分析 ····················· 304
　　第四节　疑问句群语义关系分析 ······················· 325
　　第五节　间接问句及其相关句类比较 ···················· 336
　　第六节　"什么"非疑问用法研究 ······················ 352

第四章　汉语方言疑问句研究 ·························· 373
　　第一节　汉语方言正反问的类型学比较 ·················· 373
　　第二节　陕北方言的正反是非问句 ····················· 400
　　第三节　吴方言（上海话）疑问句研究 ·················· 420
　　第四节　"阿 V"及其相关疑问句式比较研究 ·············· 443
　　第五节　上海方言话题疑问句与命题疑问句比较 ············ 469
　　第六节　上海方言疑问句近百年的历史演变及其特点 ········ 482

附：部分引例用书 ································· 496
第一版后记 ····································· 498
增订本后记 ····································· 500

导论　现代汉语疑问句研究概述[*]

汉语的疑问句，是按句子语气分出来的类。它有自身结构上特有的标记、语义上特别的内涵以及语用上特殊的功能，因而是运用三个平面理论进行综合研究的一个极好的课题。

一、句子语气类型研究历史简况

（一）早期的语气词研究

早期的语法学家们对句子的语气的分类有两个角度：

1. 以助词为纲来分析句子语气。《马氏文通》把句子按助字所传之语气分为两大类：传信、传疑。"传信"相当于陈述句（判断句），"传疑"则分为三种："一则有疑而用以设问者"，如："或曰：'管仲俭乎？'""一则无疑而用以拟议者"，如："子曰：'学而时习之，不亦乐乎？'""一则不疑而用以咏叹者"，如："一则谓甚，其可再乎？"前者相当于一般疑问句，中者相当于反问句，后者相当于感叹句。黎锦

---

[*] 见《语法研究入门》，马庆株编，商务印书馆1999年版。

熙《新著国语文法》继承了马氏的观点，仍以助词为纲，把句类放在"语气—助词纲目"中去论述，他把句类分为五种：决定句、商榷句、疑问句、惊叹句和祈使句。其中祈使句分别归属决定句和商榷句。疑问句又分为"表然否的疑问句""助抉择或寻求疑问"和"无疑而反诘语气"三种。

2. 以句子的语气为纲，辅之以助词以及其他手段。这就摆脱了以助字为纲的束缚，从整个句子的表达作用入手。这一研究最早当推章士钊的《中等国文典》（商务印书馆1907），他第一次把句子分为陈述句、疑问句、命令句和感叹句四类。这样的四分法，基本上沿袭至今。赵元任《北京苏州常州语助词的研究》（《清华学报》1926，3卷2期）则认为，除了语助词之外还有五种表口气的方法，即：（1）用实词，（2）用副词或连词，（3）用语法上词式的变化（inflection），（4）单呼词（interjection），（5）用语调变化。可见，赵氏的"口气"范围或内涵要比黎氏的"语气"宽泛得多。

何容《中国文法论》（独立出版社1942）中专门讨论了"助词、语气与句类"。何氏指出，马建忠对语气的认识是相当含糊的，马氏认为在印欧语里"凡一切动字之尾音，则随语气而为之改变"。"惟其动字之有变，故无助字一门"。因而说，"助字者，华文所独，所以济浮动字不变之穷。"可见马氏的语气似乎包括印欧语中各种 mood（语气）以及不同的 tense（时态）。何氏对黎锦熙以动词为纲讨论语气的做法提出质疑，指出"助词只是帮助表示语气的""事实上没有助词的语句也一样可以有语气"。这一点是相当有见识的。这里何氏第一次明确提出句子按语气分类应称为"句类"。

（二）语气系统的建立

20世纪40年代以王力、吕叔湘、高名凯的三部语法著作对语气的探讨为代表。

1. 王力《中国现代语法》认为：（1）凡语言对于各种情绪的表示方式，叫作语气；（2）语气有时是由语调表示的，但是语调表示的情绪毕竟有限，所以还有一些虚词帮助语调表示各种语气；（3）大体上按语气词为纲，把语气词分为十二类，并一一指出各类语气用什么样的语气词，从而第一次建立了一个语气系统。

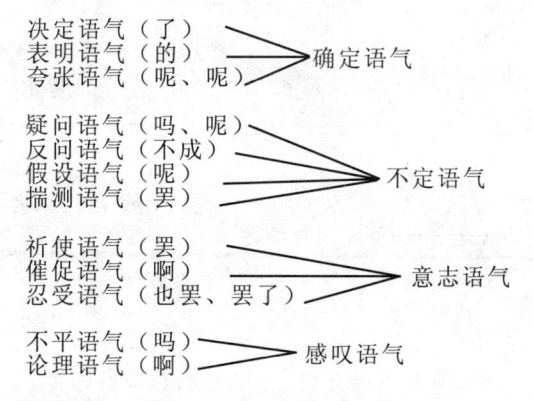

```
决定语气（了）
表明语气（的）      ⟶ 确定语气
夸张语气（呢、呢）

疑问语气（吗、呢）
反问语气（不成）
假设语气（呢）      ⟶ 不定语气
揣测语气（罢）

祈使语气（罢）
催促语气（啊）      ⟶ 意志语气
忍受语气（也罢、罢了）

不平语气（吗）      ⟶ 感叹语气
论理语气（啊）
```

此外又按语气末品（副词）分列七种语气：诧异语气（只、竟）、不满语气（倒、却、可、敢）、顿挫语气（也、还、到底）、重视语气（又、弄、简直、就）、辩驳语气（才）、慷慨语气（索性）、反诘语气（岂、难道）。王氏从以语气词为纲改为以语气为纲，这是个进步。

2. 吕叔湘《中国文法要略》对语气的分析尤为详尽。（1）把语气分为狭义和广义两种：狭义的"语气"指"概念内容相同的语句，因使用目的不同所生的分别"。广义的"语气"除了包括狭义的语气以外，还包括"语意"和"语势"两种。"语意"指正和反、定和不定、虚和实的区别。"语势"指说话的轻或重、缓或急。"语气""语意""语势"这三者说法不尽相同：语意以加用限制词为主，语势以语调为主，而语气则兼用语调与语气词，但三者关系密切，从而构成一个较为完整的语气系统。

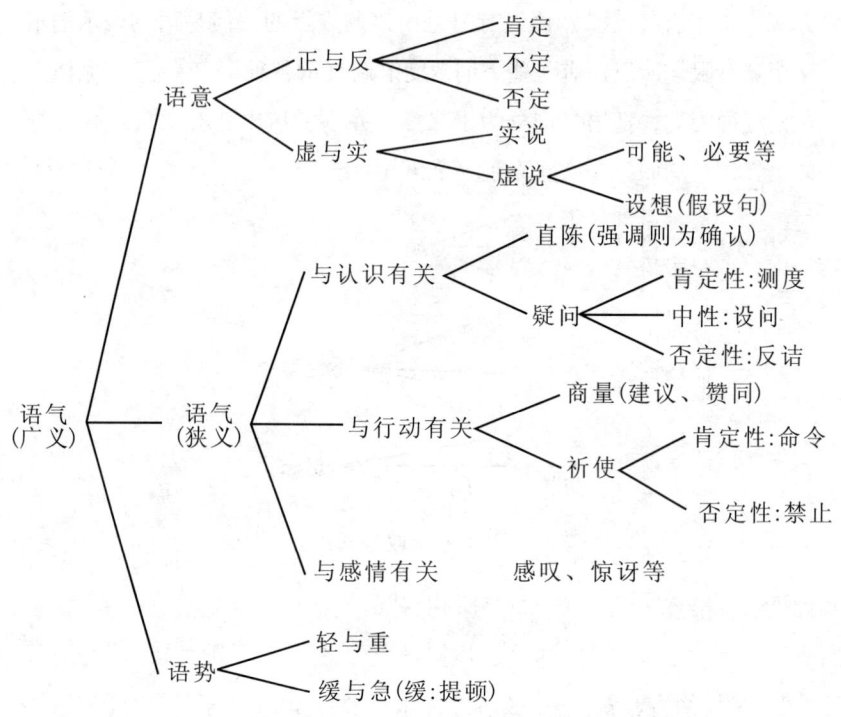

```
                            ┌─ 肯定
                    ┌ 正与反 ┼─ 不定
                    │       └─ 否定
            ┌ 语意 ─┤
            │       │       ┌─ 实说
            │       └ 虚与实 ┤       ┌─ 可能、必要等
            │               └─ 虚说 ─┤
            │                       └─ 设想(假设句)
            │                   ┌─ 直陈(强调则为确认)
            │                   │       ┌─ 肯定性:测度
            │       ┌ 与认识有关 ┤       │
            │       │           └─ 疑问 ┼─ 中性:设问
            │       │                   └─ 否定性:反诘
语气 ─ 语气 ─┤       │                   ┌─ 商量(建议、赞同)
(广义) (狭义)│       │                   │       ┌─ 肯定性:命令
            │       ├ 与行动有关 ────────┼─ 祈使 ┤
            │       │                           └─ 否定性:禁止
            │       └ 与感情有关 ── 感叹、惊讶等
            │
            │       ┌─ 轻与重
            └ 语势 ─┤
                    └─ 缓与急(缓:提顿)
```

（2）指出语气的表达，"语调是必需的，语气词则可有可无，尤其是在直陈语气"。语气词和语气不是一一相配的，这里的情况相当复杂。
（3）在语气分析时，介绍运用比较法。因而分析特别细致而准确。例如同样表示确定的"的"和"呢"，"的"字是说事实确凿、毫无疑问，偏于表自信之坚；"呢"字是说事实显然、一望而知，偏于叫别人信服。这些为后人研究"语气"开创了一个范例。(4)对狭义"语气"讨论得特别深入,尤其是对"疑问"的语气分析得特别精粹,指出"疑"和"问"的范围不完全一致。有传疑而不发问的句子,也有不疑而故问的句子,只有询问句是疑而且问的句子,因此,询问、反诘、测度,总称为疑问句。并对疑问句从结构、特点、作用等方面作了详细的分析。

3. 高名凯《汉语语法论》尖锐地批评了以往的句类研究,认为不能只是把语气放在词类范畴中来分析。他认为,相同的语言材料,不同的说法,这些都可能形成不同的句型。"这些句子所用的词语和平面的造句法所用的完全一样,只是加些成分,或变更方式,而用另一种'型'来说而已。"因此,就"平面的直陈型"相比较而存在的就有另外五种句型,从而建立了他的句型系统:(1)否定命题(包括确定命题);(2)询问命题;(3)疑惑命题;(4)命令命题;(5)感叹命题。高氏的句型系统有以下特点:(1)强调结合语气因素分析,如感叹命题有语调的急缓、高低、粗柔等分别;(2)注意到语音之外的因素,如"说话人的环境""说话者的心理状态"等,在当时能认清这一点是相当可贵的;(3)区分了"询问命题"和"疑惑命题"。

王力、吕叔湘、高名凯三人关于语气的研究各有侧重,各有特色。王氏对语气的分类最为细致,吕氏对理论的探索最为深入,高氏对语气句型的认识最全面。

(三)疑问句的研究

20世纪50年代中学教学语法的"暂拟系统"把句子按语气分为"直陈句、疑问句、祈使句、感叹句"四种。黄伯荣为此专门编写了《陈述句 疑问句 祈使句 感叹句》(新知识出版社1957),他认为,影响句子语气或用途的分类的主要有四种因素：（1）语调；（2）语气助词；（3）语序；（4）说话人的态度表情。其中"语调起着很重要的作用"。

但是当时语法学界的注意力集中在词类、句法结构形式的描写上，因而对句类研究注意不够，这种状况一直到20世纪80年代才有所改变。首先是疑问句研究形成了一个高潮。陆俭明《由"非疑问句形式+呢"造成的疑问句》（《中国语文》1982，6）和《关于现代汉语里的疑问语气词》（《中国语文》1984，5）以及范继淹《是非问句的句法形式》（《中国语文》1982，4）形成了第一次冲击波，标志着有关句类的研究开始从宏观的分类转入微观的分析。林裕文的《谈疑问句》（《中国语文》1985，2）以及吕叔湘《疑问·肯定·否定》（《中国语文》1985，4）形成第二次冲击波。这些文章偏重于理论上的探讨。由朱德熙《汉语方言里的两种反复问》（《中国语文》1985，1）及其引发的若干篇讨论方言中两种反复问句的一批文章，形成了第三次冲击波。

近年来这一研究又有了新的发展，疑问句研究的代表作是邵敬敏的《现代汉语疑问句研究》（华东师范大学出版社1996），这是迄今为止对疑问句研究最全面的专著。有关论文主要有两类：第一，总论及其专题研究，例如徐杰《疑问范畴与疑问句式》（《世界汉语教学》2000，4）、胡孝斌《反问句的话语制约因素》（《世界汉语教学》1999，1）、沈韶蓓《选择疑问句的认知研究》（《西南交通大学学报》2006，4）、柴同文《是非疑问句的典型研究》（《北京第二外国语大学学报》2007，4）；第二，古代汉语、近代汉语的专书疑问句研究，例如祝敏彻《〈国语〉〈战国策〉中的疑问句》（《湖北大学学报》1999，

1)、傅惠钧《〈儿女英雄传〉选择问句研究》（《北京大学学报》2000，1)、曹小云《〈论衡〉疑问句式研究》（《安徽师范大学学报》2000，2)、李焱《〈醒世姻缘传〉正反问句研究》（《古汉语研究》2003，3）等。

在此同时，台湾等地的学者对疑问句也作了大量的研究。他们研究的特点是采用了一些新的理论方法，如乔姆斯基（Chomsky）的生成语法理论，例如汤廷池《汉语疑问句的研究》(《台湾师大学报》1981，26期）及《汉语疑问句综述》(《台湾师大学报》1984，29期）等。

二、疑问句的分类

（一）疑问句的六大分类系统

疑问句从不同角度、按不同标准进行分类，会得出不同的结果。分类的角度大致有六种情况：

1. 根据疑问句内部小类的派生关系来分类，可称为"派生系统"，这以吕叔湘《疑问·否定·肯定》为代表。他认为特指问与是非问是两种基本类型，而正反问与选择问是从是非问中派生出来的，因为它们是由"两句是非问合并而成的"。即：

你去？你不去？→你去不去？　　　你去？我去？→你去还是我去？

疑问句派生系统的内部关系应为：

```
           ┌ 甲 特指问
疑问句 ─┤              ┌ 丙 正反问
           └ 乙 是非问 ─┤
                        └ 丁 选择问
```

2. 根据疑问句与陈述句之间的转换关系，可称为"转换系统"。这以朱德熙《语法讲义》为代表，他认为：（1）"只要把相应的陈述句的语调变换成疑问语调，就成了是非问句"；（2）"在相应的陈述句里代入疑问词语、加上疑问语调，就变成了特指问"；（3）"把陈述句的谓语部分换成并列的几项，再加上疑问语调，就变成了选择问"。总之，可以把这三类问句都看成是由陈述句转换来的句式。疑问句的转换系统内部关系如下：

$$\text{陈述句} \longrightarrow \text{疑问句} \begin{cases} \text{是非问} \\ \text{特指问} \\ \text{选择问（反复问）} \end{cases}$$

3. 根据疑问句的结构形式特点来分类的，可称为"形式系统"。这以林裕文、陆俭明为代表。林氏认为疑问句在形式上的特点有四点：（1）疑问代词；（2）"是 A 还是 B"选择形式；（3）"X 不 X"的正反并立形式；（4）语气词与句调。因此疑问句内部的对立应建立在这四项形式对立上。陆氏《由"非疑问形式＋呢"造成的疑问句》（《中国语文》1982，6）在具体比较了疑问句各种类型后认为，特指问和选择问有两项重要的共同点跟是非问形成对立：（1）前两种疑问句都是由疑问形式的语言成分构成的，而是非问句则是由非疑问形式的语言成分构成的； （2）前两种疑问句末尾都能带语气词"呢"，不能带"吗"，而是非问正好相反。疑问句形式系统的内部分类如下：

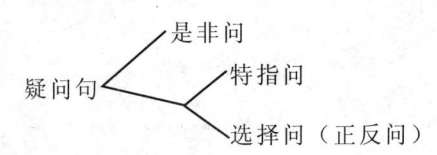

$$\text{疑问句} \begin{cases} \text{是非问} \\ \text{特指问} \\ \text{选择问（正反问）} \end{cases}$$

4. 根据语句的交际功能,即说话的意图,可称为"功能系统"。这以范继淹《是非问句的句法形式》为代表。他认为:除特指问句外,其他的疑问句都是一种选择关系,因此是非问句是选择问句的一种特殊形式。他的出发点是语义理解,对人工智能、信息处理和机器翻译等更具有实用价值。疑问句功能系统的内部关系如下:

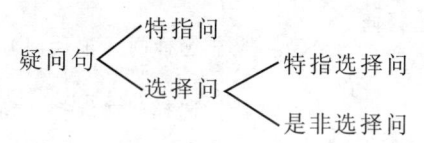

```
           ┌─ 特指问
疑问句 ─┤              ┌─ 特指选择问
           └─ 选择问 ─┤
                         └─ 是非选择问
```

5. 根据对疑问项的选择,可称为"选择系统"。这以邵敬敏《现代汉语疑问句研究》为代表,他把所有的疑问句都看成是一种选择。作为选择,可以有两种:一种是是非选择,一种是特指选择。二者的根本区别在于回答时,前者为肯定或否定,后者为针对性回答。是非选择,即在正反两方面进行选择。黄国营《"吗"字用法研究》(《语言研究》1986,2)认为"'吗'字就是从正反问句末表示'反'('否定'的那部分)虚化而来的",即现代汉语的是非问句是由正反问句发展而来的,语气词"吗"是由否定副词"不"虚化而来的。这种发展变化的轨迹可以简单描述为:

你去不去? → 你去不? → 你去吗?

因此从历史演变的角度看,也可以把是非问看作是是非选择问的一种特殊形式。但从共时来看,是非问的形式更为简便,是一种常规形式,而正反问是一种补充形式。特指选择,例如"你去还是他去?",实际上同"谁去?"基本同义,这主要可以从三方面得到证明:(1)从回答看,特指问和选择问都是从中选一项作针对性回答;(2)特指问和选择问的外延都是开放性的;(3)选择问的范围总是确定的,而特指问由于受上下文及语境的制约，其范围也完全可能是确定的，例如："你们两位，谁去？"

综上所述，新的疑问句系统可称为"选择系统"，其内部小类关系如下：

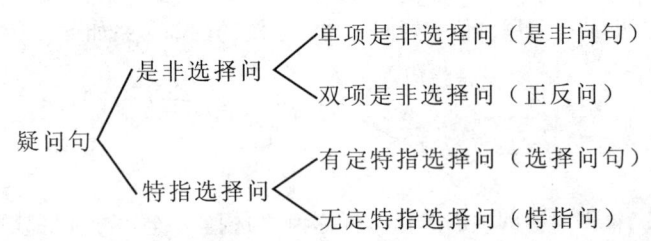

```
                  ┌─ 单项是非选择问（是非问句）
         ┌ 是非选择问 ┤
         │        └─ 双项是非选择问（正反问）
   疑问句 ┤
         │        ┌─ 有定特指选择问（选择问句）
         └ 特指选择问 ┤
                  └─ 无定特指选择问（特指问）
```

6. 根据历史和方言的特点，可成为"泛时系统"。这可以袁毓林《正反问句及相关的类型学参考》为代表，他提出建立一个兼顾历史和方言的汉语疑问系统，并认为是非问至少可以分为两类：A. 靠语调构成的；B. 靠语气词"吗"构成的。从历时观点看，B 类归入反复问较好，并且提出一个泛时性疑问句层级系统：

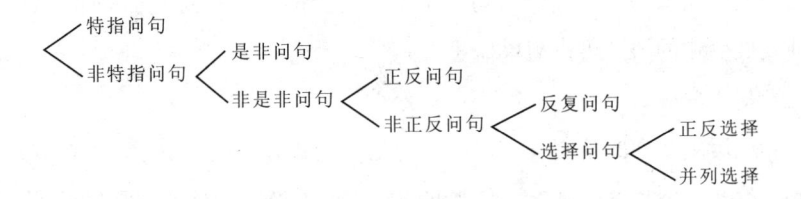

```
      ┌ 特指问句
      │             ┌ 是非问句
      └ 非特指问句 ┤           ┌ 正反问句           ┌ 反复问句        ┌ 正反选择
                  └ 非是非问句 ┤                   │               │
                              └ 非正反问句         └ 选择问句 ┤
                                                              └ 并列选择
```

疑问句分类的多样化与精密化反映了语法研究的深入。这些研究的结论虽不尽相同，但有几点共识是相当重要的：

（1）疑问句内部分类的不同，反映了人们对事物之间联系的多角度认识，也反映了各种疑问句之间存在着多维的交叉性的联系。

(2) 疑问句内部的小类分布具有层次性，不同的小类在疑问句系统中的地位不是平等的。

(3) 除朱氏三分之外，另外三家都是两分，实际上反映了这样的对立关系：吕氏是特指问与非特指问的对立；林氏和陆氏是是非问与非是非问的对立；范氏是选择问与非选择问的对立。

(二) 疑问语气词的研究

疑问语气词，早期也称为传疑助词。《马氏文通》以来不少人以它为纲来研究疑问句。这些研究有两点不足：第一，局限于书面语的研究，把语调与语气词两者的作用混为一谈，缺乏准确性；第二，对语气词的作用与意义的分析，仅凭语感，缺少验证与比较，缺乏科学性。近年来这方面的研究有所突破，首先是胡明扬《北京话的语气助词和叹词》(《中国语文》1981，5—6) 颇多建树，该文特别重视口语，因而能分辨同一语气词在口语中的不同变体及其表示的不同意义；特别注意到把语调所表示的意义和语气词表示的意义区分开，重视语气词本身所具有的基本语义，因此发现了不少以前鲜为人知的特点和规律。例如指出"用'呢'和不用'呢'的区别在于用'呢'是提醒对方"。该文富有启发性，但缺少理论上的分析和形式上的证明。在这方面研究卓有成效的还有陆俭明《关于现代汉语里的疑问语气》，他认为要判断疑问句末尾的语气词是否是疑问语气词，必须"要看它是否真正负载疑问信息，这一点又必须能在形式上验证，验证的办法是比较"。陆氏对一般认为是疑问语气词的"吗、呢、吧、啊"逐个进行了分析，结论是：(1) 是非问句的疑问信息主要由"升调"与"吗"分别承担，因此"吗"是疑问语气词。(2) 一般特指问句与选择问句的疑问信息由疑问词或疑问结构承担，句尾的升调或"呢"只是一种羡余信息；但在："丁四呢？""我不要钱呢？"这种特指问和选择问的简略形式中，如果没有"呢"，只能理解为是非问句，所以这里的"呢"也是个负载疑问信息的疑问语气词。(3)"吧"是个表示"信疑之间语气"的语气词。(4)"啊"不负载任何疑问信息。最后的结论是：现代汉语中的疑问语气词有两个半："吗""呢"和半个"吧"。该文主要用比较来论证，在方法论上具有一定的意义。

关于疑问语气词，争论最大的是"呢"及由非疑问形式带"呢"构成的问句。邵敬敏《语气词"呢"在疑问句中的作用》(《中国语文》1989，3)用大量语言事实证明，即使在"非疑问形式+呢"这类特殊疑问句中，"呢"事实上也不承担疑问信息。疑问句的性质不是由语气词"吗"或"呢"决定的，而是由疑问句的性质决定选择什么语气词。因此"呢"只是非是非问的一种形式标志，有无这个形式标志并不影响疑问句的性质。"呢"的基本作用是表示"提醒"，在非是非问句中表示"提醒"兼"深究"，在非是非问的简略式中还兼起"话题"标志的作用。史金生《语气词"呢"在疑问句中的功能》(《面临新世纪挑战的汉语语法研究》山东教育出版社2000)则提出不同的看法，该文对"呢"在三种环境中使用的情况进行了考察，认为"呢"的基本语义功能是表疑惑；在不同的语境中还有以疑为问、追问等附加功能；在语法上有成句作用；在语篇上有预示功能、连接功能和转移话题功能。

三、疑问点与答问的研究

疑问点即疑问句的信息焦点，最早是由吕叔湘在《中国文法要略》中提出来的，他认为在是非问中"我们的疑问点不是在这件事情的哪一部分，而是在这整个事件的正确性"，特指问句中，"用疑问指称词来指称疑问所在"。后来在《疑问·否定·肯定》中对疑问点的理论又有所发展，主要是指出是非问句的疑问点的变化："是非问句一般是对整个命题的疑问，但有时也会集中在某一点，形成一个焦点，这个焦点在说话时可以用对比重音来表示"，"无论说和写，也都可以用'是'字来表示"。

林裕文《谈疑问句》对吕氏的这一思想作了进一步的发展，该文指出：（1）疑问句的疑问点与表疑问的词语和特殊格式及答问都是相联系的。（2）在特指问中，疑问点也就是疑问代词，因此一个疑问句可同时有几个疑问点，如："这是谁给谁买的药？"（3）选择问中（A还是B），疑问点往往是由A或B中不同的成分来表示，如"你吃饭还是吃面？"疑问点是"饭"还是"面"，这只是一个疑问点。（4）正反问（X不X）中，"X不X"既负载疑问信息，也是疑问点。（5）是非问句"是对整个句子的肯定或否定，这就无所谓疑问点了"，如果要突出疑问点，可以用句中重音来表示。林文对疑问点的分析更为细致，但关于一般是非问句没有疑问点的看法，实际上是与吕氏的观点相悖的。

跟疑问点密切相关的是"答语"。吕氏指出"回答问话，一般不用全句，只要针对疑问点，用一个词或短语就够了"。答语主要是显示听话人心目中的疑问点，它可以跟问话人心目中的疑问点相一致，也可以不一致，因此疑问点还要区分是问话人表达的疑问点还是听话人理解的疑问点。例如：甲问："谁去北京？"乙答："北京？"甲问句的疑问点显然是"谁？"，而乙答句显示的疑问点却是"北京"。

关于答句的研究还刚刚起步。吕明臣《汉语答句的意义》(《语法求索》华中师大出版社1989)从语用角度作了初步的有意义的探索。该文着重分析了"答非所问"的句子,指出:(1)疑问句中必须有疑问点,没有疑问点就无所谓疑问句,这是疑问句的本质。(2)发问前必须遵守:a.答话人愿遵守合作原则,b.回答人有能力回答问题,c.回答除了明确指向疑问点外,还有一些答句是指向发问前提的,如:"昨天你和谁在一起?""你没有必要知道。"(不愿遵守合作原则)或"妈妈她为什么生气?""我也不清楚。"(没能力回答问题)。据此,归纳出答句的几种意义类型:1.完成型意义的答句:A.超标准完成型,B.弱标准完成型;2.非完成型意义的答句:A.取消意义,B.无力意义;C.回避意义。萧国政《现代汉语非特指问简答式的基本类型》(《语法研究和语法应用》北京语言学院出版社1994)讨论了非特指问(是非问、选择问、反复问)简答式及其类型。认为从形式构成来看,这类简答式可分为"选词简答式"(从问句中选取词语构成的答式)和"派词简答式"(另取词语构成的答式)。从简答式的形式与所传信息的对应关系看,可分为基础式和复合式(是基础单质简答式的增字扩展式)。周小兵《特指问的否定应答》(《汉语学习》1996,6)联系言语交际中预设、语境等语用因素对特指问的否定回答所包含的特定含义作了分析。比较集中研究答句的是朱晓亚的《现代汉语问答系统研究》(《现代汉语句模研究》北京大学出版社2001),她建立了问答系统的基本结构模式,分为:毗邻式、交叉式、环扣式、嵌入式。尤为重要的是还建立了答句的语义系统框架。

四、疑问程度的研究

吕叔湘在《中国文法要略》中指出："疑问语气是一个总名，'疑'和'问'的范围不完全一致。一方面有传疑而不发问的句子，例如'也许会下雨吧'，可以用问句语调，也可以不用问句语调；另一方面也有不疑而故问的句子，例如'这还用说?'等于说'这不用说'。前者是测度，后者是反诘；测度句介乎疑信之间，反诘句有疑问之形无疑问之实。只有询问句是疑且问。""询问、反诘、测度，总称为疑问语气。"这实际上是按疑问程度把疑问句分为三类。赵元任《汉语口语语法》对此也有所论述："吗"字是非问句"对于肯定的答案抱有或多或少的怀疑，也就是可能性在50%以下"，"V—不—V的问话是不偏于哪一边的"。这些见解虽不是很系统，但却很有见地。

疑问程度涉及多种因素：疑问句的内部类型、语气词与语气副词、句调以及上下文和语境等。其中疑问句的类型是最基本的。徐杰、张林林《疑问程度和疑问句式》(《江西师大学报》1985，2)把疑问程度予以量化，分为100%、80%、60%、40%四级，主要考察疑问句类型与疑问程度的关系，结论有两条：(1)疑问程度越低，其表达形式越灵活，可选用的疑问句式越多；疑问程度越高，其表达形式受到的限制就越多，可选用的疑问句式就越少。(2)高程度疑问的典型句式适应的范围最广泛，而低程度疑问的典型句式适应的范围较窄。该文做了有益的尝试，但疑问程度参数的确定带有较大的随意性，句式和疑问程度的照应也缺少必要的证明，而且在分析时采用的方法也不够一致，这就必然会影响到结论的准确性。黄国营《"吗"字句用法初探》(《语言研究》1986,2)则根据前文或语境把疑问程度定为五级：

SQ 0	真的概率为 0	无疑而问
SQ 1/4	真的概率为 1/4	表示怀疑和猜测
SQ 1/2	真的概率为 1/2	真正疑问句
SQ l/4	真的概率为 3/4	表示怀疑和猜测
SQ 1	真的概率为 1	无疑而问

这实际上是把吕氏按疑问程度所分的三类情况具体化而已。由于疑问句疑问程度实际上要涉及多种因素，因此这一分析还显得比较粗疏。此后李宇明、唐志东《汉族儿童问句系统习得探索》（华中师大出版社1992），把疑问句分为高疑问句、低疑问句和无疑问句三种，其思路实质上也是一样的。

我们认为：信与疑是两种互为消长的因素，信增一分，疑就减一分；反之，疑增一分，信就减一分。因此，当信为1时，疑为0；信为3/4时，疑为1/4；信为1/2时，疑为1/2；信为1/4时，疑为3/4；信为0时，疑为1。对疑问程度起决定性作用的是疑问句类型，其次是疑问句语气词。正反问由于提出肯定、否定两项，因此可能与不可能各占一半，疑惑程度居中，即信、疑各为1/2，特指问对所询问对象完全不知，疑惑程度最强，即信0而疑1；反诘问虽采用疑问形式，但问话人心中已有明确的看法，答案就在问句中，没什么疑惑，即信1疑0。至于"吗"字是非问则为信1/4而疑3/4，"吧"字是非疑问句为信3/4而疑1/4。除疑问句类型以外，句中的某些副词、助动词以及上下文语境都会对疑问程度有所影响，但这种影响是有一定限制的，即不可能超越某一种界限，否则就要变为另一种疑问句类型了。换句话说，其他因素只能起到"微调"的作用。

五、疑问句的功能研究

近些年来，一个新动向是运用功能语法来研究疑问句的功能，主要涉及疑问句的疑问域、疑问信息、疑问标记、疑问功能的衰变和迁移等。张伯江《疑问句功能琐议》（《中国语文》1997，2）运用共时语法化的观点来辨析疑问句中的几个主要问题。他认为疑问句的疑问域有大有小，主要有三种：点、部分和整体。疑问域为一个点，就是特指问所反映的事实；疑问域为一个包含析取关系的集合，就是选择问所反映的事实；疑问域为整个命题，就是广义是非问所反映的事实。据此可分为：A. 特指问句，B. 选择问句，C. 是非问句。疑问域的不同反映了期待信息量的不同。因此在话语中表现出强度不等的倾向性功能：疑问域小的问句所需要的信息量小，往往标志着一个话轮的结束；疑问域大的问句所需要的信息量大，常常标志着一个新的话轮的诱导，即广义的是非问句常常在话轮转换中发挥积极的作用。他把各类疑问句的功能描述如下：

疑问域：A 一个点 < B 一个区域 < C 一个命题

转轮作用：A 较弱 < B 中性 < C 较强

李宇明《疑问句的复用及标记功能的衰退》（《中国语文》1997，2）认为：仅用一个疑问标记来传递一个问元的疑问信息，称为疑问标记的独用；用两个或三个疑问标记共同传递一个问元的疑问信息，称为疑问标记的复用。疑问标记的复用会带来疑问信息的羡余，但是疑问标记并不羡余。在某些特殊的条件下，句中出现了疑问标记，但它并不负载疑问信息，或不能很好地负载起它所应负载的疑问信息，称

17

为疑问功能衰变。徐盛恒《疑问句探询功能的迁移》（《中国语文》1999，1）认为：如果疑问句的形式表达陈述性内容或指令性内容，这就是疑问句功能的迁移。疑问句的功能是"全疑而问—半疑（猜测）而问—无疑而问"，与之相应的是"强发问—弱发问—非问"；非问包括陈述性内容和指令性内容。疑问句探询功能的变化是从强发问过渡到弱发问，探询功能的迁移是从"问"迁移到"非问"。

六、疑问句结构类型的研究

（一）是非问句

这主要有两类：一是由语调承担疑问信息的句子；二是由语气词"吗"承担疑问信息的句子。刘月华《用"吗"的是非问句和正反问句用法比较》（《句型和动词》语文出版社 1987）中指出"S 吗"的询问意义有三种：（1）问话人预先有倾向性的答案，问话人的目的是为了从对方得到答案；（2）答案对问话人并不重要，或问话的目的不是为了求答案，而是另有目的；（3）问话人预先没有倾向性的答案，问话的目的是为了从对方那里得到答案。她另外一篇文章《语调是非问句》（《语言教学与研究》1988，2）主要讨论了由语调构成的是非问句的形式特点及表达功能：一是"S1＋?"即重复性问句，也叫回声句，表达功能是对刚刚听到的话表示怀疑和惊讶；二是"S2＋?"即接引性问句，由上下文、语境引起，对答案有明显的倾向性，询问功能很弱，发问是为了进一步证明。邵敬敏《"吧"字疑问句及其相关句式比较研究》（《第四届国际汉语教学讨论会论文选》1995）重点讨论这类是非疑问句所表示的四种语法意义，并且比较了各类疑问句的疑惑程度。

（二）选择问句

邵敬敏《现代汉语选择问研究》（《语言教学与研究》1994，2）对选择问句从形式到意义作了比较全面的分析。首先是总结出选择问句的形式特点，据此归纳出选择问句的五种基本类型；并且进一步根据前后选项的语义关系，归纳出三种语义类型：A. 对立关系（包括正反型、反义型、颠倒型、语境型）；B. 差异关系；C. 相容关系。此外，还讨论了相同项的省略规则。吴振国《选择问的删除规则》（《语法研究与语法应用》北京语言学院出版社 1994）认为选择问句中的同指成分都可以按一定规则删除，但不同句式删除规则不同。

（三）正反问句

关于正反问句的形式变化，吕叔湘《疑问·否定·肯定》指出："总的原则是：如果谓语很短，只有一个格式（你去不去？），稍微长点就要省去后一部分，只反复前一部分。全部反复虽然也可以，不免显得繁重。反复部分又有相连不相连两种格式。"范继淹《是非问句的句法形式》对此作了比较详细的分析。该文把"吗"疑问句与"V不（没）V"的各种形式都归入是非问句，认为它们是一种"同义歧形句"，例如：

a. 你带雨衣不带雨衣？——带（不带）

b. 你带不带雨衣　？——带（不带）

c. 你带雨衣不带　？——带（不带）

d. 你带雨衣不　　？——带（不带）

e. 你带雨衣吗　　？——带（不带）

范氏认为是非问句句法形式的增减变化，决定于动词的各种体范畴

(包括未然体、曾然体、已然体、持续体）和谓语结构（主要是单纯动词句、兼及助动短语句、动结短语句、动趋短语句）。邵敬敏《现代汉语正反问研究》(《汉语言文化研究》(四) 1994) 比较全面地分析了正反问的删略变式以及应用价值，特别是指出了南方方言的"V不VO"格式有取代北方方言"VO不V"格式的趋势，并从认知上分析了原因。

（四）特指疑问句研究

主要是"非疑问形式+呢"问句的研究。第一个对这类句式做深入研究的是陆俭明《由"非疑问形式+呢"造成的疑问句》(《中国语文》1982，6)，陆氏把非疑问形式记作 W，"W+呢"问句有两种句式："Np+呢""Vp+呢"。(1) 指出"W+呢"疑问句既可以跟特指问句对应，也可以跟选择问句对应，这种对应关系要受到上下文的制约，而不是像一般所认为的只能跟特指问句相对应。(2) 认为"W+呢"问句实际上是非是非问句的一种简略形式。(3)"W+呢"问句用作始发句时，询问人或物的所在；不作始发句时，则不限于询问处所。(4)"W+呢"都不能用作始发句。李宇明《"呢"句式的理解》(《汉语学习》1989，3) 认为"Np 呢"主要表示两种语义：甲、询问人或物之所在；乙、其他情况。李文指出这类问句的三条规律：(1) 甲类意义问句可以是始发句，也可以是后续句；乙类意义的问句只能是后续句。进入乙类意义问句的 Np 的外延大于进入甲类意义问句中的 Np 的外延。(2) 先行句和后补句是理解"Np 呢"问句的两把钥匙。当先行句为疑问句时，"Np 呢"可以理解为对句义信息核心的提问。"Np 呢"与后补句同解。(3)"Np 呢"在句式上属于特指问、选择问带"呢"问句的简略形式，但在语义上也可以理解为是非问，这是由语形与语义错综性而造成的。邵敬敏《"非疑问形式+呢"疑问句研究》(《现代汉语疑问句研究》)主要讨论了"NP呢?"与"VP呢?"两类问句对语境的依赖性及其对不同语法意义的制约。李大勤《"WP呢?"问句疑问功能的成因试析》(《语言教学与研究》2001,6)赞同目前大多数人的看法,即"WP呢?"中的"呢"并不负载疑问语气,但他认为"呢"是该问句疑问语气得以形成的一个内在因素。

七、疑问句功能类型研究

特殊疑问句是相对一般疑问句而言的,主要是指具有特别表达功能的问句,如附加问、回声问,或者是不表疑惑的疑问形式,如反问句、间接问句。

(一) 反问句

反问句,又叫反诘句,在句法结构形式上同一般疑问句没什么区别,但其表达功能却完全不同。吕叔湘在《中国文法要略》中指出:"反诘实在是一种否定的方式,反诘句里没有否定词,这句话的用意就在否定;反诘句里有否定词,这句话的用意就在肯定。""特指问和是非问都可以用作反诘句,而以是非问的作用为最明显","抉择式和反复式因为都是两歧的形式,反诘的语气不显","但一般地说,抉择式问句多半肯定后句","反复式的问句多半肯定正面"。这些见解为以后的有关研究奠定了基础。

有关反问句研究,主要涉及几个问题:

(1) 探讨反问句的性质与划界。于根元《反问句的性质和作用》

(《中国语文》1984，6)指出：由于反问句实际包含有答案，因此一般不需要回答，但从听话人角度分析，发现反问句不少是可以回答的，而且实际上是有回答的，一种是自问自答，一种是此问彼答。关键是反问句往往要对方不作反对的回答。符达维《不宜扩大反问句的范围》(《中国语文天地》1989，6)则持比较谨慎态度，他认为反问句"是一种运用语法结构（语法上的疑问句）达到某种语用目的的修辞手段"。因此表推测的疑问句不是反问句，表责问的也不一定是反问句。他还提出了确定反问句的两个语用与语义的必要条件，即它不需要对方作出回答，对方也不能作出与说话者意愿不同的回答。刘汉松《反问句新探》(《南京师大学报》1989，1)运用表层结构和深层结构理论来区别一般疑问句和反问句。

（2）探讨反问句的意义和作用。许皓光《试谈反问句语义形成的因素》(《辽宁大学学报》1985，3)认为影响反问句的语义因素至少有五个：(1)语言环境；(2)副词"不是"或"还"；(3)语句重音的转移；(4)词序的变化；(5)词语意义的虚化。其中前三项最为重要。沈开木《反问语气怎样起否定作用》(《中国语文通讯》1985，6)指出反问句"寄托体"的实质性成分受否定时，要看这个成分的等级以及是不是在关联副词之后而定。等级有三个：一等，疑问代词开头的；二等，待定词语（如"是"、助动词、"不+副词""有"等）开头的；三等，其余词语（包括前面有否定词）开头的。常玉钟《试析反问句的语用含义》(《汉语学习》1992，5)提出在语境中把握反问句的语用含义，指出它具有隐含性、行为性和多样化三个特点。运用语用学的理论来研究反问句的语义，这是对传统语法研究的一个突破。郭继懋《反问句的意义和作用》(《汉语语法特点面面观》北京语言文化大学出版社 1999）指出反问句的作用不是单纯强调，而是间接地告诉别人他做的事不合情理的。邵敬敏《反问句的类型与语用意义分析》指出：反问句在语用上显示说话者的"不满情绪""独到见解"以及"约束力量"；并根据反问语气，分出三种强弱不等的程度：责怪和反驳为强级，催促和提醒是中级，困惑和申辩是弱级。

（二）其他疑问句

除了以上所述特殊疑问句之外，还有一些很有特色的疑问句。例如：王志《回声问》（《中国语文》1991，2）、邵敬敏《回声问的形式特点和语用特征分析》（《华东师范大学学报》1992，2）、陈炯《关于疑问形式的子句作宾语的问题》（《安徽大学学报》1984，1）、邵敬敏《间接问句及其相关句类比较》（《华东师范大学学报》1994，5）等。其他还有设问句、附加问、追问等等。

八、汉语方言疑问句研究

朱德熙《汉语方言里两种反复问句》（《中国语文》1985，1）认为某些方言中，如苏州话的"耐阿晓得？"为反复问句，而"可 Vp"和"Vp 不 Vp"两种反复问句无论在历史上还是现代，始终相互排斥，不在同一方言里共存。至于"可 Vp 不 Vp"句式则应看作"可 Vp"和"Vp 不 Vp"两种句式糅合在一起的混合句式，可看作是"可 Vp"型反复问句的一种变例。朱文发表以后引起广泛的兴趣，并发表了一系列有关论文，对朱氏的观点进行讨论、商榷。王世华《扬州话里两种反复问句共存》（《中国语文》1985，6）认为扬州方言中有两种反复问句共存的现象，并推测这与其他方言的影响有关，是不同方言留下的痕迹。刘丹青《苏州方言的发问句"可 Vp 句式"》(《中国语文》1991,1)则对朱氏把"可 Vp"式归为反复问句提出质疑,并从几个方面证明应把它看作是非问。施其生《汕头方言的反复问句》(《中国语文》1990,3)指出汕头方言有"可 Vp""不 Vp"以及"可 Vp"与"不 Vp"的混合型三种反复问句,并认为它们都是潮州方言所固有的,而且应把混合型看作第三种类型,而不是看作"可 Vp"的变例。此外还有李子凡《也谈"反复问"》(《语言学与汉语教学》北京语言学院出版社,1990)从答问方式、句末语气词以及疑问句系统三个方面论证苏州方言中的"阿 Vp 型疑问句跟普通话的是非问句相对应,苏州话疑问系统中"非特指问"有两类:是非问和选择问"。贺巍《获嘉方言的疑问句——兼论反复问两种句型的关系》(《中国语文》1991,5)对有关研究进行了小结,并进行了理论上的探索。

朱德熙在进一步比较各方言的反复问句后,又写了《"V—Neg—Vo"与"Vo—Neg—V"两种反复问句在汉语方言里的分布》(《中国语文》1985,1),指出:(1)这两种不同的语序代表了方言的不同句法类型,前者主要见于南方方言,后者主要见于北方方言;(2)某些方言中,"V—Neg—Vo"经常紧缩为"VV(o)"形式,它实际上有两种情况:A. 省略式 V—Φ—V(o),B. 融合式 VV(o);(3)反复问句中的各种句式形成不同层次。这一研究不仅揭示了反复问句的动态变化层次,而且具有类型学的意义。

第一章 疑问句结构类型研究

第一节 是非问内部类型的比较以及"疑惑"的细化

现代汉语疑问句通常分为结构类型和功能类型两大类：结构类型包括是非问、特指问、正反问和选择问等；功能类型包括附加问、回声问、反诘问、设问等。在结构类型的研究中，是非问句的研究可能是最薄弱的，比较有价值的当推刘月华发表在20世纪80年代的《用"吗"的是非问句与正反问句用法比较》（1987）与《语调是非问句》（1988），两文不乏真知灼见，可惜的是没有就是非问内部的类型进行横向比较，因而导致某些结论还存在可商榷之处。

本文打算重点对是非问内部的结构类型及其构成的功能类型展开一系列的比较研究，重点是比较"语气词是非问"与"语调是非问"，并且提出在区分"疑惑"与"询问"的基础上，不仅要重视"求答"功能，而且需要把"疑惑"进一步细化为"求知性疑惑""求证性疑惑"以及"倾否性疑惑"。

一、"吗"字是非问与"吧"字是非问的功能比较

现代汉语是非问首先可以分为语气词是非问以及语调是非问。前者指疑问信息主要依赖于句末的语气词"吗"或者"吧"来承担，因而又可以分为"吗"字是非问和"吧"字是非问两类（"啊"字是非问另文讨论），并以"吗"字是非问为主。后者则指只借助于升调承担疑问信息的是非问句，比如"你去？↗"。

汉语语法学界的主流看法是：是非问的"疑问信息是由疑问语调或者疑问语气词承担的"（邵敬敏主编，2007：215），而且两者还可以同现。这一说法似乎暗示：在是非问句中，疑问语气词跟疑问语调的作用是对等的，而且两者可以互换通用或者合用，其实这可能是一种误解。

"吗"字是非问是语气词是非问的主要形式，显示发话人确有所疑，并有所问。换而言之是因为未知而发问，并且真的希望得到回答，以期待对方的回答作为第一目标。甚至于有时在言辞中还明确提出希望对方回答的请求性词语，例如"请问""请你回答"等。这可以表述为：因疑而问，以问为重，求答为主。例如（下文除了表明出处的，其余例句引自于韩寒《三重门》）：

(1) 你看着我的眼睛回答，你是为了我吗？

(2) 喂，我找——请问——雨翔在吗？

这样的问句在第二人称时，还常常利用"你知道……吗？""你听说过……吗？""你认识到……吗？"来引出问话。例如：

（3）你知道我当初为什么意外考进区中吗？

（4）听说过"顽固党"吗？

（5）你认识到自己的错误了吗？

而且事实上也往往是有问有答的。例如：

（6）林母待雨翔挂电话后急着问："懂了吗？""不懂。"

（7）"班里同学都知道了吗？""这个你不用操心，我会帮你宣传的。"

"吗"字是非问除了要求对方回答这一基本功能之外，还有一个重要的功能就是转换话题，或者说显示新话题的开始。例如：

（8）雨翔不能再问下去，换个话题："那，你的作业做好了吗？"

（9）列奥纳多便主动引出一个话题："在西班牙的那位哥伦布还活着吗？"（刘心武《永恒的微笑》）

这样的例句比比皆是，可见，"吗"字是非问是引入话题、转换话题的重要手段之一。

跟"吗"字是非问密切相关的是"吧"字是非问。这两类语气词是非问共同点在于都是有疑而问，并要求对方回答。而且"吧"字是非问跟"吗"字是非问同样也可以作为转换话题的手段。例如：

（10）文龙见空气缓和下来了，转移了话题，说："今天你妈来见你，窝心吧？"（周而复《上海的早晨》）

（11）您能不能换一个话题，您大概还不知道我现在的生活状况吧？（铁凝《大浴女》）

两者最大的区别在于：前者疑惑比较强，发问人基本不知道答案，最多略有所闻，并且没有明显的语义倾向。后者则大体上了解情况，有强烈的认同倾向，主观上只是要求对方证实而已。对这一点我们早已有结论（邵敬敏1995：217）。简单地说，就是：疑问句的不同类型，实际上在信疑程度方面是有明确分工的。"疑惑"和"确信"是一对此消彼长的矛盾。疑多一分，信就少一分；反之，疑少一分，信就多一分。在疑问句系列里，如果借用数据来表示信疑的多少，可以显示为：

疑问句类型	信疑度	例句
特指问	疑100%；信0%	今天星期几？
"吗"字是非问	99%≥疑≥51%；1%≤信≤49%	今天星期六吗？
正反问	疑50%；信50%	今天是不是星期六？
"吧"字是非问	1%≤疑≤49%；51%≤信≤99%	今天星期六吧？
反诘问	疑0%；信100%	难道今天星期六？

"吗"字是非问与"吧"字是非问的这一对立，是完全可证明的：

首先，"吧"字是非问可以添加"八成""应该""大概""也许"等表示肯定性猜测的词语，"吗"字是非问中是绝对不会出现这些副词的。例如：

(12) 您八成是做梦了吧？（汪曾祺《八月骄阳》）

(13) 这大概是对王安忆香港情结的回报吧？（新华社2004年新闻稿）

(14) 你去过美国吗？——*你八成去过美国吗？（自拟）

尤其是副词"八成"出现的这类"吧"字句，许多不带问号，只用逗号或者句号，这说明在说话者心目中，疑问的信息并不强烈，更多的是征求意见。例如：

(15) 他老先生看的八成都是张艺谋的电影吧。（王韬佳《古老的

意大利小城》)

（16）照我说，你不是怕费嘴舌，八成是字不认得你吧！（冯德英《迎春花》）

然后，"吗"字是非问几乎都可以添加"难道""莫非"等语气副词转化为反诘问，而"吧"字是非问绝对无法添加"难道"等副词转化为反诘问。例如：

（17）今天是星期三吗？——难道今天是星期三吗？（自拟）

（18）今天是星期三吧？——＊难道今天是星期三吧？（自拟）

二、语调是非问与"吗"字是非问功能比较

语调是非问明显不同于语气词是非问，其最重要的特点，或者说必须有的前提，那就是发问人对所涉及的话题是基本持怀疑态度的。要特别注意的是，这种怀疑态度，虽然可以从最基本的怀疑、惊疑，到嘲讽、失望、不满，乃至于愤怒；但是关键一点，语调是非问的怀疑，是倾向于不可思议、不可理解、不以为然，具有明显的否定性倾向，但是并没达到反问句的完全否定；"吗"字是非问的怀疑，是真的不知道、不明白，属于求知性的。例如：

（1）梁祥君迟疑着问："侬是——是——老K？"【怀疑】

（2）雨翔大惊，说："你老虎屁股也敢摸？"【惊疑】

（3）雨翔随手拿起诗一看，笑一声，甩掉纸，冷言道："这也是诗？"【嘲讽】

（4）雨翔悟出一层，不满道："你连和儿子说话都成了'特地'了？"【不满】

(5)"你找我谈心——就是谈这个？"雨翔失望道。【失望】

(6)"你说的？"林雨翔抬头，怒目盯住钱荣。【愤怒】

上面所引的例句都比较典型，因为作者对发问人心理状态进行了准确的描述，说明语调是非问确实有这样的功能。其实，即使文中没有这样提示怀疑心态的词语，语调是非问的功能也是清楚的。可见，选用语调是非问的关键，并非真的要求对方给以回答，而在于显示发问人的心理情绪和主观态度。这可描述为："因疑生否，用问显示否定性倾向。"但是要注意，否定性语义倾向并不等同于正面的否定。试比较：

(7)今天不是星期天。（自拟）

(8)今天是星期天？（自拟）

(9)难道今天是星期天？（自拟）

(7)是正面否定，没有任何的疑惑。(8)是疑中带否，或者更加准确地说，是未知1/3，否定2/3。(9)实际上也是接近于全部否定，但是还保留着询问的外壳形式，是询问式否定。

把"疑问"区分为疑惑和询问，是研究细化的一大进步。至于对"疑惑"，历来是不加区分的，其实内部还是有所区别的。我们认为疑惑可以分为两类：

一类显示的是"知情度"，属于对信息的了解情况，疑惑就意味着"未知"，即对某个信息不清楚，不明白，它跟"已知"相对。"未知"有程度的差异：比如"今天是星期几？"就是完全未知；"今天是星期天吗？"未知比较强；"今天是星期天吧？"未知比较弱。

一类显示的是"表态度"，属于对信息的主观态度，疑惑背后隐藏着的实质就是否定性倾向，即对某个信息表示不相信，不理解，这跟"肯定性倾向"相对。否定也有程度的差异。比如"难道今天是星期天？"接近于完全否定。"今天是星期天？"否定比较强。"今天是星期天啊？"否定比较弱。

我们以前在讨论疑惑时，常常把"未知"跟"不解"混淆起来，许多问题就讲不清。所以把"疑惑度"进一步区分为"未知度"与"否定度"，我们认为非常必要。刘月华把语调是非问分为"S1＋？"（回声问）和"S2＋？"（接引性问句），后者"接引性问句"，也就是我们这里讨论的语调是非问，她认为："有的'S2＋？'问句表示对所见所闻有些怀疑、惊讶，因而发问以求证实，这种问句以否定形式居多。"（刘月华1988：30）我们认为，这一判断是不准确的，关键在于发问人的目的并非"以求证实"，而是显示自己的主观态度，发问只是一种手段，因为事实上并不需要对方回答，显示否定才是本质。如果真的是要求"证实"，那就应该用疑问语气词"吧"。试比较：

（10）你怕了吗？/今天是星期天吗？（自拟）

（11）你怕了吧？/今天是星期天吧？（自拟）

（12）你怕了？/今天是星期天？（自拟）

例（10）询问对方是不是真的怕，真的是星期天，要求对方明确回答，而自己的态度不明确。例（11）是发问人已有一个基本判断，认为对方有点怕，今天应该是星期天，但是自己不能最后确定，所以发问以求证实自己的判断。例（12）显示发问人的态度是因为对方表现出"怕"而不以为然，自己并不认同今天是星期天，所以很容易添加"难道"构成反问句。三种是非问各显其能，形成互补。可见，只有在三种不同类型的是非问的比较中，才能显示各自的特点。

发话人对语调是非问还是"吗"字是非问的选用，有明确的前提：前者的关键是必须有针对性，即必须针对先前发生的言论、行为或者事件，不可能是全新话题的开始。所谓的针对性，表现为三个方面：

（一）针对对方的话语上文或者传达的信息。例如：

  （13）梁祥君看完信说："好！小弟，你有希望。"林雨翔激动道："真的？"

  （14）Susan拿出一个小手电，读完以后问："你写的？"

（二）针对对方的行为和态度。例如：

  （15）这么好的人人要进来的学校，你还不想进？

  （16）你们两个都没睡着？

（三）针对当时发生的某种客观情况。例如：

  （17）他说完变成感冒的人，打了一个喷嚏。Susan问："你着凉了？"

  （18）林雨翔听到要上楼，踌躇着不前。梁祥君说："你怕了？"

尽管选用语调是非问的关键，不是要求对方给以回答，而在于显示发问人的心理情绪和主观态度。但是对方也可能给以回答（或者表态），这是另外一回事，跟发问人的主观态度无关。因为既然是问句，实际上也承担着发问的功能。例如：

  （19）林雨翔不思索就说："九点半多。""晚上？""晚上。"

  （20）"全送给我了？""没问题！"

我们还注意到一个有趣的细节：凡是用"吗"字是非问的，作者的叙述语言通常都用"问"，很少用"说"或者"道"的。例如：

  （21）那人便关掉随身听，问："要吗？"

  （22）钱校长拿出脚盆，问："这是你的吗？"

(23) 胡教导问下去："批判现实主义的书读得很多吗？"

(24) "昨天睡得好吗？"Susan 问。

可是，凡是用语调是非问的，既可以用"问"，也可以用"说""道"。例如：

(25) 林雨翔听到要上楼，踌躇着不前。梁祥君说："你怕了？"

(26) 雨翔大惊，说："你老虎屁股也敢摸？"

(27) 雨翔随手拿起诗一看，笑一声，甩掉纸，冷言道："这也是诗？"

(28) 雨翔悟出一层，不满道："你连和儿子说话都成了'特地'了？"

甚至于凡是用"问"的也可以改为"说"或"道"。例如：

(29) 林雨翔把话岔开问："你没有中文名？"——林雨翔把话岔开道："你没有中文名？"

这说明作者在写作时的潜意识，"吗"字是非问真的在询问；而语调是非问可以理解为问，也可以理解为"陈述"。当然这不是绝对的，只是一种语用倾向，因为我们也发现少数"吗"字是非问也有用"说""道"的，但是数量明显比较少。例如：

(30) 女孩脸上迅速一片红色，摆弄衣角道："现在吗？"

(31) 她淡淡说："你很在乎那些话吗？"

疑问句，通常人们注意到了疑惑和询问两大功能，却忽视了隐含的另一个重要功能：求答。我们发现，现代汉语疑问句实际上可以分解为三个方面的功能：表疑、提问、求答。不同的是非问句类型，在这三个方面以及话题功能的侧重点方面是有区别的：

类型	未知度	否定度	提问	求答	话题功能
"吗"字是非问	强	弱	强	强	有
"吧"字是非问	弱	弱	强	强	有
语调是非问	弱	强	弱	弱	无

"吗"字是非问未知度、提问和求答都是"强",是在是非问内部相对而言,当然比起特指问还是差一点。"吧"字是非问其他跟"吗"字是非问一致,只是未知度弱一些。至于语调是非问则除了未知度是"弱",其他几项都跟语气词是非问句形成对立。可见,首先是语调是非问跟语气词是非问对立,然后才是"吗"字是非问与"吧"字是非问对立。这属于两个不同的层次。

三、是非问结构类型与功能类型的关系

回声问、附加问以及反诘问,都是疑问句的功能类型。跟语调是非问密切相关的是"回声问";跟语气词是非问密切相关的是"附加问";跟"吗"字是非问以及语调是非问都有关的是"反诘问"。这些是非问的功能类型,跟一般的是非问还是有所区别的。

(一) 回声问

关于回声问,我们曾经讨论过,主要是针对上文的句子或者句子中的部分词语发出疑问,这可以从不同的角度区分为:狭义回声问和广义回声问、全称回声问和偏称回声问、同形回声问和异形回声问。其最大的特点是:第一,跟上文部分或全部或意义重合;第二,体现理解焦点;第三,不能有疑问语气词。这是不同于其他疑问句的区别

性特征。(邵敬敏 1992:208)

回声问属于语调是非问,它可以分为两类:

一类是"倾否型":表示不理解、不明白、不赞同,明显的否定性倾向,往往不要求对方回答,所以常常可能自问自答,关键是绝对不能有疑问语气词"吗"或者"吧"。这类跟一般的语调是非问一致,属于"回声否定型"。例如:

(1) "那——你会有崇拜的人吧?""崇拜的人?我——我只崇拜我。"

(2) "我们怎么没分班考试?"余雄说:"我们?你也不想想我们是什么人,像拣剩的肉,随便搭到哪个班就哪个班。"

一类是"求答型":由于没听清楚,要求对方回答证实。可以伴随"你是说……?"也可以带疑问语气词"吗"或"吧",这类明显跟一般的语调是非问不同,属于"回声求答型"。例如:

(3) 钱荣问:"你家有多少藏书?"谢景渊问:"藏书?连语文数学书吗?"

(4) "十个字!""十个字?"林雨翔心里拼命凑个十字句。

(5) "打哪儿来?你是问我打哪儿来?"俄国女人不知怎样回答,一边收拾货摊,一边思忖着。

(6) 忽然,那朋友问道:"这红红的小东西值多少钱?""你是说浮子吗?噢,非常便宜。你干嘛问这个呢?"

(二) 附加问

附加问又叫追问句,我们也曾经分析过(邵敬敏 1990:86)。是指前面一个句子,可能是陈述句、祈使句,甚至于是个疑问句,紧接着用一个简短的问句来追问。这个追问句也可以是特指问、正反问、选

35

择问，或者是非问。

　　本文只讨论是非问构成的附加问。这有两类：

　　一类是"求答型"：肯定式"是吗？""行吗？""对吗？""好吗？""V吗？"主要是征求对方的意见和态度，语气词以"吗"为主，有时也可能用"吧"，但是出现概率比较低。例如：

　（7）雨翔装傻道："你是——Susan，是吗？"

　（8）而且我们明天就要送去印刷了，怕时间不够了，你写写，行吗？

　（9）钱荣不肯放过，道："也许——对，是说到我学英语的方式，对吗？"

　（10）"唱给我听一听好吗？"

　（11）为了一缕灰——尘埃而辛苦一辈子，值吗？

　（12）喂，你可想清楚了，这是引狼入室，懂吗？

　　一类是"反问型"：否定式"不是吗？""不行吗？""不对吗？""不好吗？""不V吗？"表示的是强烈的否定语义，相当于"难道不是……吗？"例如：

　（13）我一心想着巾帼何必让须眉哩，不是吗？(《1994年报刊精选》)

　（14）我应当了解，不对吗？(《法医宿舍的枪声》)

　（15）我留下来，帮你烧火煮饭，你下地回来，也有热饭吃，不行吗？(周立波《暴风骤雨》)

　（16）吃点家常便饭，不好吗？(老舍《西望长安》)

（三）反诘问

　　从"不解"的疑惑到否定，只是一步之遥。语调是非问，只要发问人的语气稍微再强一些，就变成反问句了，而且这类语调是非问几乎都可以轻而易举添加"难道""岂不是""莫非"等反问副词（下面例句中【】内的副词是句例并不存在但是可以添加出来的），而且其语义倾向是一致的。例如：

(17)【难道】你连这个也相信？那些浅的文章是浅的人写出来的，叫"美化"。

(18) 车主道："有什么好讲，快交几十块啊，【莫非】想赖掉？乘不起就别乘，自己跑回来。"

(19) 雨翔记起昨夜大意失脚盆，难道这脚盆能开口说话？

(20) 当初梁祥君就栽在上海"夜不眠"，莫非这黑店生意兴隆又开了分店？

这几例，其实根本不需要对方回答，尤其是（17）（18）两句，发问人自己的后续句就明确显示了自己持否定的态度，可见事实上已经是反诘问了。后面两例使用了"难道"等表示反问语气的副词，更显示了说话人的否定性的态度。可见，是非问中，最容易变为反诘问的就是语调是非问。

相比较，"吗"字是非问单独就很难理解为反问句，往往需要加上"难道"等反诘语气副词才可以构成，试比较下面几个例句：

(21) 这种追求难道是一件值得别人同情的事吗？

(22) 如今吕不韦难道会放过你吗？

(23) 莫非这泥人的作者会诅咒一个爱之甚于自己妻子的女人吗？

(24) 如果我们向齐王进攻，岂不是帮助吕氏叛乱吗？

以上"吗"字是非问，如果去掉"难道""莫非""岂不"，就变成一般的是非问了，完全没有反诘问的口气。至于"吧"字是非问根本不存在反问的语义基础,如上所述,即使加上"难道"等副词,也无法转化为反诘问。如果硬要添加"难道"等副词,问句就无法成立。

正因为发问人持否定态度,在话语里往往会有贬义的讽刺词语或句子夹杂。例如:

(25) 读书就为钱,我现在目的达到了,还读个屁书?

(26) 最后一个上车,这么伟大?

(27) 余雄微笑说:"你受不了了?好戏还在后头。"

(28) 你听说了吗,四班里一个女的考不好自杀了,你不知道?真是消息封闭,你在深山老林里啊!

语调是非问除了跟功能型疑问句有着相当密切的关系之外,我们还发现它还有几个有趣的特点:

1. 紧接着"怎么?""什么?"的是非问,只能是语调是非问,不能是"吗"字是非问,而且后面的是非问几乎都可以变成反问句。例如:

(29) 怎么?跑得不够快,挨骂?

(30) 林雨翔,怎么一直不说话?今天不高兴?

(31) 怎么?他打你了?

(32) 钱荣没听懂,潜意识感到不妙,紧张地问:"什么——本子?"

如果"怎么"紧跟的是"吗"字是非问,其实这里都应该是反问句,都可以插入"难道"而语义不变。例如:

(33) "怎么,你又难过了吗?"章明清紧张地问。

"还,还好,……你先……给我……一杯水,嘴里有点……"(曾卓《悲歌》)

(34) 这时，邻桌过来一个既和我们认识也和那伙人熟识的小个儿，满脸堆笑对高晋和那人说："怎么，你们还不认识吗？给你们介绍一下……"（王朔《动物凶猛》）

2. 如果是否定形式，这样的反问语气就更加强烈，惊讶、不可思议的意味更加浓郁。例如：

(35) 你没看见现在杂志上这么这么多的交笔友启事？

(36) 沈溪儿叫了起来，说："你连这个都不知道？"

(37) 林雨翔把话岔开，问："你没有中文名？"

(38) 你不知道？消息太封闭了，你那个 Susan 也离市重点差三分。

否定式的"吗"字是非问，也很容易构成反诘问，即使没有"难道"等副词的帮助。例如：

(39) "不是说去南京吗？"Susan 一脸不解。

(40) 你不是挺高兴吗？这次怎么了？

(41) 只是我最近在转攻理科——看，这不是在补化学吗？唉！那老师水平真破！

(42) 咦，林雨翔，你不是说你不近女色的吗？怎么？

3. 正因为语调是非问并不真正要求对方回答，有时还可以只是表示一种打招呼，其实没有一点怀疑的意味。其前提是确认事实，不求回答。例如：

(43) "你吃过饭了？"谢景渊不计打水时雨翔弃他而去的仇，笑容可掬地说。

(44) 寝室里剩谢景渊一人，仍在看书，雨翔问："你这么早来？"

如果真想知道答案，就要添加疑问语气词"吗"。(44)例甚至于无法

39

加"吗"，因为事实上对方已经早来了，根本不必提问。

可见语调是非问不论否定形式还是肯定形式都非常容易变成反诘问，因为从不解的怀疑到否定，往往只是程度加强就行了。而"吗"字是非问往往只有否定格式才比较容易变成反诘问，因为肯定形式的询问是常规格式，而否定形式询问则是非常规的，好像是出乎意料的，是在怀疑。试比较：

（45）今天是星期三吗？（自拟）

（46）今天不是星期三吗？（自拟）

例（45）是常用的肯定句式，属于无标记类型，语调平和，一般性询问求答，如果要变成反诘问，必须添加"难道""莫不是""岂非"等副词来帮助才行。例（46）是否定句式，属于有标记类型，所以就比较容易构成反诘问。至于"今天是星期三吧"，无法构成反诘问，因为发问人既然基本知道，只是要求对方予以证实，当然跟"反问"的激烈语气是不匹配的。

可见，"吗"字是非问与语调是非问的功能侧重是不同的。前者是因疑而问，以问为重，求答为主。后者是因疑生否，用问显否，表态为主。我们知道，"疑惑"和"询问"是不同的范畴，"吗"字是非问重在"求答"，目的是要求对方给以明确的回答；"吧"字是非问重在"证实"；语调是非问重在"倾否"，目的是显示自己从疑惑到否定的主观态度。正因为如此，"吗"字是非问可以作为话题的开头提出，不必受到语境的影响；而语调是非问则因为是有感而发，必然受到语境的制约，是对前面言行或情况的反应，不可能作为话题句发出。

四、结论

本文的主要观点归纳如下：

第一，疑问句的功能，在区别"疑惑"和"询问"两大功能的基础上，还必须建立起"求答"的第三功能。这正是语气是非问与语调是非问的根本对立所在。

第二，疑惑必须进一步细化为三类："吗"字是非问的疑惑，是真的不知道、不明白、不清楚，属于"求知性"的。"吧"字是非问的疑惑，是在已知某些事实的前提下，不能完全确认，希望对方证实，属于"求证性"的。语调是非问的疑惑，是倾向于不可思议、不可理解、不以为然，属于"倾否性"的。

第三，从表示疑惑到表示否定，只是一步之遥，是不解型疑惑程度加强后的必然结果。语调是非问的根本特点就是表示否定性的主观倾向。

参考文献

刘月华（1987）用"吗"的是非问句与正反问句用法比较，《句型和动词》，北京：语文出版社。

刘月华（1988）语调是非问句，《语言教学与研究》第2期。

邵敬敏（1990）"X不X"附加问研究，《徐州师范学院学报》第4期。

邵敬敏（1992）回声问的形式特点和语用特征分析，《语法研究和探索》第6辑，北京：语文出版社。

邵敬敏（1995）"吧"字疑问句及其相关句式比较研究，《第四届国际汉语教学讨论会论文选》，北京：北京语言学院出版社。

邵敬敏主编（2007）《现代汉语通论》（第二版），上海：上海教育出版社。

[原载《世界汉语教学》2012 年第 3 期]

第二节　"吧"字疑问句及其相关句式比较研究*

是非疑问句句尾带的语气词，通常为"吗"，但也可以带"吧"，从而形成"W＋吗？"与"W＋吧？"的对立。语气词"吧"不仅可以出现在疑问句句尾，而且也可以出现在祈使句以及表应答的陈述句句尾，从而形成"W＋吧？"与"W＋吧！"以及"W＋吧。"的对立。我们把这类带语气词"吧"的是非疑问句叫做"吧"字疑问句。

汉语语法学家对语气词"吧"作过不少研究，其中最有影响的是吕叔湘，他认为"吧"表示"测度和拟议的语气，表示将信将疑，可算是介乎直陈和询问二者之间"；又指出："有所主张而不敢肯定，要征求对方的同意，这是商量或建议的语气。商量语气一方面和祈使语气相近，同是和行动有关；一方面又和测度语气相近，同是定而不定之辞。"[①]可见，吕氏认为"吧"的作用主要有两条：1. 测度和拟议；2. 商量或建议。胡明扬也指出："吧"的作用在于"赋予说话内容以不肯定的口气"，"它可以用在各类句式的后面"。[②]

我们认为这些分析确实很有启发，但影响"吧"字疑问句的因素是多种多样的，因此本章打算讨论以下四个问题：（一）"吧"字疑问句的基本作用；（二）"吧"字疑问句的疑惑程度；（三）"疑惑"与"询问"的区别与结合；（四）是非问与特指问的混合句式。

---

* 本文系提交第四届国际汉语教学讨论会（1993年8月北京）论文。

一、"吧"字疑问句的基本作用

"吧"字疑问句的结构主体多为非疑问形式 W，它可以分为两类：一类为表示一种判断，或者是一种事件，这可记作 W_1；另一类为希望施行的动作行为，这可记作 W_2。

(一) W_1 + 吧？

发问人对某种判断或某种行为事件作出某种估测，尽管心中实际上已有了明显的倾向，但对此尚不能作完全的肯定，所以用"吧"来表示这种欲定而未定的口吻，目的是要求听话者予以证实（A 义），或者征求对方意见（B 义）。其心理态势是希望对方同意或支持自己的看法，而不是相反。

A 义和 B 义的不同跟人称关系相当密切。

当 W_1 为第二人称时，问句表示的是对对方情况的一种估测性意见，并要求对方予以证实。例如：

(1) 你衣服穿少了吧？（曹[*] 357）

    (2) 冲儿，你是十七了吧？（曹 23）

(3) 你要搬走吧？（老 185）

(4) 你们是拿着录音机录下来，整理出来的吧？（北 612）

当 W_1 为第一人称时，问句是对自己情况的一种估价，并征求对方的意见。例如：

(5) 你看，妈老了吧？（曹 23）

---

[*] 引例用书详情见 496 页附录。

(6) 临走前，我总得有个介绍信吧？（北 221）

(7) 你看我现在也不太胖吧？（北 57）

(8) 怎么，先生，我走吧？（骆 285）

当 W_1 为第三人称时，问句是对第三者的人或物或事的一种评述，既可以要求对方证实，又可以征求对方意见。例如：

(9) 有六点了吧？（曹 376）

(10) 爷爷不会又骂你吧？（家 108）

(11) 政府的这点心，这点心，太可感激了吧？（老 48）

(12) 这个好玩吧？（曹 40）

W_1 为第二人称与第一人称时，两种问句所表示的语法意义是不同的：W_1 为第二人称，只能让对方证实，无所谓征求对方意见，因为对方对自己最有发言权；W_1 为第一人称，只能是征求对方意见，无所谓让对方证实，因为自己对自己才最有发言权。但是，当 W_1 为第三人称时，则两种语法意义都可能表示，例（9）（10）为 A 义，例（11）为 B 义。A 义与 B 义的根本区别在于：证实侧重于客观性，求解侧重于主观性。但有时，W_1 为第三人称时，不易区分 A 义还是 B 义，如例（12）似乎既可理解为 A 义，又可理解为 B 义，这时可以看作是一种混合义。

"W_1+吧？"在语用交际上相当于一个判断性陈述句再加上一个附加问句所构成的句式。例如"你衣服穿少了吧？"相当于："你衣服穿少了，是吧？"事实上也有许多这样的句式存在。例如：

(13) 你妈妈叫王桂珍，是吧？（老 248）＝你妈妈叫王桂珍吧？

(14) 结果是什么，各位全知道，对吧？（北 428）＝结果是什么，各位全知道吧？

(15) 是祖国大陆，是吧？（北 230） = 是祖国大陆吧？

(16) 我很有福气，对吧？（北 301） = 我很有福气吧？

"是吧？""对吧？"附加问跟"是不是？""对不对？"附加问有明显不同，它"更为明显地传递了要求对方予以证实的信息"，[③]对肯定性回答的期望值更高更迫切。

（二）W_2 + 吧？

发问人提出某种建议，并征求对方的支持。这种建议包括两类：一类是建议对方做什么或采取什么行动（C 义）；另一类是建议为对方做什么或采取什么行动（D 义）。C 义带"祈求兼商量"口吻，D 义带"服务兼商量"口吻。

C 义和 D 义的不同也跟人称关系有密切联系。

当 W_2 为第二人称时，是提出一种祈求性建议。例如：

(17) 大哥，找个大夫看看吧？（老 9）

(18) 姑少爷，您，您也宽宽上衣吧？（家 72）

(19) 大少奶奶，该换换衣服了吧？（家 28）

(20) 你要是没有在宅门里的话，还上我那儿来吧？（骆 54）

当 W_2 为第一人称时，则是提出一种服务性建议。例如：

(21) 我给您拿一杯冷水吧？（曹 51）

(22) 祥哥，先别哭！我去上医院问问吧？（骆 180）

(23) 我给你叫辆三轮吧？（老 222）

(24) 我帮帮你吧？（老 238）

"W_2 + 吧？"在语用交际上相当于一个祈使句加上一个附加问构成的句式。例如"找个大夫看看吧？"相当于："找个大夫看看，好吧？"事实上，也确有许多这样的句式存在。例如：

(25) 请你声音小点，好吧？（曹 394）

(26) 求您去请他老人家一趟好吧？（曹 169）

(27) 我明天等你一块放风筝、钓鱼，好吧？（曹 413）

(28) 爸爸，我送送她老人家，可以吧？（老 125）

有时人称不明，"W_2 吧？"表示 C 义还是 D 义，不容易判断。例如：

(29) 四爷，报馆的张先生来了，在三十四号，请他到这儿来吧？（曹 174）

(30) 吹灯吧？大少爷？（家 75）

如果去请的是听话人即"四爷"，吹灯的是"大少爷"，那么表示 C 义；如果是发问人，则表示 D 义。有时 W_2 的人称为"咱们"或包括性的"我们"，即包括发问人与听话人都在内，则可能是祈求性建议。例如：

(31) 志芳，咱们交他这个朋友吧？（老 157）

(32) 二哥，我们从大哥屋里穿过去吧？（家 71）

也可能是服务性建议。例如：

(33) 咱们去帮他一把吧？

(34) 我们都陪小王去吧？

最后要指出一点，确定"W＋吧？"表示什么样的语法意义，有时必须依赖于上下文及语境。例如：

(35) 特殊的……好像有一点点……和他们说吧？（北 539）

单独看"和他们说吧？"可能是 C 义，意见是"你和他们说吧？"是一种建议；也可能是 B 义，意思是"我和他们说吧？"是征求意见。原文有一个括号给了提示："（她用商量的口气问丈夫，丈夫笑着点头。）"可见应为 B 义。

二、"吧"字疑问句的疑惑程度

"吧"字疑问句经常使用一些表示猜测、揣度、不肯定语气的词语，主要有"大概""也许""恐怕""可能""好像"等。例如：

(36) 你大概是没有关好窗户吧？（曹 138）

(37) 这也许是两种制度的两个基调吧？（北 200）

(38) 卫科长恐怕还是有点意见吧？（老 201）

(39) 可能还是太单一了吧？（北 445）

(40) 撕了好像不太好吧？（北 485）

（一）"吧"字疑问句的心理态势

使用"吧"字疑问句，发问人心理上都有一种明显的期望值，即希望听话者能赞同肯定自己的看法，或者答应支持自己的建议，这跟用语气词"吗""呢"的疑问句所持态度有明显区别。例如：

(41) 我是能干，但你们是不是看见有钱人就夸呢？八成是吧？（北 270）

第一个问句是正反问，句尾用了"呢"，主观态度是中立的，即没有明显倾向；可是第二个问句"八成是吧"用了"八成"这样一个估测数，说明主观态度已是相当明确了，所以必须用"吧"。这时，"八成是吧？"显然不宜改成"八成是吗？"下面一组例句都很说明问题：

(42) 老师，"文化大革命"您肯定吃了不少苦吧？（北 563）

(43) 家庭历史有问题，搞文学总是可以的吧？（北 586）

(44) 对吧？我知道肯定对的。（北 460）

(45) 不懂吧？弄根绳，拴个铁钩子……（北 395）

（46）你也是贝满中学毕业的吧？不是？那真可惜……（北 398）

（47）把我这帽子边刮刮，不是很好看吗？是挺好看吧？（北 502）

这种求肯定的心理态势，在语言形式上，有时会出现"肯定""总是""一定是"等词语来加强这种语势，如例（42）（43），有的后续句明确地进一步表态，如例（44）（45）；有的如果与自己的心理倾向不符合，则发问人往往会感到失望与遗憾，如例（46）；也有的心理态势在前导句中就已显示出来的，如例（47）。

通常认为："吧"字疑问句的内涵是"信中有疑""将信将疑"。但确切地说，应该是"信大于疑"，即发问人对某事基本上已有倾向性认识，只是尚不能完全肯定，所以才发问要求对方证实或征求对方意见。

(二) 疑问句疑惑程度的等级

关于疑问句的疑惑程度，黄国营曾提出过用五值逻辑系统来解释。[④]他认为可分为三级：

1. SQ1/2
2. SQ1/4 和 3/4
3. SQO 和 l

李宇明、唐志东的观点与黄氏相近，[⑤]也把疑问句按疑惑程度分为三种：

1. 高疑问句
2. 低疑问句
3. 无疑问句

我们认为用这样的三级来区分现代汉语疑问句的疑惑程度，稍嫌粗疏了一点。在我们看来，"信"与"疑"是两种互为消长的因素，此长彼消，此消彼长。因此，可以用下图来表示"信"与"疑"两种因素的增减关系。

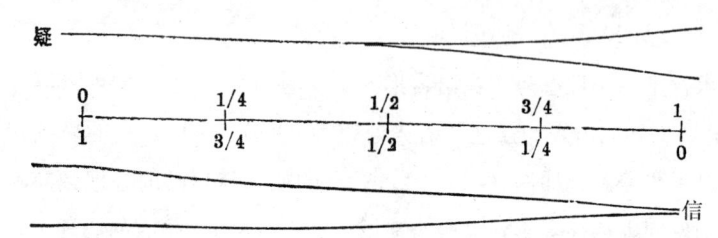

```
疑
  0      1/4      1/2      3/4       1
  ├───────┼────────┼────────┼────────┤
  1      3/4      1/2      1/4       0
                                      信
```

当疑为 0 时，信为 1；疑为 1/4 时，信为 3/4；疑为 1/2 时，信也为 1/2；疑为 3/4 时，信为 1/4；疑为 1 时，信为 0。这一图表也许能更准确地说明现代汉语各种疑问句的疑惑程度。

1. 特指问〔信0，疑1〕。发问人对询问的对象完全不知，疑惑程度最强。例如："谁去？""去哪儿？""怎么去？""去做什么？"

2. 正反问〔信1/2，疑1/2〕。发问人提出正反两项，各有百分之五十的可能性，所以赵元任认为"'V—不—V'的问话是不倾向于哪一边的"，⑥疑惑程度居中，例如："你去不去？""他去没有？""他是不是学生？"

3. 选择问〔信1/2，疑1/2〕。发问人提出两项以上供选择，这实际上可以看作是正反问的一种特殊形式，因此选择项不论是两项还是多项，信与疑也各占一半，疑惑程度也居中。例如："你去还是他去？""吃饭，吃面，还是吃饺子？"

4. 反诘问〔信1，疑0〕。发问人虽然采用了问句形式，但实际上心目中已经有了明确的看法，答案就包含在问句之中，因此，没有什么疑惑的因素，疑惑程度为零，例如："难道你也不理解吗？！""谁让他这么糊涂？！"

5. "吗"字是非问〔信1/4，疑3/4〕。赵元任认为："这种问句对于肯定的答案抱有或多或少的怀疑，也就是可能性在50%以下。"[7]我们同意这一分析，实际上，"吗"字是非问句处于：〔疑1/2＜W吗？＜疑1〕，疑惑程度较高。例如："你去吗？""今天星期天吗？"

6. "吧"字是非问〔信3/4，疑1/4〕。根据上节关于发问人的心理态势的分析，它应该是信大于疑，实际上处于：〔疑1/2＞W吧？＞疑0〕，疑惑程度较低。例如："你去吧？""今天星期天吧？"

"吧"字疑问句的疑惑程度实际上在〔信3/4，疑1/4〕处左右摆动，有时疑惑大一点，但决不超过〔疑1/2〕，这时常用"大概""可能"等词语，可看作〔疑1/4＜W吧？＜疑1/2〕，如果疑惑程度超过〔疑1/2〕就会改用其他疑问句式。有时疑惑小一点，但决不小于〔疑0〕，这时常用"肯定""总是"等词语，可看作〔疑1/4＞W吧？＞疑0〕，如果疑惑程度小于〔疑0〕，就可能改用反诘问或其他句类。有时，"吧"字疑问句也用于明知故问，而且也不要求对方回答，这时疑惑程度几乎等于零了。例如：

（48）这是愫妹妹给文清的信吧？文清说当不起，请你收回。（曹365）

（49）这就是四凤的妈吧？叫你久等了。（曹54）

（50）人总得活着吧？我变尽了方法，不过是为活下去！（老133）

（51）你不是南京人吧？所以，你不懂。（北202）

因此，有人认为"吧"字疑问句是"疑多于信"。[8]这一认识不仅不符合我们的语感，而且在现代汉语疑问句的疑惑程度系统中也是格格不入的。

51

这样，我们可以按照疑惑程度得出疑问句的五个等级。

A. 强疑问句：特指问〔信0，疑1〕

B. 高疑问句："吗"字是非问〔信1/4，疑3/4〕

C. 中疑问句：正反问、选择问〔信1/2，疑1/2〕

D. 低疑问句："吧"字是非问〔信3/4，疑1/4〕

E. 无疑问句：反诘问〔信1，疑0〕

可见，疑惑本身有程度的差异，问句本身也有形式的不同。什么样的疑惑程度采用什么样的询问形式则有一定的对应关系。[9]

三、"疑惑"与"询问"的区别与结合

疑惑与询问往往紧密地结合在一起，因为当一个人心中有了疑惑，往往需要得到解答，最常用的办法就是通过提问以释疑。因此，一般的疑问句都包含双重功能：传达疑惑、提出询问。然而，疑惑与询问毕竟不是一回事。疑惑是跟确信相对而言，它指一种心理态势；询问是跟陈述相对而言，它指一种语言表达方式。两者应该而且可以区别开来。只有正确认识这二者的区别与联系，才能对语言现象，尤其是对疑问句及相关句式作出精细的分析。

心中有疑惑但不一定作出询问，也可以用陈述形式来传递这种疑惑信息，例如"估测性陈述句"；反之，形式上的询问，并不一定说明心中必定有什么疑惑，例如"设问句""反问句"。这说明疑惑与询问并不是必然对应的。这正如施事与主语的关系一样，施事是句法中的语义问题，主语是句法中的结构问题，施事常常是主语，但并不一定非为主语不可；反之，主语也不一定就是施事。吕叔湘早就指出：

"有传疑而发问的句子,例如'也许会下雨吧?'可以用问话的语调,也可以不用问话的语调。"⑩这说明"也许会下雨吧?"与"也许会下雨吧。"这两句话在疑惑程度上是基本一致的,区别仅仅在于是否发问,即是否要求对方表示态度。吕叔湘又指出:"大率老老实实的问话不大用语气词,用语气词较富于疑讶的神情。前者可说是问重于疑,后者可说是疑重于问。"⑪这说明语气词的主要作用是传疑,当然也可以询问;而语调的作用主要是询问,当然也可以传疑。例如:

类型	语调	语气词	例句	作用
"吗"字是非句	↗	+	你去吗?↗	问疑并重
	↗	-	你去?↗	问重于疑
	↘	+	你去吗?↘	疑重于问

但对"吧"字是非问来讲,问题就更复杂了。例如:

A1:有五里地吧?

B1:有五里地吧。

A2:(你这屋)没有人吧?

B2:(大概)没有人吧。

语法学界对语气词"吧"在 A 句与 B 句中的语音形式以及两句的语调显然有不同的看法。吕叔湘认为:A 句中,"吧"字"较高较长",B 句中,"吧"字"较低较短"。⑫胡明扬认为:"疑问语气是由疑问语调决定的,和'吧'无关。"⑬李宇明、唐志东也认为:"儿童带'吗''吧'的句子,大致说来句尾有高调和低调之分,凡高调都表疑问,低调不表疑问。"⑭可见,他们都认为:在以"吧"字结尾的句子中,存在着明显的对立的语音形式,即有高调与低调的区别,标志着疑问

53

句与陈述句的不同。

　　陆俭明认为:"吧"字句,"不论作为问话或答语,语音形式一样""至于什么时候看作问话为宜,什么时候看作答语或平叙句为宜,这完全由上下文(语境)决定。"[15]以陆氏所举"有五里地吧?"与"有五里地吧。"为例,陆氏认为问句是"疑重于信",答句是"信重于疑"。我们在上节中已指出,这两句都是"信重于疑",区别在于 A 句具有询问功能,要求对方表示态度,B 句没有询问功能,都有"姑且同意或认定"的陈述功能。比较"有五里地吧。"与"有五里地。"可以发现:前句语气不太肯定,信中存疑,而后句语气却相当肯定,没有任何怀疑。正由于前句用了"吧",有怀疑因素在内,所以即使肯定,也包含有一种勉强同意、姑且认定的意思。例如:

　　(52) 八成新就八成新吧,好歹的拉着,等有了富裕再换。(骆 70)

　　(53) 好吧,春天买上了新车,就算是生日吧。(骆 90)

　　语感可以帮助我们分析种种语言现象时作参考,但不能作为鉴别的标准。为了搞清 A 句与 B 句在语音形式上的区别,我们必须求助于语音实验手段。我们请华东师范大学中文系语音实验室和南开大学中文系语音实验室分别对十组句子进行句调语音实验,使用的都是 KAY6087PC 型 Visi-Pitch(可见音高仪),发音人分别为女性与男性成年北京人。[16]语音实验结果择用二例:

〔见第 56—58 页附图〕

比较 A 句和 B 句,我们可以发现它们的语音形式有明显区别:

1. A 句的调阈较高,B 句的调阈较低。

2. A 句的调域较宽,即调幅拉开了;而 B 句的调域较窄,调幅没有拉开。

3. "吧"字在 A 句中较高较长,在 B 句中较低较短。

要特别指出的是:三个区别特征中,第 1、2 条较重要,尤其是第 1 条。A 句作为疑问句,它往往有疑问焦点,所以 A(1)中的"五",A(2)中的"没有"调阈较高;而 B 作为应答句,虽然作出了肯定性回答,但心中仍不敢最后肯定,所以不想强调有关的焦点,因而 B(1)的"五"、B(2)的"没有"调阈显得相对较低。

再比较下面一组例句:

A:你也说说吧?

B:你也说说吧!

A 句与 B 句的区别在于:A 句提出建议并征求对方意见,B 句提出建议但并不征求对方意见,相同之处在于都不敢完全肯定,即心中有一点疑惑。吕叔湘指出:"非问话式的建议和问话式的商量,语气的刚柔自然不同,但实际上是很容易转换的。"⑰如果句调略略上升一些,建议中即带有商量的口吻;句调略略下降一些,建议中即带有催促的意味。下例中这两种句子都存在着:

(54)你现在也该说句老实话了吧?……你至少也该在妹妹面前对我讲一句明白话吧。(曹 407)

其实,不仅如此,非问话式的陈述和问话式的征询也是很容易转换的。如果句调略略上升一些,估测中即带有征询的意味;句调略略下降一些,估测中即带有和缓的口吻。例如:

(55)可能还是太单一了吧?(北 445)

(56)哪个字?可能是足边加个曾吧。(北 354)

如果再比较带"吧"与不带"吧"的祈使句或陈述句,便可以发

55

现，带"吧"的句子口气明显和缓，而不带"吧"的句子口气却比较直率。其主要原因就在于语气词"吧"降低了句子"信"的程度，从而大大削弱了肯定语气。太肯定的语气往往给人一种不太客气，过于率直的印象，祈使句更接近于命令句，陈述句更接近于判断句。

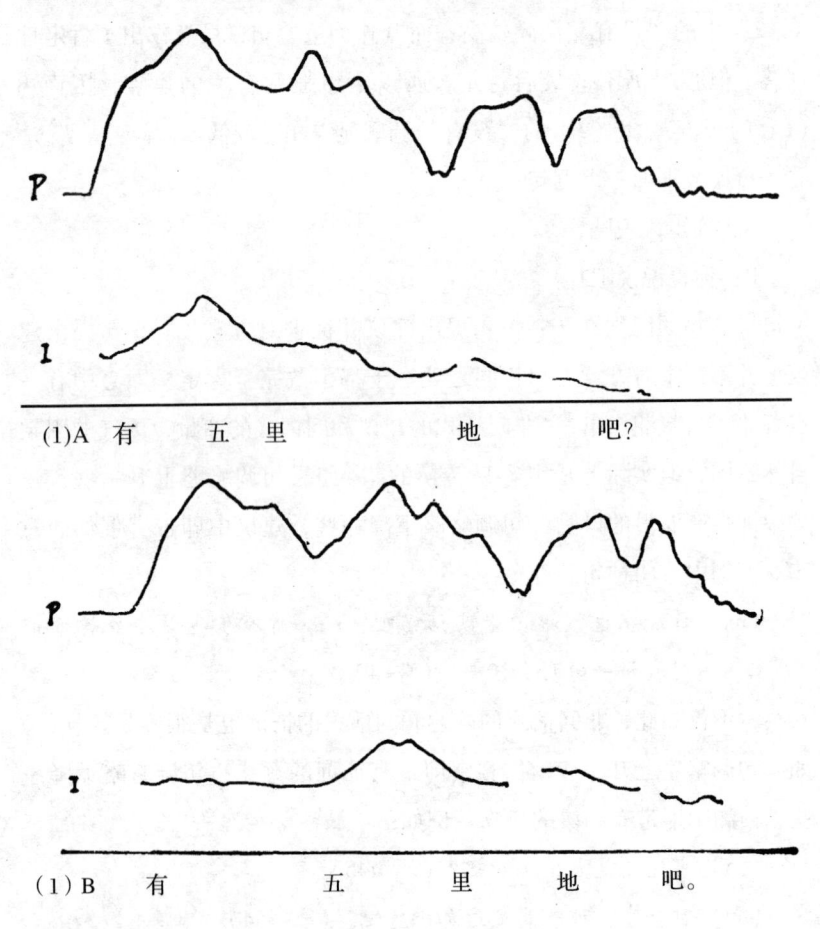

(1)A 有 五 里 地 吧？

(1)B 有 五 里 地 吧。

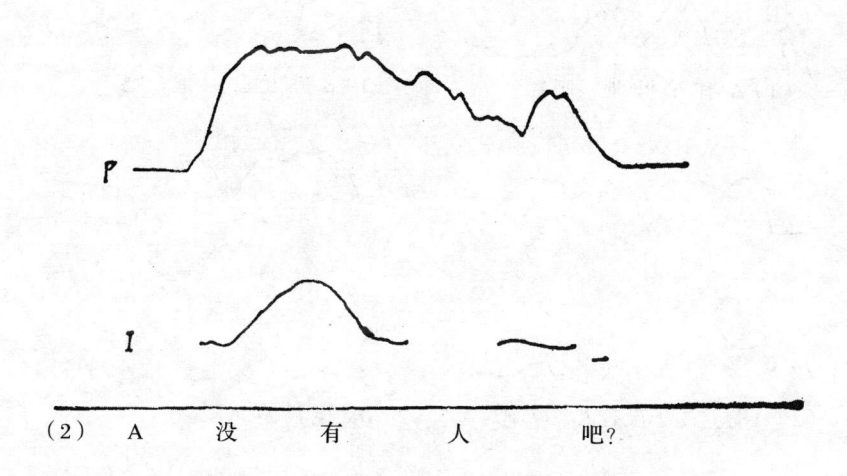

第一章 疑问句结构类型研究

（2） A 没 有 人 吧？

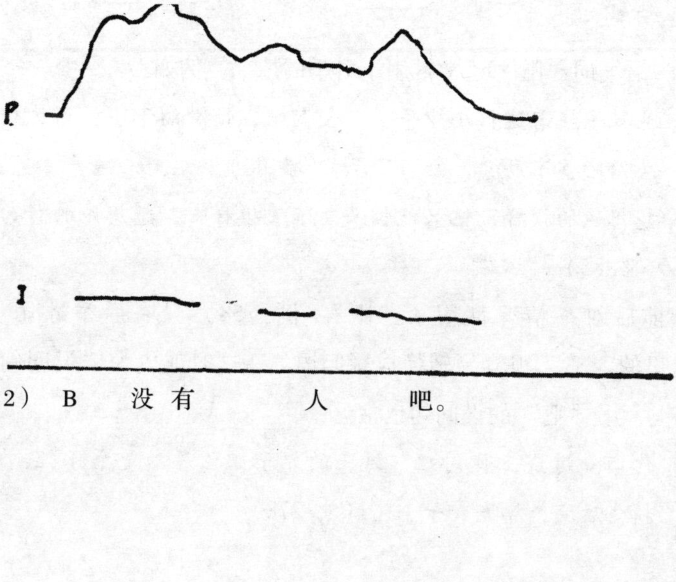

（2） B 没 有 人 吧。

57

(1) A 有 五 里 地 吧？　　(1) B 有 五 里 地 吧。

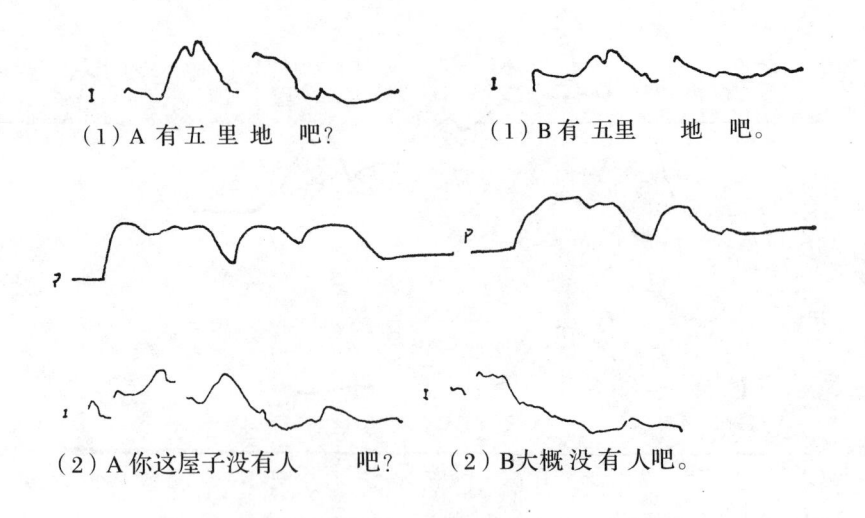

(2) A 你这屋子没有人 吧？　　(2) B 大概没有人吧。

此外，语气词"吧"还常常用于对举的情况。例如：

(57) 他双手托着这位小少爷，不使劲吧，怕滑溜下去，用力吧，又怕给伤了筋骨，他出了汗。（骆 44）

(58) 想想她的模样，他只能摇头。不管模样吧，想想她的行为。（骆 85）

例（57）前后对举情况都用了"吧"，例（58）只有后举才用了"吧"。这里的"吧"很容易转换成疑问语气，这时就成为"设问句"了。事实上，用"吧"的设问句也常见：

(59) 你们知道武王伐纣吧？纣王的妃子妲己原本是个狐狸，成精之后变个漂亮女子……（北 278）

四、是非问与特指问的混合句式

语气词"吧"不仅出现在是非问句尾,有时也可以出现在特指问句尾。这类句子比较特殊。例如:

(60) 啊!骆驼出西口没什么危险吧?(骆 27)

(61) "甭瞎摆盘,你怎办吧?"虎妞心里扑通,嘴里可很硬。(骆 128)

对此,语法学界有两种不同的解释。赵元任认为:"这种问句里的'吧'是建议性的'吧',不同于表疑问的'吧',意思是'你说吧,你到底要干什么?'"[18]朱德熙也持相同看法,认为这里的"吧"是表祈使的"吧$_2$",不等于表疑同的"吧$_1$"。[19]《现代汉语八百词》也持相似观点,认为"等于前面省去'你说',有催促对方回答的意味。这是一种祈使句,不是疑问句"。[20]与此不同的是邢福义的解释,他认为这种问句具有"二重性",即这是一种"特指问+是非问"两问结合的二重性句式。"你到底要干什么吧?"等于"你要干吧?→你到底要干什么呢?"因此,答话人既可以针对是非问回答,也可以针对特指问回答。[21]

我们认为把这类问句看作"祈使句"是不合适的。首先,省略"你说"这一种解释主观性太强,几乎所有的疑问句,我们都可以说成是省略了"你说",例如:

(62) 谁去?→你说谁去?

(63) 你去不去?→你说你去不去?

(64) 今天是星期一吗?→你说今天是星期一吗?

我们总不能因此把所有的疑问句都说成是省略了"你说"的祈使句

吧！其次，把"吧"区分为表祈使与表疑问的两个语气词，理由是不充分的。正如陆俭明指出的那样："疑问句里的'吧'同时含有测度、祈使的语气意义。而非疑问句里的'吧'则同时含有'有所疑'的意味。"第三，句子语气类型与句子交际功能并不是必然对应的。例如"这屋子怎么这样热呢？"它是典型的特指问句，但它的交际功能却可能是"祈求"，是希望对方打开窗户或打开电扇。因此，确定句子语气类型必须主要依靠它的形式标准，同时兼顾它的交际功能。

我们认为这是一种特指问与是非问的混合句式，是一种形式简略而内容丰富的特殊句式。它主要有两个作用：

1. 发问人对所问之事总体上讲是比较认定的，但尚有所疑惑，即"你要干吧？"而对具体情况则是完全不清楚的，即"你到底要干什么呢？"由于总体认定，所以除了用语气词"吧"之外，句中还常常出现"一定是""总是"等表示肯定语气的词语。例如：

(65) 就说你们让服务员敬烟的事儿，总给了她什么好处吧？（转引于邢文）

邢氏指出："你找他有什么事吧？"这类句子中的"吧"可以换成"吗"，甚至"呢"，但是，在有"一定是""总是"这些表肯定词语的句子中，"吧"既不能换成"吗"，也不能换成"呢"。这一观察是正确的，但邢氏没有说明其原因。其实，这正是因为"吧"字疑问句的疑惑程度小于"吗"字疑问句以及"呢"字特指问句。"一定是""总是"等词语的出现，在语义上限定了整个问句的疑惑程度向〔疑0〕的趋势，这显然与"吗"字问句以及"呢"字特指问所表明的疑惑程度是格格不入的。

2. 发问人对所问之事有双重追求，但又不耐烦作两次提问，而希

图一次解决问题，所以干脆把两问合为一问，因此，句中常常出现"究竟""到底"这类助问词语。例如：

（66）你究竟又打算干什么吧？（曹 405）

总之，本章运用内外层相关句式比较，对带语气词"吧"的是非疑问句进行多向分析：第一，通过"吧"字疑问句内部比较，归纳出它所表示的四种不同的语法意义，并分析了影响这些语法意义的各种要素；第二，通过"吧"字疑问句与其他相关疑问句的比较，构拟了汉语疑问句系统的疑惑程度的级差，指出"吧"字疑问句的疑惑程度处于〔疑1/2＞W 吧？＞疑0〕，参照点为〔疑1/4，信3/4〕。并进而分析了现代汉语疑问句式与疑惑程度的对应关系，建立起强疑问句、高疑问句、中疑问句、低疑问句、无疑问句五个等级；第三，通过带"吧"的疑问句与陈述句、祈使句之间的比较，指出疑惑与询问是关系密切但并不等同的一对因素，把两者区别开来有助于对语言现象的精细分析。并运用语音实验手段，对有争议的"有五里地吧？"与"有五里地吧。"进行了比较分析，指出两句之间存在着一系列区别性语音特征，以及在语义、交际功能上的特点；第四，指出特指问句尾带上语气词"吧"，实际上是特指问与是非问的混合句式，并分析了这种句式的特点与作用。

附注：

① 吕叔湘《中国文法要略》297 页，309 页，商务印书馆1982 年。
② 胡明扬《北京话的叹词和语气词》，《中国语文》1981.6。
③ 参见第二章第二节"'X 不 X'附加问研究"。
④ 黄国营《"吗"字用法初探》，《语言研究》1986.2。

⑤ 李宇明、唐志东《汉族儿童问句系统习得探微》4 页，华中师大出版社 1991 年。

⑥ 赵元任《汉语口语语法》356 页，商务印书馆 1979 年。

⑦ 同⑥356 页。

⑧ 吕叔湘《语法学习》，中国青年出版社 1953 年。

⑨ 徐杰、张林林《疑问程度与疑问句式》，《江西师大学报》1985.2，曾把疑问程度量化，分为四级，参数分别为 100%、80%、60% 以及 40%，该尝试很有意思，其中，关于"吗"字问句与"吧"字问句的分析同我们的结论相近，但是问题在于参数随意性太强，而且有的分析引进了语境条件，方法论上不一致，这必然影响了结论的可靠性。

⑩ 同① 281 页。

⑪ 同① 283 页。

⑫ 同① 298 页。

⑬ 同②。

⑭ 同⑤ 2 页。

⑮ 陆俭明《关于现代汉语里的疑问语气词》，《中国语文》1984.5。

⑯ 因篇幅有限，只选用其中两组句子的六张图。华东师范大学中文系毛世祯、叶军同志，南开大学中文系石锋同志等给予热情的帮助，特表谢意。

⑰ 同① 310 页。

⑱ 同⑤ 361 页。

⑲ 朱德熙《语法讲义》211 页，商务印书馆 1982 年。

⑳《现代汉语八百词》52 页，商务印书馆 1980 年。

㉑ 邢福义《现代汉语的特指性是非问》，《语言教学与研究》1987.4。

［原载《第四届国际汉语教学讨论会论文选》，北京语言学院出版社 1995］

第三节　论语气词"啊"在疑问句中的作用暨方法论的反思[*]

语气词"啊"到底算不算疑问语气词，长期以来存在着争议。20世纪80年代中，陆俭明先生（1984）一言定乾坤，几乎成了铁案。他的结论是：现代汉语疑问语气词只有两个半："吗""呢"和半个"吧"。换而言之，他把"啊"给开除了。他的理由是："把'啊'看作疑问语气词缺乏根据，在形式上得不到验证。"（1984）大家对这一结论一直深信不疑。但是现代语音实验的结果以及深层次的方法论思考却迫使我们重新来衡量这一命题的可靠性。陆先生的论证主要有三条：

第一，语气词"啊"可以出现在各种类型的句子末尾，所以不是疑问句特有的；

第二，是非问句的疑问信息是由"升调"承担的，现代汉语不存在带降调的"啊字是非问"，因此语气词"啊"并不承担疑问信息；

第三，在非是非问句中，疑问信息是由疑问词、疑问结构承担的，"啊"并未增加任何疑问信息量。

对这三点，我们将逐一进行检讨，并在方法论层面上进行反思。

---

[*] 本文在"第四届海外中国语言学者论坛"（徐州师范大学2011年12月）上宣读。

一、"啊"跟其他疑问语气词的比较

"语气词'啊'可以出现在各种类型的句子末尾",这个判断的言下之意就是"啊"不是疑问句特有的,所以"啊"只是个普通的语气词,但不是疑问专用语气词。不过这条理由并没有多大的说服力,因为即使被看作典型疑问语气词的"呢""吗""吧"也可以在其他类型的句子,包括陈述句、祈使句和感叹句末尾出现,然而这却并不妨碍它们被看作也是疑问语气词。(本文例句全部摘自北京大学 CCL 语料库)

1. "呢"

(1) 小康之家也好,是有钱儿也好,他才能这么办呢。(《1982 年北京话调查资料》)(陈述句)

(2) 哎,这人在这儿呢。(《1982 年北京话调查资料》)(陈述句)

(3) 冯局长刚刚打来电话,发脾气了,让你去分局汇报呢!(谈歌《城市警察》)(祈使句)

(4) 月光歌舞厅让人砸了,小张让咱们快去呢。(谈歌《城市警察》)(祈使句)

(5) 说不定我现在已经饿得没力气说话了呢!(《中国北漂艺人生存实录》)(感叹句)

(6) 如果敌人来偷袭,不做俘虏才怪呢!(《中华上下五千年》)(感叹句)

2. "吧"

(7) 我母亲来的时候儿,那个也就是,三十几岁吧。(《1982 年北京话调查资料》)(陈述句)

(8) 这大概是老天在另一方面对我的补偿吧。(《中国北漂艺人生

存实录》)（陈述句）

(9) 叔叔阿姨，可怜可怜我吧！(《中国北漂艺人生存实录》)（祈使句）

(10) 老弟，听哥一句劝吧。(《中国北漂艺人生存实录》)（祈使句）

(11) 真是蜉蝣撼树，螳臂挡车，太不自量了吧！(《佛法概要》)（感叹句）

(12) 一杯咖啡就想把我打发了呀，也太小气了吧！(《中国北漂艺人生存实录》)（感叹句）

3. "吗"

(13) 里边儿不认识可不就不让你们进去吗。(《1982年北京话调查资料》)（陈述句）

(14) 就那请安那个姿势，溥杰先生还作过示范吗。(《1982年北京话调查资料》)（陈述句）

(15) 你也搞点市场调节嘛，让大家再说说。(新华社2004年新闻稿)（祈使句）

(16) 你去找林总说一说嘛。(1994年报刊精选/05)（祈使句）

(17) 黄书记高兴地说："概括得蛮好吗！"(1994年报刊精选/06)（感叹句）

(18) 毛泽东不以为然地说道："我看这是出好戏吗！"(1994年报刊精选/05)（感叹句）

其中用于祈使句的"ma"，写作"嘛"，其实跟"吗"完全同音，只是因为"吗"的疑问用法非常强势，为了区别才把汉字写为"嘛"，换言之，这仅仅是书面上的区分，有点像"ta"在书面上分别写作"他、她、它"一样。可见，"呢""吧""吗"都可以出现在不同句类，包括陈述句、祈使句、感叹句和疑问句的句子末尾，而"啊"也可以全部出现在四种句类的末尾，这四个语气词在这一点上没有什么根本性区别，如果说有区别，只是在不同的句类里使用的概率有差异而已。

如果我们并不因为语气词"呢""吧""吗"也出现在非疑问句的末尾就否认它们也是疑问语气词，那么我们也同样不能因为"啊"都能够出现在非疑问句的末尾就否认它的作用之一是疑问语气词。或者起码说，这条否定的理由是非常勉强的，对所有的语气词，我们应该一视同仁。换而言之，现代汉语里的这些个语气词本来就都是多功能的词，并非仅仅附属于哪一个具体的句类。

二、带降调的"啊"字是非问

陆先生认为"根据声学仪器的实验和我们的考察，带'啊'的是非问句（以下记为A″），其句调跟不带语气词的是非问句（A）一样，是'升调'……由于现代汉语中不存在句末带'啊'而句调为降调的是非问句……便不难发现，（A″）的疑问信息也跟（A）一样，是由升调所负载的"。这句话的关键是，认为现代汉语里"啊"字是非问全部都是升调，没有降调的。

不过遗憾的是，我们没有看到陆先生提供的声学实验数据。那么语言事实到底怎么样呢？为此我们请暨南大学华文学院专攻实验语音学的王茂林博士做了有关语调的语音实验（发音人为北京人）。[①]结果，我们发现，疑问句的语调不是简单的升或降的两分对立，还需要进行专门的细致的研究，而且疑问句跟非疑问句的对立也不是单纯依靠语调就可以解决的。我们不可能对此进行全面的比较，只是就两个主要

问题进行了对比分析:

(一) 带"啊"的跟不带"啊"的是非问句比较

请比较下面四句语调的"基调曲线":

(1) 今天星期一?

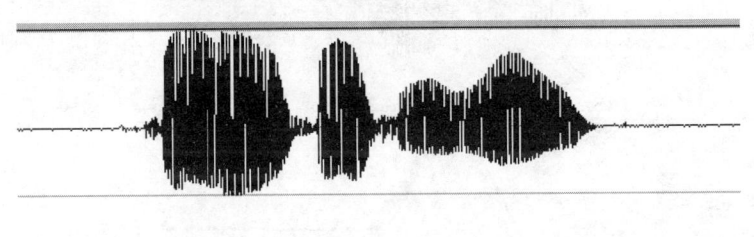

(2) 今天星期一啊?

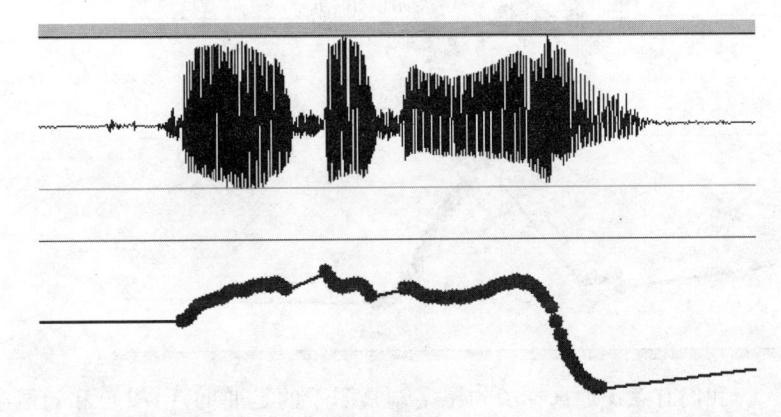

(3) 你去?

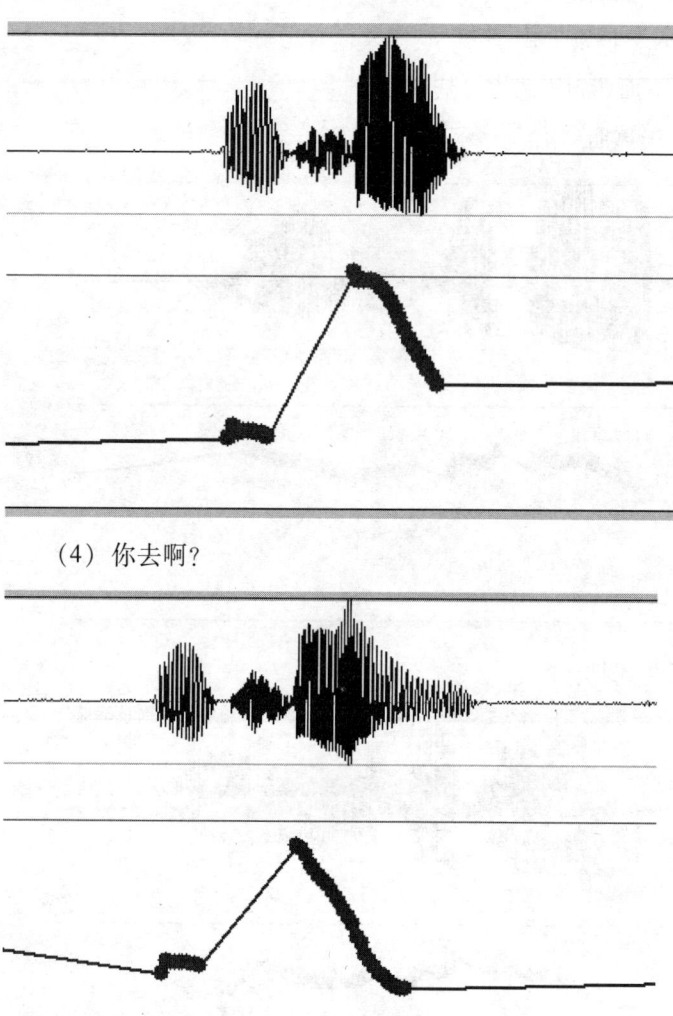

(4) 你去啊?

我们有意识地选择了句尾字调是阴平的是非问(1/2)和句尾字

调是去声的是非问（3/4）。比较各自的图谱，可以发现：（1）（2）是非问属于语调是非问，没有语气词，句调明显上升承担疑问信息。而（2）（4）则为"啊"字是非问，（2）的"一"的字调略微抬起就下降，到"啊"时，语调明显下降，与（1）两句形成对立，这一点是很清楚的。后一例句的句尾"去"由于本身字调就是去声降调，汉语里语调不可能颠覆字调，所以（3/4）两句的对立不如（1/2）那么明显。但是仔细比较，就会发现：（3）升得厉害，降得有限；而（4）则升得有限，降得厉害，两者形成区别，因此把（4）看作降调还是有理据的，从而跟（3）形成对立。我们的解释是：由于有语气词"啊"承担了疑问信息，所以影响了语调的上扬，可见，认为带"啊"的是非问句没有降调的看法是不符合事实的。

（二）带"啊"的是非问跟非疑问句比较

带"啊"的是非问跟感叹句、陈述句的比较，如果仅仅依靠语调，是很难区别的，因为语调的形态相当接近。请观察下面"今天星期一"不同句类的"基频曲线"：

（5）今天星期一啊？

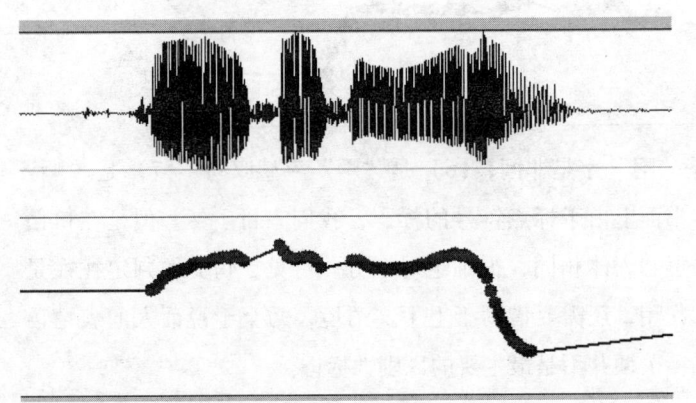

（6）今天星期一啊！

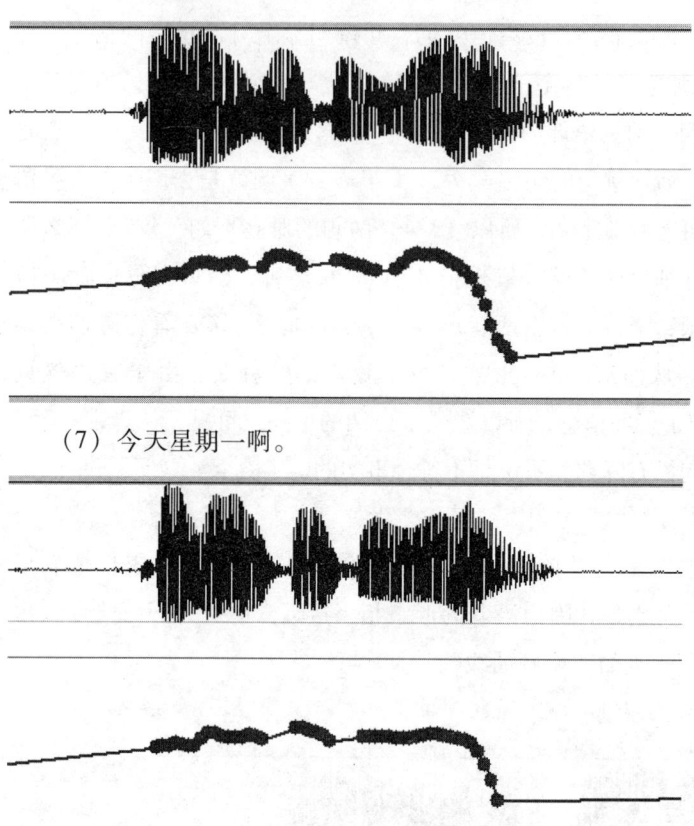

（7）今天星期一啊。

（5）是"啊"字是非问，（6）是"啊"字感叹句，（7）是"啊"字陈述句。书面上由于标点符号的标志，我们一目了然。但是在口语上，语调的形态大体相同，很难绝对区分。可见，句类的判定往往是综合因素起作用，还需要借助于上下文语境，乃至于说话人的表情语气等的协助。语调并不是最主要的区别性标记。

通过以上的比较，我们可以得出几个结论：

1. 带"啊"的是非问，句调可以是降调，这在现代汉语里确实存在。如果带了"啊"还是升调，当然可以，那么疑问信息就得到了特别的强调。

2. 判断是否疑问句，不仅仅靠单一标准，往往需要多重标准。换言之，疑问信息大多数情况下不是简单的只是某一项要素来承担，而往往是几个要素共同承担。

3. 语气词"啊"在疑问句里在承担疑问信息方面确实起到一定的作用。

三、"啊"在非是非问句中的作用

陆先生认为在非是非问句的疑问信息是由 Q（疑问词或者疑问结构）以及升调承担的，末尾带上"啊"之后，"并未增加疑问信息量"，只是"语气和缓些"。"特指问"以及正反问（包括选择问），作为疑问句来说，本来似乎不再需要"啊"，因为它们的疑问信息由疑问代词或者疑问结构来承担已经很明显了。（邵敬敏 1996）但是，我们比较有"啊"以及没"啊"的问句，发现没有"啊"的特指问，语气确实比较直接，显得有点儿生硬，而有"啊"的特指问，语气确实要缓和得多，主要出现在如下语境里面：对方是尊敬的人，要用"您"（例1），或者是有求于对方（例2），或者是套近乎聊天（例3），或者是自问自答（例4），或者是慰问之词、安抚之词（例5），或者是促膝谈心（例6）。例如：

(1) 您说那奠酒是什么意思啊?(《1982年北京话调查资料》)

(2) 哎,北大附中在哪儿啊?(《1982年北京话调查资料》)

(3) 咱这牛街为什么叫牛街啊?牛街啊。啊,您知道不知道?(《1982年北京话调查资料》)

(4) 什么叫"劫石"啊?劫,是佛教里的时间单位。(《佛法修正心要》)

(5) 当家师来慰问马祖:"您近来身体怎么样啊?"(《佛法修正心要》)

(6) 给你配几辆坦克,配一个炮兵连,还要进行对空联络,你怎么指挥啊?(《邓小平文选2》)

我们认为,这类非是非问,主要有两种情况:

第一,一个特指问句之后,再用"啊"来表示一种追问。相当于"S,W,啊?"如果语速快了,两者就可能合二为一,转化为"S,W啊?"在口语里这样两种形式并存的例句并不少。例如:

(7) 咱们到美国去玩一趟,怎么样,啊?(施亮《无影人》)

(8) 听完罗瑞卿的汇报,还关切地问,你身体怎么样啊?(陶克、任燕军《大比武备忘录》)

(9) 这是干什么,啊?(《读者》(合订本))

(10) 他经常找曹家干什么啊?(刘心武《曹家浮沉之谜》)

例(7)(9)都是"W,啊?"单独的特指问,自然需要对方回答,但这些个特指疑问句都很容易转化为像例(8)(10)一样的"W啊?"区别就在于前者往往显得咄咄逼人,再来个"啊?"反而显得口气和缓,是一种带有商量、征询的口吻。不管是"W,啊?"还是"W啊?"语气比起单独的特指问"W?"来都相对和缓。

第二，正反问、选择问末尾带上"啊"，情况跟特指问类似。例如：

(11) 你们喝开水不喝啊？也有凉开水，也有……（《1982年北京话调查资料》）

(12) 这个闻完了是不是得打喷嚏啊？（《1982年北京话调查资料》）

(13) 这家不冷啊。常烧煤还是常烧柴啊？（1994年报刊精选/02）

(14) 现在是青工多还是老的中年的多啊？这个我不太清楚。（《1982年北京话调查资料》）

这里的情况几乎同样可以分析为"W，啊？"转化为"W啊？"。例如：

(15) 你说，我这话对不对？啊？（刘流《烈火金刚》）

(16) 其实啊，我们也是受害者，对不对啊？（《编辑部的故事》）

(17) 你应该给大家讲清楚，是不是，啊？（张平《十面埋伏》）

(18) 还有几千元存款，是不是啊？（戴厚英《闻捷之死》）

语气和缓，自然不属于疑问信息的增强，问题是"啊"的使用，不论增强疑问信息还是减弱（和缓）都是起作用的。我们不能只承认增强是起作用，减弱就不是。

四、"啊"在是非问句中的作用

更为关键的是"啊"在是非问中的作用。陆先生认为，无论是非问还是非是非问句，只要带上了语气词"啊"，"在这里'啊'并不表示疑问语气,只表示说话人的某种态度或情感"(原文注解是:使问句语气显得和缓而不显得生硬)。换言之,他觉得"啊"在非是非问和是非问中的作用是相同的,对这一点,我们以为更可以商榷。

"啊",作为语气词的作用,其实主要在于"传递说话者的一种情绪",这一情绪,以"惊叹"(惊讶、感叹)为主。在非是非问句里,所谓的和缓语气,只不过是由于传递了这样的感叹情绪所造成的结果,并非"啊"本身的意义。因为单独的特指、正反或者选择询问,如果没有感叹情绪的表达,就显得比较直截了当,显得公事公办,所以感觉有点生硬。一旦带上了"啊",就带上了感情色彩,冲淡了生硬的语气,显得柔和了一些。

但是,比较带"啊"的非是非问句与是非问句,我们就会发现一个很有趣的情况:是非问句末尾用"啊",跟特指问、正反问、选择问的情况不同,并非只是表示和缓疑问的口气,而是也表示对句子命题的惊疑(又惊又疑)。比较下面三例:

(1) 你是李部长?(自拟)

(2) 你是李部长啊?(自拟)

(3) 你是谁啊?(自拟)

例(1)表示的怀疑,是不可思议,有否定性倾向,并不要求对方回答,而且很容易转化为反诘问。[②] 例(2)由于"啊"的使用,怀疑的程度明显减弱,语气显得和缓,但增添了惊叹的成分。相当于:"你是李部长,啊?!我居然没有想到。"而且还希望对方回答。例(3)特指问则因为这个"啊"口气显得和缓,减少了直接询问的突兀和无礼,但却只有缓和语气的作用,没有惊叹的语气,因为句子的焦点是在疑问代词上面,既然连信息都不知道,就无所谓惊叹。而在是非问句里,全句的焦点是已知信息,说话者可以显示惊叹的语气。对疑惑的和缓和对事实的惊叹,这两种语气不是对立的。可见例(2)的语气词"啊"显示的是"惊疑"和"求答"。比较下面两例,可以看出例(4)只是和缓询问的语气,例(5)则不仅语气和缓,而且表示又惊又疑。

(4)噢,不是大力。你是谁啊?(《大宋提刑官》)

(5)为朋友啊?现在这样的人不多见了。(《冬至》)

我们曾经对是非问句的内部类型做过比较,发现语气词是非问(包括"吗"字是非问和"吧"字是非问)跟语调是非问有着明显的区别性功能的对立。前者是因疑而问,以问为重,求答为主。后者是因疑生否,用问显否,表态为主。前者不能直接转化为反诘问,"吗"字是非问必须借助于语气副词"难道"等才行,"吧"字是非问即使借助于语气副词也不能转化为反诘问;而语调是非问直接就可以转化为反诘问,因为从高度怀疑到否定是轻而易举的。可见语调是非问跟语气词是非问从本质上说,属于是非问句内部对立的句类。

"啊"字是非问应该属于语气词是非问,功能完全不同于语调是非问。"啊"在是非问里的作用不是"和缓语气",它承担了"惊疑"以及"求答"的双重功能。

这里其实涉及一个极为重要的原则:疑问信息的承担,可能是单一的,也可能是复合的、多重的。我们在承认单一形式承担载体的同时,也不要忽略了复合形式更为复杂的情况。否则我们也无法解释,为什么一个特指问句或者正反问句,有了疑问代词或者疑问结构,还可以利用升调,甚至于加上疑问语气词"呢"来强化疑问程度。例如:

(6)谁去?↘你去不去?↘(自拟)

(7) 谁去？↗你去不去？↗（自拟）

(8) 谁去呢？↘你去不去呢？↘（自拟）

(9) 谁去呢？↗你去不去呢？↗（自拟）

我们不能因为例（6）里的"谁"以及"去不去"已经承担了疑问信息，就否认例（7）里的升调以及例（8）里的"呢"也是承担疑问信息的。我们把例（6）称之为"单一承担型"，例（7）（8）是"复合承担型"，例（9）是"多重承担型"。

语调是非问的疑问信息，无疑是由升调承担，或者说"升调"这一形式在是非问里表示怀疑的信息，一旦添加了语气词"啊"之后，原来的是非问功能就发生了变化，"啊"字是非问的疑问信息不仅仅是表示怀疑，而是转化为怀疑基础上侧重于询问，要求对方回答，而且显示发问人的惊叹口气。其中"惊叹""求答"显然不属于"升调"这一形式所蕴涵的语义，事实上应该是语气词"啊"承担的。

因此，我们认为，"啊"字是非问中的语气词"啊"，也应该是疑问语气词，跟"吗""吧"具有同等的语法地位。

五、"啊"研究的启示以及对"呢"的反思

我们曾经在《语气词"呢"在疑问句中的作用》（1989）一文中，认为在疑问句中，疑问信息是由语调决定的，跟"呢"无关。我们论证的方法，似乎很严密，但却犯了个基本错误，那就是认定有关疑问信息载体时采取了简单化的办法，即只承认单一的载体，而否认了复合载体和多重载体。通过对语气词"啊"的研究，我们需要对"呢"的研究方法论进行反思，并且提出以下修正意见：

1. 通常认为:"是非问句中,只有句调呈降调时,'吗'才负载疑问信息,而呈升调时,'吗'实际上是羡余信息。"通过上文的分析,我们认识到,语调是非问跟"吗"字是非问是不同的类型,即使在升调的"吗"字是非问里,"吗"也绝对不只是个"羡余信息",而是传递"求答"的重要信息。在语言中,没有绝对的羡余信息。它往往承担了其他的语义或者功能。如果真的是多余的,就必然会被淘汰。

2. "非是非问句中,由于特指问、选择问、正反问都具有特殊的疑问形式,它们已负载了疑问信息……因此'呢'也不一定非出现不可。换言之,升调和'呢'也都是羡余信息。"这一看法显然也是偏颇的。因为,比较"谁去?"和"谁去呢?"就会发现,后者有深究的意味,而这正是疑问范畴里的重要语法意义,绝不仅仅是一种羡余信息。

3. 我们正确地指出了在一定的语境中"NP?"或者"VP?"也可以构成非是非问句的简略格式(例如:"你?""你去?"),因此就推论:"呢"在任何疑问格式中都不负载疑问信息,包括"他呢?"或者"他不去呢?"这显然也是片面的。事实说明,即使在"他呢?""他不去呢?"里面,"呢"也是承载"深究"这一疑问信息的。

从方法论上检查,我们需要改变过去的单向思维,不要把复杂的问题简单化,错误地以为,为某种意义寻找其匹配的某一类语法形式,而且一旦找到,就排斥其他的可能性,而必须认识到世界是复杂的,某种语法意义完全可能有几种语法形式来分别负载,或者说,某种语法意义在不同形式承担时,是存在差异的。反之,一种语法形式,也可能负载几种语法意义。换言之:语法意义跟语法形式之间,往往不是一对一的匹配关系,而往往是一对多,或者多对一的交叉、复合、分载关系。比如说，橘子水，酸甜；这一感觉是由橘子汁决定的；现在加上了蔗糖，还是酸甜，不过比较甜。我们怎么能够断言，这一比较甜的酸甜只是由橘子汁决定的而跟蔗糖没关系呢？因为现在这一甜度明显强于原先的橘子水了。这一"橘子水理论"无疑可以帮助我们加深"复合形式"的作用，这对我们加深认识语法意义和语法形式的关系是至关重要的。

附注

① 王茂林博士语调实验用的是 Praat 软件，发音合作人是他的学生宋易康，该生自小就在北京长大。对两位的帮助谨表感谢。

② 这一分析详见拙稿《是非问内部类型的比较以及"疑惑"的细化》，《世界汉语教学》2012 年第 3 期。

参考文献

胡明扬（1981）北京话的语气助词和叹词，《中国语文》第 5—6 期。

陆俭明（1985）关于现代汉语里的疑问语气词，《语法研究和探索》（三），北京大学出版社。

邵敬敏（1989）语气词"呢"在疑问句中的作用，《中国语文》第 3 期。

邵敬敏（2012）《是非问内部类型的比较以及"疑惑"的细化》，《世界汉语教学》第 3 期。

［原载《语言科学》2012 年第 4 期］

第四节　语气词"呢"在疑问句中的作用[*]

语气词"呢"不仅可以出现在陈述句的末尾，而且也可以出现在某些疑问句的末尾，因而，吕叔湘先生把"呢"分为两个："直陈语气词"和"疑问语气词"（《中国文法要略》）；朱德熙先生又进一步把"呢"分为三个：呢$_1$表示持续时态，呢$_2$表示疑问语气，呢$_3$表示说话人的感情和态度（《语法讲义》），等等。不管把"呢"看成几个，有一点是相同的，即认为其中一个是疑问语气词，它负载了该疑问句的疑问信息。对此持不同看法的只有胡明扬先生一人，他认为"呢"只有一个，语法意义表示"提请对方特别注意自己说话内容中的某一点"，在疑问句中，"'疑问'，是由语调决定的，和'呢'无关"（《北京话的语气助词和叹词》）。[①]

我们考察并比较了大量的语言材料，认为胡明扬先生的看法尽管还不够十分准确，也缺少充分的论证，但大体上是正确的。我们认为：

"呢"在任何疑问格式中都不负载疑问信息；区别歧义格式"W + ↗?"（A/D′）以及"Np + 呢 + ↘"只能依靠语境来进行；"呢"的基本作用是"提醒"，在疑问句中的派生作用是"深究"，在非是非问句简略式中还兼有"话题"标志的作用。

---

[*] 本章曾在1988年5月召开的第五次现代汉语语法学术讨论会上宣读，会后又做了修改。华东师大成人教育学院中文系学生杨宁帮助收集材料，并参加部分章节的讨论，谨表谢意。

一、"呢"与疑问信息

在疑问句中,语气词"吗"和"呢"的对立,这是大家公认的,即"吗"只能出现在是非问句的末尾,"呢"则只能出现在非是非问句的末尾,它们形成对立性互补。随着研究的深入,人们又进一步认识到:

1. 是非问句中,只有句调呈降调时,"吗"才负载疑问信息,而呈升调时,"吗"实际上是羡余信息,尽管从言语表达角度讲,可以起到加强疑问语气的作用。

2. 非是非问句中,由于特指问、选择问、正反问都具有特殊的疑问形式,它们已负载了疑问信息,因此句调念成升调或者降调都可以,"呢"也不一定非出现不可。换言之,升调和"呢"也都是羡余信息。

3. 非是非问句的简略式中,由于没有疑问形式存在,因此,"呢"实际上负载了该类疑问句的疑问信息。这类疑问句是指:

(1) 老唐,你呢?(老舍《春华秋实》)

(2) 姐,茶叶呢?(老舍《方珍珠》)

(3) 我不要钱呢?(老 29)

(4) 别人知道了说闲话呢?(曹 26)

陆俭明先生在《现代汉语里的疑问语气词》一文中专门讨论了这类疑问句,[②]他指出:"这种疑问句(以下记为 D)有以下三个特点:

(一)句子的语段成分是由一个非疑问形式 W 加上'呢'构成的,即'W + 呢'。

(二)句子的超语段成分是'升调',即:

(D) W+呢+↗?

（三）这种疑问句从表面看很像是非问句，实际上属于非是非问句，它跟是非问句存在着事实上的对立。"

陆文着重比较了三种疑问格式：

(D) W+呢↗?（例如"车呢?"）

(A) W+↗?（例如"车?"）

(A_2') W+吗+↗?（例如"车吗?"）

陆文的结论是：(A) 的"句末如要带语气词，只能带'吗'，不能带'呢'"，而由于 (D) 跟 (A) (A_2') 的对立，从而可以推断"疑问句 (D) 的非是非疑问信息显然是由'呢'负载的"。

但是，问题在于"W+↗?"格式是否仅仅只能理解为是非问句 (A)，句尾只能带"吗"。换言之，还能否理解为非是非问句的简略式（以下记作 D′）。如果原先的前提不能成立，那么整个结论就要重新考虑了。

二、"W+↑?"歧义格式的分化

非疑问形式 W 有两种情况，一是由 NP（体词性成分）构成，陆文所讨论的三例全属于这一种。第一例是：

(5)"后来怎么样呢?"四婶还问。

"听说第二天也没有起来。"她抬起眼来说。

"后来呢?"

"后来? ——起来了。她到年底就生了一个孩子……"（鲁迅《祝福》）

其中的"后来?"可以记作（A_a），如果我们稍微改动一下：

(6)"后来怎么样呢？"四婶还问。"听说第二天也没有起来。"她抬起眼来说。"后来？""后来吗？——起来了。她到年底就生了一个孩子……"

改动的句子，前句去掉"呢"（以下记作 D_a'），后句加上"吗"，成了（A_2'），句子意思基本不变。再看第二例：

(7)"你干什么去了？"刘四爷的大圆眼还盯着祥子。

"车呢？"

"车？"祥子啐了口吐沫。（骆 36）

上例中的"车？"确实只能理解为（A_a），但它本身没有任何形式标志提供确认是非问句的信息，我们完全可以设想在另外一种语境中：

(8) 甲　哎，还你车钥匙，谢谢！

乙　甭谢，车？

甲　就停在门口。

这里的"车？"显然是（D_a'），而绝不可能是（A_2）。陆文的第三例是：

(9) 女客　她呢？

男客　她？她去叫巡警了。（丁西林《压迫》）

我们举一个实例跟它做比较：

(10) 高秀才　……我问问你们，赵大娘，你敢干？

赵大娘　打官司。

高秀才　高大嫂，你？

高大嫂　打！（老舍《神拳》）

同样是单个人称代词构成的疑问句，"她？"为（A_a）式，而"你？"

却是（D_a'）式，两句的形式没有任何差别。事实上，在我们搜集的口语材料中，（D_a'）格式比（A_a）格式还要多，例如：

(11) 甲　当然能写呀，您听上联："出门不怕黑暗。"

　　　乙　嗯，下联？

　　　甲　"随身自带光明。"

　　　乙　有道理。横批？

　　　甲　"白天不用。"（侯宝林《卖春联》）

(12) 甲　你贵姓啊？

　　　乙　姓 X。

　　　甲　你台甫？（侯宝林《歪批三国》）

(13) 袁任敢　……曾先生，我有一件事拜托你——……

　　　（愫方一手持一床毛毯，一手持蜡烛，由书斋小门上。）

　　　袁任敢　愫小姐！

　　　（愫方点头。）

　　　曾文清　爹睡着了？

　　　（愫方摇头。）

　　　曾文清　袁先生，您的事？（曹 347）

例（11）的"下联？""横批？"例（12）的"你台甫？"以及例（13）的"您的事？"都只能理解为（D_a'）式，后面都可以添加"呢"。既然这些句子末尾不带"呢"时仍然是非是非问句，那么，我们当然不能在它们带上"呢"之后，就认为非是非问句的疑问信息是由"呢"来负载的了。因此，"Np + ↗?"实际上是个歧义格式，要判断它到底是（A_a）或还是（D_a'）式，显然不能依赖于格式本身，而必须根据该问句的前后语境。

那么，（A_a）式和（D_a′）式出现的语境有什么不同呢？分析陆文所举三例，我们发现一个有趣的现象，即"后来?""车?""她?"全都属于"回声问"，意思是说"你问后来吗？""你问车吗？""你问她吗？"而我们所举属于（D_a′）的"后来?""车?""你?"决不可能是"回声问"。下面两例都同时出现（A_a）式和（D_a′）式，也许更能证明这一点：

(14) 曾　霆　你恨，恨这个家吧？

　　　曾瑞贞　我？

　　　曾　霆　（追问）你？（曹368）

(15) 乙　奇怪，你来马谡？

　　　甲　马谡？

　　　乙　啊。

　　　甲　裘盛戎的。好哇！这角色他轻易不露。

　　　乙　你来司马懿？

　　　甲　侯老，侯喜瑞。

　　　乙　噢，赵云？

　　　甲　杨盛春。

　　　乙　王平？

　　　甲　张春彦。（侯宝林《空城计》）

例（14）"我?"是回声问，显然是（A_a）式，"你?"不是回声问，属于（D_a′）式；例（15）"马谡?"是回声问，也是（A_a）式，"赵云?""王平?"不是回声问，属于（D_a′）式。

这样，我们可以总结出一条规则：当"Np + ↗?"在某个特定语境中属于"回声问"时，它便为是非问句（A_a）式；除此之外，其余的都为非是非问句简略式（D_a'）。需要特别指出的是：无论（A_a）或（D_a），都不能作始发句，而（D_a'）加上"呢"则可以作始发句。

非疑问形式 W 的另一种情况是由 Vp（谓词性成分）构成，同"Np+↗?"一样，"Vp+↗?"也是个歧义格式，例如：

(16) 田富贵　谢谢大人！以前你给二毛子们不少方便，以后……
　　　孙知县　也照样给你们？
　　　田富贵　那你真是父母官了！（老舍《神拳》）

例（16）的"也照样给你们？"既可以理解为"也照样给你们吗？"也可以理解为"也照样给你们呢？"下面，我们把"Vp+↗?"的是非问句记为（A_b），把它的非是非问句简略式记为（D_b'）。

分析"Vp+呢+↗?"格式，可以发现它表示发问者提出的一种假设条件，而答话则表示在这种假设条件下的一种必然结果。这一点，陆俭明先生在他的另一篇论文《由"非疑问形式+呢"造成的疑问句》中也已指明，[③]同样，（D_b'）式也表示这种假设条件，试比较下面两例：

(17) 方大凤　放在棚上，万一叫耗子拉去呢？（老舍《方珍珠》）
(18) 方太太　只要他能处治了那个小妖精，怎么办都行！
　　　孟小樵　比如说，向三元自己要了方珍珠？
　　　方太太　那也行，只要他给钱！（老舍《方珍珠》）

例（17）中的"万一叫耗子拉去呢？"和例（18）中的"比如说，向三元自己要了方珍珠？"都含有表示假设的词语，而且出自同一位作者同一种剧作。同样的假设条件问句，一句带"呢"，另一句则不带"呢"。其实，即使句中没有表示假设的词语，（D_b'）式的假设义仍可以从前后语境中体会到，例如：

(19) 田富贵　我知道团的气儿是真足，官兵不见得是团的对手。
　　　孙知县　依你之见？（老舍《神拳》）
(20) 甲　你是认打认罚吧？
　　　乙　认打？
　　　甲　认打四十门闩。（侯宝林《朱夫子》）
(21) 甲　一天三顿饭。
　　　乙　三顿？
　　　甲　嗯。
　　　乙　早晨起来？
　　　甲　早晨炸酱面。（侯宝林《开粥厂》）

例（19）的"依你之见？"例（20）的"认打？"例（21）的"早晨起来？"前面都可以添上表示假设的词语，显然都只能理解为（D_b'）式。因此，能否添加假设连词"要是、如果"等，是它的形式标志。

这样，我们可以总结出来第二条规则：当"Vp +↗？"在某个特定语境中表示假设条件时，它便为非是非问句简略式（D_b'）；除此之外，其余的都为是非问句（A_b）式。要指出的是，不仅（D_b），即使加上"呢"构成（D_b'）也不能作始发句，这跟（D_a）和（D_a'）情况不同。

两条规则都采用了排除法，第一条针对"Np +↗？"以"回声问"先确定（A_a），剩下的便是（D_a'）；第二条针对"Vp +↗？"以"假设句"先确定（D_b'），剩下的便是（A_b）。这是从其性质来讲的，而事实上，人们的具体鉴别则总是选用最简便易行的方法，即看其句尾能添加"呢"还是"吗"，而且基本语义不变。但是，在脱离一定语境的条件下，这种方法便无效了。从中，我们可以得出两条重要的结论：

第一，不是语气词"呢""吗"决定了疑问句的性质，而恰恰相反，是疑问句的性质选择了句尾的语气词应该是"呢"还是"吗"。换言之，"呢"只是非是非问句的一种形式标志，有无标志不影响疑问句的性质；当"呢"出现在"W＋↗?"这种非是非问句简略式末尾时，其功能是将这种疑问句同不带"吗"的是非问句从形式上予以区别，它同样对句子的疑问性质不起决定作用，也不负载疑问信息。因此，"呢"不是一个疑问语气词。

第二，汉语的句调可以用来区别陈述句跟大部分的疑问句，但无法区别疑问句内部的是非问句和非是非问句。一般情况下，这种区别依赖于它们各自的结构特点，但是在"W＋↗?"格式中，由于句调及结构形式都一样，区别（A）和（D′）显然只能依靠语境来进行。换言之，语境（上下文）负载了这两类疑问句格式相区别的主要信息。理解了这一点，对我们的研究是至关紧要的。

"Vp＋呢＋↗"同"Vp＋呢＋↘"格式明显对立，例如"你欠我钱呢？↗"表示"如果你欠我钱那该怎么办"的疑问；而"你欠我钱呢。↘"则表示确认"你还欠着我钱"这一事实。可见，对立的形式主要表现在句调的升降上。但是，"Np＋呢＋↗"同"Np＋呢＋↘"格式并不形成明显对立，因为前者用升调固然明确表示疑问，而后者用降调却是歧义的，例如"弟弟呢，↘"引出说话的话题，表示下文有所陈述；而"弟弟呢？↘"也可表询问。[④]那么，能不能说在这样的降调格式中，是"呢"承担了疑问信息呢？我们认为仍然不行，因为"弟弟呢，↘"同"弟弟呢？↘"在语义上的对立如果归结为"呢"的差别，在形式上无法找到证明。我们认为唯一合理的解释是：语境承担了该格式的疑问信息。因为"弟弟呢，↘"为非句，必须有下半句紧跟着出现才能成句，而"弟弟呢？↘"则单独可以成句，而且由于某种特定语境的制约，它具有疑问信息，决不会使人产生误解。比较"弟弟呢？↗"用了升调，即使脱离了具体的语境，也表示疑问，更可以证明以上这一点。从中我们可以得出一个结论："Np + 呢 + ↘"如果单独成句，则表示疑问；不能单独成句，则不表示疑问。

三、"呢"的语法意义

关于"呢"的语法意义，胡明扬先生指出："用'呢'和不用'呢'的区别在于用'呢'是提醒对方：'这种情况你可能不知道，我现在提请你注意！'"这话原则上没错，尤其适用于一般的陈述句。提醒的对象往往就是句中的重音所在，在一般情况下（即无强调重音的条件下），这个重音总是落在紧靠着"呢"的词语上，例如：

（22）他们还不看电视，还不如我呢！（北 134）

（23）我就想，你们也邪门儿呢！（北 270）

重音分别落在"我"和"邪门儿"上。然而，"呢"在疑问句中，它在"提醒"的语义基础上还有特殊的派生意义。人们普遍认为，这里的"呢"起到了"加强疑问语气的作用"。这话当然不能算错，但问题是为什么会加强，怎么加强的，加强的又是什么意思。试比较下面三组例句：

（24）呀，怎么提这样的问题呢？（北 437）/呀，怎么提这样的问题？

（25）娘子　你撒手我！你是搡我，还是揪我呢？（老 52）/你撒手我！你是搀我，还是揪我？

（26）李敬莲　咱们能不能分三班，让炉子老不闲着呢？（老舍《红大院》）/咱们能不能分三班，让炉子老不闲着？

以上三例分别是特指问、选择问、正反问，它们都具有特殊的疑问形式，这种疑问形式负载了疑问信息。因而，"呢"的提醒语义必然指向这些疑问形式。正由于"呢"有提醒疑问点的作用，因而它就比不带"呢"的疑问句多了一层"追根寻底"的意思，等于说"到底……？""究竟……？"可见，"呢"在非是非问句中的派生意义是表示"深究"。

在非是非问句的简略式中，"呢"当然也表示"提醒"，也有"深究"的意思。但是，由于句中未出现疑问形式，疑问点是隐含着的，因而"呢"的"深究"义并不明显，而又有其特殊的作用。试比较下列三种句子：

（27）小妞　爸爸呢，干脆就不回来！（老6）

（28）市民呢？成了"外"。（张辛欣等《头一批顾客》）

（29）周　萍　他有事情，见客，一会儿就回来。弟弟呢？
　　　周繁漪　他只会哭，他走了。（曹43）

例（27）是陈述句，有人认为这里的"呢"表示句中停顿，其实不然，因为去掉"呢"，仍然可以表示停顿："爸爸，干脆就不回来！"可见，表停顿不是"呢"的作用，尽管用了"呢"往往伴随着停顿。这里的"呢"仍然是表示"提醒"，让听话者着重注意这一点。例（28）"市民呢？"根据下文可以判断其为设问句，兼有"提醒"和"深究"义。例（29）"弟弟呢？"同例（28）"市民呢？"都是问句，不过一个是自问自答，另一个是一问一答。比较这三例，可以发现：

89

例（27）"爸爸呢，"呈降调，全句为陈述句，一个句子。

例（28）"市民呢?"呈升调，全句为自问自答，两个分句。

例（29）"弟弟呢?"呈升调，上下文为一问一答，两个句子。

这三例都是"Np+呢"，从例（27）同例（28）（29）的对立可以进一步证明，"疑问"信息不是由"呢"负载而是由句调负载的。而"呢"在这三例中却是语义相通的，都表示"提醒"。从话语结构角度分析，"爸爸""市民""弟弟"都是话题，"呢"在这里的特殊作用正是引起交际对方注意的话题形式标志。

以上所举的例子是由"Np+呢"构成的，同样，由"Vp+呢"构成的句子也如此，例如：

(30) 散了，我发现我亏了，要是正式转关系呢，文化局就得重新安排工作。(北 72)

(31) 如果不去呢？他们肯定要不高兴。

(32) 唐石青 他要是没有通行证呢？

杜任先 他也许拿出别的证件来，我就拿过来给处长看。

（老舍《西望长安》）

例（30）"要是正式转关系呢"虽然是个条件分句，但是，由于有了"呢"，便成为话题；例（31）"如果不去呢？"以及例（32）"他要是没有通行证呢？"也都由于有了"呢"构成了话题。

总之，"呢"的语法意义，在陈述句中表示"提醒"，在非是非问句中又进一步表示"提醒"兼"深究"，在非是非问句的简略式中还兼起"话题"标志的作用。

附注:

① 《中国语文》1981.5、6。

② 《中国语文》1984.5。

③ 《中国语文》1982.6。

④ "弟弟呢？↘"这一类情况,在我们读到的文献中似乎还没人提及过(包括以上所引三篇论文),在北京槐树岭第五次现代汉语语法学术讨论会上及会后,我们咨询了许多北京人,有人认为可以说,有的则认为表示疑问只能是升调。我们经过仔细辨听,倾向于认为可以说。但即使如此,这一事实也不影响我们关于"呢"不是疑问语气词这一结论的成立。

[原载《中国语文》1989 年第 3 期]

第五节 "非疑问形式+呢"疑问句研究

疑问形式,指含有疑问代词,或者疑问结构以显示疑问焦点的句法结构形式;非疑问形式即指疑问形式以外的其他句法结构形式,我们可记作 W。通常情况下,W 可以带上疑问语调或疑问语气词"吗"构成是非疑问句,但也可以带上语气词"呢"构成一种特殊的疑问句,陆俭明曾对此作过研究,称之为非是非问句的"简略格式"。①从 W 的性质来区分,这种疑问句可以分为两类:(一)由体词或体词性结构加"呢"构成,可记作"NP 呢?"(二)由谓词或谓词性结构加"呢"构成,可记作"VP 呢?"现在,我们对这两类特殊疑问句的语法意义及其语用分布进行考察。

一、"NP 呢"疑问句

几乎所有的语法学家都认为,"NP 呢?"所表示的语法意义有两种:

甲义:询问人或事物之所在,相当于问"NP 在哪儿?"

乙义:询问人或事物之所在以外的其他情况,相当于问"NP 怎么样?"②

只要被询问者遵循合作原则,并且有能力回答,对甲义"NP 呢?"的回答,可以是静态的处所,例如:

(1)小顺子　新搬来的那孩子呢?

翠　喜　你说小翠？在屋里。（曹 221）
（2）李太太　你的皮大氅呢？
　　李石清　在家里，没有穿来。（曹 190）
也可以表现为一种动态的趋向，例如：
（3）周　冲　（问四凤）你哥哥同母亲呢？
　　鲁　贵　他们出去了。（曹 87）
（4）鲁四凤　太太呢？
　　鲁　贵　就下来。（曹 49）

有时，答语可能把跟处所与动向相关的动作行为一起说出来，这属于一种"超量"的回答，即回答的信息量大于询问所要求的信息量。例如：

（5）鲁四凤　老爷呢？
　　周　萍　在大厅里会客呢。（曹 38）
（6）曾思懿　你父亲呢？
　　袁　圆　在屋里画"北京人"呢。（曹 285）
（7）赵　老　丁四呢？
　　四　嫂　他挖沟去了！（老 54）
（8）鲁大海　老头呢？
　　四　凤　出去买东西去啦！（曹 91）

要特别指出的是：这类答语有时似乎只涉及某种动作行为，而没有出现表示处所或动向的词语。例如：

（9）曾文彩　爹呢？
　　曾思懿　送寿木呢！（曹 420）
（10）鲁　贵　他走了？咦，四凤呢？
　　鲁大海　不要脸的东西，她跑了。（曹 104）

这是由于语境或上下文的制约，跟该动作行为有关的处所或动向不必说出或者无法说出。

从问句入手，指出"NP 呢？"的甲义是询问处所，这并不错，但还不够；我们还应从答语入手，指出回答甲义的询问，实际上存在着表静态的处所与表动态的动向两种可能性，以及伴随处所与动向的动作行为的超量答语的另一种可能性。因此，我们应对询问处所的甲义作比较宽泛的理解，只有这样，才能对"NP 呢？"所询问的甲义有比较准确的解释。

有人认为：这类问句"NP 所代表的人或事物一定不在交际现场"，又补充说："起码是问话人没有发现它在交际现场。"[③]其实，NP 在不在交际现场并不是这类问句的本质语用特点，说话人即使知道 NP 代表的人或事物肯定不在交际现场，但只要已经知道了他的确切位置，就不会用"NP 呢？"提问；反之，即使说话人能肯定 NP 在交际现场，但不知道其确切位置，就可以用"NP 呢？"提问。下面是后一种情况的几个例子：

(11) 曾思懿　张顺呢？

　　　陈奶妈　这不是？（曹 371）

(12) 江　泰　我的《麻衣神相》呢？（找着）哦，这儿。（曹 378）

更进一步要指出的是：从交际功能来讲，发问人不仅要获知有关 NP 的确切位置，更为重要的往往是希望找到它或得到它。这一点，发问人和听话人心里都是很明白的。例如：

(13) 曾文彩　奶妈，洋火呢？

　　　陈奶妈　让我找——（曹 349）

(14) 陈白露　电报呢?

王福升　(由口袋里取出来)你要么?(曹 228)

(15) 曾　皓　霆儿呢?

曾思懿　霆儿!你爷爷叫你。(曹 331)

通常认为:表示甲义的"NP 呢?"可以是始发句,也可以是后续句;而表示乙义的"NP 呢?"不能是始发句,只能是后续句。这一论断无疑是正确的,即始发句只能表示甲义,而不能表示乙义;但是,作为后续句,既可以表示甲义,又可以表示乙义,因此要对后续句进行比较分析,看看什么情况下表示甲义,什么情况下表示乙义。换言之,要考察一下表甲义"NP 呢?"与表乙义"NP 呢?"的不同的分布。

"NP 呢?"问句首先可以分为开端问与后续问。范继淹曾说过:"构成一个话题的群句之中,开头的一句是发端问,其余的都是后续句。"[④]开端问即指当某个人在交际场合出现后询问的第一句话或者被别人询问的第一句话,这在形式上最易识别,在语义上肯定表示甲义。例如:

(16) [鲁贵由中门上。

鲁　贵　四凤呢?

鲁侍萍　这儿太太叫了去啦。(曹 53)

(17) [这时通大厅的门忽然开了,江泰满脸通红,头发散乱,衣服上一身绉褶,摇摇晃晃地走过来。

曾文彩　借,借的钱呢?

江　泰　在这儿!(曹 418)

后续问又可分为两类:一是对前行已知信息或同一旧话题继续询问,这可称为"承旧问",也肯定表示甲义。例如:

(18) 王福升　没有什么要紧的事。刚才又来了一个电报,是给方先生的。

陈白露　电报呢?（曹 238）

(19) 鲁侍萍　以后无锡的人是没见着她,以为她那夜晚死了。

周朴园　那么,她呢?（曹 62）

(20) 周繁漪　她刚才给我倒来了,我没有喝。

周朴园　为什么?药呢?（曹 32）

二是对前文未涉及过的新话题发问,这可称为"就新问"。这也可以分为两种:第一种指新话题与前面旧话题没有同一陈述的可能性。换言之,即由于种种原因,说话人突然结束旧话题,并提出另外的新话题进行询问,在语义上新话题与旧话题之间没有什么必然的联系,这时转变话题所询问的也必定是甲义。例如:

(21) 鲁侍萍　……我不愿意我的女儿叫人家使唤,你偏——
　　　　　　（忽然觉得这不是谈家事的地方,回头问四凤）你哥哥呢?
　　　　　　（曹 50）

(22) 觉　新　你看,快没事了,哪里有危险?——爷爷他们呢?
　　　　　　（家 159）

第二种指新话题与前行旧话题的陈述可能相同,即设前行旧话题为 NP_1,后行新话题为 NP_2,NP_2 与 NP_1 在语义上有相当密切的联系,NP_1 所陈述的事情,正是 NP_2 所要询问的情况;或者对 NP_1 所询问的内容,也就是对 NP_2 所要询问的内容,这可称为"对举问",它又可以分为两种类型,第一种类型为前行句本身内容即涉及处所,这时后行询问句必定表示甲义。例如:

(23) 陈白露　你妈妈呢?

小东西　在楼上。

　　　　陈白露　不是，我说你的亲妈妈，生你的妈妈。
　　　　小东西　她？早死了。
　　　　陈白露　父亲呢？
　　　　小东西　前个月死的。（曹 252）
　（24）甲　弟弟在卧室里。
　　　　乙　那么，妹妹呢？
　　　　甲　在厨房里。

如果前行句内容涉及动向，或既有处所又有动作行为，这时后行询问句既可以理解为甲义，也可以理解为乙义。例如：

　（25）陈奶妈　老爷子一个人站在那儿，直对棺材流眼泪……
　　　　江　泰　愫小姐呢？
　　　　陈奶妈　大概给大奶奶在厨房蒸什么汤呢。（曹 381）
　（26）袁　仆　大少爷，姑太太跟钱大姑太太逃难来了。
　　　　瑞　珏　梅小姐呢？
　　　　袁　仆　也来了。（家 162）

例（25）"愫小姐呢？"可以理解为"愫小姐在哪儿？"也可以理解为"愫小姐怎么样？"

　　第二种类型指前行句内容跟处所与动向完全无关，只有这时，NP_2 所询问的才是乙义。这大致可以有四种类型：
　　甲、并行型：几个话题属同类并列。例如：
　（27）愫　方　这个好玩吧？
　　　　曾瑞贞　嗯，真好玩。
　　　　愫　方　这件呢？
　　　　曾瑞贞　这才真美哪！（曹 423）

(28) 乙 大闺女结婚时都换什么了——这话说着特别别扭,都要什么了?

甲 ……

乙 二闺女呢?

甲 ……

乙 真是论时不定,三闺女呢?(《财迷丈人》)

乙、对比型:两个话题两两相对,或正反相对。例如:

(29) 曾文清 哼,她要我对她赔不是。

曾文彩 你呢?

曾文清 当然不。(曹 409)

(30) 甲 ……知道的认出是她二姐。

乙 不知道的呢?

甲 还以为是她姥姥呢。(《财迷丈人》)

丙、承接型:前后话题有先后的顺序。例如:

(31) 方达生 我在那舞场里,五分钟总看一次表……

陈白露 现在呢?

方达生 自然比较安心一点。(曹 140)

(32) 鲁四凤 我知道早晚是有这么一天的,可今天晚上你千万不要来找我。

周 萍 可是,那以后呢?

鲁四凤 那——再说吧!(曹 73)

丁、递进型:前后话题有逐层递进之意。例如:

(33) 曾 皓 你的烟戒了?

曾文清 戒了。

　　　　曾　皓　纸烟呢?

　　　　曾文清　也不抽了。(曹 331)

(34)　甲　徒弟都这么能干。

　　　乙　师父呢?

　　　甲　那当然更能干了。

当然这种前行性相关话题也可能来自语境或下文的暗示。例如:

(35)"胳膊和腿呢?"高妈给他脸上涂抹了一气。

　　　祥子摇了摇头,"不要紧!"(骆 65)

(36)　乙　您干吗比划呀?

　　　甲　我怕他听不懂我的话。

　　　乙　结果呢?

　　　甲　人家乐啦!　(《戏剧与方言》)

归结起来,"NP 呢?"表示甲义与乙义的分布如下:

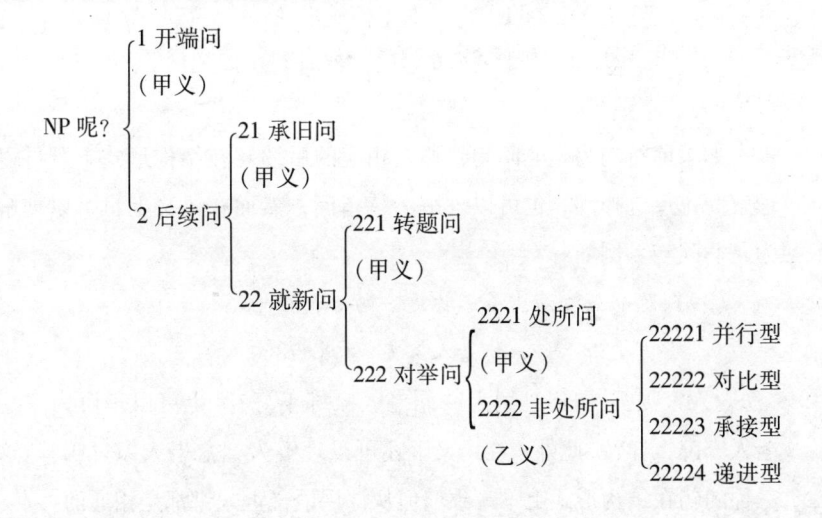

NP 呢?
- 1 开端问（甲义）
- 2 后续问
  - 21 承旧问（甲义）
  - 22 就新问
    - 221 转题问（甲义）
    - 222 对举问
      - 2221 处所问（甲义）
      - 2222 非处所问（乙义）
        - 22221 并行型
        - 22222 对比型
        - 22223 承接型
        - 22224 递进型

在结构形式上，如果前行句是特指问句，那么后续的"NP$_2$呢？"问句也应理解为相应的特指问简略格式。例如：

(37) 翠　喜　侍候哪位？

　　　胡　四　我。

　　　翠　喜　我这妹子呢？

　　　胡　四　也是我。（曹 219）

"我这妹子呢？"相当于问"我这妹子侍候哪位？"具体问什么，由前行问的内容决定。

如果前行句是选择问句，后续句"NP$_2$呢？"既可以理解为选择问，也可以理解为特指问。例如：

(38) 花金子　怎么样？你摔着了没有？

　　　仇　虎　妈的，窗户太小，打破了窗户，腿还挤破了一块。

　　　花金子　她呢？

　　　仇　虎　我拍了她一把，她摔在地下。（原 115）

"她呢？"相当于问"她摔着了没有？"或者"她怎么样？"在语义上是等价的。

如果前行句为是非问句，那么相应的后续句在结构形式上既可以理解为正反选择问，也可以理解为特指问，然而在语义上也可以理解为是非问句。例如：

(39) 陈奶妈　清少爷，你这一向好啊？

　　　曾文清　好，您老人家呢？（曹 286）

"您老人家呢？"可以理解为"您老人家好不好？"也可以理解为"您老人家怎么样？"此外，在语义上还可以理解为"您老人家好吗？"这三种问句在结构形式上不一致，但从深层语义上来讲都是相通的。

如果前行句为非疑问句，即为陈述句、感叹句或祈使句，那么相应的后续"NP₂呢？"问句应该看作为对前行句陈述、感叹、祈使的内容进行询问，可以理解为正反选择问，也可以理解为特指问，然而在语义上也可以理解为是非问句。例如：

(40) 愫　方　我知道，人总该有忍不下的时候。

曾瑞贞　那么，你呢？（曹 396）

"你呢"可以理解为"你是不是有忍不下的时候？"也可以理解为"你怎么样呢？"此外，在语义上还可以理解为"你总该有忍不下的时候吗？"下面两例说明在发问人与听话人的意识中，不同形式的疑问句在一定场合中是可以替换的。⑤

(41)"你呢？"彭岳突然插问了一声。

"我怎么？"

"你把握得住吗？你把握住了吗？"（《长江》 1987.1）

(42)"你呢？"琅问。

"我什么？"

"你高兴吗？"琅加一句。（《曼陀罗》 49）

至于发端问的"NP 呢？"只能理解为特指问。

归纳起来，我们可以得出几点认识：

1. 不论"NP 呢？"是发端问还是后续问，而且不论前行句是什么样的结构形式，"NP 呢？"都可以毫无例外地理解为一种特指问，所以通常认为"NP 呢？"是特指问的简略格式，这一点也就不足为奇了，尽管这种认识并不准确。

2. 前行句如果是特指问，那么，作为后续句的"NP 呢？"只能理解为相应的特指问；前行句如果为非特指问或非疑问句，那么，作为后续句的"NP呢?"既可理解为相应的特指问,也可以理解为相应的选择问。

3. 前行句如果为是非问或非疑问句,则作为后续句的"NP呢?"虽然在结构形式上,只能理解为相应的特指问或选择问,但在深层语义上也可以理解为相应的是非问。这说明特指问、选择问跟是非问之间实际上在语义层面存在着一定的变换关系。

这类句式对上下文及语境的依赖性特别强,换言之,该句式所传递的许多重要信息必须由上下文或语境提供。如果前行句之后又插入许多其他内容,相隔很长之后才续上话题,这时再用"NP呢?"询问,就有可能引起不解。例如:

(43) 周　冲　我现在很想跟爹商量一件很重要的事。
　　　周朴园　什么?
　　　周　冲　我想把我的学费的一部分分出来。
　　　周朴园　四凤——(向周冲)你先等一等——(向四凤)叫你给太太煎的药呢?
　　　……
　　　周朴园　(看表)还有三分钟。(向周冲)你刚才说的事呢?
　　　周　冲　(抬头,慢慢地)什么?
　　　周朴园　你说把你的学费分出一部分?——嗯,怎么样?
　　　(曹 32—34)

因此,话语交际中,"NP呢?"句式后面常常跟着后补句,用以对"NP呢?"所询问的内容进行补充说明。除了上述由于对方不解而被动补充之外,也有发问人自己主动补充的。例如:

(44) 鲁侍萍　刚才吃饭的时候我跟你说过,周家的事算完了,我们姓鲁的永远不提他们了。

鲁大海　可是刚才我在周家挨的那巴掌呢？我们在矿上流的血呢？这能够完么？（曹 82）

(45) 自己的命即使不值钱，可以拼上；人家的命呢？真要摔死一口子，怎办呢？（骆 64）

"这能够完么？""真要摔死一口子，怎办呢？"都是发问人的主动补充问。

"NP 呢？"句式在口语交际中之所以使用频率比较高，这可以从询问与回答两个方面来分析。从询问角度讲，这类句式询问形式比较简洁，内涵比较宽泛。有时先行句陈述或询问的内容特别多，语句也特别长，用一般问句询问显得格外累赘，改用"NP 呢？"则简洁干练。例如：

(46) 常　……他还有我这么个朋友，给他化了一口四块板的棺材；我自己呢？（老 133）

(47) 以为省事，勤俭，实际呢？大部分叶子得扒了。（北 556）

当然，也可以用"NP 怎么样呢？"来询问，但仍不够简洁。有时交际内容涉及一些不易启齿或有意要回避的内容，如果用一般问句显得唐突无礼，改用"NP 呢？"则显得婉转而含蓄。例如：

(48) 仆　人　四凤……死了……

周朴园　二少爷呢？

仆　人　也……也死了。（曹 132）

(49) 仇　虎　她还没有死？

白傻子　没有，你见过她？

仇　虎　见过。那焦老头子呢？

白傻子　阎王早进……进了棺材了。（原 23）

从回答角度看，由于"NP呢？"询问的信息比较宽泛，有一定的弹性，所以回答者往往可以有多种选择。以表示甲义询问为例，既可以简单回答，只回答处所或动向，也可以超量回答，把伴随处所或动向的动作行为也一起说出。因此，"NP呢？"问句形式简洁、内涵丰富、风格含蓄、回答富于弹性，正是这类句式重要的语用特点。

二、"VP呢？"疑问句

VP可以是动词、形容词结构，也可以是主谓结构。"VP呢？"表示的语法意义通常是：如果VP，那么怎么办呢？下面几例很说明问题：

(50) 常四爷　要是洋人给饭吃呢？（老98）

(51) 程疯子　我十几年没唱了，万一唱砸了，可怎么办呢？（老37）

(52) 花金子　我知道是没有。（固执地）可要是有呢？要是有，你怎么办？（原33）

以上三例分别代表三种类型：

甲（要是）VP呢？

乙（要是）VP，怎么办呢？

丙（要是）VP呢？（要是）VP，怎么办呢？

这三种类型的结构形式虽有所不同，其语法意义则是基本相同的：第（一）种类型最简洁，第（二）种类型最完整，第三种类型为互补。这说明同一语法意义，可以有多种句法形式供选择。

"VP呢？"所表示的假设义可以分为两类：一是一般性假设，常用连词为"要是、如果、假若";二是可能性很小的假设,常用连词为"万一"。一般性假设也有不用连词的,这可叫作无标记的"VP 呢?"句。例如:

(53) 周繁漪　别人知道了说闲话呢?(曹 26)

(54) 赵　老　我不要钱呢?(老 39)

这类"VP 呢?"句都可以添补上假设连词,变成"要是别人知道了说闲话呢?""如果我不要钱呢?"有时,一段对话中,"VP 呢?"有的带着假设连词,有的则没带,更说明有标记与无标记"VP 呢?"存在的客观性以及互换的可能性。例如:

(55) 仇　虎　你去哪儿了,哪儿就是我的窝。

　　　花金子　我要走了呢?

　　　仇　虎　跟着你走。

　　　花金子　死了呢?

　　　仇　虎　陪着你死。(原 62)

如果"VP 呢?"询问的情况不够清楚,则往往伴随着补充问句一起出现。例如:

(56) 沈维义　我们去找个好地方照几张相,也许在一块儿吃顿饭。

　　　王秀竹　可是,妈妈还没找着呢?就照相?(老 266)

第一句是问"要是妈妈还没找着怎么办呢?"第二句作进一步补充问"就去照相吗?"

有人认为:当 W "为谓词性成分时,句子总含有假设意思"。[6]这话一般说来不错,但我们也发现了"VP 呢?"问句并不包含假设义的两种类型:

甲、"你看呢？"

其中主语必为第二人称，谓语动词限于认知动词，比较典型的有"看、说、想、瞧、以为、觉得、希望、打算"等，这些动词都是能带谓词性宾语的谓宾动词，跟简略部分构成一种动宾关系。该问句的语法意义表示："你（看）怎么样呢？"目的是就某件事征求对方的意见，希望对方表示明确的态度与看法。例如：

(57) 王新英　对！有人说叫这个名字的多得很，不好找。你看呢？（老 248）

(58) 赵　老　老太太，您说呢？（老 42）

由于这类问句都是直接询问对方的看法，都不宜添加假设连词"如果、万一"等。

乙、"NP_1 对 NP_2 呢？"

这类问句的结构颇为特殊，保留了作为修饰成分的介词结构，简略的则是被修饰的谓语中心词。其中的介词主要是"对、比、为、把"等。该问句的语法意义表示："NP_1（对）NP_2 怎么样呢？"例如：

(59) 鲁四凤　没有，我知道这半年多，他跟太太不常说话。

　　　鲁　贵　我——那么太太对你呢？

　　　鲁四凤　这几天比往日特别地好。（曹 17）

(60) 甲　他比哥哥高。

　　　乙　那么比弟弟呢？

　　　甲　比弟弟矮。

这类问句由于询问的是客观存在的现实，而不是一种可能，所以不包含假设义，不能添加假设连词。由于汉语的特点，介词有时可以不出现，这时这类问句的形式就同"NP 呢？"一样了。例如：

(61) 周　萍　以后？——（贸然）我娶她！

周繁漪　娶她？

周　萍　嗯。

周繁漪　父亲呢？

周　萍　（冷漠地）以后再说。（曹 13）

(62) ……还是得往正路走，一定！可是，虎妞呢？这是没办法，还得为那个可恨的二十七发愁。（骆 94）

上述两例中的"父亲呢？"与"虎妞呢？"跟一般的"NP呢？"不太一样，意思是指："你对父亲怎么办呢？""我对虎妞怎么办呢？"，"父亲""虎妞"并非一般的施事、受事或系事，而是一种"对象"。

这两类不带假设义的"VP呢？"问句的发现，将有助于我们全面认识"VP呢？"问句的作用和特点。

三、设问的"W呢"与不设问的"W呢"比较

"NP呢"有时不用疑问语气，在口语上表现为降调，书面上表现为逗号，不用问号，其特点是后面必须紧跟下文。这个"呢"往往被看作句中停顿。例如：

(63) 二强子呢，近来几乎不大回家来了。（骆 163）

(64) 大家呢，本不怕打骂，可是和祥子动手是该想想的事儿。（骆 41）

(65) 现在呢，祥子又是那么死砖头似的一块东西。（骆 160）

此外，还有两两对举的情况。例如：

(66) 你呢，成年际拉车出臭汗，也该漂漂亮亮的玩几天；我呢，

当了这么些年的老姑娘,也该痛快几天。(骆 139)

(67) 一条呢是凑钱买上车,一条呢是暂且赁车拉着,是不是?(骆 204)

这里的"NP 呢",都可以换成疑问语气,成为"NP 呢?"例如例(63)可改成:"二强子呢?近来几乎不大回家来了。"事实上,这类自问自答句也经常见到。例如:

(68) 她属于"杀关管"的家属,我呢?家属的家属。(北 584)

(69) 人家家里有后台……你呢?边远来的回边远…… (北 381)

(70) 以为省事,勤俭,实际呢?大部分叶子得扒了。(北 556)

反之,这类"NP 呢?"也都可以去掉疑问语气,改为"NP 呢,"例如,例(68)可改为"我呢,家属的家属。""NP 呢?"与"NP 呢,"的区别是很细微的,区别就在于是不是设问。其实,发话人心目中的结论是非常明确的,而且也马上说了出来,带上疑问语气,属设问句,作用在于提示,以引起对方的注意;不带疑问语气,为句中主语停顿,也表示提示作用,以引起对方的注意。[7]

同样,"VP 呢"也有不带疑问语气的。首先要排除"VP 呢"出现在话语结束时的这类句子,下列句子不属于我们的讨论范围:

(71) 既不肯打她一顿,那么就依着她的主意办好了,万一有些灵验呢!(骆 179)

(72) 试试看,万一曹先生已经回来了呢?(骆 202)

我们所讨论的"VP 呢",后面也必须紧跟下文。例如:

(73) 你要是不肯找老头子去呢,这么办,我去找。(骆 147)

(74) 假若她能作些事呢,就让她帮助高妈……(骆 225)

(75) 不跑呢,那毒花花的太阳把手和脊背都要晒裂。(骆 165)

(76) 万一出点什么事再丢失几块呢？恰巧有辆刚打好的车跟他所期望的车差不甚多……（骆 8）

这类"VP 呢，"都可以换上疑问语气，例如例（73）可以改成："你要是不肯找老头子呢？这么办，我去找。"事实上，这类自问自答句也经常见到。例如：

(77) 万一祥子——在把钱都买了车以后——变心呢？这不能不防备。（骆 153）

(78) 明 这就不管她啦。譬若当姨太太呢？这总比当姨太太又高一层了。（家 125）

同理，这里的"VP 呢?"也都可以去掉疑问语气，改成"VP 呢，"两者区别仅仅在于有无设问。

更为常见的是对举格式。这大致有以下几种情况：

（一）VP$_1$ 呢，……；VP$_2$ 呢，……。

(79) 祥子回来呢，我马上赶到左宅去；不回来呢，我认了命！（骆 105）

(80) 不去呢，她必不会善罢甘休；去吧，她也不会饶了他。（骆 85）

（二）VP$_1$（呢），……；VP$_2$（呢），……。

(81) 我要是拉白天，一早儿出去，三点钟就回来；要拉晚儿呢，三点才出去，夜里回来。（骆 180）

(82) 拿钱呢，你走你的；不拿，好，天桥见！（骆 101）

（三）VP$_1$ 呢（?/,）……；VP$_2$ 呢（?/,）……。

(83) 假若老头子消了气呢，她只要把祥子拉到人和厂去……假若老头子硬到底呢？她丢了脸……（骆 148）

(84) 假若拉完一趟而不怎样呢，那就证明自己的身子并没坏；假若拉不下来这个买卖呢？那还有什么可说的，一个跟头栽死在那发着火的地上也好！（骆 167）

这三种情况中，第（一）种前后 VP 都带"呢"，但都不带疑问语气；第（二）种前后 VP 有一个带"呢"，另一个不带"呢"，也都不带疑问语气；第（三）种前后 VP 都带"呢"，而且其中一个带疑问语气，另一个不带。这第（三）种最有意思，说明疑问语气的有无，并不形成强烈的对立，因为"VP 呢？"在这儿也只是一种设问，其实说话者心目中早已有了明确的答案，而且马上说了出来，设问的作用也只是一种提示。

总之，不论"NP 呢"还是"VP 呢"，设问的"W 呢"与不设问的"W 呢"之间的转换是相当容易的，区别仅仅在于有无设问的意味。"W"与"W 呢"之间的转换也是相当容易的，区别就在于有无"提示"作用，在疑问句中还有有无"深究"的作用。

附注：

① 陆俭明《由"非疑问形式＋呢"造成的疑问句》，《中国语文》1982.6。
②《现代汉语八百词》365 页，商务印书馆 1980 年。
③ 李宇明《"NP 呢？"句式的理解》，《汉语学习》1989.3。
④ 范继淹《汉语的句段结构》，《中国语文》1982.6。
⑤⑦ 参见第一章第四节"语气词'呢'在疑问句中的作用"。
⑥ 以下两例转引自李宇明一文，参见③。

[原载《语言学论丛》（第 17 辑），商务印书馆 1997]

第六节　"怎么"疑问句的语法意义及功能类型[*]

通常认为，由疑问代词"怎么"构成的疑问句，可以"询问性质、状况、方式、原因等"[①]，但事实上，"怎么"在疑问句中所处的语法位置与它表达的语法意义，以及实际的交际功能这三者之间的关系是相当复杂的。本节拟就"怎么"的语法作用及该类疑问句的功能类型作一些描写，并给以适当的解释。所采用的方法，主要是从结构位置出发，考察它的语法意义，重点是联系上下文语境，尤其是答句的制约，确定该疑问句的功能类型。

一、"怎么"作状语的两种语法意义

"怎么"在疑问句中主要充当状语，如作谓语或定语则要受到一定的条件限制。"怎么"在句中作状语可以有两个语法位置：一在句首，可记为"怎么 + NP + VP？"二在句中，可记为"NP + 怎么 + VP？"其中主语 NP 有时可以承上文或语境而省略，故也可记作"怎么 + VP？"

"怎么 + NP + VP？"的语法意义只能是询问原因。例如：

(1) 周繁漪　怎么这两天没见着大少爷？（曹 20）

(2) 周　冲　妈，怎么您下楼来了？（曹 22）

---

[*] 本节系提交第七次现代汉语语法讨论会（1992 年 11 月天津）论文。

111

(3) 顾奶奶　四爷呀！怎么你一个人在这儿？（曹 172）

(4) 陈奶妈　怎么，少爷睡着了？（曹 409）

"NP+怎么+VP?"与"怎么+VP?"所表示的语法意义有两种。一是询问原因。例如：

(5) 方达生　奇怪，这地方怎么会有鸡叫？（曹 139）

(6) 曾瑞贞　你怎么脸发了青？（曹 416）

(7) 余志芳　我怎么觉得高了点呢？（老 195）

(8) 鲁大海　怎么少两块？（曹 94）

这类问句中的"怎么"可以移到句首，语法意义基本不变；反之，位于句首的"怎么"也可以移到句中，语法意义也基本不变。区别仅在于语用意义有所不同。

二是询问方式。例如：

(9) 吴祥子　现而今，宋恩子，该怎么说啦？（老 98）

(10) 王利发　你这是怎么搞的？（老 100）

(11) 鲁　贵　那些要账的，怎么打发呢？（曹 14）

(12) 潘月亭　你怎么知道的？（曹 257）

当"怎么"作句首状语时，只能询问原因，不能询问方式；然而，当"怎么"作句中状语时，既能询问原因又能询问方式。表达这两种不同的语法意义，在形式上有一系列的区别特征：

1. VP开头有助动词"会、能、肯、放、要、可以"以及副词"还、也、又、再、老"等出现，由于助动词表示一种意愿或可能，副词表示一定的情态，因此，"怎么"询问的只能是原因。例如：

(13) 潘月亭　你怎么能把我的信拆开？（曹 257）

(14) 李石清　他问银行现在怎么会有钱盖房子？（曹 194）

2. VP 末尾有语气词"了",由于"了"表示一种新情况出现,"怎么"总是询问新情况出现的原因。例如:

(15)陈白露 你怎么在这儿睡着了?(曹 411)

(16)程娘子 你还没去呢,怎就知道会唱砸了?(老 37)

3. VP 为否定式,"怎么"必定是询问原因,因为既然动作行为没有发生或不发生,就无所谓方式方法。例如:

(17)潘月亭 你怎么打着打着不打啦?(曹 172)

(18)丁小妞 你怎么不管哥哥呢?(老 6)

4. VP 为形容词,前面有"这么、那么、这样、那样"来指称,则"怎么"询问原因。例如:

(19)曾 皓 你怎么这样子胡闹?(曹 332)

(20)余志芳 你的脸怎这么红啊?(老 193)

5. VP 开头有"究竟、到底"等副词,"怎么"必定询问方式。例如:

(21)张 顺 大奶奶问您,那要账的究竟怎么欺负您老人家啦?(曹 279)

(22)曾文清 你究竟怎么打算,你说呀。(曹 350)

6. VP 末尾有语气词"的",表示对某种行为或情况的确认,这时"怎么"只能询问方式。例如:

(23)陈白露 你怎么知道的?(曹 157)

(24)余志芳 他怎么煽惑你的?(老 179)

7. VP 如没有以上的形式特征,只是单个动词、动宾结构、动补结构或形容词否定式,则可能产生歧义。但这只是就脱离语境的孤立的书面语而言,实际上,口头上句重音的不同可以区分开这类歧义结

113

构,即如句重音落在"怎么"上,则询问方式;如句重音不在"怎么"上而在其他词语上,则询问原因。而且,这还可以从上下文,尤其是答语中得到证明。试比较以下四组例句:

(25) 你怎么知道?

A. 甲　你'怎么知道?

　　乙　小张告诉我的。

B. 甲　'你怎么知道?

　　乙　当然啦。

(26) 你怎么打牌?

A. 甲　你'怎么打牌?

　　乙　靠运气。

B. 甲　'你怎么打牌?

　　乙　解闷儿。

(27) 你怎么爬上来?

A. 甲　你'怎么爬上来?

　　乙　用那根绳子。

B. 甲　'你怎么爬上来?

　　乙　我也要看看这风景。

(28) 你怎么不舒服?

A. 甲　你'怎么不舒服?

　　乙　头疼。

B. 甲　'你怎么不舒服?

　　乙　昨夜没睡好。

这里特别要指出的是:当"怎么"询问方式时,答语必须针对性地回答；而询问原因时，只要遵循合作原则，就可能有两种不同的回答，这就涉及"怎么"疑问句的基本功能类型了。

二、"怎么"疑问句的基本功能类型

Halliday 的系统功能语法认为，语言的基本功能不是"给予"就是"求取"，而其交流物分别为"信息"或"物品与服务"，这一理论构想可以用下图来表示：

交流物 角色	信息	物品与服务
给予	A 陈述	B 提议
求取	C 提问	D 命令

应该说，这一分析是很有启发性的，因为事实上，疑问句有的是疑而不问，有的是问而不疑，有的既疑且问。但是，现代汉语的疑问句并不能简单地对号入座，疑问句可以分为"实用"（真性问）与"虚用"（假性问），对发问人来讲，实用是确有疑而问，要求对方回答某种信息；虚用则无疑而问，只是表达自己的一种态度，是给予对方一种信息，或者要求对方实施某种行为。实用与虚用，表面上截然相反，但实际上，询问原因的"怎么"疑问句是兼有这两种功能的混合型。例如：

(29) 周繁漪　老爷回来，家里没有人会侍候他，你怎么天天要回家呢？

　　四　凤　太太，不是您吩咐过，叫我回去睡么？（曹 21）

115

(30) 吴祥子　没有洋枪洋炮，怎能够打起仗呢？
　　　松二爷　您说的对！（老 98）

这两例表面上都是询问原因，可实际上都是一种"表态"，属于 A 型"陈述"，即用问句形式给予对方一种信息："你不能天天回家""打不起仗来"。对此，答话人可以有两种不同的反应，一是针对表层含义，作出解释，如例（29）用反问句说明之所以天天回去睡的理由；二是针对深层含义，表明态度，即不是针对"怎么"解释原因，而是针对问话人所给予的交际信息作出反应，如例（30）明确表示了赞同。这类问句可叫作"陈述疑问句"，为 CA 混合型。

此外，还有 CD 混合型。例如：

(31) 陈白露　你怎么不脱大衣？
　　　方达生　是不是这屋子有点冷？（曹 138）
(32) 陈白露　你们怎么还不进来呀？
　　　男　乙　进来就进来！还算个什么？（曹 160）

以上两例，表面上是提问，实际上是一种"催促"，属于 D 型"命令"，即用问句形式表达一种愿望，希望对方采取某种行动。对此，答话人也可以有两种不同的反应，一是针对表层含义，作出解释，如例（31）说明不脱大衣的理由；二是针对深层含义，实施某种行为，如例（32）男乙说着就走进屋来。这类问句可以叫作"祈使疑问句"。

凡是询问原因的"怎么"疑问句都是具有双重实际功能的混合型，但在"疑问/陈述"或"疑问/祈使"的程度上则有所不同。答话也可以同时针对这双重功能进行回答。例如：

(33) 周朴园　怎么这屋子一个人也没有？
　　　仆　人　是，老爷，都睡了。（曹 106）

三、"怎么"位于句首与语首的区别

《现代汉语八百词》指出:"'怎么'用于句首,后有停顿,表示惊异。"其实,"怎么"用于句中,也表示惊异,只是程度不如位于句首那么强烈。系统功能语法的"错位律"认为:语句的常规表达同交际的特定意向形成张力,这种张力产生错位;错位越大,交际的特殊价值越高,直至一定的阈值。[②]"怎么"作状语询问原因的常规位置是在句中,移到句首,增加了"怎么"的注意价值,从而通过这一"错位"表现出发问人迫切地要把这种惊异的情绪传递出来的交际意向。

但是,"怎么"出现在句首的情况比较复杂,大体上有四种情况:

甲 (34) 陈白露　怎么,春天来了,还有霜呢?(曹 138)
　　(35) 周　冲　爸爸,怎么鲁大海还在这儿等着要见您呢?
　　　　　　　　(曹 351)
乙 (36) 周　冲　四凤,怎么,你不舒服么?(曹 87)
　　(37) 陈白露　怎么,这个地方不好么?(曹 138)
丙 (38) 周朴园　怎么,这窗户谁开开了?(曹 35)
　　(39) 陈白露　怎么,胡四又跟你怎么样了?(曹 176)
丁 (40) 陈白露　怎么?输了赢了?(曹 181)
　　(41) 周繁漪　冲儿,你说呀,怎么,难道你是哑巴?是个呆
　　　　　　　　子?……(曹 128)

甲式是真正的"怎么"位于句首的格式,它有以下三个特点:

1. "怎么"不能删略,它是整个疑问句的有机组成部分,构成特

指疑问句。如果删去"怎么",则全句就变成了特指问句的省略式,如例(34)变成"春天来了,还有霜呢?"那意思是指:"如果春天来了还有霜,那又怎么样呢?"

2. "怎么"可以移位到句中作句中状语,问句仍然成立,而且语义基本不变,如例(34)可变成"春天来了,怎么还有霜呢?"区别仅仅是惊异程度减弱,即语用义有所不同。

3. "怎么"之后可以有停顿,如例(34),也可以没有停顿,如例(35)。说明即使有停顿也属于句内停顿,对句子结构及语义没有什么影响。

乙、丙、丁三式与甲式不同,它们有三个与甲式相对立的特点:

1. "怎么"可以删去,而后继问句依旧成立,而且语义也不变。这说明这些后继问句是相对独立的,"怎么"并不直接参与该问句结构上的组合,后继问句仅仅在语用义上表示对"怎么"这一问句的补充追问。

2. "怎么"不能移位到后继问句之中。

3. "怎么"之后必须有语气停顿,书面上有逗号或问号,即"怎么"独立构成一个问句。有人认为:"位于句首的'怎么',后面虽有停顿,但很难看作是一个独立的分句,后面总跟着一个表示实在意思的句子。"接着又说:"当然,在一定的语境中,'怎么'可以单独成句。"[③]这一说法是自相矛盾的。因为既然"怎么"可以"单独成句",那么"独立成分句"也是可能的,"怎么"有时单独成句,有时根据交际需要在后面再出现表示具体补充追问的句子,它与前面的"怎么"构成补充复句关系。我们只承认甲式中位于句首的"怎么"不能独立成句(不管其后有无停顿),但却不能不承认乙、丙、丁三式中的"怎么"已独立构成分句了。

因此,准确地说,只有甲式"怎么"才是位于"句首",而另外三式中的"怎么"只能看作位于"语首",单独成句。

乙、丙、丁三式内部也有差异,这主要取决于后继问句的性质。乙式所跟的是典型的带语气词"么/吗"的是非问句,丙式所跟的是特指问句,丁式所跟的是选择问句。

甲式与乙、丙、丁式的对立,还表现在交际功能的不同上。"怎么 + NP + VP"只能询问原因,它跟表询问原因的"NP + 怎么 + VP"的交际功能是相同的,这是 CA 或 CD 的混合型。例如:

(42) 方达生　奇怪,怎么这个地方会有鸡叫?

　　　陈白露　附近就是一个市场。(曹 139)

(43) 陈白露　怎么,春天来了,还有霜呢?

　　　方达生　嗯,奇怪。(曹 138)

例(42)针对问句表层义进行回答,例(43)针对问句深层义进行回答。但是,乙、丙、丁三式却不同了,由于"怎么"单独成句,后继问句则是对前一问句的具体补充,因此如果遵循合作原则,答语必定是针对后继问句进行的。例如:

(44) 袁任敢　怎么,你还是要走么?

　　　曾瑞贞　嗯,……(曹 415)

(45) 曾　霆　怎么,说吧,还有什么不舒服?

　　　曾瑞贞　没有什么,我我——(曹 358)

(46) 陈白露　怎么?输了赢了?

　　　李太太　我的内人打的不好,自然是输了。(曹 183)

要引起注意的是另外两种情况:

(一)"怎么"与后面的句子之间没有停顿,句尾又没有语气词。例如:

(47) 周　冲　怎么这屋子这样热?
　　　周繁漪　大概是窗户没有开。(曹 24)
(48) 陈奶妈　怎么清少爷睡着了?
　　　曾文彩　不会吧。(曹 409)

这时应把"怎么"看作是句首状语,是整个句子的有机组成部分,后面如果增添语气词,则为"呢",而不能是"么/吗"。它属于甲式,即 CA 或 CD 混合型,这从答语中可以得到证明,例(47)针对表层义,例(48)针对深层义。

(二)"怎么"与后面句子之间有停顿,书面上有逗号或问号,而句尾也没有语气词。例如:

(49) 潘月亭　怎么,他会问你这些事情?
　　　李石清　是,我也奇怪呢。(曹 195)
(50) 曾文彩　怎么哥哥,快五点了,你现在还不回屋睡去?
　　　曾文清　不。(曹 406)

这时应把"怎么"看作独立成句,后继是非问句,可以增添语气词"么/吗",属于乙式。

四、"怎么"与"怎么样""怎样"的异同

"怎么"与"怎么样""怎样"似乎用法和意义都差不多,《现代汉语词典》认为"怎样""询问性质、状况、方式等",与"怎么"相比较,似乎区别仅仅在于"怎样"不能询问原因。其实,问题并不那

么简单。

"怎么样"念得快一点，就成了"怎样"，这两个实际上应为同一个词，不过在书面记录时，有的人习惯用"怎么样"，如曹禺的剧本没有用"怎样"的，有的人习惯用"怎样"，如老舍的剧本只偶尔用"怎么样"。"么"的省略是经常发生的，例如同一作者老舍在同一本书中，便存在着两种书写形式：

（51）四　嫂　我打算怎么着？（老 16）

（52）巡　长　你要把我的脑袋搬家是怎着？（老 12）

（53）诸所长　事情到底怎么办呢？（老 274）

（54）康　六　可叫我怎办呢？（老 88）

因此，我们把"怎样"看作"怎么样"的一种变体，下文主要就"怎么"与"怎么样"作比较。两者相同之处只有两点：

1. 都可以作句中状语，询问方式。例如：

（55）齐凌云　我，我怎么对妈妈说呢？（老 146）

（56）郑书记　……知道糖是怎样作的吗？（老 188）

2. 都可以作定语（不加"的"），修饰"数+量+名"结构，询问性质。例如：

（57）卫默香　这是怎么个意思？（老 171）

（58）橡胶树是怎样一种树呢？（八百词）

但是，两者的不同之处却有六点：

1. "怎么样"作句中状语，不能询问原因。

2. "怎么样"不能出现在句首作状语。但要注意下面这种情况：

（59）王福升　怎么样？刚才那两下痛不痛？（曹 222）

（60）陈白露　怎么样？小东西找着了么？（曹 242）

这都属于"怎么样"独立成句,与后继问句构成补充复句,属于第三节所讲的乙式或丙、丁式,可换用"怎么"。

3. "怎么样"可以直接作谓语,询问状况。[④]例如:

(61)周繁漪 矿上罢工的事怎么样?(曹 31)

(62)周朴园 冲儿,你看你母亲的气色比以前怎么样?(曹 30)

有时也可以带语气词"了",询问状况的变化。例如:

(63)潘月亭 哦,小东西怎么样了?(曹 240)

但是,"怎么"不能直接作谓语,如作谓语必须带语气词"了",询问造成某种情况的原因,这从答语中可以看出。例如:

(64)鲁四凤 你的脸怎么啦?

 　　周　萍 为着找你,在路上摔的。(曹 102)

(65)张乔治 怎么啦,奶奶?

 　　顾八奶奶 我心痛,我难过。(曹 237)

4. "怎么样"可以作补语,询问结果。"怎么"不行。例如:

(66)李石清 你的牌打得怎么样?

 　　潘月亭 还顺遂。(曹 257)

(67)胡　四 博士,你看我这一身的洋服穿得怎么样,很有意思吧?(曹 187)

5. "怎么样"可以作宾语,询问行动或状况。"怎么"不行。例如:

(68)周繁漪 你现在想怎么样?(曹 117)

 　　曾　皓 你自己觉得怎么样?(曹 328)

6. "怎么样"可以带"的"作定语,修饰某些名词,如"方法、式样"等,询问性质,"怎么"不行。例如:

（70）你开了怎么样的房间？

（71）请告诉我这是一个怎么样的民族？(《汉语八百词》)

综上所述，把两者的异同可以归纳成表：

语法作用	语法意义	怎么	怎么样
1. 句首状语	询问原因	+	-
2. 句中状语	询问原因	+	-
3. 句中状语	询问方式	+	+
4. 谓语	询问状况	-	+
5. 补语	询问结果	-	+
6. 宾语	询问行动状况	-	+
7. 修饰名词	询问性质	-	+
8. 修饰"数量名"	询问性质	+	+

可见，"怎么"与"怎么样"是小同大异，除了第3项与第8项可以互用外，其他的区别是十分明显的。而且，即使第3项也有不同分工，如果是反问口气，则只用"怎么"，老老实实问方式，则用"怎么样"，第8项也有不同用法，如果"数词"省略，则多用"怎么"，如"怎么回事""怎么个人"。

"怎么样"主要功能是作谓语、补语与宾语。其中尤以作谓语情况比较复杂：

1. "怎么样"直接作谓语，询问状况。例如：

（72）潘月亭　买了以后，情形怎么样？(曹193)

（73）潘月亭　在门口，怎么样？(曹201)

2. "怎么样"用于"对"字句中作谓语，询问态度。例如：

（74）鲁四凤　你现在到底对我怎么样？(曹41)

(75) 周　萍　我对你怎么样？要我说出来？那么，你要我怎么说呢？（曹 41）

3. "怎么样"用于"把"字句中作谓语，或前面跟助动词，则询问采取什么行动。例如：

(76) 鲁　贵　你敢把你的爹怎么样？（曹 81）

(77) 周繁漪　我只问你走了以后，你准备把她怎么样？（曹 113）

(78) 小顺子　一个破砸夯的，他能怎么样？（曹 215）

(79) 胡　四　妈的，我就骂你，你敢怎么样？（曹 227）

五、"怎么"与"为什么""什么"的区别

据刘月华研究，"怎么"与"为什么"的区别在于"怎么"主要表示惊异，而"为什么"主要用于询问。后又补充说：用"为什么"时，"对所问的问题可能诧异、奇怪，也可能并不诧异。纯粹想问明原因"。这一说法有一定道理，但并不准确。关键在于：用"怎么"的问句，本身即含有"惊异"的因素在内，而"为什么"的问句本身并不含有"惊异"的因素，如果要表示惊异，必须另外用词予以表示。例如：

(80) 方达生　奇怪，为什么不让太阳进来？（曹 268）

(81) 方达生　真奇怪，为什么会允许金八他们这么一群禽兽活着？（曹 243）

如果没有"奇怪"这个词，整个问句显然并不含有惊异之意。但是，更为重要的是，两者区别不仅在于表层义，还在于交际功能的不同。

"为什么"总是老老实实的询问原因,要求对方予以明确回答,而"怎么"疑问句询问原因的同时,总是表示一种出乎意料、不以为然的态度。当然,"为什么"也可以构成反问句,这时则不要求对方回答,只是表示一种主观态度。这类"为什么"可以换为"怎么"。例如:

(82) 陈白露 我为什么不得意?(曹 146)

(83) 陈白露 你为什么不一起玩?(曹 139)

"什么"可以独立成句,它往往表示由于没看清、没听清或者不明白、不理解而发问,希望对方作进一步的解释,这时并没有"惊异"之意。例如:

(84) 陈白露 喂,你看!你快来看!

　　 方达生 什么?

　　 陈白露 你看,霜!霜……(曹 138)

(85) 陈白露 月亭你回来,你记得我说的事?

　　 潘月亭 什么?

　　 陈白露 那个小东西,我要把她收作我的干女儿。(曹 175)

"怎么"独用,则往往表示已听清、听明白了对方的话,但不理解对方的真实含义,所以表示一种"惊异"之意,而且对对方的话流露出不以为然、出乎意料的态度。例如:

(86) 王福升 小姐,我劝你少管闲事。

　　 陈白露 怎么?

　　 王福升 外面有人找她。(曹 154)

(87) 方达生 今天我看了你一夜晚,就刚才这一点还像从前的你。

  陈白露 怎么？

  方达生 还有从前那点孩子气。（曹 139）

尽管这里的"什么"可以用"怎么"替代，但各自表示的语法意义与语用意义是不同的。"什么"问的是话语本身，"怎么"问的是对方话语的真实意图；"什么"无惊异之意，"怎么"有惊异之意；"什么"单纯表示疑问，"怎么"带有发问人的主观态度。

  "什么"与"怎么"一样，也可以带后继问句。

  1. 后接是非问句，这类是非问句都是承对方的话语而来，实际上是"回声问"。[⑤]这时，"什么"也表示一种出乎意料、不以为然的态度。但"什么"不能用"怎么"替代。因为"怎么"后继问句表示的是一种新的信息，而用"什么"的后继问句则传递的是一种已知信息。例如：

（88）陈白露 你进了我的卧室，你是什么意思？

    张乔治 什么？我进了你的卧室？（曹 141）

（89）方达生 我一定要感化你，我要——

    陈白露 什么，你要感化我？（曹 147）

  2. 后接特指问句，这类"什么"问句，也表示由于没看清、没听清或者不明白、不理解对方的话，后继问句则表示具体的疑问。例如：

（90）陈白露 你看，你看，这个像我么？

    方达生 什么？哪个？（曹 138）

（91）陈白露 George！

    张乔治 什么？白露，这个人是谁呀？（曹 141）

六、"怎么"疑问句的反诘程度与功能类型

由"怎么"作状语询问原因时,总是表示一种反诘的语气,但这种反诘语气有程度的差异,据此可以分为五级:

1. 惊异、困惑、不解。反诘语气最弱。例如:

(92) 鲁侍萍　怎么回来了,大海?

　　　鲁大海　我拿东西来了。(曹 103)

(93) 袁　圆　咦,怎么就剩下一个啦?

　　　曾文清　那个在半路上飞了。(曹 318)

答语往往针对表层义进行回答,解释原因,带有申辩性。

2. 惊异、困惑、不满。反诘语气较弱。例如:

(94) 宋恩子　民国好几年了,怎么还请安?你们不会鞠躬吗?

　　　松二爷　我看见您二位的灰大褂呀,就想起了前清的事儿!
　　　　　　不能不请安。(老 97)

(95) 陈奶妈　你怎么在这儿睡着了?

　　　曾文清　嗯,奶妈。(曾 411)

答语可以针对表层义的回答,但更多的是针对深层义回答。

3. 惊异、不满、催促。反诘语气较强。例如:

(96) 曾　霆　你怎么还不睡?

　　　曾瑞贞　我刚给爷煎好药。(曹 356)

(97) 程娘子　哟!老太太,您怎么在这儿坐着,不进去呢?

　　　王大妈　我不进去!……(老 52)

4. 惊异、申辩。反诘语气次强。例如:

(98) 周秀花　大婶，您是要走吧？

康顺子　大力是我拉扯大的，他叫我走，我怎能不走呢？（老 110）

(99) 二　春　娘子，看见二嘎子没有？

程娘子　怎能没看见？他给我看摊子呢？（老 35）

上文为问句，答语用反问句，因此都带有反诘口气。

5. 惊异、驳斥或责怪。反诘语气最强。这里有两种情况，一是对某种言论不满，表现为驳斥。例如：

(100) 李太太　可是你没有看见他跟这位陈小姐——

李石清　我怎么没看见，那是经理喜欢她……（曹 191）

(101) 齐　母　有凌云在这儿，我没脸去作街道工作！

李大嫂　您这是怎么想的呢？我们都夸她出来服务好，您怎么说没脸呢？（老 176）

二是针对某种行为不满，表现为责怪。例如：

(102) 曾　皓　这种儿子怎么不死啊？不死啊？（曹 368）

(103) 二　春　妈，你怎这么怕事呢？（老 18）

总之，"怎么"疑问句的功能类型可以按反诘程度分为：不解型、不满型、催促型、申辩型与驳斥责怪型。反诘程度依次递增。要指出的是，答语是针对表层义还是深层义与问句的反诘程度没有必然的联系。换言之，这五种不同程度的疑问句，都可以有两种不同的答语。

附注：

① 《现代汉语词典》1445 页，商务印书馆 1983 年。

② 徐盛桓《功能语言学研究方法论的若干问题》，《语言系统与功能》，

北京大学出版社 1990 年。

③ 刘月华《"怎么"与"为什么"》,《语言教学与研究》1985.4。

④ "我跟你打个赌,怎样?"其中的"怎样"为附加问,前面是一个分句,这里的"怎样"不宜看作全句的谓语。

⑤ 参见第二章第一节"回声问形式特点及语用功能分析"。

[原载《语法研究和探索》(七),商务印书馆 1995]

第七节　现代汉语选择问研究[*]

选择问是一种很有语用特色的问句，它提出若干选择项进行询问，不仅明确地提出了询问的主观范围，而且提供了可供回答的若干选择项。它与一无所知的特指问相比，体现出一定的范围性；它与以整个句子作为一个疑问点的是非问相比，又表现出某种选择性。所以从语言应用角度讲，它与特指问、是非问一起形成互补格局。本节准备首先讨论选择问句的形式特点以及前后选择项的语义关系，接着探讨相同项的省略规则、变项与疑问点的内涵，最后多角度地研究选择问的应用价值。

一、选择问的形式特点

选择问，指发问人提出并列的两项以上让对方从中进行选择。例如：

(1) 怎么？输了赢了？（曹 181）
(2) 简单地说，还是详细地说？（老 68）
(3) 姑娘到底是和我拌嘴呢？是和二弟拌嘴呢？（红 31）
(4) 这四个关系统战的办公室到底是听他的还是听我们的？（北 267）

---

[*] 本节系提交第七届中国语言学会年会（1993 年 10 月北京）论文。

(5) 你拿出来给你妈开开眼,看看还是我对,还是把女儿关在家里对?(曹 50)

从形式上讲,选择问有这么几个特点:1. 前后选择项之间可以有关联词语相联系,也可以不用关联词语,如例(1);即使用了,既可以只用于后项,如例(2),也可以前后项都用,相互照应,如例(3)(4)(5)。2. 典型的关联词语为"还是",可以单用;如用关联词语"是",则必须同"是"或"还是"配合使用,不能单用。3. 前后选择项可以分别用问号,也可以前项用逗号,后项或最后一项才用问号。4. 疑问语气词"呢"可以前后项都不用,也可以都用,也可以只用一个;如只用一个,既可以用于前项,也可以用于后项。5. 前后选择项可以各自独立成句,也可以在一句话里并存。6. 并列的选择项至少两项,但也可以三项以上。这一切说明:选择问的结构形式,除并列两项以上供选择这一必备条件之外,其余的形式标志,包括关联词语、语气词及停顿等,都是相当灵活而有弹性的。其中,关联词语的有无、多少,以及使用什么样的关联词语是比较重要的,据此可以归纳出以下五种基本类型:

A. x(呢)(,/?)y(呢)?

B. x(呢)(,/?)还是 y(呢)?

C. 是 x(呢)(,/?)是 y(呢)?

D. 是 x(呢)(,/?)还是 y(呢)?

E. 还是 x(呢)(,/?)还是 y(呢)?

括号( )表示有无皆成立,",/?"表示两项任选一项。

需要说明三点:

第一,除 A 型外,其余几种类型都用了关联词语,尤其是前后项之间用了关联词语,因此"是/还是"成为识别选择问的一项重要的外部形式标志。A 型尽管没用关联词语,但它往往采用一些并行格式,前后项中用相同项与相异项相对应,从而形成供选择条件;或者辅之以语气词"呢"等。

第二,如果出现并列两项以上,并且用疑问代词从中进行选择提问,虽然从语义上讲也是一种选择,但从形式上讲则具有特指问的标志,所以实际上是选择问与特指问的混合句式,可称为"特指选择问"。例如:

(6) 他们都不爱理我,都叫我傻王八蛋,可有时也……也叫我狗……狗蛋。你看,这两个名字哪一个好?(原 21)

(7) 比如音乐、美术欣赏,有一定差距,我也承认这个差距,但是,以哪个为主呢?(北 19)

第三,并列的选择项为肯定项与否定项,如果前后项之间没有关联词语与停顿,则构成一般的正反问,这是选择问的一种常用变式;但如果前后项之间有关联词语联系,这就形成正反问与选择问的混合句式,可称为"正反选择问"。

二、前后选择项的语义关系

选择问中,以双项并列最为常见,设前项为 x,后项为 y,从语义上讲,x 与 y 往往为同范畴的事物、性质或行为,从而形成一种并列同类选择关系;有时 x 与 y 似乎没有这种语义上的联系,但只要进入"x(还是)y?"这一选择问框架,在发问人看来,x 与 y 便实际上已具有了这种语义上的内在关系。这是格式对语义的一种反制约关系所形成的。例如：

(8) 老虎帽是为演戏的，还是你添了个胖孙子呢？（老 213）

表面上，似乎"演戏"与"你添了个胖孙子"没什么关系，但是，由于它们都可能是买"老虎帽"的原因，因此便进入了"x（还是）y?"的框架。

x 与 y 的语义关系相当复杂，大体上可以分为三种情况：

（一）对立关系

即 x 与 y 形成语义上明显的对立。

1. 正反型：x 为肯定项，y 为否定项，否定标志可以用"不、没有"等。例如：

(9) 他有小错，你说他，还是不说他呢？（北 367）

(10) 你是给他鼓掌好，还是不鼓掌？（沙 84）

(11) 你到底是有本事还是没本事？

(12) 今天这个会你是去得了还是去不了？

正反选择问如果去掉关联词语便成为一般正反问，两种句式的区别在于：前者语气比较舒缓、婉转，后者语气比较急促、直率。由于正反问形式上相对简略，所以使用频率比较高，而正反选择问除特殊语用需要，一般比较少用。

2. 反义型：x 与 y 为一对反义词，从而形成语义上的对立。这种反义表现在形容词或动词上比较明显。例如：

(13) 嗯，你说！是甜的，还是咸的？（原 119）

(14) 到底是笨，还是聪明？（滑 55）

(15) 努力于提高呢，还是努力于普及呢？（毛）

(16) 你真不知道还是假不知道？（上 125）

有时形成语义对立的是名词,这往往带有一定的社会文化色彩,受到语境比较多的影响。例如:

(17) 新经理是党员,还是群众?(老 168)

(18) 你是喜欢国民党,还是喜欢共产党?(沙 52)

(19) 到底个人事大,还是天下事大?(郭 353)

(20) 你是军人还是老百姓?(《战斗里成长》)

3. 颠倒型:x 与 y 所用的词语基本相同,但语序却颠倒,如果 x 为 AB,则 y 为 BA,从而形成一种语义上的对立。例如:

(21) 在统一战线中,是无产阶级领导资产阶级呢?还是资产阶级领导无产阶级呢?(毛)

(22) 他们是接受贫下中农再教育来了,还是教育贫下中农来了?(北 426)

(23) 你同情我,还是我同情你?(上 102)

(24) 是我夺走了你的丈夫,还是你夺走了我的丈夫?(皇 392)

语序颠倒引起的语义对立,主要表现为在主宾语位置上施事与受事角色的变化。有时也可以反映在偏正词组、连动词组上,但这时语义对立便不那么尖锐了。例如:

(25) 干这个的是弟弟的小舅子,还是小舅子的弟弟?

(26) 我们到底是骑马去,还是去骑马?

(27) 到底是屡战屡败呢?还是屡败屡战?

4. 语境型:x 与 y 本身并不形成对立,但由于语境的条件制约,临时构成对立,在发问人看来,x 与 y 是不相容的,二者只能取其一。例如:

(28) 你问她愿意跟我,还是愿意跟你?(曹 85)

(29) 你撒手我！你是搀我，还是揪我呢？（骆 52）

(30) 你们要命呢？还是要现大洋？（骆 107）

(31) 你是把我给他呢？还是把我们俩一齐赶出去？（骆 129）

这种语义对立，有时还取决于社会习俗。例如：

(32) 是伸手，还是摇头？（老 273）

"伸手"表示接受，而"摇头"则表示拒绝，因此作为词语并不是反义，但它们所代表的社会含义却表示对立关系。

（二）差异关系

即 x 与 y 并不形成截然对立，仅仅表现出一定的差异。这种差异往往是通过相同项的存在、相异项的比较而显示出来的。相异项尽管不同，但多属于同类并列，并未达到对立的程度。例如：

(33) 你说是送杏好呢，还是送桃好？（《马兰花开》）

(34) 是红枣子还是黑枣子？（滑 21）

(35) 说说，说说爸爸什么样儿，是四方脸，还是圆脸？（老 265）

(36) 这眼泪是为谁洒的，是为她和金义，还是为她和金枝？（皇 312）

（三）相容关系

即 x 与 y 都仅仅是一种可能性，它们不但不形成对立，而且不表现差异，而是体现一种相容关系，可能是 x，也可能是 y；可能 x 与 y 都成立，也可能都不成立。例如：

(37) 是天气比往年热呢，还是自己的身体虚呢？（骆 156）

(38) 老虎帽是为演戏的，还是你添了个胖孙子呢？（老 213）

(39) 到底还是木头？还是饭桶？（滑 66）

(40) 咱们是温课，还是下一盘儿棋？（老 246）

以上三种语义关系，从对比性上讲是不同的。试比较下面三例：

A. 这架电视机是好的，还是坏的？（对立关系）

B. 这架电视机是色彩好，还是音质好？（差异关系）

C. 是电视机坏了，还是眼睛出了毛病？（相容关系）

因此，从选择项 x 与 y 的语义对比性来讲，这三种情况形成了三个等级：

A. 对立关系：对比性最强。

B. 差异关系：对比性中等。

C. 相容关系：对比性最弱。

三、相同项的省略规则

x 与 y 的对比，从形式上看可以分为两类：一是从语义理解上体会出来，二是从相同项（常项）与相异项（变项）的比较中表现出来。前者为无标志选择，后者为有标志选择。无标志选择主要依赖于人们的知识背景，包括对词语义的理解，对语用交际义的理解。有标志选择则主要利用结构式中词语的替换。这种变项正是体现了选择问句的疑问焦点。假设 x 与 y 本身由两项内容构成，那么就可能形成三种格式：

a. x（AB）还是 y（AD）？

b. x（AB）还是 y（CB）？

c. x（AB）还是 y（CD）？

相同项越多，差异性越小；相同项越少，差异性越大。a、b 的差异性为1，c的差异性为2，依次类推。

1. x、y为动宾短语：

a. 洗衣服还是洗被单？（AB还是AD）

b. 洗衣服还是晒衣服？（AB还是CB）

c. 洗衣服还是晒被单？（AB还是CD）

2. x、y为动补短语：

a. 画得粗还是画得细？（AB还是AD）

b. 画得粗还是刻得粗？（AB还是CB）

c. 画得粗还是刻得细？（AB还是CD）

3. x、y为主谓短语：

a. 你去还是你来？（AB还是AD）

b. 你去还是他去？（AB还是CB）

c. 你去还是他来？（AB还是CD）

4. x、y为动词性偏正短语：

a. 简单地说还是简单地写？（AB还是AD）

b. 简单地说还是详细地说？（AB还是CB）

c. 简单地说还是详细地写？（AB还是CD）

5. x、y为名词性偏正短语：

a. 弟弟的朋友还是弟弟的同学？（AB还是AD）

b. 弟弟的朋友还是妹妹的朋友？（AB还是CB）

c. 弟弟的朋友还是妹妹的同学？（AB还是CD）

6. x、y为联合短语：

a. 你和小张去还是你和小王去？（AB还是AD）

b. 你和小张去还是他和小张去？（AB还是CB）

c. 你和小张去还是他和小王去？（AB 还是 CD）

x 与 y 的常项，由于词语相同，有的可以省略，有的则要求重复，也有的两可；省略时，有的为前项省略，有的为后项省略。这与句法结构的类型、变项在句法结构中的位置、省略后是否会引起语义误解以及语用上的需要等都有着密切的联系。省略规律为：

1. 疑问点在谓语动词之前，即谓语动词或谓语动词短语 VP 为相同项。

（1）疑问点为主语，相同项 VP 一般不省略，省略了反而语感上不舒服；如省略则只能省略前项 VP，不能省略后项 VP，并需在前项主语前面加上选择关联词"是"。例如：

△你上班还是他上班？→是你（上班）还是他上班？

△你洗衣服还是她洗衣服？→是你（洗衣服）还是她洗衣服？

△饭吃完了还是菜吃完了？→是饭（吃完了）还是菜吃完了？

相同项如为带"得"的动补短语，更加不能省略，如省略则可能引起误解。例如：

△你洗得干净还是她洗得干净？→你（洗得干净）还是她洗得干净？

这时如果一定要省略，也只有在前项主语前添加表选择的关联词"是"，变成"是你还是她洗得干净？"

（2）疑问点为状语，相同项 VP 一般也不能省，如要省略，同样也只能省略前项 VP，不能省略后项 VP，并在前项状语前加上表选择的关联词"是"。例如：

△常常来这儿还是偶然来这儿？→是常常（来这儿）还是偶然来这儿？

△轻轻地打一下还是重重地打一下？→是轻轻地（打一下）还是重重地打一下？

2. 疑问点即谓语动词本身，相同项可能在它之前或在它之后。

（1）相同项为主语，则以省略为常，但只能是后项主语省略，不能前项省。例如：

△你们值班还是你们休息？→你们值班还是（你们）休息？

△他们嫉妒还是他们羡慕？→他们嫉妒还是（他们）羡慕？

有时由于语用表达上需要，如音节上的和谐，相同项主语也可以重复出现。例如：

△你去还是你来？

（2）相同项为状语，则可以省略，如省略只能后项省，不能前项省；但也可以不省略，相同项重复出现，属于两可性质。例如：

△偶然来这儿还是偶然去那儿？→偶然来这儿还是（偶然）去那儿？

△简单地说还是简单地写？→简单地说还是（简单地）写？

（3）相同项为宾语或补语，则不能省略，必须重复，否则问句无法成立。例如：

△你洗衣服还是晒衣服？→＊你洗（衣服）还是晒衣服？→＊你洗衣服还是晒（衣服）？

△你跳过去还是爬过去？→＊你跳（过去）还是爬过去？→＊你跳过去还是爬（过去）？

3. 疑问点在谓语动词之后，即相同项可能是主语、状语或者谓语动词本身。

（1）相同项为主语，以省略为常，并且只能省略后项主语，不能

139

省略前项。例如:

△你洗衣服还是你洗被单?→你洗衣服还是(你)洗被单?

△病人抬上来还是病人抬下去?→病人抬上来还是(病人)抬下去?

(2) 相同项为状语,则可以省略,如省略只能后项省,不能前项省;但也可以不省略,相同项重复出现,属两可性质。例如:

△常常看电影还是常常看戏?→常常看电影还是(常常)看戏?

△用手洗衣服还是用手洗被单?→用手洗衣服还是(用手)洗被单?

(3) 相同项为谓语动词,一般不省略,省略了反而语感不舒服;如省略只能省后项动词。例如:

△洗衣服还是洗被单?→洗衣服还是(洗)被单?

△走进来还是走出去?→走进来还是(走)出去?

如果疑问点为由"得"引进的情态补语或者带数量宾语、补语,则谓语动词省不省略均可以,如省则只能后省,不能前省。例如:

△画得粗还是画得细?→画得粗还是(画得)细?

△买了一本还是买了两本?→买了一本还是(买了)两本?

4. 疑问点为定语,相同项为被修饰的中心语。

(1) 定语如为名词且无定语标志"的",则相同项中心语不能省略,必须重复,否则会引起歧解或不解。例如:

△是钢铁工人还是码头工人在开会?→*是钢铁工人还是码头(工人)在开会?

△是木头衣架还是塑料衣架贵?→*是木头衣架还是塑料(衣架)贵?

(2) 定语如有定语标志"的",则相同项中心语可以省略,但只能省略前项,不能省略后项。一般不省,以重复相同项为常。

△是自行车的把手还是助动车的把手贵?→?是自行车的(把手)还是助动车的把手贵?

△是红彤彤的苹果还是黄澄澄的苹果好吃?→?是红彤彤的(苹果)还是黄澄澄的苹果好吃?

(3) 定语如为数量短语,相同项中心语可以省略,而且前项或者后项都可以省,这时,数量短语实际上替代了整个偏正短语。当然也可以重复出现相同项,属两可性质。例如:

△买了三本杂志还是四本杂志?→买了三本杂志还是四本(杂志)?→买了三本(杂志)还是四本杂志?

5. 疑问点为定语所修饰的中心语,相同项为定语。不能省略,因为如果省略会引起歧解。例如:

△是弟弟的朋友还是弟弟的同学来了?→*是弟弟的朋友还是(弟弟的)同学来了?

△买了三本书还是三本杂志?→*买了三本书还是(三本)杂志?

6. 疑问点为联合短语中的一项,相同项为联合短语中另一项。

(1) 联合项中间有连词"和"等相连。如相同项为联合短语中的前项,则后面选择项中的相同项可省略,但需保留连词。当然也可以重复出现相同项,属两可性质。例如:

△是你和小张还是你和小王去杭州?→是你和小张还是(你)和小王去杭州?

(2) 联合项中间有连词相连,如相同项为联合短语中的后项,则无论前后选择项中的相同项均不能省略，必须重复，否则会引起歧解。例如：

△是你和小张还是他和小张去杭州？→*是你（和小张）还是他和小张去杭州？→*是你和小张还是他（和小张）去杭州？

（3）联合项中间如没有连词相连，则相同项不论是联合短语中的前项还是后项，都不能省略，否则也会引起歧解。例如：

△是小张小李还是小张小王去杭州？→*是（小张）小李还是小张小王去杭州？→*是小张小李还是（小张）小王去杭州？

△是小张小李还是小王小李去杭州？→*是小张（小李）还是小王小李去杭州？→*是小张小李还是小王（小李）去杭州？

综上所述，选择问句中相同项的省略大致有四种情况：

（1）一般不省，省了反而语感不舒服；但在某种条件下可以省略。这主要是指谓语动词或动词短语前后项相同，由于 VP 作为句子结构和语义的中心，地位特别重要，所以尽管前后项相同，重复一下反而能加强信息。

（2）一般要求省略，不省给人一种累赘的感觉；但为了某种语用上的特殊需要，例如音节和谐等，也可以不省。这主要是指主语为相同项，汉语表达上，主语的作用相对不那么重要与必要，所以常常承前省略。

（3）不能省略。这有两种情况：一是如果省略不成话，这主要是宾语或补语为相同项，由于汉语句法结构中语义重心在后，宾语或补语跟动词结合比较紧密，如果省略，会造成句法结构上的不平衡。二是如省略相同项，会造成歧解。

（4）省略与不省两可，根据语用表达的需要予以选择。

此外，相同项的省略有"前省"与"后省"两种，其情况表面上似乎相当复杂，试把以上分析归纳如下：

1 （1）前省：是你（上班）还是他<u>上班</u>？
　（2）前省：是常常（来这儿）还是偶然<u>来这儿</u>？
2 （1）后省：<u>你们</u>值班还是（你们）休息？
　（2）后省：<u>偶然</u>来这儿还是（偶然）去那儿？
3 （1）后省：<u>病人</u>抬上来还是（病人）抬下去？
　（2）后省：<u>常常</u>看电影还是（常常）看戏？
　（3）后省：<u>买了</u>一本还是（买了）两本？
4 （2）前省：是自行车的（把手）还是助动车的<u>把手</u>贵？
5 （1）后省：是<u>你</u>和小张还是（你）和小李去杭州？

凡相同项下划＿，制约前省还是后省的有一条基本规则，即保留的相同项在语义指向上尽管既可以前指，也可以后指，但在一个句法结构中只能是"单向"的，而不能是"双向"的。如果第 1 类改为后省："是你上班还是他（上班）？"第 2 类改为前省："（你们）值班还是你们休息？"这时，"上班"与"你们"的语义既要前指又要后指，这是不符合人们思维的走势的，因而不能成立。我们把这一规律称之为"语义单向管辖律"。

四、变项与疑问点的内涵

以上的讨论，我们实际上把问题简单化了，即 x 与 y 都只包含两项内容，a 和 b 都是一个常项一个变项，c 则两项都是变项。事实上，x 和 y 可能包含三项以上，这时情况就要复杂多了。以"你[1]明天[2]

到南京[3]出差[4]"为 x,由于包含四项内容,相应的变项可能为一个、两个、三个或四个:(见下表)

	x	y	变项
a	你明天到南京出差,	还是他明天到南京出差?	(1)
b	你明天到南京出差,	还是你后天到南京出差?	(2)
c	你明天到南京出差,	还是你明天到北京出差?	(3)
d	你明天到南京出差,	还是你明天到南京学习?	(4)
e	你明天到南京出差,	还是他后天到南京出差?	(1)(2)
f	你明天到南京出差,	还是他明天到北京出差?	(1)(3)
g	你明天到南京出差,	还是他明天到南京学习?	(1)(4)
h	你明天到南京出差,	还是你后天到北京出差?	(2)(3)
i	你明天到南京出差,	还是你后天到南京学习?	(2)(4)
j	你明天到南京出差,	还是你明天到北京学习?	(3)(4)
k	你明天到南京出差,	还是他后天到北京出差?	(1)(2)(3)
l	你明天到南京出差,	还是他后天到南京学习?	(1)(2)(4)
m	你明天到南京出差,	还是他明天到北京学习?	(1)(3)(4)
n	你明天到南京出差,	还是你后天到北京学习?	(2)(3)(4)
o	你明天到南京出差,	还是他后天到北京学习?	(1)(2)(3)(4)

以上 a、b、c、d 为一个变项,e、f、g、h、i、j 为两个变项,k、l、m、n 为三个变项,o 为四个变项,一共 15 种类型。变项越多,差

异性就越大，反之，差异性就越小。差异性不同于对比性，差异性是从常项与变项的比较这一角度考察的，而对比性是从变项的语义对立程度这一角度考察的。

变项可以是词，也可以是短语，或者是句子。上例中 a、b、c、d 的变项即词，j、n 的变项为短语，o 的变项为句子。这里要特别注意三点：1. 变项也可能是语素，例如："你穿的是皮鞋还是布鞋？""这是菠菜还是芹菜？"其中"皮/布""菠/芹"就是语素。2. 变项也可能是分别独立的词，有时并不形成一个语言结构，例如上例中的 e、f、g、h、i、k、l、m 等。3. 变项也可以由否定词来承担，如上述"正负型"选择问；也可以由语序变化来承担，如上述"颠倒型"选择问。

疑问点是由前后 x 与 y 的变项共同构成的，换言之，疑问点可以超越句法结构形式而存在，它实际上是一种语义范畴，而不是句法范畴。不管句中的变项有多少，一个选择问的疑问点总是只有一个。

五、选择问的应用价值

1. 多项选择问

选择问有时并不限于 x 与 y 两项，也有并列三项以上的复杂选择问。这时选择项之间的语义关系最常见的是相容关系。例如：

（41）虎给吃了？跌死了？让散兵打黑枪了？（北 453）

（42）我们心里总有些说不明道不清的滋味，是欣喜？是尴尬？是别扭？（上 265）

（43）替你扛包？拉排子车？倒脚？销赃？（高 37）

也可能是种差异关系。例如：

(44) 四十几年前，北京只有一百万多一点人口，现在呢？八百万？九百万？一千万？这就叫人口大爆炸！（北 554）

(45) 金小姐来点什么？可乐？雪碧？"红娘子"？（皇 48）

至于对立关系一般较少见，特殊的是语义分层次对立。例如：

(46) 站在他们前头领导他们呢？还是站在他们的后头指手画脚地批评他们呢？还是站在他们的对面反对他们呢？（毛）

(47) 她正处在梦呓之中，是情愿？是被迫？还是命运的捉弄？（上 133）

即在语义上 x 项与 y 项对立，然后 x 项与 y 项一起再与 z 项对立。

2. 选择问句的反问用法

选择问也可以构成反问句式，较常见的是其中每一个选择项都表示否定，因此不管双项选择还是多项选择，全句总的语义也都表示否定。例如：

(48) 看看咱们这个地方，是有个干净的厕所，还是有条干净的道儿？（老 18）

(49) 我跟你是亲戚？是老朋友？还是我欠你的？（曹 198）

当选择问表示反问时，前面常常先出现一个反问句，从而保证了后边选择问的反问含义明确无误。例如：

(50) 可是，说出来又有什么意思呢？给金枝出口恶气，还是邀功讨好儿？（皇 252）

(51) 我还能说什么呢？让我去对一个战争中失去腿的人说这场战争是一场误会？抑或学究气地评说是非？（阎 335）

更为常见的是选择问的反问用法之后，紧接着正面表态的语句。例如：

(52) 谁给的？哼，天上掉下来的？地里头钻出来的？我自个儿在

门口买的。(原 97)

(53) 哼!这个同志,是面做的?泥捏的?这么碰不起?(沙 62)

(54) 日寇侵占东北以后,您在哪里?在长白山上还是在松花江边?在大兴安岭还是在蒙古草原?您不在这些地方。(白 314)

(55) 我古老的中华民族,竟落得个陪衬的角色。感慨万分?快快然?我骄傲?我羞愧?我他妈的什么都不是!(闯 280)

当然,也有对后一选择项表示肯定的反问用法。例如:

(56) 你说,是我瞎疑心,还是你瞎疑心?(原 122)

(57) 你是给他鼓掌好,还是不鼓掌?(沙 84)

发问者实际上是对前项否定,对后项肯定的。这种语义倾向必须联系上下文及语境才能予以确认,独立的一个选择问是无法辨认语义倾向的。

3. 选择问的补充追问用法

选择问还可以用在特指问之后,表示对特指问的补充追问,因而在语义上这一询问往往比前一特指问所指更为具体,而在语用上显示了一种更为急切的心情。例如:

(58) 立了什么功?大功呀小功?(《战斗里成长》)

(59) 你先救哪一个,是你妈,还是我?(原 337)

(60) 那么学好日语为了什么呢?为了深造?为了在日本多住几年?(上 176)

(61) 你指的什么理论准备?是看书还是调查现状?(北 157)

前面特指问可以是多项的,后面选择问也可以是多项的。例如:

(62) 是什么太美妙?什么没烦恼?是酒?是爱?……(皇 402)

147

(63) 你陈玉英要解释什么？你和张全义的情？志趣？苦闷？难处？（皇 300）

其实，不仅特指问，是非问之后也可以带上选择问进行补充追问。例如：

(64) 一会儿？五分钟还是十分钟？（沙 174）

4. 选择问形式的非疑问用法

"x 还是 y"这样的选择形式如果充当宾语，或宾语中的谓语（宾语本身是主谓结构），有时承担疑问信息，全句仍为选择问。例如：

(65) 你就不去打听打听我到底是死是活？（老 272）

(66) 我也不知道这是我的缺点还是优点？（皇 502）

但有时并不承担疑问信息，只是作为一种客观情况予以陈述出来。例如：

(67) 也许说不上是失望还是懊悔。（皇 226）

这类宾语常常提前充当全句的话题主语。例如：

(68) 他是死是活，我不知道。（老 103）

(69) 到底是走还是不走，我都还没有决定的。（郭 375）

5. 由是非问、特指问构成的混合型选择问

选择问句，如果每项独立成句，则每一项都具有相对独立性。前项可能是是非问。例如：

(70) 大家伙说的翻身哪，解放呀，到底是真的吗？是长远的事吗？还是说说就算了呢？（《方珍珠》）

(71) 难道你不明白，还是我不明白？（皇 56）

后项也可能是特指问。例如：

(72) 老大，你表妹怎么这样子？怎么说话时捂着耳朵？是在家撒

148

娇惯了，还是怎么的？（上 238）

发问者先用是非问发问以后，感到意犹未尽，再提出另外一项进行选择，从而形成了这种混合句式，这正反映了发问者提问时的一种心理变化的动态过程。如果说一般的选择问是作为一个整体出现的，属于"预定型"，那么这种混合选择问则是说话过程中临时组织的，属于"随机型"。

6. 由"或者"构成的特殊选择问

一般认为：选择问中间的关联词语主要用"还是"或"是"，但不能用"或者"，虽然"或者"也表示选择，但只用于陈述句中，不能用于疑问句中。事实却不然。例如：

(73) 难道可以当着外人的面儿责备丈夫，或者演戏？（皇 16）

(74) 也许是来向你讨教费尔巴哈的唯物主义？或者来请你讲解《共产党宣言》？（沙 103）

(75) 上哪儿去呢？玩具商店还是公园？或者是姥姥家？（皇 226）

(76) 她的目光冷冷的，是愤恨，还是同情，或是可怜？（上 253）

使用关联词语"或者"有其特殊的作用：（1）用"还是"，侧重于客观询问；用"或者"，则带有较强的主观估测色彩，如例（74）前项用"也许"，后项用"或者"相呼应。句尾如添语气词，可用"信大于疑"的"吧"，或者"吗"，但不用"呢"。这说明"或者"所接连的问句属于一种是非问句。（2）如果选择项有三项以上，则前面几项为一个层次，"或者"标志为后一项为另一层次，从而显示了不同的层次关系。（3）"或者"只能用于最后一个选择项之前，这反映了该项询问的一种相对独立性。例（73）（74）前项都为"是非问"，例（75）（76）前两项已构成一个完整的选择问，由"或者"引进另一选择项，起到一种追加性询问的作用。

［原载《语言教学与研究》1994年第2期］

第八节　现代汉语正反问研究

正反问，又叫反复问，指用疑问结构"X 不 X"（X 没 X）来进行询问的一种疑问句类型。正反问要求被询问者从肯定项与否定项之中进行选择，但中间没有任何关联词语相连接，因此也可以认为是一种特殊的选择问句。选择问句中的"正负型"可以通过删除关联词语或者删除前项语气词变化为正反问。[①]例如：

(1) 你说他，还是不说他呢？→你说他不说他呢？

(2) 进呢，不进呢？→进不进呢？

一、正反问句的定性

"X 不 X"这种正反并列结构，可以在句中充当除了状语以外的其他各种成分。如果直接作谓语，则肯定是正反问，因为谓语往往传达一种新的信息，而"X 不 X"这种两歧结构难以传达一种已定信息，只能传达一种未定信息，所以排除了陈述句的可能性，只能理解为疑问句。例如：

(3) 啊！你愿意不愿意？（老 190）

(4) 她这样做合理不合理？（新 325）

(5) 你们收拾不收拾？（曹 325）

(6) 我说你结婚没结婚哪？（侯 17）

"X 不 X"如果作补语，由于动补结构中的语义中心实际在补语上，因

此同样也只能传达一种未定信息,也无疑是一个正反问句。例如:

(7) 你说算得精不精?(北 152)

(8) 说的对不对?(曹 397)

(9) 发得大不大?(沙 61)

(10) 炸得重不重?(《国家至上》)

至于作宾语或宾语的一部分,就可能有两种情况,一是承载了疑问信息,仍算正反问。例如:

(11) 墙要塌了,问还收拾不收拾?(曹 380)

(12) 板着脸干一天,不知累不累?(北 440)

二是不承载疑问信息,全句为陈述句。例如:

(13) 只看你娘愿意不愿意啦。(新 3)

(14) 连我自己似乎也相信是这么回事,还信口问老板生意好不好。(闯 126)

"X不X"如果作主语或定语,由于只是把肯定和否定两种可能性作为一种话题或情况客观地反映出来,并不承载任何疑问信息,因此不能算是正反问。例如:

(15) 烧不烧也没有什么关系。(新 91)

(16) 至于打不打内战,是你们自己的事。(白 316)

(17) 有没有孩子,对我都一样!(皇 56)

(18) 参加不参加的问题由你自己决定。

"X不X"结构形式还经常充当附加问。附加问是一种问句的特殊用法,不仅正反问、是非问,连特指问也可以作附加问,不过以正反问用作附加问最为常见。[2]因此,正反问与附加问是分属不同层次类型的问句。当"X不X"作谓语时,由于位置处于句尾,跟"X不X"

作附加问处于句后，在形式上比较相近，所以容易发生混淆。试比较下面几例。

（19）我刚才说的对不对？（老 13）

（20）吵闹只能坏事，不能成事，对不对？（老 33）

（21）不说这感觉行不行？（北 32）

（22）我不再出声，只当我没长着嘴，行不行？（老 55）

（23）我们各行各业，尤其是干部体制的弊端好不好？（北 49）

（24）四嫂，咱们都不哭，好不好？（老 33）

以上所举例中，例（19）（21）（23）的"X不X"跟前面的词语构成了一个语言结构，其形式标准为前面的词语都是名词或名词性的，语法意义是对某个概念进行询问，因此这里的"X不X"应该是谓语，属正反问。而例（20）（22）（24）中的"X不X"一般都与前面的词语中间有明显的停顿，在形式上前面的词语都是动词或者动词性的，能独立成句，语法意义都表示就某个命题，不管是陈述、祈使还是感叹命题，来征求对方意见。可见，"X不X"作谓语的正反问与作独立成分的附加问的用法还是可以清楚地分辨开来的。下面再看两组由形容词或动词构成的"X不X"分别作谓语的正反问与作附加问的例句：

"X不X"作谓语的正反问：

（25）你这里边的乐子大不大？（北 152）

（26）火车上尽是土，看我的头发乱不乱？（曹 50）

（27）我的白头发多不多？（《桃李春风》）

（28）你们打北京来，天安门上的像，到底还在不在？（北 522）

"X不X"作附加问：

（29）全不懂，全不会，可悲不可悲？（北 33）

(30) 大上海的人来深圳见世面,你说惨不惨?(北 114)

(31) 用这个揍男女学生,你想想,美不美?(老 123)

(32) 没有卦礼就不能问卜,懂不懂?(《王老虎》)

由于附加问是一种独立成分,不参加句子的结构组织,即使删掉"X 不 X",前面的句子结构依然成立,当然语义上可能显得不完整;而"X 不 X"作为谓语参加了句子的结构结合,它不能删略,否则就不成为句子了。

二、"VO 不 VO"及其删略变式

当动词带上宾语构成正反问时,便形成"VO 不 VO"格式。由于语言,尤其是口语的经济原则起作用,相同项往往可以删略,因而,如果说"VO 不 VO"是一种完整常式,那么在实际交际中便出现了一些删略多少不等的变式。而且,事实上,删略变式出现的频率要大大高于完整常式。

1. 完整常式:VO 不 VO?

(33) 你还认识我不认识我?(原 21)

(34) 你走了,你想我不想我?你要我不要我?(原 38)

(35) 你们给钱不给钱?(曹 335)

(36) 你讲理不讲理?(老 23)

2. 前删略式:V 不 VO?

(37) 真买没买猎装呀?(北 32)

(38) 金一趟平日在家骂不骂我?(皇 489)

(39) 你信不信我的话呀?(老 48)

（40）这件衣服已经穿了好久了，还穿不穿它？（北 262）

这种类型尤以能愿动词构成"X 不 X"带上动词性宾语更为常见。

（41）那你们认为我能不能当作家？（北 200）

（42）你愿意不愿意跟我再谈一两天？（曹 149）

（43）你肯不肯自己动手，把它弄好了呢？（老 49）

（44）你敢不敢跟我说？（新 176）

3. 后删略式：VO 不 V？

（45）不过，您吃白菜豆腐不吃？（老 157）

（46）王掌柜，晚上添评书不添？（老 118）

（47）虎子，你到底想我不想？（原 186）

（48）你爱我不爱？（原 37）

V 如为能愿动词也可以构成这种变式。例如：

（49）可是，告诉我一句话，到底能找到不能？（老 248）

（50）你还要斧子敲这镯子不要？（原 25）

当"V 得 C""V 不 C"带宾语时也可以构成这种变式。例如：

（51）谁知道等得到天亮等不到呢？（北 67）

（52）找遍了你们全村，找得出十两银子找不出？（老 79）

4. 后删动宾式：VO 不？

（53）你喜欢愫小姐做你的妈妈不？（曹 299）

（54）你要我说话不？（曹 329）

（55）在了党，我还种地不？（新 22）

（56）你们认得程平、黑老蔡不？（新 121）

其中的宾语也可以移位到句首作主语，从而在 V 之后形成一个空位。例如：

(57) 这开水你要不？（曹 342）

(58) 打日本你害怕不？（新 20）

一般认为，出现宾语省略式的原因主要是由于宾语太长不宜重复，这话有一定道理。例如：

(59) 你知道现在咱们跟日本人打仗不知道？（《国家至上》）

(60) 你记得姐姐的一点特点不记得？（老 262）

其中的宾语确实很长，不适宜再重复，如果重复，一口气很难说完，因此必须要求删略。但是，有相当多的宾语并不长，甚至短到一个单音节词，它完全可以不必删略，然而事实上却有"VO 不 VO"与"VO 不 V"或"V 不 VO"等几种格式并存。例如：

(61) 你疼我不疼我？你爱我不爱？（原 37）

可见，删略的主要原因是语言交际的经济原则在起作用，在不至于引起误解的前提下，语言形式要求尽可能的简略，尤其是重复性词语力求删略或用代词指代。

据朱德熙先生研究，"VO 不 V"和"V 不 VO"两种句型在方言里的分布不同：前者主要见于北方方言，后者主要见于南方方言。[③]我们发现：后者封闭式正逐渐渗透到北方方言里去，而反之，前者开放式却缺乏这种反渗透。目前，在普通话里，这两种格式尽管并存，但实际上已出现了后一格式压过前一格式的趋势。我们认为，除了南方方言地区，如吴方言、粤方言地区由于经济活力强，从而为方言的渗透推波助澜等外界客观条件之外，最根本的原因还是在于句法结构本身的特点，即"V 不 VO"中疑问结构结合紧密，从而更能显示疑问焦点，在语义理解上，V 与不 V 语义同时顺向联系 O，这符合人们的思维走势；而"VO 不 V"却不然，一方面 V 与不 V 中间隔着 O，疑问焦点分散；另一方面，在语义理解上，不V的对象必须反搜索，这不太符合人们的思维走势。两种格式在自然淘汰中，已显示其优劣。在最新出版的由北京籍作家陈建功、赵大年撰写的《皇城根》这部京味儿十足的长篇小说中，有不少"V不VO"的正反问句，却没有发现"VO不V"的正反问句，这是很值得深思的。

"VO不V"与"VO不"两种格式在普通话中也并存，在我们收集的例句中发现，老舍的作品都是前者，而尚未发现后者；反之，曹禺和袁静的作品中，主要以后者为主，偶尔才有前者。这说明在北京方言中仍以"VO不V"格式为主，但由于"VO不"一方面比前者简洁，另一方面，"VO不"还有另一个来源，使用的面比"VO不V"更宽，因此从发展趋势来看，用后一格式的也逐渐多于用前一格式的了。

三、"VO不"的两个不同来源

"V没有"可以认为是"V没有V"的删略式，虽然实际语言中"V没有V"很少使用，但是如果V比较简单，也可以用这一格式。例如：

(62) 凌云，你到底去了没去？（老158）

"V没有?"与"V不?"都属于正反问。"V没有?"问的是客观情况，是一种已然体，表示过去或现在已经发生了的动作行为。例如：

(63) 她喝了没有？（曹395）

(64) 屋子塌了没有？（老55）

(65) 您想好了没有？（老158）

(66) 你看清楚没有？（曹 369）

如果带宾语，V 后边可以用助词"了""着""过"，也可以不用。例如：

(67) 两个小的入了托儿所没有？（老 191）

(68) 你现在混得不错，你想着我茶钱没有？（老 95）

(69) 俩多月了，她给过我一分钱没有？（老 183）

(70) 你看见我这身衣服没有？（老 96）

而"V 不？"问的是主观态度，是一种未然体，时间可指现在或将来。例如：

(71) 袁圆，你要一个东西不？（曹 296）

(72) 快过年了，刷刷墙不？（北 123）

(73) 你到底疼我不？（原 32）

(74) 你记得他不？（新 130）

这里的"不"都不能用"没有"来替换。但是，"V 不？"有时也可以询问过去已经发生了的动作行为。例如：

(75) 我去瞅瞅孙少爷书背完了不？（曹 349）

(76) 你说袁先生今天看出来不？（曹 339）

这里的"不"都可以用"没有"来替换，成为："我去瞅瞅孙少爷书背完了没有？""你说袁先生今天看出来没有？"这种"VO 不？"显然不能解释为由"VO 不 VO"删略而来，我们怀疑它与第（二）节里所述后删动宾式不是一个来源。

更令人注意的是，一般情况下，动词"有"带了宾语构成正反问句，基本上是两种格式：第一，"有 O 没有？"例如：

(77) 你有这个心胸没有？（老 169）

(78) 妈妈有消息没有？（老 265）

(79) 你有个够没有？（曹 79）

(80) 有追悼会没有？（北 34）

第二，"有没有 O？"例如：

(81) 有没有自由？（白 361）

(82) 你有没有一个纪律呀？（新 30）

(83) 比方说，读者有没有比我们更靠北的呢？（北 328）

(84) 你们单位有没有缺孩子的？（皇 247）

但是，同时还存在"有 O 不？"格式。例如：

(85) 你自己有个决定不？（曹 329）

(86) 这个有名字不？（曹 304）

(87) 你有事不？（新 119）

(88) 算算你命里还有儿子不？（原 105）

"有 O 不？"显然也无法解释为"有 O 没有 O？"的删略式。

此外，李宇明、唐志东曾指出儿童问句中有一种正反问很特殊。[④]例如：

(89) 你不会浇不？（ 引书 21）

(90) 你捉不住我不？（ 引书 24）

他们认为这种情况"难以用省略说解释"，"这两例中的'不'相当于'吧'，这两例中的'X 不'是否与前两例的'X 不'同源，还有待于进一步研究"。我们觉得这一怀疑是有道理的。

以上提及三种"X 不？"问句，即：1. 语法意义为询问已经发生了的动作行为；2. "有 O 不？"格式；3. "不 V 不？"格式。它们都不能用删略说来予以解释。

先让我们看看上海方言正反问句的类型。《上海市区方言志》指出:"'勿啦'[Və?LA]是由否定词'勿'和'啦'结合而成,在疑问句中'勿啦'和'哦'是可以自由替换的。"[5]这一观察是正确的,因为"勿啦"念得稍快一点,就变成"哦"了([Və?LA] ⟶ [VA]),这从汉语音韵反切的角度解释是很有说服力的。由于"勿"[Və?]和"哦"[VA]的语音形式相当接近,因此《简明吴方言词典》把"勿啦"写作"哦啦",并拼音为[VA?LA][6],我们认为还是《上海市区方言志》的描写比较准确。对这个"哦",有两种解释。《上海市区方言志》认为是疑问语气词,带"哦"的疑问句是问是非的,句中一般不含疑问代词[7];《简明吴方言词典》则认为是助词,相当于用于句末表示疑问的"吗"[8]。至于由"勿啦"或"哦"构成的疑问句属什么类型疑问句则没有明言,但显然倾向于认为是是非问句,尤其是第二种解释。我们则认为应该是正反问句。据我们观察,上海方言的正反问句,除"V勿V?""VO勿VO?"与"V勿VO?"之外,还有三种形式:

1. V(O)勿?　　例如:侬去勿?　　伊吃饭勿?
2. V(O)勿啦?　例如:侬去勿啦?　伊吃饭勿啦?
3. V(O)哦?　　例如:侬去哦?　　伊吃饭哦?

上述两本书都没有提及第1种类型,这主要是由于"勿"与"哦"的读音相当接近,以至于人们常常忽略了它们的差异。"V(O)勿?"与"V(O)勿啦?"相比较,由于后者多了一个语气词"啦",语气显得更重一些,而"勿啦"与"哦"则不仅同义,而且可以互相替换。因此,从根本上讲,它的基本形式应为"V(O)勿?"属于正反问句。而事实上,人们也是这样理解的,下面两例很能说明问题:

(91) 吴瞎子　生意好哦？

老板娘　不行！吴先生，你生意好不好？(《三毛学生意》)

(92) 三阿姐　三毛，现在教你别的，好不好？

老　大　拣便当一点的来教侬，告地状，好哦？(《三毛学生意》)

剧中，吴瞎子、老大都讲上海话，所以用"好哦？"而老板娘、三阿姐是苏北人，所以用"好不好"。前例用"好不好"来理解"好哦"，后例用"好哦"来理解"好不好"。可见，上海方言的"好哦"与北方方言的"好不好"属于同一类型。

由于上海方言中，"VO 不 VO？"几乎不说，而最常用的却是"V（O）勿（勿啦/哦？）"我们怀疑"VO 勿 VO？"是受普通话影响后起的句式，因而也无法用删略说来解释，然而同古代汉语和近代汉语却存在着一脉相承的关系。

吕叔湘先生指出："文言里的反复问句在形式上也和单纯是非问句更加接近了，因为文言里不重复句子的一部分词语，只在句末加一'否'字（古多作'不'）或'未'字，或'无'字。"⑨他举的例子是：

(93) 即有水旱，其忧不细，公卿有可以防其未然救其已然者不？(《汉书·于定国传》)

(94) 而太史氏又能张大其事为传，继二疏踪否？不落莫否？(韩愈《送杨少尹序》)

(95) 君除吏已尽未？吾亦欲除吏。(《史记·魏其武安侯列传》)

(96) 晚来天欲雪，能饮一杯无？(白居易《问刘十九》)

我们查阅近代汉语语法资料，发现这类"V（O）不？"句式是当时的正反问的主要形式：

(97) 心即无住，知心无住不？(《神会语录》)

(98) 禅师见佛性不？(《神会语录》)

(99) 未委娘子赐许以不？(《秋胡变文》)

(100) 不知公等求得仙否？(《入唐求法巡礼行记》)

并且也有"有O不？"格式：

(101) 心有住处不？(《神会语录》)

(102) 有何功德不？(《神会语录》)

(103) 愿和尚慈悲，看弟子有小智惠、识大意否？(《六祖坛经》)

(104) 卿有知否？(《入唐求法巡礼行记》)

根据方言材料与近代汉语材料，我们可以推测，上述北方话里的三种"X不？"不是由"X不X？"省略而来，而是古代汉语经过近代汉语的一种遗留格式。这种古代汉语正反问的格式，不仅在南方一些方言中保留下来了，而且在北方方言中也有所反映，并已进入普通话范畴之中。

四、双音节动词 AB 的缩略

在"X不X？"正反问中，如果X为双音节动词AB，就可能出现缩略现象，一种是前缩略，为"A不AB？"一种为后缩略，为"AB不A？"范继淹先生曾指出："少部分双音节动词还有'知道不知道，知不知道'，'认得不认得，认不认得'两种说法，后者是词汇音节的缩略形式。北京话不说，其他方言有的说，有的作为普通话接受。另一方面，很多双音节动词没有这种缩略形式（＊前不前进/＊行不行动/＊互不互相/＊组不组织/＊决不决定/＊零不零售/……）是否合乎规

范,尚有争论。"⑩这种能前缩略的方言主要是南方方言,例如上海方言。下面的例句便是从上海作家的作品中摘取的:

(105) 我还带来了一个朋友,不知你欢不欢迎?(沙 67)

(106) 这些药的用处晓不晓得?(沙 33)

(107) 身体需不需要疗养一下?(上 141)

(108) 您说的那种旅行车可不可以半价?(闻 149)

其实,这种"A不AB"结构还可以出现在非疑问句中:

(109) 瞎说八道,什么革不革命的!(闻 220)

(110) 你管他合不合理!(闻 167)

"A不AB"缩略式虽然与"V不VO"删略式不是一回事,前者是词汇问题,后者是句法问题,但是两者又有密切联系。词汇缩略显然是受到句法删略的影响。因为最容易构成"A不AB"的恰恰是动宾关系的那些动词,尤其是离合词,如:

关心、知道、拜年、办公、录音、报仇

革命、把关、鞠躬、理发、洗澡、请假

其次是一些能愿动词,如"可/可以""能/能够""应/应该""愿/愿意",本来语义就相同而且可以互换。

在上海方言中,其他双音节动词,有相当一部分可以删略成"A不AB"格式。例如:

(主谓式) 眼不眼红、情不情愿、国不国营、沟不沟通

(并列式) 答不答应、接不接受、依不依靠、尊不尊重

(偏正式) 热不热爱、声不声援、误不误会、下不下达

(连动式) 查不查封、进不进驻、投不投靠、报不报考

(兼语式) 讨不讨厌、召不召集、引不引见、请不请示

不仅动词可以，双音节形容词也可以构成"A 不 AB"格式。例如：

年不年轻、自不自豪、进不进步、满不满意

漂不漂亮、出不出奇、清不清楚、伟不伟大

难不难看、积不积极、可不可靠、迫不迫切

不仅动词、形容词可以，有一些习惯用语，包括成语也可以构成"A 不 AB"格式。例如：

大不大扫除、粗不粗心大意、按不按劳分配

现不现代化、政不政治学习、改不改邪归正

上海方言中这种"A 不 AB"扩大化的趋向，是一种格式"类化"的结果。由于句法中"V 不 VO"的形式存在，相应的在词法中也产生出一种平行性格式"A 不 AB"。其次是音节的协调在起作用。"AB 不 AB"共有五个音节，念起来不上口，而汉语中四个音节是最上口的，和谐协调，因此删略一个音节而不会影响交际，又何乐而不为呢？

其实，不仅上海方言，凡句法中存在"V 不 VO"删略格式的方言，必然也同时具有"A 不 AB"缩略式。而且这种缩略式已经影响并且渗透到北方方言，乃至北京话中去了。下面一些例句都是从京派小说《皇城根》中摘取的：

（111）骑毛驴，北方的，小毛驴，懂不懂得？（皇 89）

（112）你还认不认得我呀？（皇 533）

（113）不过，为什么事情去牺牲？值不值得牺牲？（皇 503）

（114）只是不知你愿不愿意给我一个机会？（皇 137）

但反之，后缩略式"AB 不 A"，即使在北京话中也只有极少数"假动宾式复合词"，如"学习、游泳、考试、小便"才可以这么说，而且缺乏能产性，绝大多数方言都不能这么说。这一格式有萎缩的趋势。

五、"是不是"正反问的特点

由"是不是"构成的正反问所表示的语法意义跟是非问句最为接近,范继淹先生干脆从深层语义关系出发,把正反问同是非问都看作"是非问句的句法形式"。"是不是"在句法结构中的位置比较自由,除了"NP1 是 NP2 不是 NP2?"(如"他是北京人不是北京人?")以及"是不是 NP1 是 NP2?"(如"是不是他是北京人?")[①]由于重复的信息太多,使用起来太累赘,因此很少使用之外,大体上有以下七种类型:

1. NP1 是 NP2 不是? 例如:

(115)她是你的亲娘不是?(老 294)

(116)您看,是这么一笔账不是?(老 98)

(117)那是姓程的不是?(老 22)

(118)他还是中国人不是呢?(《桃李春风》)

2. NP 是 VP 不是? 例如:

(119)你们俩是来报到不是?(老 168)

(120)嘛运动,村里都是斗他们不是?(北 495)

(121)话是这么讲不是?(老 55)

(122)他是挺聪明不是?

3. NP1 是不是 NP2? 例如:

(123)你说的是不是那个满脸擦着胭脂粉的老女人?(曹 169)

(124)谁要揍女人呀?是不是白二叔?(《方珍珠》)

(125)陈玉英是不是小金兴的亲妈?(皇 399)

(126) 你到底是不是八路军？（新 3）

4. NP 是不是 VP？例如：

(127) 妈是不是顶疼你？（曹 96）

(128) 大妈，您是不是有点心事呢？（老 255）

(129) 姜昆，你是不是不叫我们活了？（北 495）

(130) 毛主席抽烟是不是影响了寿命呢？（北 382）

5. 是不是 NPVP？例如：

(131) 是不是这屋子有点冷？（曹 138）

(132) 是不是刚才我的弟弟来了？（曹 101）

(133) 是不是李将军派你来的？（《方珍珠》）

(134) 是不是我们请酒的排场很大？（北 536）

6. NP1 是 NP2，是不是？例如：

(135) 这整容，也是艺术，是不是？（北 325）

(136) 小生意，赚一点钱，也不是很宽裕的，是不是？（北 147）

(137) 打击了好几回，好了，可还是乱点儿，是不是？（北 514）

(138) 可我们还是在我们这里呀，是不是？（北 131）

7. NPVP，是不是？例如：

(139) 政府爱我们，我们也得爱政府，是不是呀？（北 59）

(140) 你大概有点疑心我很放荡，是不是？（曹 144）

(141) 花样多极了，是不是？（北 321）

(142) 你很喜欢运璞，是不是？（《桃李春风》）

根据我们的观察，结果发现：

第一，1、2 句式主要是老舍等使用，而 3、4、5 句式则主要是曹禺等使用，尽管老舍等也使用，这说明"是 X 不是"与"是不是 X"

两种句式相对立。

第二，6、7句式中"是不是"为附加问，有时"是不是"后面还可以带上指代性宾语。例如：

(143) 到家里看看，要是没法儿歇歇，睡会儿，还可以到店里去。是不是这样？（老 60）

(144) 他们也得背我一辈子，是不是这理？（北 161）

第三，"是不是"作附加问也有删略式"是不？"例如：

(145) 你的生日是五月初八，是不？（原 104）

(146) 您在这儿听是不？（北 74）

第四，"是不是"的文言色彩用法为"是否？"例如：

(147) 是否不该来东京？（上 18）

(148) 上海市人民政府要求我向您提个问题，是否可以？（沙 16）

第五，要注意"VP不是？"已经不是正反问的删略格式，而应为是非问的反问用法。其理由为：

1. 如果添加语气词，只能是"吗/么"，不能是"呢"。例如：

(149) 瘸子在门口，站着不是么？（曹 211）

(150) 她也就间接地为人民服了务，不是吗？（老 163）

2. 从下文的语境看，并不需要对方回答，发问者心中早就有了明确的看法。例如：

(151) 你又来了不是？你是困了，累了，闹脾气。（老 65）

(152) 你看，来了不是？周家的人来了。（曹 87）

3. VP为否定形式也可以用"不是"来反问。例如：

(153) 上万块钱买个回家就不花的"鬼花脸"，不好不是？（北 471）

(154) 那日本人国民党嘛的来了,四乡的人不是兴"跑反"不是?(北 495)

六、正反问的应用价值

第一,正反问与特指问的混合句式

正反问跟特指问可以在一个句子中同现,形成一种混合句式,最常见的是"有 O 没有"格式。例如:

(155) 曾　皓　憬方,你闻闻仿佛有什么香味没有?
憬　方　没有。(曹 351)
(156) 诸所长　秀竹,妈妈的脸上有什么特点没有?
王秀竹　脸上稀稀拉拉的有几个麻子。(老 265)

这类混合句式第一层次是正反问,第二层次是特指问,实际上是两种问句合成一种问句,即先问"有 VP 没有?"再问"有什么 NP?"例如:

(157) 你们打听了没有?都去卖什么呀!(老 152)
(158) 考不考?什么专业?(北 417)

现在两步并作一步走,可以合成为"你们打听了卖什么没有?""考什么专业不考?"从而显示了发话人迫切询问的心情。由于询问有两层含义,所以回答时也可以根据正反问,也可以根据特指问来回答。一般地说,如果回答是否定的,只根据正反问来回答,如例(157);如果回答是肯定的,则还要进一步回答特指问,如例(158)。

第二,正反问的反问用法

正反问也可以用作反问,其规律是以前项肯定为主。这是由于发问人心里早就有了主观倾向，所以总是直接选用肯定形式 X 来体现自己的意图，而否定项不 X 则只是一种反问的陪衬。正反问的语义倾向往往在一定的上下文语境中才能准确地把握住。例如：

（159）大家不肯写，小家写不来，你说急人不急人？（北 428）

（160）过去唱些没多少人听的戏，活得窝囊不窝囊？（皇 142）

（161）您说这人可恶不可恶？我听您的话，刚一跟他商量，他就横着来了！（老 239）

（162）有完没完？吃饭！（皇 324）

但是，正反问的反问用法，有时也传递后项否定的信息，同样，这也要在上下文中才能把握住。例如：

（163）这价码儿要是传出去，我这穴头儿还当不当？（皇 65）

（164）全世界，全世界找得到这样的政府找不到？（老 132）

第三，正反问的追问用法

如果一个疑问句之后，紧接着一个"X 不 X？"的疑问形式，那么这个"X 不 X？"就是追问。追问不同于附加问，"X 不 X"附加问，如上所述，前面可能是一个陈述句、祈使句或者感叹句，但决不可能是疑问句。可见，识别追问句的标志就是看"X 不 X"之前是否是一个疑问句。例如：

（165）没有困难，怎能见出咱们克服困难的本领呢？是不是？（《桃李春风》）

（166）谁没三亲六故呢？是不是？（北 321）

追问句的功能在于显示询问者急切要求对方表态的心情，因此提问之后不等对方回答便马上进行催问。

附注：

① 参见第六章《现代汉语选择问研究》。

② 参见第八章《"X 不 X"附加问研究》。

③ 朱德熙《"V-Neg-VO"与"VO-Neg-V"两种反复问句在汉语方言里的分布》，《中国语文》1991.5。

④ 李宇明、唐志东《汉族儿童问句系统习得探微》，华中师大出版社1991年。

⑤⑦ 许宝华、汤珍珠主编《上海市区方言志》466页，上海教育出版社1988年。

⑥⑧ 闵家琪等《简明吴方言词典》206页，上海辞书出版社1986年。

⑨ 吕叔湘《中国文法要略》286页，商务印书馆1982年。

⑩⑪ 范继淹《是非问句的句法形式》，《中国语文》1982.6。

〔原载《汉语言文化研究》第四辑，天津人民出版社1994〕

第二章 疑问句功能类型研究

第一节 "回声问"的形式特点和语用特征分析[*]

回声问又叫"复问"（吕叔湘1942）。回声问有狭义与广义两种不同理解。如果我们把先导句记为 A，针对 A 句的回声问记为 B，那么，狭义的回声问就是指：A_1 为疑问句，B_1 是针对 A_1 的内容并根据 A_1 的形式来发问的，因而是"问题的问题"，相当于说"你是问……吗？"例如：

(1) 鲁侍萍　老爷那种绸衬衣不是一共有五件？您要哪一件？
　　周朴园　要哪一件？（曹 63）

这是语法学界公认的回声问，不管 A_1 原来是特指问、是非问还是选择问，当变成回声问时，B_1 一律成为是非问，如果要添加语气词，也只能是"吗"或者"啊""吧"，不能是"呢"。

---

[*] 本节系提交第六次现代汉语语法研讨会（1990 年 10 月合肥）论文。

广义的回声问,不仅包括上述这类,而且还包括:A_2 为非疑问句,根据 A_2 来发问的 B_2 也算作回声问。例如:

(2) 鲁四凤　(自语)不,不,我不信。

　　鲁　贵　你不信?孩子,又做你的梦啦,不想想,你是谁?他是谁?……(曹 16)

B_2 同 B_1 无论形式特点,还是语用特征,都是基本一致的,B_2 相当于说"你是说……吗?"也属于是非问句,同样,如果要添加语气词,也只能是"吗"或者"啊""吧",不能是"呢"。这里讨论的是广义的回声问:B_1 与 B_2。

一、回声问的形式特点

回声问 B 是根据先导句 A 来发问的,因此原则上构成 B 的词语与结构都必须同 A 相同,否则就不成其为回声问了。从我们所看到的有关文献所举例句来说,B 的结构形式同 A 的结构形式是全部吻合的。例如吕叔湘先生《疑问·否定·肯定》[①]的有关例句为:

"你现在去哪儿?——我现在去哪儿吗?连我也不知道｜你找谁呢?——我找谁吗?我不找谁。"

问题在于,在口语交际中,我们最常见的并不是这种 B 句跟 A 句全部吻合的情况,而恰恰是根据 A 句的局部或个别词语来发问的。

1. 根据 A 句的局部来发问:

(3) 潘月亭　(忽然想起来)哦,小东西怎么样了?你难道还没有把她找回来?

　　陈白露　找回来?她等于掉在海里了。(曹 240)

(4) 鲁四凤　要是没有灯，你千万不要来。
　　　周　萍　不要来？（曹 42）

2. 根据 A 句的个别词语来发问：

(5) 焦　氏　金子，你知道仇虎在哪儿？
　　　花金子　仇虎？（原 253）

(6) 鲁侍萍　（愤怒）不用她给钱，我明天就带着四凤走。
　　　鲁大海　明天？（曹 95）

上述四例分别有回声问 B_1 与 B_2，它们都具有以下三个特点：

第一，构成 B 句的词语都曾经在先导句 A 中出现过；

第二，B 句都能进入"你是问/说……吗？"这一结构框架；

第三，它们跟 B 与 A 结构形式全部吻合所构成的回声问的语用特征是基本相同的。

因此，我们认为它们也应归入回声问范畴。B 同 A 全部吻合的回声问如果叫作"全称回声问"，那么这类 B 同 A 的部分吻合的回声问可以叫作"偏称回声问"。

引起我们注意的是，B 句发问时，有时并不一定完全仿照 A 句，而是经过了一定的调整加工。这种调整加工主要是依照交际原则，进行必要的精简、替换与改造。现假设说先导句 A 的交际一方为甲，说回声问 B 的另一方为乙。

1. 精简：

(7) 鲁　贵　不是我，孩子，是太太要我找她来的。
　　　鲁四凤　太太要她来？（曹 17）

(8) 方达生　我在这里要多住些天，也许我在这里要做一点事情。
　　　陈白露　做事？（曹 246）

精简正是乙方为了突出交际重点而采取的语用手段,即删除了部分非主要信息。比较上两例中的 B 句与 A 句,可以发现:A 句的基本意思、主要信息在 B 句中保留下来了,B 句的词语也可以在 A 句中找到,但结构作了适当调整,词语作了局部删除。这同"偏称回声问"有区别,后者是从 A 句中完整地截取了某个词组或单词,而前者则是有重点地选取某些词语进行了加工。

2. 替换:

替换有两种,一种是人称替换:

(9) 鲁大海　(放下手枪)你要骂我就骂我。别指东说西,欺负妈好说话。

　　鲁　贵　我骂你?你是少爷!我骂你?你连人家有钱的人都当着面骂了,我敢骂你?(曹 79)

(10)　焦　氏　金子(慢慢地)你们预备怎么样?

　　花金子　(吃了一惊)我们?(原 383)

由于对话中主体与客体人物关系的变化,B 句同 A 句相比,人称上也有所变化。A 为第一人称的,B 变为第二人称;A 为第二人称的,B 变为第一人称;第三人称不变。

另一种是异形替换:

(11)　小顺子　(擦桌子)新搬来的那个孩子呢?

　　翠　喜　你说小翠?在屋里。(曹 211)

(12)　鲁　贵　那个男鬼——就是大少爷。

　　鲁四凤　他?(曹 16)

A 句中出现的人或物,乙在 B 句中根据自己的理解用人称代词或者其他某个名称来替代,在形式上,虽然 B 句同 A 句所用词语并不相同,然而在内容上却所指同一，或者说起码在说话者乙心目中是同一的。同样，它也可以进入"你问/说……吗?"这一结构框架。因此，替换是一种导致异形同义的语用手段。

3. 改造：

(13) 顾八奶奶　是啊，那是一点不错的。所以我想找潘四爷给胡四在电影公司再找个事。……

　　　　陈白露　哦，你说要他当电影明星？(曹 177)

(14) 鲁侍萍　她没有死。

　　　　周朴园　她还在？不会吧？我看见她河边上的衣服，里面有她的绝命书。(曹 62)

乙方根据对 A 句内容的理解，经过改造，重新组织，用自己的话来发问。这种 B 句在形式上同 A 句基本不同，但在内容上却是相同的，或者起码在乙心目中是相同的。同样，它也可以进入"你问/说……吗?"这一结构框架，这是一种更加宽泛的异形同义。

以上三种"精简""替换""改造"回声问，虽说在字面形式上 B 跟 A 不太一致，甚至基本不同，不符合回声问的第一个特点，但仍符合后两个特点，从功能标准出发，因此也可算是一种特殊的"异形回声问"。与之相对应的，即同 A 或 A 的局部形式一致的 B 句则为"同形回声问"。

这样，我们按照 B 同 A 的形式与意义的双重关系，可以把回声问分成三对范畴：

a. 狭义回声问与广义回声问；

b. 全称回声问与偏称回声问；

c. 同形回声问与异形回声问。

回声问在具体的交际场合中有不同的表达方式：

1. 基本式：即不带任何附加的助问词语，这是最普通、最常见的格式。

2. 语气式：回声问在口语中很少使用语气词，[②]如果用，一般用"吗（么）"，如有感叹义，则用"啊"，如有估测义，就用"吧"。例如：

(15) 方达生　（有点窘迫）是不是这屋子有点冷？
　　　陈白露　冷么？我觉得热得很呢。（曹 138）

(16) 鲁侍萍　她又被人救活了。
　　　周朴园　哦，救活啦？（曹 62）

(17) 周繁漪——你家住在什么地方？
　　　鲁四凤　杏花巷十号。
　　　周繁漪　……是杏花巷十号吧？（曹 74）

3. 提醒式：即带有"你问/说……"等助问词语的。例如：

(18) 鲁　贵　可是，四凤，我的钱呢？——刚才你们从公馆领来的工钱呢？
　　　鲁四凤　您说周公馆多给的两个月的工钱？（曹 83）

(19) 常　五　（四周望望，低声）大星的媳妇，我问你，你婆婆待你怎么样？
　　　花金子　哦，（翻翻眼，心里打算）你问，我婆婆待我呀？（原 62）

这类提醒式主要用于两种情况：一是没听清对方的话语，二是根据自己的理解对 A 句作了调整加工，目的都是希望对方予以证实、确认。

4. 惊呼式：即回声问之前先单独用疑问代词或叹词来发问。例如：

(20) 周　冲　……昨天我跟她求婚——
　　　周繁漪　（更惊愕）什么？求婚？（笑起来）你跟她求婚？
　　　　　　　（曹 26）

(21) 秦仲义　我姓秦。
　　　常四爷　秦二爷。
　　　王利发　（端茶来）谁？秦二爷？……（老 131）

(22) 甲　我研究的是动物学。
　　　乙　啊？动物学？（《再生集》 120）

这类惊呼式，用疑问代词或叹词构成的疑问句首先显示出乙的惊奇、激动等情绪，从而加强语势。所问内容实际上跟后面回声问所问是一致的。

除基本式外，其他几种表达方式实际上是经常综合使用的。

二、回声问的基本语用特征

回声问在交际中的基本作用之一在于体现听话人的理解焦点。焦点（focus）是话语内容的重点所在，然而，说话者有自己的表达焦点，听话者也可以有自己的理解焦点。说话者的表达焦点往往采用"重音"形式显示出来，而听话者的理解焦点的表现手段之一就是采用"回声问"的形式。

通常，理解焦点同表达焦点是一致的，但是，这两者也可以不一致，即听话人乙跟说话人甲具有不同的交际目的，或者不同的知识背景，从而对同一句话有完全不同的强调重点。换言之，对A*这句话，甲的焦点在此，而乙的焦点却可能在彼。例如：

(23) 鲁四凤　嗯，妈，都很好。周家人人都很和气的。
　　　鲁侍萍　周？这家姓周？（曹52）
(24) 陈白露　那就对了，金八爷刚才告诉我叫你们滚开。
　　　黑　三　刚才？（曹160）

四凤的表达焦点是"人人"和"很和气"，而侍萍的理解焦点却是"周"，因为她的青春、爱情、耻辱都是跟这姓"周"的紧紧联系在一起的；陈白露的表达焦点在于"叫你们滚开"，而黑三却不怀好意地抓住了"刚才"作为理解焦点。

特指疑问句中，疑问代词往往是表达焦点所在，而回声问可能不是针对疑问代词来发问，从而显示了听话人不同的理解焦点。例如：

(25) 焦　母　……金子，你知道仇虎在哪儿？
　　　花金子　仇虎？
　　　焦　母　你别装不知道，我的干儿子虎子回来了，你会不知道？（原103）
(26) 焦　母　金子（慢慢地）你们准备怎么样？
　　　花金子　（吃了一惊）我们？
　　　焦　母　（索性说穿）你跟虎子。
　　　花金子　（狠狠地）不知道。（原156）

听话人乙利用回声问来转移话语焦点，实际上是在故意装作不清楚，或者有意识地避免正面作出回答，或者以进为退，以取得时间进行思索。

有时，A句的话题也可能成为乙的理解焦点，这主要是当乙对A

句话题不明确或不理解时,因为既然是话题,那么必须是双方共知的信息。例如:

(27) 陈白露　方先生在屋里么?

　　　小东西　方先生?(曹 189)

回声问在交际中的基本作用之二在于把自己理解的焦点作为新的话题提出来进行讨论。当新话题提出来以后,对它的说明可能由乙自己进行,也可能由甲进行。例如:

(28) 常　五　(坐在方桌旁)大星媳妇,你刚才说你……你念什么?

　　　花金子　哦,刚才?我念经呢。(放下杯子)

　　　常　五　念经?

　　　花金子　嗯!(倒酒)(原 336)

回声问"刚才?"的说明由乙进行,而回声问"念经?"的说明则由甲进行。一般说,话题都具有三种属性:(1)被述性;(2)确指性;(3)句首性。[3] "回声问"话题是一种形式比较特殊的话题类型,但它同样具备以上三种属性。这里特别要说明的是:话题同焦点是不同层次的语用范畴,话题同述题(说明)相对,焦点同预设相对,因此,话题也可能同时是焦点,它们之间并不存在着相斥关系。

紧接回声问的话语显然都是围绕这一回声问来展开的,不管是乙作说明还是甲作说明。当然在具体语境中,这种说明不一定非用语言形式不可,换句话说,可以通过交际双方的语调、表情、眼神、姿态、手势等来表示,或者用感叹词"嗯""啊""哦""哼"等来表示。

回声问在交际中的基本作用之三在于显示听话者乙对 A 句全部或局部内容的疑问。事实上,疑问还可以分解为"疑惑"和"发问"两种语用特征。首先是"疑惑",具体表现为不相信、不理解或不清楚;其次是"发问",它可以分为"自问"和"他问"两种。所谓"自问"即自问自答,这类后答句可记为 C_1;所谓"他问"即乙问甲答,这类后答句可记为 C_2。根据后答句 C_1 与 C_2 的不同,相应的回声问 B 也可分为两种:C_1 相接的是 B_a,C_2 相接的是 B_b。有人认为回声问 B_a 之后的后答句 C_1 有取消 B 句疑问功能的作用,即 B_a 句"仅有疑问形式而无疑问功能"。[④]实际上,不论 B 跟的后答句是 C_1 还是 C_2,它的"疑惑"与"发问"的语用特征依然同样存在,区别仅在于发问的对象是自己还是别人。正因为如此,听话人乙经过思考以后说出来的后答句 C,可以有各种不同的态度。乙进行短暂思索的内心活动,在一般情况下,人们可以理解、可以体会,但很少转化为外部言语形式,下面一例也许可以说明这一思索过程的客观存在:

(29) 鲁侍萍　我自己就在无锡长大的。

周朴园　(沉思)无锡?嗯,无锡,(忽而)你在无锡是什么时候?(曹 60)

否认 B_a 句有疑问功能的另一条理由是,当 B_a 句之后有追问形式 B′时,后答句 C_2 只能对 B′作答,而不能对 B_a 作答。首先要说明两点:第一,B_a 后面的问句不是 C_1,即不属于后答句,B′是 B_a 的延伸形式或者变化形式;第二,B_a 与 B′两个问句之后,仍然可能出现后答句 C_1 或 C_2。

B_a 的追问形式 B′实际上有两种不同情况:

一是 B_a 的变化形式,即对 B_a 作进一步的补充说明,因而实际上 B_a 和 B′所问的仍是一回事,只是 B′比 B_a 更为具体一些。这时的后答句,无论 C_1 还是 C_2 都同时回答了 B_a 与 B′。例如:

(30) 方达生 怎么？我出去了半天，（厌恶）他们还没打完，没有走？

王福升 走？上哪儿去？天快黑了，客来多了，更不走了。（曹 167）

(31) 常　五 （低声）就是他——虎回来了！

花金子 虎？谁呀！

常　五 你不明白，虎，仇虎回来了！（原 77）

二是 B_a 的延伸形式，即在 B_a 的基础上引申发展出来的更为重要的问题，这时 B′ 的内涵大于 B_a，因此，回答了 B′ 实际上也等于回答了 B_a。例如：

(32) 仇　虎 ……阎王你害了我一次，你还能害我两次？来吧，仇虎等死呢！

花金子 等死？等死？（徘徊低声）为什么等死？为什么等死？（摇头）不！不！不！……（原 205）

(33) 张乔治 昨天下午我跟我太太离婚了，正式离婚了！

陈白露 哦。离婚？怎么，你太太不是替你生了三个小孩么？

张乔治 咦，我给她钱，给她钱哪。（曹 181）

由此可见，用追问格式来证明 B_a 不具有疑问功能是难以成立的。

回声问 B 的语用特征一共是三条：1. 体现理解焦点；2. 形成新的话题；3. 表示疑惑发问。其中第 3 点是回声问之所以属于疑问句的关键，第 1、2 点则是它区别于其他疑问句的关键。有人认为"表示惊奇"是所有回声问都具备的基本功能，[5]这是把语用的基本特征同语用的非基本特征混淆起来了。语用特征大体上可以分为两类：一类是由言语因素决定的，即可以通过上下文和话语本身推导而获得，这可称为语用的基本特征，或叫言语的语用特征；另一类是由非言语因素决定的，即由交际双方特定的身份、关系、交谈内容的背景知识以及社会的与心理的种种因素而产生，这可称为语用的非基本特征，或叫非言语的语用特征。因此，类似"惊奇、气愤、不安、苦恼、恐惧、不悦、兴奋、凄惨、担忧、烦躁、激动、绝望、希望、讽刺、嘲弄"等涉及感情心理的特征均不属于回声问的内部语用特征，而且，即使对"惊奇"作最宽泛的理解（理解为"出乎意料"），也不可能概括为所有回声问都具备的基本功能。例如：

(34) 花金子　就是你说那有黄金铺地的地方。

仇　虎　（惨笑）黄金？哪里有黄金铺地的地方，我是骗你的。（原 346）

(35) 焦　母　斧子呢？

白傻子　（想起来，昏惑地）斧子？

焦　母　你想什么？问你斧子在哪儿呢？（原 45）

(36) 李石清　你干了这几年，就一点存蓄也没有？

黄省三　（苦笑）存蓄？一个月十三块来钱，养一大家子人，存蓄？（曹 199）

(37) 焦　氏　（忽然）站着！(仇虎又愣在那里) 谁？

花金子　谁？（不安地笑着）还不是我！（原 348）

上述四例回声问的外部语用特征或表示凄惨、昏惑，或表示苦恼、不安，却很难讲有什么"惊奇"。当然，我们也并不否认确实有一部分回声问有"惊奇"色彩，但是一不能以偏概全，二不能把这同回声问的基本语用特征相提并论。

三、Ba 与 Bb 的附加语用特征

回声问 B 根据后答句是 C_1 还是 C_2，可以区分为 Ba 与 Bb，Ba 的区别性语用特征是：1. 自问自答；2. 缓冲思考。Bb 的区别性语用特征是：1. 他问他答；2. 要求证实。因此，区分 Ba 与 Bb 的唯一形式标志即看 B 之后的后答句是乙接着说 C_1 还是甲接着说 C_2。从语义联系上看，C_2 同 Bb 之间似乎没有必然联系，而 C_1 同 Ba 之间则有一个比较清晰的发展脉络存在。

"Ba—C_1" 构成一个自问自答框架，乙短暂反思之后说出 C_1 的结果不外乎以下三种：

1. 从怀疑进一步发展为明确否定。疑惑实际上已多多少少包含了否定的因素，疑惑性越强，否定因素也就越多。因此，从怀疑发展为否定是十分自然的。这也就是为什么 Ba 句后答句往往是这种表示否定的 C_{11} 句了。C_{11} 句往往表现为否定性词语或具体的驳斥性话语，这两者至少要有一个。例如：

(38) 仇　虎　金子，你怕么？
　　　花金子　（回首）怕？（转头望前面）不！（原 375）
(39) 方达生　（不愉快）这是什么人，竹均？
　　　张乔治　竹均？你弄错了，她叫白露……（曹 141）
(40) 鲁大海　你有个够没有？
　　　鲁　贵　够？哼！我一肚子的冤枉，一肚子的火，我没个够！（曹 79）

有时 C_{11} 句为反问句，反问句实质上传达的是否定信息。下例反问句之

后再接驳斥话语,更能说明乙的态度了:

(41) 花金子　(还是抽咽)我没有说,我没有说,是你妈说的,你妈说的。

　　　焦大星　(不信地)妈?妈哪能对你说这么难听的话?(原366)

(42) 焦大星　(放下包袱)好,你先别这么说话,咱们俩说明白,我再走。

　　　花金子　(斜眼望着他)走?你还用得着走?我看你还是好好地回家找你妈去吧!(原29)

2. 从怀疑进一步发展为暂且肯定。表面上作出肯定性答复,然而内心却仍然存疑。这又有两种情况:一是回声问为 B_1,即针对疑问句 A_1 所发的回声问,故 C_{12} 回答 B_1 的同时实际上也回答了 A_1,这种 C_1 表面上是正面回答 A_1,而实质上却持否定态度,因而 C_1 句带有强烈的讽刺色彩。例如:

(43) 鲁四凤　不是半夜里闹鬼吆?

　　　鲁　贵　哼!鬼?一点也不错,我可看见过。(曹15)

(44) 仇　虎　她敢怎么样?

　　　花金子　敢怎么样?送你到侦缉队,怎么跑出来了,再怎么送回去。(原347)

二是回声问为 B_2,即针对非疑问句 A_2 所发的回声问,这时 C_{12} 尽管表示肯定态度,但这只是一种策略性让步,内心仍然存疑或者持否定态度,因而往往言不由衷,极为勉强,C_{12} 句也常常带有强烈的讽刺色彩。例如:

(45) 鲁四凤　好吧,爸,我们回头商量。

  鲁　贵　回头商量？（再盯四凤一眼）好，就这么办。（曹 10）

（46）大　妈　不喝碗茶呀？真，您办的是官事，不容易！

  巡　长　官事，对，官事！哈哈！（老 19）

  3. 从怀疑进一步发展为转移话题。B_a 句虽然已表示了乙的疑惑，然而经过思索，由于种种原因不愿作进一步的追究与讨论，也不要求对方予以明确答复，这时乙干脆存疑而临时转移话题。后答句 C_{13} 在语义上同 B_a 句没有什么必然的联系。例如：

（47）周繁漪　（放下相片）奇怪，我像是在哪儿见过似的。

  周朴园　（抬起头，疑惑地）你在哪儿见过她？好，我看你睡去吧。（曹 109）

（48）方达生　难道你不需要一点真正的感情，真正的爱？

  陈白露　（略带严峻）爱？什么是爱？你是个小孩子！我不跟你谈了。（曹 147）

  B_a 句的附加性语用特征是由后答句 C_1 来决定的。C_{11} 导致"明确否定"，C_{12} 导致"暂且肯定"，C_{13} 导致"转移话题"。它们鉴定的形式标准分别为：能在 B_a 与 C_1 之间插入否定词"不""没有"的为 C_{11}，能在 B_a 与 C 之间插入肯定词"是""对"的为 C_{12}，在 B_a 与 C 之间既不能插入否定词也不能插入肯定词的为 C_{13}。

  B_b 句要求对方予以证实、说明、解释，由于 B_a 句是对 A 句持怀疑态度，因此 C_2 句表面上似乎与 B_b 句没有必然的语义联系，而实际上同 A 句则往往保持一致关系，从而对 B_b 的怀疑态度持否定态度。C_2 句大致上有以下两种情况：

  1. 对 B_b 句的怀疑内容作出肯定性答复，往往使用肯定性词语

"嗯""对""是",或者同时重复被怀疑内容。例如:

(49) 方达生　(突然) 你们这儿有个叫小东西的么?
　　　 小顺子　小东西?
　　　 方达生　嗯。(曹 227)
(50) 方达生　你现在简直叫我失望,失望极了。
　　　 陈白露　失望?
　　　 方达生　(痛苦) 失望,嗯,失望。(曹 144)

C_{21} 句还可以对 B_b 句所问作出具体解释,目的是希望消除乙的怀疑,因而 C_{21} 句不仅是对 A 句再次确认,而且进一步作了补充说明。例如:

(51) 仇　虎　我说阎王的儿子,焦大星呢?
　　　 白傻子　(不大清楚) 焦……焦大星?
　　　 仇　虎　就是焦大。(原 309)
(52) 周　冲　我们坐在船头,望着前面,前面就是我们的世界。
　　　 鲁四凤　我们?
　　　 周　冲　对了,我同你,我们可以飞,飞到一个真正干净、快乐的地方。(曹 90)

当先导句为疑问句 A_1 时,C_{21} 句重复 A_1 再次发问或进一步提问,实质上也是对 A 句的肯定。例如:

(53) 常　五　(秘密低语) 你——你们这屋子有人没有?
　　　 花金子　(惊愕) 人?
　　　 常　五　怪,这屋子怪不对的。我问你,家里藏着什么人没有?(原 342)

当先导句为非疑问句 A_2 时,C_{21} 句对 B_b 句所怀疑的内容不予理睬,继续顺着 A_2 句话题说下去,这时,C_{21} 句一方面是 A_2 句的继续,另一方

面也显示了对 Bb 句所怀疑内容的肯定性答复。例如:

(54) 鲁　贵　我是你的爸爸,我就要管你。我问你,前天晚上——

　　　鲁四凤　前天晚上?

　　　鲁　贵　我不在家,你半夜才回来,你干什么来着?（曹 9）

(55) 鲁大海　（瞪起眼睛）现在我警告你,……

　　　周　冲　警告?

　　　鲁大海　如果什么时候我再看见你跑到我家里,再同我的妹妹在一起,我一定——（曹 92）

2. 对 Bb 句所怀疑的内容作出否定性答复。这里也有两种情况:一是 C_{22} 句由于外界条件所迫违背自己心愿作出否定性答复,因而这往往是言不由衷的。例如:

(56) 白傻子　……反正不像人。

　　　仇　虎　（牙缝里喷出来）不像人?（迅雷似地）不像人?

　　　白傻子　（吓住）不,你像,你像,像,像。（原 304）

(57) 周繁漪　太不好喝,倒了它。

　　　鲁四凤　倒了?

　　　周繁漪　不,（厌恶）还是倒了它。（曹 21）

二是 Bb 句对 A 句来讲,是听错了或理解错了,因而 C_{22} 句对 Bb 句内容的否定,客观上也就是对 A 句的肯定。例如:

(58) 甲　（用苏州话）丫头。

　　　乙　（没听清）乌豆?

　　　甲　不是乌豆,丫头。(《戏剧与方言》172)

B_b 句的附加性语用特征是由后答句 C_2 来决定的。C_{21} 导致"明确肯定",C_{22} 导致"表面否定"。它们鉴定的形式标准分别为:能在 C_2 之前插入肯定性词语"嗯""对""是"的为 C_{21},能在 C_2 之前插入否定性词语"不""别""没"的为 C_{22}。

C_1 句是乙接着自己所说 B_a 句发出,故 C_1 句的语义基本倾向同 B_a 保持一致,即以怀疑与否定为主,因此以 C_{11} 句为最常见。至于 C_{12} 句虽然表面上暂且肯定,实际上是有所保留的一种策略性让步,C_{13} 句虽然转移话题没有明确表示态度,实际上并不意味着消除了疑惑与否定之意。

C_2 句是甲继先导句 A 之后的第二次发言,故 C_2 句的语义基本倾向同 A 保持一致,即以辩解与肯定为主,因此以 C_{21} 句为最常见。至于 C_{22} 句,一种是否定 B_b 句,实质上也就是肯定了 A 句;另一种虽然表面上对 A 句表示了否定,但那也是情势所迫,从内心讲仍然是肯定的。当然也有一种特殊情况,即 A 句本身存在交际上的失误,由乙采用回声问的方式来提醒对方或者由此而使甲醒悟,从而在 C_2 句中作出修正。例如:

(59) 仇　虎　小哥俩好久没见面,等他回来再看您也是图个齐全——

　　　焦　母　(疑惧)齐全?

　　　仇　虎　(忙改口)嗯,热闹,热闹。(原 177)

四、若干理论问题探讨

通过对回声问的分析,我们感到在涉及语用现象研究方面,有几

条原则是必须遵循的:

第一,回声问 B 通过与先导句 A 的格式比较,才归纳出它的种种形式上的特点,又通过与后答句 C 在语义上的种种联系的分析,才总结出它的语用特征。可见,语用上的特征分析,同语法上的结构分析不同,它决不能是封闭的、自足的,而必须紧密联系它的上下文乃至更大的语境以及交际双方才能顺利进行。

第二,语用特征同样也是有层次的,回声问的语用特征起码有三个层次:

1. 基本语用特征与非基本语用特征;
2. B_a 与 B_b 的区别性语用特征;
3. B_a 与 B_b 各自的附加性语用特征。

这些不同层次的语用特征可归纳成下表:

	基本语用特征		区别性语用特征	附加性语用特征
回声问 B	1. 体现理解焦点 2. 形成新的话题 3. 表示疑惑发问	B_a	1. 自问自答 2. 缓冲思考	1. 明确否定 2. 暂且肯定 3. 转移话题
		B_b	1. 他问他答 2. 要求证实	1. 明确肯定 2. 表面否定

问题在于分析时,千万不要把不同层次的语用特征混在一起,更不要把不同范畴的语法特征混为一谈。

第三,语用特征分析同样要坚持形式与意义相结合的原则。在着重分析某种语用现象的交际功能的同时,必须尽可能地寻找其可靠的形式标志或手段,例如 B_a 与 B_b 的区别性语用特征由 C_1 与 C_2 来决定,

B_a 与 B_b 各自的附加性语用特征由肯定词语或否定词语的添加来测试等。为此,我们一是对汉语的形式标志或手段的理解要放宽,不要太拘泥于欧美语法范畴的束缚,另一方面在分析方法上也要开放一点,提倡多元的研究。

第四,语用现象往往是比较复杂的,可能受到多种因素或条件的制约与影响,因此我们不要把复杂的问题简单化了,尤其是不要过分追求形式整齐的规律美。因为语用规律往往表现为一种"倾向",而不是一种毫无例外的"规则"。例如 B_a 之后的 C_1,往往是显示明确否定,但有时也表现为暂且肯定或者转换话题。

附注：

① 《中国语文》1985.4。

② 我们收录了曹禺剧本、老舍剧本以及侯宝林、郭启儒相声等的回声问六百多例,只有不足十例是用了语气词的。

③ 参见拙文《论汉语话语话题》,《语文论文集》第 209 页,百家出版社 1989 年。

④⑤ 王志《回声问》,《中国语文》1990.2。

[原载《华东师范大学学报》1992 年第 2 期]

第二节 "X不X"附加问研究*

所谓附加问（tag-question），是指附加在某个句子（S）后面的一种有特殊交际功能的疑问句。它有三个特点：一、不独立使用，必须附加在某个非疑问句的后面；二、由疑问格式或者疑问词单独构成疑问句；三、回答必定是简单的肯定或者否定。吕叔湘先生早就指出："这类问句，从形式上看，是抉择问句"，"但就意义而论，这类问句和单纯是非问句没有区别"。[①]因此，从本质上讲，附加问属于"是非选择问句"[②]。称它为"附加问"是从语用角度出发的分类，它的语用意义表示：就始发句S的内容征求对方的意见或希望对方予以证实。

现代汉语附加问句通常有三种基本格式：

1. 由疑问格式"X不X"单独构成的附加问。例如：

（1）康顺子　妈妈把你养大了的，你跟妈妈一条心，对不对？乖！（老110）

（2）辛永年　我去弄几块钱来，你去买东西，好不好？（老舍《桃李春风》）

2. 由疑问代词"怎（么）样"单独构成的附加问[③]。例如：

（3）赵大娘　我马上把姑娘带走，怎样？（老舍《神拳》）

（4）小刘麻子　……是供应美国军队，还是各级官员，都由公司统一承办，保证人人满意，你看怎样？（老116）

---

* 本节系提交中国语言学会第五届年会（1989年11月杭州）论文。

3. 由叹词"啊、嗯"单独构成的附加问[④]。例如：

(5) 老头子，没事瞎嘀咕，睡你的省心觉吧！啊？（王润滋《内当家》）

(6) 我要回家了，不陪你了，嗯？（王小鹰《片断》）

如果 S 是疑问句，后面再跟上述三类疑问句，那它们就不再是附加问了。例如：

(7) 王新英 所长，有消息没有？有没有？……（老 262）

(8) 你们要干什么，啊？（韩少华《红点颏儿》）

它们是一种追问句，表示对上述疑问的追问，显示了说话人急迫、惊慌的心态，实际上是上述疑问句的省略形式或者变异形式。

这里只限于讨论第 1 类由疑问格式"X 不 X"单独构成的附加问句。

一、附加问的形式特点

位于附加问"X 不 X"之前的句子 S 一般是陈述句，但也可以是祈使句，这时"X 不 X"往往用"好不好""行不行"或"成不成"。例如：

(9) 周 萍 我劝你，不要这样胡想，好不好？（曹 113）

(10) 胡晓凤 翠珊，你别对我这样，行不行？（老舍《桃李春风》）

(11) 陈白露 你别拿这事来麻烦我成不成？（曹 153）

不仅陈述句、祈使句，即使感叹句后面也可以有附加问"X 不 X"。例如：

(12) 赵秃子　哼！紧着干活还吃不饱呢！对不对？老虎！（老舍《王老虎》）

(13) 柳条儿　老虎跟我闹着玩呢！是不是，老虎？（老舍《王老虎》）

如果 S 是疑问句而后接附加问，那么这个 S 只能是反问句而不能是一般疑问句，因为反问句在形式上是疑问句，而在语义上说话者实际上已有明确态度了。例如：

(14) 辛永年　没有困难，怎能见出咱们克服困难的本领呢？是不是？（老舍《桃李春风》）

实际运用中，附加问"X 不 X"前后常常有一些帮助询问的词语出现，这种词语叫作"助问词语"。它大体上有两种情况：

1. "X 不 X"之前出现"你说、你看、你想、我问你"等词语。例如：

(15) 江　泰　我告诉过你，八月节我就告诉过你，要塌！要塌！现在，你看，是不是？（曹 421）

(16) 黑　三　又进来了？（停顿，看出她的慌）那我们得见见，我们得把这件事告诉他，（回向门口）你们说，对不对？（曹 161）

2. "X 不 X"之前或之后出现被询问者的姓名。例如：

(17) 张老师　正要回禀县长！金四把看见的，是这小子作的！金四把，是不是？（老舍《国家至上》）

(18) 李汉杰　团结才能产生力量，是不是，二叔？（老舍《国家至上》）

当然，第 1 类和第 2 类可以合用。例如：

(19) 曾思懿　我要是个男人，我就不要像我这样的老婆，(更亲昵地)懑妹妹，你说是不是？(曹301)

这类"助问词语"，从语法上分析，属于独立成分，是由于语用交际需要而添加的，因此也是语用成分，它的增删不影响句子的基本意义。

附加问"X 不 X"还有两种变式，一是肯定变式"X 吗/X 吧"，二是否定变式"不 X 吗/不 X 吧"。从交际功能来看，即说话人的意图和听话人的回答来看，它们都属于"是非选择问句"的不同变体。

1. 肯定变式

(20) 鲁大海　我听说，你想叫四凤念书，是么？(曹92)

(21) 王福升　小姐，点心预备好了，放在五十一号，您去看看，好么？(曹185)

(22) 鲁四凤　你别吞吞吐吐地成么？(曹17)

(23) 鲁四凤　他待人顶好，你知道么？(曹12)

2. 否定变式

(24) 翠　喜　瘸子在门口站着不是么？(曹211)

(25) 夜猫子　是呀，媒人、定礼都不换，更省事，不好吗？(老舍《神拳》)

(26) 周繁漪　留着我晚上喝不成么？(曹33)

(27) 周朴园　克大夫还在等着，你不知道么？(曹58)

英语中有一类"反意问句"，在形式上同上述两种变式有相似之处，它也分为肯定式附加问和否定式附加问两种。例如：

(28) He is a student, isn't he?　(直译：他是一个学生，他不是吗？)

(29) He isn't a student, is he?　(直译：他不是一个学生，他

是吗?)

但在实际上,不论出现的条件还是表达的语用义,汉语同英语都有很大的差异。英语附加问的肯定或否定形式是由它前面的陈述句的肯定或否定形式决定的,即 S 为肯定式,附加问则为否定式,S 为否定式,附加问则为肯定式;而汉语附加问的肯定或否定变式则与它前面句子的肯定或否定形式无关,它主要取决于说话者的语用意图,即当说话人倾向于征求对方意见时,则多采用肯定变式,而当说话人要强调上述 S 的内容,表示一种不容怀疑不容反驳的口气时,则多采用否定变式,这时,这种附加问实际上也就是一种反问句。英语中要分别表示这两种语用意义,不是通过附加问的肯定或否定形式的不同来达到,而是通过语调的升或降来达到。用升调表示说话人对所述内容把握不大,希望对方加以证实,或者说话人为了语气婉转,表示客气;如果用降调,则表示提问者对所述内容较有把握,期待对方同意,或者仅为提起对方的兴趣。[5]有趣的是,汉语中"X 不 X"附加问形式则是英语所没有的。"X 不 X"附加问之所以比"X 吗"或"不 X 吗"使用频率高得多,就在于它既能表示肯定变式的语用义又能表示否定变式的语用义。但正如吕叔湘先生所说,"反复问句多半肯定正面"[6],"X 不 X"附加问的语用义更接近于肯定变式,而为了更强调反问色彩,则往往干脆采用否定变式。另外还要说明一点,"X 吗",尤其是"X 吧"提问的口气要比"X 不 X"和缓得多,"X 吧"更为明显地传送了要求对方予以证实的信息。

附加问"X 不 X"一般不带语气词,如果带,同正反问句一样只能带"呢"。例如:

(30) 赵 老 你可别再跟他吵架,吵闹只能坏事,不能成事,对

不对呢？（龙须沟）

而用附加问变式则必须带语气词，而且只能是"吗"或"吧"。当"不是""不成""不行""不好"等不带语气词并直接紧粘在前面句子之尾构成一个反问句时，我们便不再把这类"不X"看作是附加问的变式了。例如：

(31) 四 凤　您也觉得奇怪不是？（曹 51）

(32) 我同意了还不成？（八百词）

两种附加问变式的前面也都可以添加"助问词语"。例如：

(33) 周 冲　对了，我同你，我们可以飞，飞到一个真正干净、
　　　　　 快乐的地方。……你说好么？（曹 90）

有时只用"助问词语"加上语气词"呢"也可以直接构成附加问，这是一种附加问的简略变式。例如：

(34) 王新英　对！有人说叫这个名字的多得很，不好找。你看
　　　　　　呢？（老 232）

(35) 陈白露　我看什么事都"好玩"，你说呢？（曹 162）

这里的"你看呢？""你说呢？"实际上等于说"你看是不是呢？""你说对不对呢？"那就是正反问句的简略格式；当然也可以理解为"你看怎么样呢？""你说怎么样呢？"那就是特指问句的简略格式。但不论如何理解，它们都属于附加问的简略变式。其实，即使没有"呢"，光"你说？"出现在S后，仍是附加问变式。[⑦]例如：

(36) 焦　氏　谁说不是，"猛虎临门，家有凶神"。我看这两天
　　　　　　家里要出事，金子，你说？（原 102）

二、附加问的性质分类

"X 不 X"的类别可按 X 性质的不同来区分。

1. X 为判断词

(37) 周繁漪　四凤的年纪很轻,她才十九岁,是不是?(曹 56)

(38) 鲁大海　他们要叫你丢掉她,你就能丢掉她,再娶一个门当户对的阔小姐来配你,对不对?(曹 120)

"是不是""对不对"偏重于判断是非性质,主要是询问对方肯定或否定的态度。

2. X 为表态词

(39) 周　萍　引诱!我请你不要用这两个字,好不好?(曹 46)

(40) 王老虎　(委屈地)铁牛,你不要这样横行不行?(老舍《王老虎》)

"好不好""行不行"主要是询问对方是否同意做某件事,因此,S 只能表示某种动作行为,且多为祈使句。

3. X 为助动词

(41) 我们年纪轻,多干点儿,应该不应该?(八百词)

(42) 辛翠珊　……晓凤又是善意,我看可以这么办,不知道你肯不肯?(老舍《桃李春风》)

由助动词构成的"X 不 X"附加问表示就某种动作行为征求对方的意愿,具体语义随助动词词汇义不同而有所区别。

4. X 为动词

(43) 陈先生　没有卦礼就不能随便问卜。懂不懂?(老舍《王老

虎》）

　　（44）冯铁柱　好男不跟女斗，真要我揍的话，我一拳把你打到
　　　　　　　槐树里面去，你信不信？（老舍《国家至上》）

由动词构成的"X不X"附加问表示就某种动作行为征求对方的看法，这类动词多为及物动词，尤其是表认知、心理的动词。

　　5. X为形容词

　　（45）小二德子　用这个揍男女学生，你想想，美不美？（老
　　　　　　　123）

　　（46）全不懂，全不会，可悲不可悲？（北357）

由形容词构成的"X不X"附加问表示就某种属性征求对方意见。

　　以上五类，不论X为什么性质的词，构成"X不X"又出现在S后，都具备本文开头所描述的三个特点，也都具有相同的语用意义，因而都属于附加问句。

三、附加问的语法地位

　　S跟"X不X"之间到底是什么语法关系，一直有不同看法。有人认为可以分析为主谓关系，理由是："你去好"和"你去不好"可以看作主谓关系，为什么"你去好不好？"就不能看作主谓关系呢？[⑧] 显然，如果统一作这样的分析，再把处于S后的"X不X"叫作"附加问"就不合适了。

　　事实上，"你去好不好？"是歧义的。一种理解，"好"为形容词，即好坏之好，这时同"这本书好不好？"的"好"为同义；另一种理解，"好"为助动词，"好不好"相当于"行不行"，是用来征求意见

的。这一区别从下面两例的比较中可以清楚地看出：

(47) 胡力庵　翠姑娘，你说一句：晓凤要跟运璞成了亲，好不好？（老舍《桃李春风》）

(48) 高秀才　张二爷，赏我个脸，你到外边休息一会儿，叫他们商量商量，好不好？（老舍《神拳》）

例 (47) 的"好不好"不能用"行不行"或"成不成"替换，而例 (48) 的"好不好"则可作如此替换。如果附加问中的 X 都只是由形容词充当，那么把 S 跟"X 不 X"分析成主谓关系是可取的，可是实际上 X 可由五种性质的词充当，除了第 5 类形容词之外，其余四类都无法分析成主谓关系。而真正由形容词构成的，处于 S 后的"X 不 X"又极少，所以让绝大部分语言事实去迁就少数几个例句的分析，看来是不妥的。

其次，S 跟"X 不 X"之间往往有较大的语气停顿，在书面上表现为逗号、句号，甚至于感叹号，有时中间还出现其他"助问词语"，甚至于插入别人的话，这时再勉强把 S 跟"X 不 X"说成是主谓关系也是不妥的。例如：

(49) 还净有求婚的，还寄照片来，要求"速回信！！！"你说要命不要命？（北 301）

(50) 焦大星　我说你的心别走。
　　　花金子　哦，你要——
　　　焦大星　金子，你说成不成？（原 219）

我们主张把这类"X 不 X"看作语法结构中的"独立成分"（或叫"插入语"），从语用角度看，把它叫作"附加问句"。这样，不管 X 是什么性质的词，也不管 S 跟"X 不 X"之间语气停顿的长短或者有无"助问词语",都可作统一的分析。

把这类"X不X"附加问看作独立成分是有一定道理的。首先它的有无,对S的结构是否成立并无影响,而在语义上则决非可有可无;其次,独立成分一般在语言交际上位置是比较灵活的,例如在口语中便有大量的"X不X"移位的句子存在:

(51) 对不对,这样描下去?

(52) 行不行,你别去了?

"X不X"的移位有两种:一种如前所说,属语用的移位,"X不X"移到S之前,它仍然是附加问,仍然是独立成分;另一种为语法的移位,"X不X"移位后便参加了S句子结构的组合,成为句中的某个句子成分。语法移位又可分为两种情况:

1. "X不X"可移到句首,也可以移到句中,这只能是"是不是"一个。例如:

(53) 方达生　是不是这屋子有点冷?(曹138)

(54) 周　萍　(忽然地)是不是刚才我的弟弟来了?(曹101)

(55) 鲁侍萍　妈是不是顶疼你?(曹96)

(56) 憬　方　你刚才是不是又找那个坏医生去了?(曹317)

2. "X不X"只能移到句中,这主要是助动词和部分表认知、心理的动词。例如:

(57) 陈白露　好了,你愿意不愿意跟我再谈一两天?(曹149)

(58) 咱们好不好组织一下,帮着淘水跟挖沟去呢?(老59)

有时,助动词或表认知、心理的动词构成的"X不X"似乎也可以移位到句首,但它们出现在句首或句中时所表示的语义是不同的,换言之,这是两个不同句子的移位,即当"X不X"出现在句首时,实际上隐含了一个主语，因此仍然只能看作是移位到句中。试比较：

小王要不要去？／（你）要不要小王去？

你知不知道怎么写？／（他）知不知道你怎么写？

因此，"X不X"出现在句首跟句前是不同的，前者是语法移位，后者是语用移位。下面两例的"是不是"移位是有区别的：

（59）是不是他已经走了？

（60）是不是，他已经走了？

例（59）中"是不是"问的是"他"怎么了，为一般正反问句；例（60）中"是不是"问的是整件事，仍为附加问。因而"他已经走了，是不是？"的语用移位应为例（60），而不是例（59），例（59）跟例（60）属于不同语法结构的句子。

林裕文先生曾列举过下面六个句子：

（61）是不是他昨天来过？

（62）他是不是昨天来过？

（63）他昨天是不是来过？

（64）他昨天来过，是不是？

（65）你不能干，对不对？

（66）你今天不要去明天去，好不好？

林裕文先生认为处于句后的"是不是"跟同样处于句后的"对不对""好不好"不同，而跟处于句子结构内的"是不是"相同。其理由主要有两条：①"是不是"可以移位，而"对不对""好不好"不行；②"是不是"不是疑问点，而"对不对""好不好"则是疑问点。[9]我们在前面已指出"X不X"的移位也有两种，笼统地说"是不是"可以移位，而其他"X不X"不能移位，那是不妥的。至于疑问点，从

201

答问情况来看，例（64）（65）（66）应该是一致的，分别为"是/不是""对/不对""好/不好"，都属"X/不 X"型，因此，单单说例（64）中"是不是"不是疑问点的理由是不充分的。而相反，例（61）（62）（63）则要根据每句不同的疑问点来作出不同的回答，分别为"是他/不是他""是昨天/不是昨天""是来过/是没来过"。显然，前三例属于一种类型，后三例属于另一种类型。

在我们看来，例（64）的"是不是"跟例（65）"对不对"以及例（66）"好不好"有许多共同之处。先从形式上看：

1. 前三例"是不是"都可以改写为"是否"⑩，而后三例都不能改写成"X 否"。例如：

（67）是否他昨天来过？

（68）他是否昨天来过？

（69）他昨天是否来过？

（70）*他昨天来过，是否？

（71）*你不能干，对否？

（72）*你今天不要去明天去，好否？

2. 后三例"X 不 X"都可以用变式"X 吗"或"不 X 吗"替换，而前三例则不行。例如：

（73）*是吗/不是吗他昨天来过？

（74）*他是吗/不是吗昨天来过？

（75）*他昨天是吗/不是吗来过？

（76）他昨天来过，是吗/不是吗？

（77）你不能干，对吗/不对吗？

（78）你今天不要去明天去，好吗/不好吗？

从语用意义上讲，前三例"是不是"确为有疑而问，而后三例"X 不 X"，包括例(64)"是不是"则是就某件事实征求对方看法，两者有明显的区别。因此，我们认为：从"X 不 X"的词汇意义和语法结构功能讲，例（61）—例（64）这四个"是不是"具有同一性，但从语用特点及功能讲，则例（64）—例（66）这三个"X 不 X"才具有同一性。⑪因而，我们就没有理由不把例（64）的"是不是"也看作一种附加问。

附注：

① 《中国文法要略》286 页。

② 这一提法采用了范继淹先生在《是非问句的句法形式》(《中国语文》1982.6）中的观点。

③ 吕叔湘先生指出："咱们这就去，怎么样？"这类例句虽然在形式上跟"你看这个小花瓶儿怎么样？"相似，"但不是泛问事物的性质如何，只是问这件事好不好，使得使不得，实质上等于'是非问句'了。"（《中国文法要略》177 页）

④ 参见第三章第三节：《叹词疑问句语义层面分析》。

⑤ 章振邦主编《新编英语语法》557 页。

⑥ 《中国文法要略》293 页。

⑦ 参见第一章第四节《语气词"呢"在疑问句中的作用》。

⑧⑨ 林裕文《谈疑问句》，中国语文 1985.2。

⑩ 《现代汉语八百词》441 页"是否"条目。

⑪ 它们同"是不是，他昨天来过？"也具有语用上的同一性。

[原载《徐州师范学院学报》1990 年第 4 期]

第三节　由"是"构成的三种附加问比较研究

　　附加问是指前面先出现一个非疑问句,紧接着用一个结构简单的问句来对此询问。现代汉语中,用判断动词"是"构成的附加问有三种形式,可以分别写为:
　　A. S,是不是?　　例如:你上个月去香港了,是不是?
　　B. S,是吗?　　例如:你上个月去香港了,是吗?
　　C. S,不是吗?　　例如:你上个月去香港了,不是吗?
　　S作为一个命题,先行提出,紧接着用一个问句来提问。从问句的位置出发,可以看作是"附加问",但是如果从先行句出发,也可以看作是一个"命题疑问句"。(邵敬敏2007)这三个疑问句的形式虽然近似,但其询问功能以及语义倾向却不太一样。
　　"是不是?"作为正反问,对前面的命题,从正反两个方面进行询问,从理论上讲,既然肯定和否定都出现,发问人应该没有任何语义倾向,但是事实上并非如此,根据我们的研究,(邵敬敏、朱彦2002)"是不是VP"问句与一般正反问句不同,它不是信疑参半的问句,而是建立在某种已知事实或已有观点基础上的表示肯定性倾向的"咨询型疑问句"。即使"是不是"移位到句子之后作为附加问出现,这一语义倾向依然没变。"S,是不是?"的问句的语义也还是倾向于肯定的。至于"是吗?"与"不是吗?",一个肯定,一个否定,形式上形成对立。但是在语义上却并非如字面上所表现出来的肯定与否定的对立。"是吗"肯定附加问,疑大于信,只是提出某个命题,通过询问对方，目的是要求对方对 S 信息给以确认，显然没有明确的语义倾向。而"不是吗"否定附加问，事实上对 S 信息几乎没有任何疑义，而且还带有反驳语气，重要的是这一反驳不是针对对方的，而是针对假设的不同观点，并不需要对方回答，因此应该属于特殊的"假设反问句"。

一、"S，是不是？"的询问功能及其语义倾向

先请比较下面两个例句：（以下例句除特别标注外，全部引自"北京大学 CCL 语料库"）

（1）你上个月是不是去香港了？

（2）你上个月去香港了，是不是？

例（1）显示的肯定性倾向是比较明显的，当然也有强弱的区别。这类"是不是 VP"句式大体上可以分为四类：

（一）认定句：已知事实，要求认定。说话人已经完全知道或认为自己知道某个事实，但仍用"是不是"明知故问，要求听话人予以认定。例如：

（3）我以为他是开玩笑，先还不信。他说真是离了。还扭头叫他老婆证实"是不是离了？"（王朔《过把瘾就死》）

（二）测度句：测度推论，企求证明。说话人从周围语境所提供的信息中，作出某种猜测或者推论，还希望听话人能对猜测或推论的真实性给予进一步证实。根据吕叔湘（1944）的看法，它介乎直陈和询问二者之间，不是纯然的不知而问，而是已有一种估计，一种测度，只要对方加以证实，所预期的答案是"是"。例如：

(4) 我去外屋找了一圈，找着了空杯子，忍着气问他："是不是你喝了？"（王朔《浮出海面》）

（三）认同句：既定主张，追求认同。说话人用"是不是"对自己所主张的观点进行提问，希望听话人认同自己的观点。既然是自己的观点，从说话人角度看，当然肯定性要强一些了。例如：

(5) 牛大姐痛斥南希，"你想错了！什么都不遵守你也就无权拥有！咦，我这词儿是不是可以当流行歌曲的歌词？"（王朔《编辑部的故事》）

（四）商榷句：提出建议，征求同意。有所建议而不敢自作决定，或有所确定但出于礼貌，要征求对方的同意，便用"是不是VP"提问。例如：

(6) 牛大姐迫不及待地起身："不早了，我看咱们是不是该回去了，江导很忙，让他们忙吧。"（王朔《编辑部的故事》）

不管是"认定句""测度句""认同句"，还是"商榷句"，这四种类型总的语用特征是：都有明显的肯定性语义倾向，采用正反问的形式来征求听话人的意见，并且减弱肯定的色彩，使语句显得委婉礼貌。当然这四种类型在肯定性的强弱方面还是有区别的。从（一）到（四），大致呈现一个从强渐弱的趋势。换言之，"已知事实"最强，"合理推论"其次，"既定主张"第三，"提出建议"最弱。所以，四个类型之间，"信度"呈现一个由强至弱的连续统。其实，在讨论上述"是不是VP"句式时，我们已经发现"是不是？"作为附加问出现在句子后面的情况。例如：

(7) 黄胖子　官厅儿管不了的事，我管！官厅儿能管的事呀，我不便多嘴！（问大家）是不是？（老舍《茶馆》）

（8）这是一件不能掉以轻心的大事情，是不是？

附加问"S，是不是？"自《红楼梦》以后大量出现，这一句式中，由于"是不是"相对比较灵活，可以在后面出现，也可以前移，成为提问的焦点标志，这就为"是不是VP"格式的大量使用提供了极大的方便，并且逐步凝固和定型。

二、"S，是吗？"的询问功能及其语义倾向

B式附加问都用"是吗？"询问，它有两种类型：一是名词或名词性短语直接成句，显示一种判断；二是先出现一个句子S，表示一种判断，一种估测，或者一种期待。例如：

（9）钱掌柜，是吗？

（10）北京来的朋友，是吗？

（11）上个月去了香港，是吗？

（12）个儿不小，是吗？

例（9）（10）都可以进行转换：

（9）'钱掌柜，是吗？→是钱掌柜吗？→你是钱掌柜，是吗？

（9）'北京来的朋友，是吗？→是北京来的朋友吗？→（他们）是北京来的朋友，是吗？

这属于一般的"吗"字是非问句构成的附加问，表示发问者对某个信息略有所知，特别提出来，希望对方予以确认。显然疑大于信。如果语气词"吗"换成"吧"，就变成信大于疑了。（邵敬敏1995）这种问句，形式上比较简单，但是语义表达上却不简单。大体上可以分为几个类型：

(一)"证实型"

提出对对方情况的某种猜测、估计、判断、推理,希望对方予以证实、确认。例如:

(13) 你是安庆……酱园的小开,是吗?

(14) 你不识字,是吗?

(15) 飞得不顺利,是吗?

(16) 你迷路了,是吗?

这一类的特点是如果使用人称,一定是第二人称。所以无论判断、猜测,还是期待,都是对对话者言行的疑问。S语句充分显示了说话者的这种不能肯定、不能决断的心理和语气。许多情况下,都是引用对方的话语,然后要求加以证实。例如:

(17) 大伯,我知道,您是说祖国一定能和平统一,是吗?

(18) 你说咱们俩的结合是农村插队的误会,是吗?

或者在句子S里使用"你觉得""你以为"来表示猜测。例如:

(19) 你觉得很逗,是吗?

(20) 我知道你还是觉得不够,是吗?

(21) 那宝贝干儿子都躲不开你的一刀,你自己当然也觉得自己满不错了,是吗?

(22) 常言道,一夜夫妻百日恩,你自然以为我不会杀你的,是吗?

(二)"认同型"

对涉及第三者的某件事情,提出自己的看法或判断,希望对方予以认同。例如:

(23) 市民对这次大会的召开非常关心,通过不同形式参与大会的筹备工作，是吗？

（24）他是在找罗斯曼桥……是吗？

（25）妈妈，别人骂我是捡来的，是吗？

（26）我懂了，你和晓霜吵了架，闹了别扭，她就来个不告而别，是吗？

在这样的句子中间，常常会出现"据说""看来""好像""也许""大概""可能""似乎"等表示估测的词语，以显示不确定的语气。例如：

（27）看来，这本笔记本就一点用处也没了，是吗？

（28）据说练铁布衫一定要童子功，这牺牲未免太大了些，是吗？

（29）中国的文明史好像有两千年呢，是吗？

（30）他似乎是要自杀，是吗？

（三）"确认型"

即说话者对自己的言行，有一个大体的估价和评判，提出来，希望对方给以确认。因为是列举某个事实，对说话者来说，事实上也许没有什么疑问，只是提出来，希望对方认可、赞同而已。例如：

（31）明说了吧，这些日子，你看我的脾气、举止有些反常，是吗？

（32）阿英想了想，说，我很平庸，是吗？

（33）哈哈，我太天真了，是吗？

（34）金秀，我……我刚才，好像，好像有点过分，是吗？

这类问句的肯定语气还是比较明确的，因为句子所涉及的事实往往是自己亲自经历的或者自己知道的事实，所以，句子里还可以出现"一定"等副词。例如：

（35）我们在讨论的是你的婚事，是吗？

（36）但我并没有忘记如何杀人，是吗？

（37）我从未求过你什么事，是吗？

（38）那一定是我在梦中走出去的……你说是吗？

这三类附加问，在总体上有不少共同之处：

第一，如果S比较短小精干，"是吗"甚至可以紧接着出现，即在S之后没有明显的停顿。这在书面上表现为不出现逗号。说明整个前句是疑问焦点。例如：

（39）腿很酸是吗？

（40）你们挺熟是吗？

（41）其实，你不说我也知道，叫罗瑞卿是吗？

（42）我发现，他和清华，他们现在蛮要好是吗？

第二，句子中常常使用"听说""有人说""据说""看来"以及"好像""大概""也许"这些表示估测的话语，尤其是第二人称的句子最为突出，第三人称比较少，第一人称最少。例如：

（43）听说你是从安徽合肥到北京的，是吗？

（44）有人说你专干冒险的事，是为了出风头，是吗？

（45）把您从瀑布那儿带走时，据说您一直在用一种奇怪的嗓音唠唠叨叨，是吗？

（46）大概不打算回来了，不回来了，是吗？（以上第二人称）

（47）对了，听说大姐在主席那里拿了几瓶安眠药是吗？

（48）可我听说李小姐在济南结过婚了，是吗？

（49）我听说，朱先生去日本留过学，是吗？（以上第三人称）

（50）我……我刚才，好像，好像有点过分，是吗？（以上第一

人称)

三、"S，不是吗？"的询问功能和语义倾向

C式"不是吗？"属于附加问的形式，但是功能却是反问句，所以也可以叫"附加反问句"。它的特点是S先提出一个命题，而且是发问者确认无疑的，或者坚决主张的，所以句中常常出现"确实""真的"等词语。这里的肯定性语义倾向的程度比A式高。例如：

（51）这使她很生气，但是，想想，自己<u>确实</u>是来了，不是吗？

（52）礼貌、和谐，那你就该留在欧洲，到北京，你<u>显然</u>有别的需求，不是吗？

（53）不能借口工作忙就原谅我们自己，可是咱们<u>真</u>忙也是事实，不是吗？

（54）她根本就不搭理他们，他们<u>根本</u>就不配被她唾骂，不是吗？
（铁凝《大浴女》）

"不是吗？"与其说是一种反驳对方观点的反诘问，不如说它更多的是显示说话者一种无可置疑的口吻，因此比一般的肯定语气更为强烈和坚决。这里特别需要指出的是，所谓的反驳，并非在反驳对方的话语（事实上对方往往还没有开口说话，或者只是出现在陈述句里），而是针对一种假设的对立性的观点（事实上，或者绝大部分的情况下可能不存在），目的就是在对方还没有明确提出不同意见之前就把对方的口堵上。例如：

（55）可惜这些都是事实，不是吗？

（56）在我们最后分手的时候，我也没有骂过你一句，不是吗？

说话人也可能是自己提出某种条件，然后进行推论，最后用反问来结尾，目的是希望对方赞同自己的观点。例如：

(57) 他们不恨我，我才能为你说好话，不是吗？

(58) 要不是他，咱俩还到不了一块，不是吗？

(59) 可是，您不给大伙儿出去创练的机会，大伙儿就永远不会进步，不是吗？

(60) 你就是把我打死，我不服你还是不服你，不是吗？

这类反问句，带有明显的假设反驳口吻，即说话人讲述的不管是某种客观事实，也不管只是一种推论，显然都是来进行辩驳的，显示自己不认同对方的看法。因此它不是一般的反问句，而是一种"假设反问句"，是对某种假设的前提进行反驳，比如下面第一例就等于说：你别说钱不是她用的。例如：

(61) 钱是她用了的，不是吗？

(62) 凡事都得忍，忍住了气，老天爷才会保佑咱们，不是吗？

(63) 掉眼泪的年月过去啦，不是吗？

(64) 你已经尝到甜头了，不是吗？

四、三种附加问的比较

三种附加问，应该说，A 式、B 式跟 C 式的对立是比较清楚的。

(一) A 式与 C 式的比较

因为 C 式实际上是假设反问句，表达的语义倾向，一是超强肯定，二是假设反驳。由于这类句子的语气相当肯定，句子里还常常出现"得""该""必须""一定"等语气。例如：

(65) 咱们得弄俩钱，不是吗？

(66) 我是想，假若妈妈的娘家姓王，我该管您叫舅舅，不是吗？

所以，"是吗？"和"不是吗？"这两种句式，虽然有时候似乎可以互换，但是语义倾向明显有区别。更重要的是有的时候，两者绝对不可互换。凡是使用"据说""听说""也许""可能"这些不确定词语的句子，只能使用"是吗？"，不能使用"不是吗？"例如：

(67) 他们也许已经离开了，是吗？

(68) *他们也许已经离开了，不是吗？

(69) 据说，她很会唱歌，是吗？

(70) *据说，她很会唱歌，不是吗？

"不是吗？"前面可以出现加强反问语气的"难道"，来进一步显示反驳的语气。例如：

(71) 你……你一直爱她的，难道不是吗？

(72) 果然不出我的所料，你毕竟是个大笨蛋，会一失足摔到河里去，难道不是吗？

(73) 他们都是真正的男子汉，是白人，南方人，难道不是吗？

(74) 哟，这就说明她是个蛇蝎心肠的女人，难道不是吗？

(75) 我想现在画画和走那几十年文学道路，滋味是不一样的，难道不是吗？

(76) 我想这些就是我们投降的条件吧，难道不是吗？

前两例是判断"你如何如何"，中间两例是判断"他如何如何"，最后两例是"我觉得如何如何"。不论哪一类，反驳的语气都是无可置疑的。也可以换用语气副词"可"。例如：

(77) 韩森太太根本就不知道那些老鼠，可不是吗？

(78) 她挺可爱，可不是吗？

(79) 一早赶到枫林桥去，不用再独自个坐在二十二路公共汽车里喝风，可不是吗？

(80) 达西先生的话没有他朋友的话中听，可不是吗？

但是，B式的"是吗？"之前不能添加"难道"或者"可"。例如：

(81) *他们也许已经离开了，难道是吗？

(82) *据说，她很会唱歌，可是吗？

(二) A式与B式的比较

A式"是不是？"的语义倾向是肯定，即发问者希望获得比较肯定的回答。但是，B式"是吗？"则不然。它只对上述的命题，不管句中有没有出现"一定""肯定""必然"等表示说话者语义倾向的词语，凡是用"是吗"来提问，都是就该命题征询对方的看法，即使自己的口气非常坚决、肯定，也是在征询。比较下列例句：

(83) 他昨天来的，是不是？

(84) 他昨天来的，是吗？

(85) 他昨天来的，是吧？

事实上，我们在分析疑问句的信疑度时，已经指出："V不V？"的疑与信的比例为［疑50％，信50％］，只是"是不是？"的前后如果是VP的话，语义倾向出现倾斜，即倾向于肯定，但是还是比不上"VP吧？"［疑＜25％，信＞75％］的肯定程度，它可以描写为［信＞50％，疑＜25％］。至于"VP吗？"它的疑惑程度则明显大于正反问，应该是［疑＞75％，信＜25％］。所以，我们可以认定：A式的疑惑程度为［疑＜50％，信＞75％］，而C式是［疑＝0％，信＝100％］。

(三）催问功能比较

A、B、C三种附加问句式的并存说明它们确实各有所长，询问功能和语义倾向是有区别的。"你说（你看）"这是一种语用上用来催问以及提醒的插入语。我们检索了北京大学语料库，有趣地发现，"是不是？"的前面常常可以添加"你说"。例如：

（86）咱也学着琢磨市场行情，不能老跟着人家屁股后边跑，你说是不是？

（87）咱们不能再念紧箍咒了，你们说是不是？

（88）全班平均分数肯定下来十分，你说是不是？

（89）我早讲过"安完了也是闲着"，你看是不是？

而"是吗？"前面虽然比较少，但也不能说绝对没有。例如：

（90）你会答应的，你说是吗？

（91）打猎比较有意思，你说是吗？

（92）酒喝多了，对身体总不太好的，李大哥，你说是吗？

（93）你知道吗，有了孩子，他也会分走我们之间的一部分爱，你说是吗？

至于"你说不是吗？"几乎没有。我们只找到数量极少的3例。例如：

（94）钻石做的鸢尾花式——当然不是真的钻石，不过这个合扣非常别致，你说不是吗？

（95）增长我们两人的感情，同时也可以让反对我们的人了解我们的情况，你说不是吗？

（96）文章落到了不该落的人手里去了，你说不是吗？

根据北京大学CCL语料库统计，"你说""你看"所构成的A、B、C三类附加问的数据如下：

	A. 是不是？	B. 是吗？	C. 不是吗？
你说	158	137	3
你看	31	0	0

"是不是"能够跟"你说"常规组合，说明发问者在心理上有希望对方予以正面的肯定性回答的迫切愿望，期望值比较高。"是吗"也能够跟"你说"组合，说明尽管语义上没明确的倾向，催问也没问题。至于 C 式"不是吗"为反诘问，其实根本不需要对方回答，所以，使用"你说"这类催问词语反而不太符合语用的需要，换言之，这类问句事实上不需要催问。

（四）三种句式的沟通

要特别指出的是，这类猜测的语义有时还是比较肯定的。句中会出现"肯定""其实"等表示肯定语气的词语。即使如此，还需要用"是吗"来要求对方予以证实。这类语气比较肯定的 B 式，大多可以变换为 A 式，换言之，极为肯定的 B 式跟具有肯定语义倾向的 A 式是相通的。例如：

(97) 那你<u>肯定</u>把她带来了，是吗？

(97)' 那你<u>肯定</u>把她带来了，是不是？

(98) <u>其实</u>，你早就看见他们了，是吗？

(98)' <u>其实</u>，你早就看见他们了，是不是？

(99) 我知道你现在<u>一定</u>很想喝酒，是吗？

(99)' 我知道你现在<u>一定</u>很想喝酒，是不是？

(100) 你以为游龙生、丘独这些人<u>一定</u>进来过，是吗？

(100)' 你以为游龙生、丘独这些人<u>一定</u>进来过，是不是？

而具有肯定语义倾向的 A 式则跟 C 式毋庸置疑也是相通的。这种 A 式问句针对的往往是自己所知道的事实、自己的推论、自己的观点、自己的建议，或者求证，或者求同。几乎都可以无条件的变换为 C 式句。例如：

（101） 他多凶也不敢打人，他得讲理，是不是？

（101）' 他多凶也不敢打人，他得讲理，不是吗？

（102） 咱们仿照胡人的穿着，也能学习他们打仗的本领了，是不是？

（102）' 咱们仿照胡人的穿着，也能学习他们打仗的本领了，不是吗？

（103） 多年的积蓄和我私营的全部积蓄都搭上了，连我们的房子也作了抵押，是不是？

（103）' 多年的积蓄和我私营的全部积蓄都搭上了，连我们的房子也作了抵押，不是吗？

（104） 她说，现在人家都在穿尼龙袜，尼龙袜子穿起来很舒服，是不是？

（104）' 她说，现在人家都在穿尼龙袜，尼龙袜子穿起来很舒服，不是吗？

（五）"是吗"与"不是吗"出现在句首

需要指出的是，在对话里，"是吗？"还可以出现在句子 S 的前面，实际上是针对上文的，表示一种照应之词，它主要是承接对方的话语，并非真的有疑惑，只是表示一种话语的衔接，显示某种谦虚或者不敢完全肯定而已。从下文的内容，我们可以感觉到询问者实际上既可能肯定，也可能否定，还可能存疑。例如：

(105) 我说,"我都忘了昨晚说了些什么,喝多了酒是让人显得幼稚可笑,其实我现在过得还不错,我在谈恋爱。"

"是吗,那一定是个好姑娘,太让人羡慕了。"(《浮出海面》)

(106) 我曾开玩笑地对她说过:"你呀,是人物!早晚我要以你为主角写一篇小说。"

她高兴地叫起来:"是吗?我是一个人物?你写,我支持。"(《人啊,人!》)

(107) 胡亦简直是乐不可支,"他是学考古的。"

"是吗!"那两个家伙一阵惊叹,"属于四化人才呀。"(《一半是火焰,一半是海水》)

(108) "我从你的信里知道你变得更好了,做了许多工作,学习也有了明确的目的。我真高兴!"

"是吗?你知道得很清楚?"晓燕兴奋了,她觉得她的好朋友,她启蒙的老师能够了解她、赞赏她,她真是非常幸福。(《青春之歌》)

(109) 父亲说:"别提周纯一,他已经死了。"

"是吗?我没听说。"(《流泪的淮河》)

(110) "没有呀,"小杨眉毛一挑,说,"没有,她对你挺感兴趣。"

"是吗?没看出来。"(《浮出海面》)

(111) "你就是等我,不过你自己不知道就是了。今天除了我没别人来了。"

"是吗?你比我还知道我在干嘛——别跟我打岔儿,警察

可就在旁边。"(《表》)

(112) "基本上像孙悦,也有些地方像你。"

"是吗?憾憾和你谈起过我吗?她对我的印象很坏吧!"(《人啊,人!》)

例(105)—例(108)是肯定的,例(109)—例(111)是否定的,例(112)存疑。

"不是吗?"也可以出现在句首,表示一种不容置疑的口气。例如:

(113) 不是吗?像这些不辞劳苦的溪流一样,我也正在穿过荒僻空旷的漠野,把过去了的幼稚生活长留身后。(张承志《黑骏马》)

(114) "人也走了,房也塌了,还等啥呀!"她说。

奶奶说:"可不是吗!要说蓝虎呢,确实也不是个正干的人。"(《流泪的淮河》)

(115) 他忙站起身来,点了点头:"咱们见过!"

"可不是吗?"(《那五》)

"不是吧?"跟"不是吗?"虽然只差了一个语气词,功能却大不一样。附加问用了"不是吧?"明显是对前面命题的否定态度,信大于疑,只是不那么确定而已,带有猜测的语气。前面的命题可以是肯定的,也可以是否定的。例如:

(116) 这就是见性啊,恐怕不是吧?

(117) 有人说小混混做领导?不是吧?

(118) 他没去美国,不是吧?

(119) 你从不吃辣椒,不是吧?

"不是吗?"还常常成为一种口头禅。比如有人就常常在说话的开头就先来上一句："不是吗？"，或者在结尾处来一句"不是吗？"显得语气比较富有变化，显示说话人的不容置疑的口吻。所以有人会说：他最喜欢说的一句话就是：不是吗？现在还有一首流行歌曲，题目就叫作"不是吗？"（歌手李小璐主唱）歌词如下：

(120) 难道幸福的魔法跟着你消失了吗？噢，你喜欢抱我入怀，不是吗？你喜欢我甜甜的笑，不是吗？爱不是很认真的吗？请不要跟我开玩笑，我们珍惜每分每秒，不是吗？总是说出真心的话，不是吗？怎么一声不响的走掉？你说过爱我，不是吗？不是吗？

可见，"是不是？""是吗？"和"不是吗？"是日常口语交际中非常有实用价值的句式，很值得研究。

参考文献

邵敬敏（1990）"X不X"附加问研究，《徐州师范学院学报》第4期。

邵敬敏（2007）上海方言的话题疑问句与命题疑问句，《华东师范大学学报》第5期。

邵敬敏、朱彦（2002）"是不是VP"肯定性倾向及其类型学意义，《世界汉语教学》第3期。

吕叔湘（1944）《中国文法要略》，商务印书馆。

邵敬敏（1995）"吧"字疑问句及其相关句式比较研究，《第四届国际汉语教学讨论会论文集》，北京语言文化大学出版社。

［原载《甘肃社会科学》2008年第4期］

第四节 反问句的类型与语用意义分析

疑问句在实际运用中,可以有两种不同的作用,一种是实用,即真性问,传达疑惑信息并进行询问,这是疑问句的常规用法;另一种是虚用,即假性问,形式上仍然是疑问句,似乎也传疑也询问,但实际上发问者心目中已有明确的看法,只不过是利用疑问句的形式,在曲折地表达自己看法的同时,显示某种特殊的感情色彩,实现某种特定的语用价值。反问句,又叫反诘句,是现代汉语中应用广泛,并相当有特点的一种假性问疑问句式。本章准备就反问句的语用价值、语义理解、回答系统、内部类型以及反诘程度等作一番探讨。

一、反问句的语用价值

吕叔湘早就指出:"反诘实在是一种否定的方式,反诘问里没有否定词,这句话的用意就在否定;反诘句里有否定词,这句话的用意就在肯定。"[1]肯定与否定是对立的两端,而它们之间的转化正是通过疑问起作用的。对肯定的怀疑,稍微一加强,就很容易得出否定的结论;反之,对否定的怀疑,稍稍加强些,也很容易转化为肯定。指出反问句的主要特点是意在否定,这一点极为重要,因为它揭示了反问句式的表层结构形式与深层语义内容的不一致性以及两者之间的纽带。但我们还应该进一步明确反问句的语用价值,即当我们表达某种否定意义时,为什么不干脆采用否定形式而要选用肯定形式加上反问语气呢?

反之亦如此。我们比较了反问句与一般句式之后，发现它在语用上起码有三个特点：

1. 显示说话者内心的"不满"情绪。这种以不满为中心的情绪，包括：沮丧、愤怒、气愤、埋怨、讽刺、鄙视、斥责、反驳、厌恶，等等。这种不满可能是针对某种言论，也可能针对某种行为；这种言论可能是一种陈述、祈使，也可能是一种疑问、感叹；这种行为可能是已经完成的，也可能是尚未完成的，还可能是指没能够实施的。这种不满情绪的发泄是一般句式很难显示的。

2. 表现说话人主观的"独到"见解。这种独到的见解是指说话人要强调自己的看法与众不同，从而显示出自己的个性，而要突出这一点，就必须在语气、语调、语势上予以强化，虽然这种反诘语气本身也有轻重之分。所以，反问句的语气明显地要比一般的肯定句或否定句更为强烈，并带有别人无可辩驳的含义。

3. 传递说话人对对方的一种"约束"力量。这种约束力量反映了反问句对交际另一方潜在的导向性。即反问句虽然采取的是一种疑问形式，但实际上说话者心目中已有明确的看法，而且是一种不容置疑、不容辩驳的看法，所以并不要求对方真的予以回答，而是带强制性的要求对方赞同；即使对方作出回答，也强烈要求与自己看法保持一致。这种强烈要求对方态度上的一致性是反问句重要的语用目的。

反诘语气在不同的交际场合，针对不同的对象，往往显示不同的语用意义，大体上可以有以下六种：

（一）困惑义：即对已发生的事情、行为，感到很不理解，实际上认为不应该或不可能发生这样的事情、行为，但这种不理解的程度相对地讲，并不十分厉害，更主要的是表示一种困惑不解。例如：

(1) 奇怪，怎么这个地方会有鸡叫？（曹 139）

(2) 太太，怎么您下楼来啦？我正要把茶送上去呢！（曹 19）

(3) 什么都改良，为什么钱不跟着改良呢？（老 91）

(4) 鲁四凤　老爷吩咐的。

　　周繁漪　我并没请医生，哪里来的药？（曹 21）

（二）申辩义：交际对方提出某种疑问，对这一疑问，说话者一方感到不以为然，认为不成问题或者根本不应该提问，所以采用反问句予以针对性回答。这种以问代答的方式，具有明显的申辩意味，自然，这里也有反驳的含义，但比较缓和。例如：

(5) 李大嫂　二婶，你还记得刘家的那个小不点儿吗？

　　王二婶　怎么不记得？梳着个歪辫儿，老跟我要铁蚕豆吃。（老 171）

(6) 余志芳　你为什么不提意见呢？你对得起国家吗？

　　陶月明　我给谁提意见呀？这儿的副经理是资本家……（老 163）

(7) 他说"能修吗?"怎么不能？回来给他捅一捅，好了。（北 28）

(8) 周繁漪　老爷回来，家里没有人会侍候他，你怎么天天要回家呢？

　　鲁四凤　太太，不是您吩咐过，叫我回去睡么？（曹 21）

（三）责怪义：对方的动作行为，或者客观发生的某些事情引起说话者强烈不满，采用反问句来表示批评与责备的态度。这种责怪可以针对对方、第三者，也可以针对自己。例如：

(9) 你难道还没有把她找回来？（曹 240）

(10) 可谁叫你跳了行,改唱戏了呢?(老 118)

(11) 嘿!怎么这些事都出在我家里呢?(老 270)

(12) 刘大爷,把女儿给太监作老婆,我怎么对得起人呢?(老 79)

(四)反驳义:交际对方发表了某种看法,说话者对此极不满意,针锋相对地发表截然相反的意见进行驳斥,语气相对比较激烈。例如:

(13) 母　亲　老丫头,没有你张嘴的份儿!

　　余志芳　我怎么不该张嘴呢?我们要为人民服务,你们老太太有什么权利拦着我们呢?(老 155)

(14) 方达生　真讨厌,到处都是人。

　　陈白露　有人又怎么样?住在这个地方还怕人?(曹 138)

(15) "您不能会见您原来的德国太太呀!"可能吗?她在民主德国,去联邦德国比我从中国去还麻烦!(北 29)

(16) 鲁四凤　我不清楚。(想找一个新题目)——太太,您吃药吧。

　　周繁漪　谁说我要吃药?(曹 21)

(五)催促义:对方本应采取某种行动却没有做,致使说话人不满,用反问句来催促对方赶快采取行动,所以客观上也是传达一种祈使义。例如:

(17) 糊涂东西,你还不跑?(曹 164)

(18) 你的衣服都湿了,还不脱了它?(曹 108)

(19) 哟!老太太,你怎么在这儿坐着,不进去呢?(老 52)

(20) 二春满世界找你,叫你上学,你怎么还不去呀?(老 40)

(六)提醒义:对方本应该记得、知道、了解某种道理或某种事

情,却没有及时想起来,致使说话者不满,用反问句予以提醒,让对方注意。例如:

(21) 一拿住他,晓市就全天下太平了,他不是土匪头子吗?(老 36)

(22) 你不是托别的伙计照应了么?(曹 217)

(23) 你没听见她叫秀竹吗?(老 23)

(24) 你没有看见这儿有客么?(曹 179)

二、反问句的语义理解

极大部分反问句,在结构形式上跟一般疑问句没有什么明显的区别,因此,要识别一个疑问句是否属于反问句,并准确地理解反问句的深层语用意义,在很大程度上依赖于一定的语境。例如:

(25) 人家都想和平,我干嘛盼打仗呢?(北 206)

(26) 干嘛发愁落泪呢?(老 228)

例(25)和例(26)都是用"干嘛"构成的疑问句,前例看上去像个反问句,后例看上去像个一般问句,但事实上却并非如此。前例尚有下文:"我是烦了,闷得慌。"可见,前一问句是设问句,或准确地说,是设问与反问相结合的混合句类。后例则有上文:"你应当比谁都更高兴",可见后一问句具有责怪意义,属反问句。

这里所说的语境是广义的,首先是上文的制约最为重要,在一个语言片段中,根据先行句的语义信息,按照常理可以推出某种结论,但紧接着的问句却从反面提出了质疑,这时显然属于反诘范畴。例如:

(27) 然后老师照着讲义给学生念,这就是上课?(北 180)

(28) 我爸二十级干部，连科长也当不上，谁帮我？（北 205）

(29) 里面有七个初中毕业的，三个高中毕业的，还作不了诗吗？（老 203）

(30) 失业是失去职业，待业就是等待就业，你说一样吗？（北 203）

这样的语言片段，如果上文与下文问句是一种条件关系或转折关系，那么反问句的判断则更容易确定。例如：

(31) 没本事，现如今谁听你的？（北 266）

(32) 不看，拿不到人，谁给我们津贴呢？（老 99）

(33) 我愿意教，可是你准知道不调走你吗？（老 187）

(34) 你问我，我可问谁去呢？（老 14）

其次是下文的制约，反问句之后紧接着是正面表态，予以重申肯定或否定的立场，或者给以进一步的补充、解释，这时反问句实际上也是设问句，是一种反问与设问混合的句式。它大体上有三种类型：

1. 表态性：即对反问句的语用含义予以正面、直接说明，再次表示肯定或否定的立场。例如：

(35) 你那也叫"活儿"？别不要脸啦！（老 29）

(36) 有人拿我们当国家代表吗？除非那人是傻子。（北 191）

2. 补充性：即指出反问句语用意义成立则会导致某种结果，从而用这一结果来补充说明反问句的含义。例如：

(37) 你听啊，昨天不是老爷的生日么？大少爷也赏给我四块钱。（曹 7）

(38) 屌！谁要钞票？要现大洋！（老 93）

3. 解释性：即进一步解释反问句语用含义之所以成立的理由。例如：

(39) 走？上哪儿去？天快黑了，客来多了，更不走了。（曹 167）

(40) 再说，谁不从海滨买螃蟹回来？玩，不能亏了嘴，尤其不能亏了丈母娘的嘴。（北 164）

第三是外界环境的制约，由于人物的性格、立场以及时代、地点、事件等多种因素的制约，可以帮助理解某个疑问句确实属于反问用法。例如：

(41) 现在还有论毫的东西吗？（北 21）

(42) 你们说，这日子有法儿过吗？（北 40）

(43) 这是唱啊？！（曹 167）

(44) 现在是还账的时候么？（曹 84）

第四，疑问句本身所提供的语义信息，有时也可以明确显示说话者的态度，从而确认这是反问句。例如：

(45) 拿我的设计去显摆的人，够战友的资格吗？（北 36）

(46) 江山是唱戏唱出来的？（北 41）

(47) 凭咱们的三张嘴还说不服一个老太太吗？（老 146）

(48) 这个破茶馆还值得他们霸占？（老 129）

由于反问句是一种句子的语用类型，反问句的确认以及语义理解，必须紧密依靠上下文语义、语境义以及句义这几方面意义的协助，从这个意义上讲，离开了交际场合，排除了交际目的，孤零零的一个疑问句，就无所谓是否属于反问句了。

227

三、反问句的类型及其特点

任何疑问句式，都可以构成反问用法。其中，以是非问句的反问用法最为常见，其次是特指问，最少见的是选择问与正反问。这跟这些句式的句法结构特点很有关系，它们在作反问句时，各自形成了一些形式上的与交际上的特点。

（一）是非问句的反问用法

1. 是非问句的反问用法，主要表明说话人的一种心态，包括主观上的意愿与客观上的推理。因此，由能愿动词"能、敢、会、肯、该"等构成的疑问句最容易成为反问句。例如：

（49）我是"三寸金莲"，小得"不盈一握"，能跳华尔兹吗？（北 278）

（50）您比谁不精明，我敢撒谎吗？（老 160）

（51）他父亲做尽了坏事弄钱，他会是个好东西？（曹 52）

（52）您要有了大姑娘，你肯教她去自由吗？（老 44）

（53）噢，我就该一辈子趴在椅子上改作业啊？（北 293）

能愿动词再加上语气副词"还"，或者采用否定形式，则反问语气更为强烈。例如：

（54）他们还能反到天上去吗？（老 128）

（55）说那是"无可辩驳"的，还敢辩吗？（北 241）

（56）由我身上掉下来的肉，我能不心疼吗？（老 33）

（57）跟着大姐你，我敢不老实吗？（老 209）

2. 人的心理思维走向，一般地说，总是习惯于从肯定方面入手的，因此如果从否定方面入手提出问题，这就明显的不同于一般的思维走势，更容易显示隐藏着的深层语用含义。因此否定式的疑问句也很容易成为反问句。例如：

(58) 你的名字，你不愿意听么？（曹140）

(59) 妈，您为什么问这个？我不跟您说过么？（曹97）

(60) 这不简单极了吗？（老108）

(61) 有工夫拆洗拆洗棉袄棉被，不比这个强吗？（老156）

如果否定词之前再加语气副词"就""都"，或者否定词加上能愿动词，则反问语气更为强烈。例如：

(62) 小刘，老掌柜在这儿多少年啦，你就不照顾他一点吗？（老131）

(63) 这就不等于罚了一份书钱?!（北170）

(64) 四凤给老爷拣的衣服，四凤不会拿么？（曹48）

(65) 从前，动工破土，不得找黄道吉日吗？（老52）

特别用"不是"来提问，语用目的是提醒对方注意某种显而易见的事实，其格式特点是句尾必须有语气词"吗"。"不是"如果后面跟的是名词或名词性词组，则可能是一般问句，也可能是反问句，这就比较多的要依赖于上下文语境的制约了。例如：

(66) 凤，你看不出来，现在我怎么能带你出去？——你这不是孩子话么？（曹40）

(67) 我饿，学生们饿，还要运动，不是笑话吗？（老135）

从语调重音讲，一般问句，句重音总是落在"不是"上，而反问句的句重音则不能在"不是"上，往往在它的宾语上。"不是"如果后面跟的是动词性词组，则肯定是反问句。例如：

(68) 乡下不是搞积肥运动吗?（老 254）

(69) 参加工作之后，我不是当电话员儿吗?（北 213）

(70) 我不是听你的话进来了么?（曹 185）

如果是一般问句，语气词不能是"吗"，而要改用"吧"或"啊"。"不是"后面也可以带一个主谓词组，那也是反问句。例如：

(71) 不是四年一回探亲假吗?（北 287）

(72) 不是今天我另有差事吗?（老 124）

有时这类句子开头有形式主语出现。例如：

(73) 那不是因为乡下种地的都没法子混了吗?（老 78）

(74) 那不是你女儿的命好吗?（老 39）

由于副词"也""就"有加强语气的作用，所以"不也是""不就是"构成的疑问句，不论后面跟的是名词性词组，还是动词性词组，都形成反问句。例如：

(75) 这，不也是一种民俗现象吗?（北 223）

(76) 不就是那位一见人就皱眉头的那位先生么?（曹 173）

(77) 现在这高跟鞋，不也是算计着脚吗?（北 277）

(78) 可是咱不就是干这个的吗?（北 322）

至于"不是也""不是就"则常常省略"是"。例如：

(79) 撞上去自己不也完了?（北 269）

(80) 要是夜里他不闹，不就更好了吗?（老 53）

(81) 这不都说出了吗?（老 234）

(82) 那不太便宜了他?（老 40）

3. 副词"还"用在疑问句中，往往加强反问语气。例如：

(83) 现在我要是再不要强，还算个人吗?（老 220）

（84）我不收还像话么？（曹 94）

（85）他……还配上报纸？（北 139）

（86）这是笑话，人家首长还用我？（北 139）

如果"还"跟能愿动词或否定形式合用，反问语气更强烈。例如：

（87）家属本就伤心，你还能气人家？（北 322）

（88）我要是你的亲生女儿，你还会这么体贴我？（曹 163）

（89）没交通警还不乱了套了？（北 440）

（90）这么修沟，咱们这儿还不快变成东安市场？（老 42）

4. "V得C""V不C"结构，即带可能补语的动补结构形式，由于表示一种主观上认识的可能性，也常常用于反问。例如：

（91）那么贵重的东西，买得起吗？（北 446）

（92）人死了，他用得着吗？（北 322）

（93）我碰不了洋人，还碰不了你吗？（老 77）

（94）你难道看不出这是什么情形么？（曹 73）

5. 用"难道""何必"等副词来帮助反问语气。"难道"表示自己的责问不容对方辩驳，有一种咄咄逼人的语势。[2]例如：

（95）难道你们的办法就是圣旨？（老 167）

（96）难道不平等的法，比方南非的"法律"，才是对的？（北 244）

（97）你不要同我摆架子，难道你不知道我是谁么？（曹 68）

（98）有钱的人并不是罪人，难道说就不能同你们接近么？（曹 92）

对大部分反问句来讲，由于语境等制约，"难道"的作用只是加强了反问语气，换言之，即使删去也不妨碍反问句的成立，如以上四例。

但对另一部分反问句来讲,"难道"却是必不可少的,如删去则无法理解为反问句了,这时,"难道"实际上已成为反问句的一种形式标志了。例如:

(99) 难道我把这个孩子给他们送去?(曹 155)

(100) 难道开幕以后,咱们求男同志取货送货吗?(老 197)

(101) 二婶,你难道盼着我的凌云在这儿站柜台吗?(老 172)

(102) 难道他老了?(北 34)

"何必"只用于反问句中,表示一种规劝,即"完全没有必要做某件事",语意跟"干吗""为什么"相近,但语气比较坚决。例如:

(103) 何必自己跑到这穷人住的地方来?(曹 89)

(104) 以前的旧恩怨,过了几十年,又何必再提呢?(曹 64)

(105) 爸,妈不愿意,您何必这样强迫呢?(曹 33)

(106) 我千辛万苦把她们养大了,何必到最后让她们伤心呢?(北 98)

"何必"也可以直接作谓语,这是省略了"如此"。例如:

(107) 都是兄弟,何必呢?(老 107)

(108) 这何必呢?(曹 98)

(二) 特指问句的反问用法

1. 由"谁"构成的特指问句

疑问代词"谁"在反问句中,指代"任何人",含有无一例外周遍性的意思。这主要有三种情况:

A. "谁 VP?"表示"没有任何人 VP"。例如:

(109) 什么病也没有,血压也不高,谁让我休息?(北 227)

(110) 再分有碗粥喝,谁肯舍得家乡呢?(老 161)

(111) 个体，谁给你党票？（北 162）

(112) 你看，今天你已经是个好工人，病治好了，有了文化，谁问你过去的事呢？（老 228）

B. "谁不/没 VP？"表示"任何人都 VP"。例如：

(113) 连公民权还没有就成了阶级斗争对象，谁不怕？（北 426）

(114) 十五六岁的人讨饭……谁不嫌丢人？（北 458）

(115) 都这么和气，叫咱们心里舒坦，谁不爱来呢？（老 210）

(116) 旧社会过来的人谁没有点心事？（老 255）

C. "VP 谁？"表示"对谁都没有/不 VP"。例如：

(117) 为什么就不叫我活着呢？我得罪了谁？谁？（老 173）

(118) 这儿我才来，我了解谁啊？！

2. 由"什么"构成的特指问句

疑问代词"什么"在反问句中，指代"任何东西"，也含有无一例外的周遍性意思。这主要有三种情况：

A. "VP 什么？"表示"不会、不可能或不必 VP 任何东西"。例如：

(119) 大家不怕，我怕什么？（北 232）

(120) 我不弄点钱来，吃什么呢？（老 41）

(121) 谢什么？再见！（北 441）

(122) 那咱们就走吧，还等什么呢？（老 149）

这里的 VP 可以是不及物动词，甚至形容词。例如：

(123) 老往我这儿跑什么哪？（北 45）

(124) 为了商店，还迟疑什么呢？（老 206）

(125) 我们政策水平高什么？（北 438）

(126) 这不就好了,她一家人家还有高中毕业的呢,自己还骄傲什么呢?(老 204)

在语音形式上,"VP 什么"如为真性问,则句重音落在疑问代词"什么"上;如为假性问,则句重音落在动词上。

B. "VP 什么 O?"中,"什么"是作定语修饰宾语 O 的,也表示"不会、不可能或不必 VP 什么 O"。其中,O 可能是名词,也可能是动词。例如:

(127) 不顾条件的建公司叫什么改革?(北 430)

(128) 即使知道了,又顶什么用呢?(北 305)

(129) 都快到更年期了,嫁什么人呢?(北 298)

(130) 人家和你谈正经的,你拿我开什么玩笑?!(北 168)

"VP 什么 O"有时采用"VP 的什么 O"形式,特别是一些动宾离合词常常可以这么用。例如:

(131) 他又不是"角儿",又不上台开打,误的什么场?(北 78)

动词"有"进入该格式,其宾语可以是名词,也可以是动词。例如:

(132) 让一张试卷主宰了生活,人生有什么价值?(北 198)

(133) 义务劳动,种种树有什么不好?(北 261)

C. "什么 VP?"或"什么"作主语中心语的修饰语,表示"所有的东西或任何东西都是 VP,或都不是 VP",同样也有无一例外的周遍性含义,VP 以否定形式更为常见。例如:

(134) 我家的电冰箱、彩电、摩托车,什么不是君子兰变出来的?(北 474)

(135) 在那儿,劳改的、判刑的,什么人没有?(北 433)

3. 由"怎么"构成的特指问句

"怎么"在疑问句中可以问原因或方式，但用在反问句中，则表示两种意义：

A."怎么"如问原因，表示"应该或不应该VP"。例如：

（136）妈，你怎么这么怕事？（老18）

（137）石清，你怎么现在还在这儿？（曹248）

（138）你怎么不管哥哥呢？（老6）

（139）你怎么不留她一会儿？（曹287）

B."怎么"如问方式，只有肯定形式，表示"不可能VP"。例如：

（140）可是，吃不上饭，怎么教书呢？（老126）

（141）她没有说，你们怎么知道她要嫁人？（曹299）

"怎么"经常跟能愿动词配合使用，"怎么能VP？"表示"决不可能VP"；"怎么能不VP？"表示"必定VP"，其余能愿动词依此类推。例如：

（142）其实，我怎么能嫁他呢？（北293）

（143）你哥哥怎么会把我的病放在心上？（曹29）

（144）大力是我拉扯大的，他叫我走，我怎能不走？（老110）

（145）怎能没看见？（老35）

4."哪儿"构成的特指问句

疑问代词"哪儿（哪里）"有两种用法：

A. 实用，在反问句中表示"任何地方"，特点是"哪儿"可以做动词或介词"在、到、往、上、从"的宾语，其中"儿""里"不能省略。例如：

（146）哪儿找那么多内行去？（老187）

(147) 哪里有许多"白领工作"给我们这种教育水准的人？（北 235）

(148) 我上哪儿去？我不认识人，我没有钱。（曹 157）

(149) 可把我调走，我的脸往哪儿放呢？（老 193）

B. 虚用，在反问句中"哪儿 VP？"表示"决不可能 VP"，特点是不能做动词或介词"在、到、往、上、从"的宾语，其中"儿""里"可以省略，并可以用"怎么"来替换而语义基本不变。例如：

(150) 那你问他家里去，我哪儿知道？（曹 170）

(151) 没鸡，哪里来蛋呀？（北 110）

(152) 那么多印刷品，哪看得过来呢？（北 237）

(153) 一夜压根儿没睡，我哪睡得着呢？（老 72）

5. 由其他疑问代词构成的特指问句

A. "几儿"：询问"什么时候"，反问句中表示两种意思：一是"从来也没有"，二是"永远也不可能"。例如：

(154) 我几儿骂过人？（老 60）

(155) 您要这么想不开，妇女几儿完全跟男人一样呢？（老 176）

B. "几"：跟量词结合，问数量，在反问句中，往往极言其少，表示"没有几个"。例如：

(156) 可是社会上有几个人是靠自己的？（北 205）

(157) 方圆六十里就有两所大学，可是有几个本地人在念？（北 207）

C. "多少"：可以单问数量，也可以修饰其他名词，但在反问句中，往往极言其多，表示"不计其数"。例如：

(158) 我们中国人的情感更丰富，我们心里有多少歌？（北 241）

(159) 因为性生活不协调的,你知道有多少?(北 554)

D."哪":跟量词结合,要求在同类事物中加以确指,在反问句中表示"任何、所有 NP 都 VP 或都不 VP",有无一例外的周遍性含义,所以可以用"谁"或"什么"来替代而语义基本不变。例如:

(160) 人家有钱,您看,哪个不说她年轻、好看?(曹 167)

(161) 你们想想,你们是哪一件事对得起我?(曹 79)

E."为什么":询问原因,反问句中表"应该或不应该 VP"。例如:

(162) 四凤在这儿又没事,我为什么不带她走?(曹 84)

(163) 为什么老记得那段历史呢?(老 228)

F."干吗":作状语时问原因,相当于"为什么";作谓语时问目的,相当于"为了什么"。反问句中,作状语时表示"应该或不应该 VP"。例如:

(164) 我干吗不得意呢?(老 158)

(165) 有什么事好好地说,干吗动不动就讲打?(老 77)

反问句中作谓语时跟作状语语义相同,而且都可以转换成状语,也表示"应该或不应该 VP"。例如:

(166) 我骗你干吗?(老 160)

(167) 我跟庞家一刀两断啦,找我干吗?(老 121)

(三)选择问与正反问的反问用法

1. 选择问作反问句,大体上有三种情况:

A. 一连串的选择项都是否定的,结果整个选择问也表示否定的含义。这类反问句往往紧跟着明确表态的下文。例如:

(168) 我古老的中华民族,竟落得个陪衬的角色。感慨万分?快

快然？我骄傲？我羞愧？我他妈的什么都不是！（闯 280）

(169) 说什么？她欺行霸市了？为害四邻了？偷鸡摸狗了？贪污盗窃了？杀人放火了？没有。（红尘）

(170) 日寇侵占东北以后，您在哪里？在长白山上还是在松花江边？在大兴安岭还是在蒙古草原？您不在这些地方。（白 314）

(171) 咳！这个同志，是面做的？泥捏的？这么碰不起？（沙 62）

当然，也可能没有任何表态性的下文，这就要依赖于一定的语境了。例如：

(172) 看看咱们这个地方，是有个干净的厕所，还是有条干净的道儿？（老 18）

(173) 我跟你是亲戚，是老朋友？还是我欠你的？（曹 198）

B. 选择项后一项是肯定的，前一项则是否定的。这一语义倾向有的从问句本身即可以确定，有的要结合上下文或更大的语境才能确定。例如：

(174) 到底个人事大，还是天下事大？（郭 353）

(175) 是我挤对他，还是他挤对我？（皇 44）

(176) 哎呀，我的天！你们这是给我饯行呢？还是批评我呢？（老 197）

(177) 我要是去了，人家是看新娘子还是看我呀？（北 295）

C. 选择项前一项是肯定的，后一项是否定的。这一语义倾向有的可以从问句本身即予以确定，有的则要结合上下文或更大的语境才能进行。例如：

(178) 他们是接受贫下中农再教育来了,还是教育贫下中农来了?(北 426)

(179) 是我说了算,还是你说了算?(高 28)

(180) 你不也有点首饰么?你拿出来给你妈开眼。看看还是我对,还是把女儿关在家里对?(曹 50)

(181) 你是军队还是老百姓?(战斗里成长)

当语义倾向为肯定一项否定另一项时,在语音形式上,则有所区别,其规律为:肯定项必定重读,否定项相对轻读。如果选择项为三项以上,在反问句中语义倾向必定为全部否定。

2. 正反问句作反问,有两种情况:

A. 肯定了前项肯定项,也就意味着否定了后项否定项。例如:

(182) 全不懂,全不会,可悲不可悲?(北 33)

(183) 我的校长,您是不是把您的这一事业,稍稍做得太大了一点?(文化苦旅)

(184) 你们说苦不苦?在海上漂……(北 409)

(185) 可她是个老人是不是?得孝敬……(北 406)

B. 肯定后项,即肯定否定项,也就意味着否定了前项肯定项。例如:

(186) 全世界,全世界找得到这样的政府找不到?(老 132)

(187) 这价码儿要是传出去,我这穴头儿还当不当?(皇 65)

四、反问句的反诘程度

对反问句的反诘程度起主导作用的原因有两条:(一)疑问句的

内部类型。不同的疑问句式显示不同程度的反诘语气，换言之，当说话者确定某种基本语义而选用不同的疑问句式来作反问时，反问语气的程度是有明显差别的。试比较下面一组例句：

  A. 难道我能不去吗？

  B. 我怎么能不去呢？

  C. 我能不能不去呢？

A 句的意思是：我必须去；B 句的意思是：我应该去；C 句的意思是：我不能不去。三种疑问句类型相比较，显然，由是非问句构成的反问句反诘语气最强，由特指问句构成的反问句反诘语气一般，由正反问句（或选择问句）构成的反问句反诘语气最弱。这是因为是非问句结构形式上没有表示疑问的成分，语气一从疑问变为反诘，即成为完全肯定或完全否定；特指问句拥有疑问代词，即使变为反诘语气，实际上听话者还是可以理解为存在某种疑问，并且可以作出某种回答；至于正反问或选择问，结构形式是并列两项以上，形成两歧形式，正如吕叔湘先生所讲："两歧的形式，反诘的语气不显。"[③]因此，我们如果把 B 反问句的反诘程度〔设为 F〕描写为中级：〔F＝1〕，那么 A 反问句的反诘程度应为强级：〔F＞1〕，C 反问句的反诘程度应为弱级：〔F＜1〕。

  （二）交际的目的性。我们在第一节里分析了反问句的不同的语用意义大体上有六种，它们在反诘程度上实际形成三个等级：

  A. 强级：责怪、反驳

  B. 中级：催促、提醒

  C. 弱级：困惑、申辩

  事实上，影响反诘程度强弱的因素是多方面的，除了以上两条主要原因之外，还有一些因素也不同程度地有所影响。

（三）对话者不同的身份。试比较下面两例：

（188）王福升　您为什么不见见他呢，人家潘经理，大银行开着——（曹 153）

（189）王福升　我扶他另外开一间房子睡了。

　　　　陈白露　（不愉快）他爱上哪里，就上哪里，你告诉我做什么！（曹 143）

前一例是茶房王福升对他服侍的陈白露说话，虽然也是反问，但更倾向于规劝，这也符合他的身份，因此，剧作家竟然没选问号，而改用逗号，可见反问语气之弱化；后一例是陈白露对王福升了，反问句的语气就激烈多了，责怪他多事，这时，剧作家也没选用问号，而改用惊叹号。

（四）交际语境的制约。试比较以下两例：

（190）潘月亭　（抗议地）我不老，你为什么叫我老爸爸。

　　　　陈白露　（撒娇地）我要叫，我偏要叫，老爸爸！老爸爸！（曹 163）

（191）方达生　只要你肯跟我走，就可以还跟从前一样，快活、自由。

　　　　陈白露　（摇头，久经世故的神气）哼，哪儿有自由！（曹 139）

前一例是男女之间私下打情骂俏式的谈话，因此，所谓"抗议"也是开玩笑性质的，显然，反诘程度大为削弱，因此剧作家选用了句号而不是问号。后一例陈白露为了彻底断绝方达生要求她跟他一起离去的念头，不得不把话说得坚决一些，反诘语气明显强化，因此剧作家就

241

选用了惊叹号。

（五）议论对象的差异。试比较以下两例：

（192）"……老炮，把您的绝招亮一亮吧！"

"看你说的，我有啥绝招哇。"（猎人的遗嘱）

（193）他哪一点对得起我？当大兵，拉包月车，干机器匠，念书上学，哪一行他是好好干过！（曹6）

前一例的反问句是说话者的一种谦虚的说法，否定的只是对方对自己的夸奖，所以反诘语气很弱，标点符号也改用句号。后一例鲁贵显然对鲁大海很生气，一一列举他的不是，反诘语气就十分强烈，剧作家因而改用了惊叹号。

如果仔细比较分析，还可以发现一些影响反诘程度的因素，但从总体来讲，疑问句的内部类型与交际的目的性是起决定性作用的，而对话者的身份、语境的制约、对象的差异也都起到一定的作用，起到微调的作用。

五、反问句的答语系统

语法学界曾流行过一种看法，认为反问句由于发问者心目中实际上已有明确的意见，所以并不要求回答，这一理解其实是不准确的。一般疑问句是有疑有问，因疑而问，所以要求被问者给以明确的回答，而不管这一回答怎么样，是肯定的，是否定的，或者其他。而反问句则是无疑有问，不疑却问，所以并不是不要对方回答，而是要求对方的回答与自己的看法保持一致，反问句是一种对答语导向性十分明显的问句。下面两例清楚地显示了反问句的这种导向作用。

(194) 陈白露　怎么，这个地方不好么？

　　　　方达生　嗯——好！好！（曹 138）

(195) 陈白露　（不放松）难道从前我们有什么关系？

　　　　方达生　（啜嚅）自然也不能说有。（低头）不过你应该记得你是很爱过我，并且你也知道我这一次到这里来是为什么。（曹 145）

前一例中，方达生自然认为这个地方不好，可是在陈白露的反问之下，只好违心地说："好！好！"后一例也很清楚，虽然在陈的反问句导向下不得已地承认没有什么关系，但又马上加以申辩。当然，发问者的主观意图是一回事，答语则是另一回事，因此，答语也可能是与反问句的导向不一致的，即反驳性的或申辩性的。

反问句的答语可以分为两大系列：一是自问他答，二是自问自答。

（一）自问他答

1. 一致性答语：完全同意发问者的实际看法，从而表示一致性意见。问句形式是肯定的，答句则是否定的；问句形式是否定的，答句则是肯定的。例如：

(196) 卫　母　要是家家的姑娘媳妇都一阵风的去作售货员，谁管家务呢？

　　　　卫默香　是呀！（老 262）

(197) 乙　你看，这不是大妈的手绢？那孩子不是穿着大妈衣服跑的么？

　　　　女　可不是，就是我的手绢。（曹 159）

(198) 秦仲义　可是谁嚼得动呢？

　　　　王利发　看多么邪门，好容易有了花生米，可全嚼不动！

243

（老 131）

(199) 陈白露　走近来点！怕什么呀？

　　　　方达生　不怕什么！（曹 138）

2. 释因性答语：答语不是一般的附和、赞同，而是讲明其中的原因。它可以单独回答，这时实际上等于说由于下文的制约，省略了表态性的词语，也可以跟"一致性答语"一起使用。例如：

(200) 张乔治　咦！你们不是也到这儿来的么？

　　　　陈白露　这是我的家，我自然要回来。（曹 41）

(201) 康顺子　刘大爷，把女儿给太监作老婆，我怎么对得起人呢？

　　　　刘麻子　卖女儿，无论怎么卖，也对不起女儿！（老 79）

(202) 李石清　你难道这点世故还不明白？

　　　　黄省三　我……我明白，李先生，我知道我身边没有人撑腰。（曹 198）。

(203) 周朴园　怎么这屋子一个人也没有！

　　　　仆　人　是，老爷，都睡了。（曹 106）

3. 推论性答语：在承认对方看法的前提下，进一步推论出某种结果，这种结果可以明确地说出来，也可以作为问题提出来。例如：

(204) 陈白露　哎呀，你怎么不早说？

　　　　潘月亭　那么你们可以关上窗户吧。（曹 163）

(205) 王福升　你当我不知道，不认识你？

　　　　黄省三　先生，你认识我，那就更好了。（曹 169）

(206) 陈白露　这类的事情说不出个什么道理来了。你难道不明白？

　　　　方达生　那么，你对我没有什么感情？（曹 147）

(207) 李石清　经理，您不是全部都押给友华公司了么？

潘月亭　哦，哦。（走了两步）哦，石清，你从哪儿得来这个消息？（曹 195）

4. 申辩性答语：针对反问句的表层义作出回答，实际上也是对反问句的深层含义进行了申辩。例如：

(208) 林三嫂　他说，我要到食堂去，谁管孩子呢？

李珍桂　咱们有托儿所呀！（老 239）

(209) 曾　霆　你怎么还不睡？

曾瑞贞　我刚给爷爷煎好药。（曹 356）

(210) 陈白露　为什么你不坐下？

方达生　你并没有坐。（曹 140）

(211) 宋恩子　民国好几年了，怎么还请安？你们不会鞠躬吗？

松二爷　我看见您二位的灰大褂呀，就想起了前清的事儿！不能不请安。（老 97）

5. 反驳性答语：不同意对方的看法，因此答语针对反问句的深层语义作了针锋相对的回答，带有明显的反驳意味。一种是明确说出自己的否定看法，另一种则以问代答。例如：

(212) 王福升　这是唱啊？

方达生　对了。（曹 167）

(213) 程娘子　哟！老太太，您怎么在这儿坐着，不进去呢？

大　妈　我不进去！（老 52）

(214) 周朴园　你怎么还不去？

周繁漪　上哪儿？（曹 58）

(215) 陈白露　你怎么不一直跑出去？

> 小东西 （仿佛很懂事地）我上哪儿去？我不认识人，我没有钱。（曹 152）

(二) 自问自答

发问者也可以自己作出回答，这时的反问句实际上是与设问句的混合类型。按照答语的性质又可以分为三种[④]。

1. 强调性答语：对反问句的深层含义正面予以重申、肯定或者否定。例如：

(216) 你那也叫"活儿"？别不要脸啦！（老 29）

(217) 有人拿我当国家代表吗？除非那人是傻子。（北 191）

(218) 两口子打架，都是为柴米油盐？才不呢。（北 554）

2. 释因性答语：答语对反问句深层含义之所以成立的原因作出解释。例如：

(219) 走？上哪儿去？天快黑了，客来多了，更不走了。（曹 167）

(220) 各单位都他妈的想要大学生，谁要我这样的？我连高中文凭也没有。（北 204）

(221) 再说，谁不从海滨买螃蟹回来？玩，不能亏了嘴，尤其不能亏了丈母娘的嘴。（北 164）

释因性答语也可以跟强调性答语一起连用。例如：

(222) 你以为她拒绝我，是故意地虚伪么？不，她说她心里另外有一个人。（曹 26）

3. 致果性答语：答语引出某种结果，这一结果则是反问句深层语义成立而引出来的。例如：

(223) 屁！谁要钞票？要现大洋！（老 93）

（224）你听啊，昨天不是老爷的生日么？大少爷也赏给我四块钱。（曹 7）

（225）方圆六十里就有两所正规大学，可是有几个本地人在念？他的责任本该在那！（北 267）

附注：

①《中国文法要略》290 页，商务印书馆 1982 年。

②"难道"也可以用来表示猜测的语气，例如"难道他也许家里的人丢啦？"（老 221）"难道你也是跟我求婚来么？"（曹 181）。

③《中国文法要略》293 页，商务印书馆 1982 年。

④ 参见第二章第五节"设问句的类型与问答框架的语义关系"。

第五节　设问句的类型与问答框架的语义关系[*]

设问句，又叫"自问自答句"。吕叔湘先生指出："这是引起对方注意的一种修辞方式。这种用法以特指问句为多。"[①]它显然不是以结构特点为标准划出来的类，而是交际功能的类型。因此，探讨设问句的特点不仅要考察疑问句本身的性质，而且更要从问句与答语的关系以及更广阔的语境上着眼。

一、设问句的形式特点和语用价值

设问句最重要的形式特点是"自问自答"，由于自答，因此可以推断问句实际上并无疑惑，从这一点讲，如果没有自答语的存在，便不能算是设问句，可见，自问与自答是设问句不可分割的一个整体。

设问句的语用价值主要表现为：

1. 发问人心目中实际已经有了明确的意见，但是他不是直接把这一看法说出来，而是先采用问句的形式，让语势略一停顿，然后并不要对方回答，自己便紧接着说出已定看法，这种先抑后疏的手段，目的是引起对方充分注意，为答语出现制造一种引导性语境，从而使答语的交际效果更为突出。因此，从语义表达来讲，答语是中心，问句是陪衬。

---

[*] 本节系提交庆祝吕叔湘先生九十华诞学术讨论会（1993年10月北京）论文。

2. 问句并非被动的、可有可无的,它的出现有特殊的功能,即通过设问句,敦促听话者进行思考,从而与发问者的思想达到同步,更加投入自己的思维走势,这无疑是调动听话人主观能动性的一种极为有效的语用手段。因此,从实际作用来讲,问句是引导,答语是结果。

3. 自问与自答,作为一种话语交际模式,它是辩证的统一,可以是一问一答,也可以几问一答,或者是几问几答,两者相辅相成,缺一不可。因此,在口语谈话体与辩论体中使用频率最高。

语言学界有一种颇为流行的看法,认为设问句也可以问而不答,他们举的例是:[②]

(1) 春眠不觉晓,处处闻啼鸟。
    夜来风雨声,花落知多少?
(2) 巴水急如箭,巴船去若飞。
    十日三千里,郎去几岁归?

其实,无论"花落知多少?"还是"郎去几岁归?"在形式上没有"自问—自答"的特点,在语用功能上也没有上述三方面的特点,因此它只是一般疑问句。

设问句是一种十分有实用价值的言语手段。研究设问句,可以从两个角度入手:一是考察一般设问句,包括设问句的构成,以及设问句与自答语之间的语义关系;二是考察特殊设问句,即设问句跟反问句、回声问所构成的混合句式,及其与答句之间复杂的语义关系。

二、一般设问句

从疑问句本身性质来看,最常见的无疑是特指问句。例如:

(3) "八·一八案件"多少年了？四年多了。（北 255）

(4) 人民币的信誉凭什么？凭稳定。（北 64）

当然也可以是正反问或选择问。例如：

(5) 整过我的能人，用不用？用。（北 117）

(6) 刑满以后，是想留场就业？还是想出去？当然想出去。（北 375）

也可以是是非问的简略形式，包括"NP 呢？"和"VP 呢？"例如：

(7) 经济方面呢？也是如此。（北 109）

(8) 后期失控，初期呢？确实就想那么搞，打倒一批人。（北 313）

(9) 譬若当姨太太呢？这总比当姨太太又高一层了。（家 125）

(10) 再说，病了呢？别说心脏出毛病，感冒，在外边也受不了呀！（北 36）

此外，是非问也可以，但相对比较少一些。例如：

(11) 知道霍元甲吗？大侠，"电视连台本儿"，正演得红火呢！（北 83）

(12) 你们以为台湾人全讲闽南话？不对……（北 230）

可见，疑问句各种结构类型都可以构成设问句，只是使用的频率有所不同。

自问句与自答语之间存在着种种语义关系，它主要取决于问句的性质及其特点。

1. 针对性答语

问句为特指问，答语则针对问句中的疑问焦点作出回答。例如：

(13) 你猜是什么？野花！（北 579）

(14) 半个世纪是几代人? 两代。(北 557)

(15) 谁写的? 孔夫子的徒儿子……(北 507)

(16) 哪两家呢? 我,再就是想调北京的那个妇女。(北 273)

(17) 为什么呢? 也就图多看我几眼。(北 302)

(18) 我怎么样? 我没有故意坑害过人,我没有把人家的饭硬抢到自己的碗里。(曹 146)

(19) 我呢? 坚持不表态。(北 319)

2. 表态性答语

问句为正反问或选择问,答句则往往从正反两项或并列几项中选择一项。一种是简单回答,即答语都要曾在问句中出现过的,没超出问句所用词语的范围。例如:

(20) 可它,有没有一定的指导意义? 有。(北 155)

(21) 我们能不能去唤醒它呢? 能。(北 467)

另一种是复杂回答,即答语除表态性词语外,另外增加若干辅助词语。例如:

(22) 无钱,无利,无名,还干不干? 相信会有人干,当事业干。(北 119)

(23) 有没有教唆犯? 有一个人。(北 307)

(24) 我只能干,但你们是不是看见有钱人就夸呢? 八成是吧?!(北 274)

(25) 是一看就喜欢? 还是理解? 当然,是理解。(北 577)

有些是非问句似乎也可以有这种表态性的答语。例如:

(26) 国营行吗? 不行。(北 394)

(27) 三十岁的人了,还能再等待吗? 不能。(北 359)

其实，这些是非问句是设问与反问的结合体，不属于一般设问句。

3. 解释性答语

问句为是非问句，并常用"懂""知道""了解"等表言语、心理的动词发问，答语也不是简单地作出是或非的回答，而是有较详细的解释内容。例如：

(28) "倒"懂吗？广东叫"炒"。（北 204）

(29) 不懂什么叫"蹭车"吗？就是坐车不买票。（北 354）

(30) 你看见那个人吗？她是顾祝同的女儿。（北 402）

(31) 你们知道武王伐纣吧？纣王的妃子妲己原本是个狐狸，成精之后变个漂亮女子……（北 278）

三、混合设问句

设问句常常不是单纯的一种问句类型，即它也可以跟别的问句类型结合在一起，构成某种"混合设问句"，它既有设问句的特点，同时又具有另外类型问句的特点。

（一）"反诘问＋设问"混合句式

反诘问以是非问为主，同时又因为它实际上自己又作了明确回答，所以兼有设问句特点。例如：

(32) 公家行吗？不行。（北 102）

(33) 串街剃头的还瞧得见吗？瞧不见了。（北 51）

这类混合问句也可以由特指问或正反问、选择问构成。例如：

(34) 狂有什么好处？狂没好果子吃。（北 171）

(35) 你说苦不苦？在海上漂，几天、十几天看不见陆地，连个岛

子也看不见，除了船，什么也没有……（北 409）

（36）我是反对共产党了，还是反对毛主席了？谢还谢不及呢！（北 114）

反诘问跟设问句都是"无疑而问"，它们有两个重要的共同点：第一，发问人心目中都已经有了明确的看法；第二，都采用疑问句形式，即提出了问题。它们的区别在于：反问句本身已传达了明确的否定性信息，问句本身实际上就是答语，并且语气咄咄逼人，要求听话者也与自己的看法保持一致；③而设问句本身只是问题，并不显示答案，由问句看不出答语的倾向。反诘问以是非问为主，设问则以特指问为主。如果反问句之后，发问者自己又迫不及待地说出了答语，这就形成了反诘问与设问句的混合句式。从问句与答语的语义关系看，就比较复杂了。

1. 强调性答语

答语与反诘问的语用深层意义当然完全一致，所以只需要简单的肯定或否定。这从信息论角度讲似乎是赘余的，但从交际作用上讲，则不仅是允许的，而且由于又从正面重申了自己的看法，从而形成正反互补，使这一看法得到了强调。例如：

（37）写了阴暗面，人就消沉？我看不见得。（北 200）

（38）咱说的有错误吗？没有！（北 41）

（39）可你敢解放思想地写吗？我看你没这个胆量……（北 272）

（40）我若是把观世音的手做成六个指头，你有办法吗？一个办法也没有。（北 237）

2. 补充性答语

即在简单表态后，还有比较具体的进一步的补充说明，有的干脆

253

省去表态性词语，直接作具体的说明。例如：

(41) 怎么？你们以为现在的朝鲜文字是方块字？不是，是拼音。（北 47）

(42) 咋能没行李？被褥、灯什么的全有。（北 509）

(43) 这是辩证法？是马列？是诡辩论。（北 262）

(44) 难道只有"铁杆扎根一辈子"才对？形而上学。（北 386）

也有用反问句来作答语的。例如：

(45) 共产党员，还能怕困难吗？我们不就是为解决困难去工作，去斗争吗？（北 105）

(46) 你那文凭是"干校"还是"党校"？不就是师范吗？（北 268）

3. 释因性答语

反诘问句的深层意义，作为前后句子语义关系的一种"结果"，那么，答语就成了解释导致该结果的某种原因。"自问—自答"的句法形式框架，容纳了"结果—原因"的语义结构。例如：

(47) 买了谁骑呢？会骑的人全有了。（北 140）

(48) 最后，这屋留给哪个哟？女儿一个个总是要嫁出去的，是人家的人。（北 280）

(49) 我能感觉到班里有几个男生爱上我了，怎么会感觉不到呢？他们利用一切机会拍我马屁，臭显他们有本事。（北 301）

(50) 不生个男人，活着做什么？活着就为生儿。（北 282）

这类答句可以在前面添加关联词语"因为"；也可以问答句换位，并在问句之前添加关联词语"所以"。例如"买了给谁骑呢？（因为）会骑的全有了。""会骑的全有了，（所以）买了给谁骑呢？"

4. 纪效性答语

反诘问句的深层意义，作为前后句子语义关系的一种原因，那么，答语就是这个原因所造成的某种结果。"自问—自答"的句法形式框架容纳了"原因—结果"的语义结构。例如：

(51) 什么时候不运货、不通讯了？什么时候能不花钱了？所以这差事是旧社会的铁饭碗。（北 62）

(52) 这样登报，潘晓会是什么样的处境？所以我看不惯社会上的这种现象。（北 199）

(53) 为什么不能搞理论呢？于是想选择一个纯理论问题，而且是容易被发现证明的。（北 10）

(54) 不是号召一部分人先富起来吗？我就先富吧。（北 182）

这类答语之前往往有表示因果关系的关联词语"所以""于是"等，如没有也可以添上。

(二)"回声问+设问"混合句式

回声问是针对对方话语而来，相当于"你是问/说×吗？"，回声问之后如果紧接着又由发问人自己作了回答，则这时回声问同时又是设问句。④答语在语义上的特点，既是针对回声问兼设问句，又是针对对方提问的。例如：

(55) 常　五　大星媳妇，你刚才说你……你念什么？

　　　花金子　哦，刚才？我念经呢。（原 336）

(56) 小顺子　新搬来的那个孩子呢？

　　　翠　喜　你说小翠？在屋里。（曹 228）

(57) 结果？结果是我搬回两台雪柜。（北 122）

(58) 调工作？太难了。（北 438）

(三)"回声问+反诘问+设问"混合句式

确定回声问的关键是有无相应的上文,确定设问句的关键是有无相应的下文答句;至于确定反诘问的关键是整个问句的语用深层意义和它的表层意义恰恰相反。这三者都可以独立成为一种问句类型,但也可以结合起来。即在形式上表现为既有相应的先导句存在,又有后答句存在,而在语义上又表现为不满、讥讽、责怪、反驳或不以为然的否定意思。这是三种问句类型混合的特殊问句。

(1) 先导句为问句。例如:

(59) 潘月亭　哦,小东西怎么样了?你难道还没有把她找回来?
　　　陈白露　找回来?她等于掉在海里了。(曹 240)
(60) 方达生　是不是这屋子有点冷?
　　　陈白露　冷么?我觉得热得很呢。(曹 149)

(2) 先导句为非问句。例如:

(61) 鲁四凤　不,不,我不信。
　　　鲁　贵　你不信?孩子,是太太要我找她来的。(曹 17)
(62) 花金子　就是你说那有黄金铺地的地方。
　　　仇　虎　(惨笑)黄金?哪里有黄金铺地的地方,我是骗你的。(原 346)

(3) 先导句不清楚是疑问句还是非疑问句。例如:

(63) 唱自己的风格?观众不承认的。(北 150)
(64) 整党?我不信一次整党能解决这么多问题。(北 260)

四、几点思考

1. 疑问句的结构类型有各自的形式特征,它的语用类型也有一定的形式标记。自问与自答就构成了设问句的结构框架,所以,我们在探求它的语用价值的同时,也要力求寻找它的形式标志。

2. 设问句中问句与答语之间的语义关系,跟它所采用的疑问句结构类型有着密切的联系。有什么样的答语就决定了选用什么样的句法形式;反之,什么样的句法形式也制约了出现什么样的答语,它们之间存在着相互制约的关系。

3. 设问句与问句的其他语用类型并非相互排斥的,而是可相容的,反诘问与设问,回声问与设问,乃至反诘问、回声问与设问所构成的混合句式的大量存在,说明了疑问句语用类型具有多重属性。

4. 设问句的基本框架是相对稳定的,但在具体的言语交际中,还可能出现多种变化格式。包括几问一答或几问几答等。例如:

(65)我这大壶传给谁?谁愿干?甭看有人吃,真还没小青年乐意干。(北51)

(65)我能随便在那里修个车站吗?能随便停车吗?不行。(北169)

(66)什么弯弯升上天?什么弯弯分两边?
什么弯弯能割稻?什么弯弯会种田?
月亮弯弯升上天,牛角弯弯分两边,
镰刀弯弯能割稼,双手弯弯会种田。

(江苏宜兴民歌)

附注：

① 《中国文法要略》296 页，商务印书馆 1982 年。
② 王希杰《汉语修辞学》277 页，北京出版社 1983 年。
③ 参见第二章第四节"反问句的类型与语用意义分析"。
④ 参见第二章第一节"'回声问'的形式特点和语用特征分析"。

［原载《吕叔湘先生九十华诞纪念文集》，商务印书馆 1995］

第三章 疑问句专题研究

第一节 "是不是 VP"问句的肯定性倾向及其类型学意义[*]

一、"是不是 VP"问句的肯定性倾向

正反问句的语义倾向,赵元任(1968)认为"是不倾向于哪一边的",疑惑程度居中。邵敬敏(1996)也同意这一看法,认为肯定与否定应该各占百分之五十。如果说这一看法是指以下这些情况,那么,应该承认基本上是正确的。例如:

(1)我说你结婚没结婚哪?(侯)

---

[*] 本文在第一届肯特岗国际汉语语言学圆桌会议(新加坡国立大学 2001 年 8 月)上宣读。

(2) "想不想跳槽儿到我这儿来干?"老陈笑眯眯的。(王朔《编辑部的故事》)

(3) 咱们总算有缘,你能不能帮帮忙,给我找点事做? (老舍《茶馆》)

(4) 火车上尽是土,看我的头发乱不乱? (曹)

例(1)是不及物动词,例(2)是心理及物动词,例(3)是助动词,例(4)是形容词。这些例句显然基本上都符合以上说法。

但是,我们在分析正反问句子的过程中,发现由"是不是"构成的正反问,似乎并不都是这样。"是不是"构成的正反问,根据它后面所带词语的属性,有两种情况:

第一,是不是+NP,例如:

(5) 直到列车在长长的站台全部停稳,我仍不能确定这个城市是不是我要去的那个城市,尽管它们很相似。(王朔《玩的就是心跳》)

(6) "我呢?"我说,"我是不是你心目中的那个人?"(王朔《过把瘾就死》)

(7) 我问你,妈是不是天底下最可怜、没有人疼的一个苦老婆子? (曹禺《雷雨》)

(8) 你也不是东西,我这么喊,你都不进来,你还是不是男人? (王朔《玩的就是心跳》)

例(5)(6)看不出倾向,例(7)有肯定性倾向,而例(8)则有否定性倾向。这说明,"是不是NP?"跟其他正反问句的语义倾向是一致的,即无明显倾向。

第二,是不是+VP,例如:

(9) 是不是你亲自出马好一点？（王朔《人莫予毒》）

(10) 你们是不是也常受他的欺负？（王朔《编辑部的故事》）

这种情况显然跟第一种情况有比较明显的区别，即语义比较倾向于肯定。这种肯定性倾向，在一定的上下文中显示得比较清楚。这大体上有以下几种类型：

1. 上文提示

(11) "篇幅我觉得过长，是不是请作者压缩一下？"陈主编说。"另外有些小地方再做些修改。"（王朔《编辑部的故事》）

(12) "你丫够肥的。"我打量着身穿泳衣的米兰说。"是不是腰特显粗？"（王朔《动物凶猛》）

"是不是"正反问的前句已经明确提示了后句肯定性倾向的必要信息。例（11）上文"篇幅我觉得过长"就明确提示了对"请作者压缩一下"的肯定；例（12）上文"你丫够肥的"提示了对"腰特粗"的肯定。

2. 下文提示

(13) 你是不是觉得我有点低级趣味？我们劳动人民，不能比你们搞艺术的。（王朔《浮出海面》）

(14) "你在谈恋爱是不是？"他借着幽暗的光线审视我，"一副魂不附体的样子。"（同上）

表面上"是不是"正反问似乎没有什么倾向，但是下文却提示了这种肯定性倾向。例（13）下文"我们劳动人民，不能比你们搞艺术的"，就证明了上文的发问，实际上是对"我有点低级趣味"的肯定；例（14）下文"一副魂不附体的样子"，是对上文"你在谈恋爱"的肯定。

3. 语境提示

(15) "好吧,我看着你。"姐姐说,"看你打一辈子光棍儿。"姐姐看我沉着的样子可疑,不禁问:"你是不是有了,瞒着不告诉我?"(王朔《浮出海面》)

(16) 石静瞅了我一眼,把茶杯放在地上,走回去继续刷墙:"你是不是累了?""困了。"我说。(王朔《永失我爱》)

有时候上下文都没有什么提示,而是语境提供了一定的信息,显示了"是不是"正反问的肯定性倾向。例(15)"姐姐看我沉着的样子可疑"就怀疑"我"已经有女朋友了;例(16)"石静瞅了我一眼",就发现"我"真的累了。

4. 句中提示

(17) "你说,陷进你死我活的感情中去是不是特傻?"

这种情况比较少,这是指句子本身已经提供了肯定性回答的必要信息。例(17)"陷进你死我活的感情中去"实际上就是意味着"特傻"。

"是不是 VP"问句既然有明显的肯定倾向,就不是强疑问句,因此句中不能用强疑问语气词"到底""究竟""倒是"(陶炼,1998),"是不是 VP"句子在书面上常用表陈述语气的","、"。"来表示。为了证明这一点,我们调查了曹禺、老舍、方方、高行健、王安忆、高行健和王朔等的戏剧、小说共计 92 万字的语料,并且进行了统计,搜索出"是不是 VP"问句 202 个,其中具有肯定倾向的有 186 个,占总数的 92%。

表1 "是不是NP"和"是不是VP"在现当代作品中的语气倾向比较

作者	篇目	是不是NP				是不是VP				字数
		+	-	合计	百分比	+	-	合计	百分比	
王朔	修改后发表					1		1		6 354
王朔	谁比谁傻多少					10	4	14		24 951
王朔	懵然无知					5	1	6		26 197
王朔	痴人					9		9		31 068
王朔	动物凶猛					11		11		50 928
王朔	浮出海面					21	1	22		54 543
王朔	给我顶住					5		5		29 431
王朔	过把瘾就死	2		2		26	1	27		59 209
王朔	空中小姐					5	2	7		29 193
王朔	你不是一个俗人					15	3	18		36 892
王朔	千万别把我当人					6	2	8		106 002
王朔	人莫予毒					14		14		57 323
王朔	顽主		1	1		9		9		34 227
王朔	我是狼	1				3		3		25 810

263

（续表）

作者	篇目	是不是 NP			是不是 VP				字数
		+	-	合计	百分比	+	-	合计	百分比	

作者	篇目	+	-	合计	百分比	+	-	合计	百分比	字数
王朔	无人喝彩		1	1		15		15		51 134
王朔	一半是火焰……	1	1	2		7		7		47 577
王朔	永失我爱					7	1	8		25 873
曹禺	雷雨	1		1		5		5		74 353
方方	白雾					2	1	3		27 591
高行健	绝对信号					4		4		35 662
老舍	茶馆					3		3		33 686
王安忆	小城之恋					3		3		51 257
总计		3	4	7	40%	186	16	202	92%	919 261

（注：+ 表示用例有肯定性倾向，- 表示用例没有肯定或否定倾向，是信疑参半的中性问；"百分比"是有肯定性倾向的问句占总数的百分比）

"是不是 VP"的用例中有肯定性倾向的达到 92%,比例非常高。这个数据足可以证明,"是不是 VP"问句与一般正反问句不同,它不是信疑参半的问句,而是建立在某种已知事实或已有观点基础上的表示肯定性倾向的"咨询型疑问句"。

二、"是不是 VP"问句与相关句式的信疑度比较

如果正反问句要想表示的是"无倾向",或者说肯定与否定的倾向各占一半,那么,这样的问句就会选择"V 不 V"的形式。也就是说,说话人如果对事情的存在与否不能肯定,一般不会采用"是不是"句式来提问。请比较下列疑问句:

(18) A. 你去不去北京?　　B. 你是不是去北京?
(19) A. 她漂亮不漂亮?　　B. 她是不是很漂亮?
(20) A. 你会不会弹琴?　　B. 你是不是会弹琴?

比较上面三个例子的 A 句和 B 句,马上就会发现,凡是 A 格式,肯定和否定的可能性都是对等的,即没有显示出什么倾向。而 B 格式则不然,都表示出明显的肯定性的倾向。

当句子中出现"拿不准""不知道"这类词语时,就会采用"V 不 V"格式,而很少采用"是不是 VP"格式。例如:

(21) "我……"马林生犹豫了。他拿不准这是不是个圈套,如果脱口承认,会不会立刻产生后果。(王朔《我是你爸爸》)

(22) 不管人家正在说什么,他懂不懂都胡插嘴,有的话简直没边没沿儿,连我也拿不准该不该认真对待。(王朔《痴人》)

句子中出现"拿不准"字眼,说明说话人没有明显的倾向,这时就采

用"会不会"和"该不该"来表示有两种可能性。

这样,我们可以认定:一般的正反问的信疑度是［信50%,疑50%］,"是不是VP"正反问的信疑度则应该是［信>50%,疑<50%］。但是"吧"字是非问(设为"W吧?"问句)的信疑度,根据邵敬敏(1996)的研究,也应该是［信>50%,疑<50%］,比如下面的例句中,这两种格式同时出现,这就说明在语用上,这两种句式是相通的。

(23) 我是能干,但你们是不是看见有钱人就夸呢?八成是吧?(北)

那么,这两种疑问句是否可以互相替代呢?两者之间到底有什么区别呢?

我们发现它们起码有三点区别:

第一,"W吧"格式,可以用来提问,也可以用来回答。例如:

(24) 到中山公园有五里地吧?

(25) 到中山公园有五里地吧。

例(24)是问句,自己虽然知道到中山公园大概有五里地,但不能确定,所以要提问,要咨询,也就是说［信75%,疑25%］[①],例(25)跟例(24)的句法结构形式一样,只是前者语调略微提升,是问句;后者语调略微下降,是陈述句,由于也用了语气词"吧",信疑度并没有改变,只是不再提问,而是一种不太确定的回答。"是不是VP"正反问可以提问,但是不能用这一格式来进行回答。

第二,"W吧"是非问,可以有一些词语对信疑度进行"微调",以增强"信度":

1. 加上"大概""也许""可能""恐怕""好像"等表示比较强

势的估测。

(26) 你大概是没有关好窗户吧?(曹禺《雷雨》)

(27) 撕了好像不太好吧?(北)

2. 加上"肯定""总是""八成""应该"等,以表示更为强势的估测。例如:

(28) 家庭历史有问题,搞文学总是可以吧?(北)

(29) 老师,"文化大革命"您肯定吃了不少苦吧?(北)

显然,第1类的信度要比第2类差一些,而第2类的信度最高,也就是说它的信度有可能在75%以上,但绝对不会超过100%。我们可以把它描写为:[75% < 信 < 100%]。而"是不是VP"问句,虽然有明显的肯定性倾向,但在"是不是VP"之前绝对不能添加这些帮助确定信度的词语,因而它的信度应该在"吧"字是非问句之下。我们可以把它描写为:[50% < 信 < 75%]。换言之,"吧"字是非问有"强烈"的肯定性语义倾向,而"是不是VP"正反问则是有"明显"的肯定性语义倾向。

第三,在间接问句中,"是不是VP"正反问有三种情况:

1. 出现在"不管""无论""记不清""不知道"等的后面,表示中性趋势。例如:

(30) 不管你是不是真拿我当意中人,反正我是看上你了。(王朔《给我顶住》)

(31) 我记不清她是不是从里屋出来的。(王朔《玩的就是心跳》)

2. 出现在"怀疑""考虑"等词语的后面,表示否定倾向,例如:

(32) 我怀疑他是不是书读得太多了。

(33) "我还有脸叫家里来接?"白度说,"我正考虑咱们是不是还

267

有必要再见赵航宇。"(王朔《千万别把我当人》)

3. 出现在"问"的后面,表示肯定倾向。例如:

(34) 谈毕公事,她问我,是不是晶晶到那个团后不太顺心?(王朔《浮出海面》)

(35) 这情形科长也看出来了,有一天他问我是不是司徒和小阮在"谈恋爱"?(王朔《痴人》)

而"吧"字是非问只有一种肯定性倾向,即使在间接问句中也是如此,没有其他的语义倾向。

第四,"吧"字是非问的语义倾向不依赖于语境,也就是说,凭借这种疑问句本身的标志"吧",就可以确定它的信疑度,而"是不是VP"正反问少数可以只依靠句子本身来判定语义倾向,而大多数则常常要依赖于上下文和语境的制约。换言之,离开了上下文和语境,我们常常难于准确地判断该句的语义倾向。

从以上四点,我们可以得出一个结论:

75% < "吧"字是非问的信度 <100%

50% < "是不是VP"正反问的信度 <75%

三、"是不是VP"问句的语用类型及其信疑度比较

当代功能语法很关心语言是如何被使用的,也即人们是如何选择一定形式来表达一定意义的(Halliday, 2000)。从使用目的看,"是不是VP"主要有以下几种类型:

A. 已知事实,要求认定

说话人已经完全知道或认为自己知道某个事实,但仍用"是不

是"明知故问,要求听话人予以认定。例如:

(36) "你问问他《东方红》是什么?还导演呢!姓江的,你自个说,你刚才上厕所是不是蹲马桶上?"

江导被说得面红耳赤,结结巴巴:"我是蹲马桶上,怎么啦?我那是怕传染艾滋病。"(王朔《编辑部的故事》)

(37) 我问她平时是不是老不在家住?

"你怎么知道的?"我在那个年龄是很乐意扮演无所不知、无所不能的角色。(王朔《动物凶猛》)

(38) 我以为他是开玩笑,先还不信。他说真是离了。还扭头叫他老婆证实"是不是离了?"(王朔《过把瘾就死》)

以上几例中说话人都已经知道事实的真相,用"是不是"明知故问,在例(36)中造成了更强烈的讽刺效果,在例(37)中是为了避免说话太直接,在例(38)中则是用"是不是"来寻找旁证,同时给话语造成调侃效果。

B. 合理推论,企求证明

说话人从周围语境所提供的信息中,已经得出了某种推论,并且也相信这一推论,还希望听话人能对推论的真实性给予进一步证实,于是就用"是不是 VP"发问。例如:

(39) 我去外屋找了一圈,找着了空杯子,忍着气问他:"是不是你喝了?"(王朔《浮出海面》)

(40) 谈毕公事,她问我,是不是晶晶到那个团后不太顺心?我说没有呀,她挺乐。她说她听回云南绕道上海玩的小杨说,晶晶给她打过一个电话,电话里都快哭了,说她一个人在团里很孤单,叫小杨去看看她。(王朔《浮出海面》)

(41)"我对你一向这样!"我冲着她气冲冲地说,"以前也一样!""不对,以前你不是这样。"她摇头,一双眼睛死死盯着我,"你是不是有点讨厌我?"(王朔《动物凶猛》)

例(39)的说话人从"空杯子"推论出水已经被喝了,所以用"是不是"追问。例(40)的说话人听说了晶晶在电话里哭的事,认为晶晶或许是在团里不顺心,于是向听话人询问以证实。例(41)的说话人从听话人那段时间内的表现推断出听话人讨厌她自己,故向听话人询问以证实。所以,B类"是不是VP"问句实际上是测度句,根据吕叔湘(1944)的看法,它介乎直陈和询问二者之间,不是纯然的不知而问,而是已有一种估计,一种测度,只要对方加以证实,所预期的答案是"是"。

C. 既定主张,追求认同

说话人用"是不是"对自己所主张的观点进行提问,希望听话人认同自己的观点。既然是自己的观点,从说话人角度看,当然肯定性要强一些了。例如:

(42)牛大姐痛斥南希,"你想错了!什么都不遵守你也就无权拥有!咦,我这词儿是不是可以当流行歌曲的歌词?"(王朔《编辑部的故事》)

(43)黄胖子 官厅儿管不了的事,我管!官厅儿能管的事呀,我不便多嘴!(问大家)是不是?(老舍《茶馆》)

(44)"而且我觉得面容姣好倒在次要,身段好才更有女人味。你身段就很不错,很成熟,很丰满,是不是司马灵?"

"是。"我乜了眼走得越发婷婷的阮琳,"该有的她全有了。"(王朔《痴人》)

这种"是不是 VP"问句用意不在求证而在求同,它的典型标志是"是不是"常放在句末(如例(43)),有时后面还跟上说话人指定的下一个发话人的名字(如(44)),这时的"是不是",也是话轮转换的标志。

D. 提出建议,征求同意

有所建议而不敢自作决定,或有所确定但出于礼貌,要征求对方的同意,便用"是不是 VP"提问。这是商量或建议的语气。例如:

(45) 秦仲义:小王,这儿的房租是不是得往上提那么一提呢?当年你爸爸给我的那点租钱,还不够我喝茶用的呢!(老舍《茶馆》)

(46) 牛大姐迫不及待地起身:"不早了,我看咱们是不是该回去了,江导很忙,让他们忙吧。"(王朔《编辑部的故事》)

(47) 江导,是不是应该把裙子再撕几个口子,越破越好,这样才能把非洲人民的痛苦和不幸更强烈地表现出来。(王朔《编辑部的故事》)

例(45)作为房东的"秦仲义"当然希望把房租提高一点,但又不愿意说得太露骨了,所以选用"是不是"问句。同样的道理,例(46)既然"不早了",自然就应该"回去了",例(47)要把"不幸和痛苦"表现出来,自然"应该把裙子再撕几个口子"。

Halliday(2000)指出,对话角色最基本的类型,是给予(giving)和索求(demanding)。而说话人和听话人所交换的东西,或者是货物和劳务(goods-&-services),或者是信息(information)。"是不是 VP"问句属于索求信息型的,A、B 两类偏重于求证,即求取对方对某种事实或对自己的推论予以证实;C、D 偏重于求同,即求取对方对自己观点或对自己建议给予赞同。但同样是索求式，相互之间却有传信语气轻重的区别。近十几年来，语言学界比较重视传信范畴（evidentiality）的研究，语言中的各种传信表达手段，如时（tense）、体（aspect）、语气（mood）、情态（modality）等，其实质都与人们对事件现实性的认识有关。如以介乎事实和非事实之间的"事实"为认识基础，从语气角度出发就导致了希求式（张伯江 1997；李讷、安珊笛、张伯江 1998）。这四类实际上都是咨询式，都建立在对介乎事实与非事实的认识的基础上，均信疑皆有。A 类肯定某种已知事实；B 类肯定说话人的某种推论，但都尚需对方的证明；C 类肯定说话人的某种主张，但对听话人是否同意尚有疑惑；D 类肯定的是说话人对某件事情的意见或建议，但建议最终可行度怎么样，说话人还有疑惑，还要咨询对方的意见。

  这四种类型总的语用特征是：都有明显的肯定性语义倾向，采用正反问的形式来征求听话人的意见，并且减弱肯定的色彩，使语句显得委婉礼貌。当然这四种类型在肯定性的强弱方面还是有区别的。从 A 到 D，大致呈现一个从强渐弱的趋势。换言之，"已知事实"最强，"合理推论"其次，"既定主张"第三，"提出建议"最弱。所以，A—D 之间，"信度"呈现一个由强至弱的连续统：

  A > B > C > D

四、"是不是 VP"问句的历史发展轨迹及其类型学意义

  "是不是 VP"具有明显的肯定性倾向，而"VP 不 VP"和"是不是 NP"却没有同样的语义倾向。这是为什么？这就有必要考察一下

"是不是 VP"的历史来源。我们主要考察以下几部白话文著作：以山东方言写成的《金瓶梅》，主要以北京一带方言写成的《红楼梦》《儿女英雄传》《骆驼祥子》和王朔的小说，并且跟用吴方言写成的海派小说《海上花列传》进行了一些比较。

第一，17 世纪前期的《金瓶梅》中，根据张敏的统计（朱德熙 1991），"VP 不 VP"型的正反问句已大量出现：

表二

VO 不 V	VO 不 VO	VO 不曾	V 不 VO
67	15	29	0

根据我们对《金瓶梅》前 68 回的考察，"是 NP/VP 不是"没有发现，而"是不是"正反问也只发现了 4 例：做动词的补语 2 例，作宾语的 1 例（例 50），作谓语的 1 例（即例 51 "是也不是"）。摘录如下：

(48) 我对你说罢，他想必和他鸨子计较了，见你大爹做了官，又掌着刑名，一者惧怕他势要，二者恐进去稀了，假着认干女儿往来，断绝不了这门儿亲。我猜的是不是？(32 回)

(49) 我教与你个法儿，他认大娘做干女，你到明日也买些礼来，却认与六娘做干女儿就是了。你和他都还是过世你花爹一条路上的人，各进其道就是了。我说的是不是？你也不消恼他。(32 回)

(50) 应伯爵忽听大卷棚内弹筝歌唱之声，便问道："哥，今日李桂姐在这里？不然，如何这等音乐之声？"西门庆道："你再听，看是不是？"(61 回)

(51) 这位娘子，乃是精冲了血管起，然后着了气恼。气与血相

搏，则血如崩。不知当初起病之由是也不是？（61 回）

例（48）（49）（50）"是不是"中的"是"不是动词，而是与动词同形的形容词"是"，相当于现代汉语的"正确"或"对"（郭锡良 1990）。因此这三例"是不是"实际上相当于"对不对"，不在本文讨论范围之内。例（51）"是不是"是判断动词"是"正反重叠，但后面可以补上逻辑宾语"她"。这种"是不是 NP"格式在前 68 回中仅有不带宾语的一例，说明它还没有真正成形。而"是不是 VP"格式则一个也没有发现。可以推知，"VP 不 VP"问句与"是不是"问句并不是同时产生、平行发展的。在《金瓶梅》中，两种句式的出现比例是 111∶0。

第二，18 世纪中后期的《红楼梦》（120 回），其中"是不是"问句一共有 13 例。大多数都是"VP，是不是？""是不是"用作附加问。例如：

(52) 大奶奶从前的行经的日子问一问，断不是常缩，必是常长的。是不是？（10 回）

(53) 凤姐道："快出去告诉你二爷去，是不是啊！"兴儿回道："奴才不敢。"（67 回）

(54) 想是哥儿如今有了房中的事情，要滋助的药，可是不是？（80 回）

(55) 兰小子呢，做上来了没有？这该环儿替他了，他又比他小了。是不是？（91 回）

还有 2 例是各做谓语和宾语。例如：

(56) 那人初倒不肯，后来听人说得有理，便掏出那玉，托在掌中一扬说："这是不是？"（95 回）

(57) 你快拿三百五百钱去取了来，我们挑着看是不是。(95回)

这么多的语料里，我们只发现有1例"是不是"出现在句前：

(58) 黛玉便道："是不是，我来了他就该去了。"宝玉笑道："我多早晚儿说要去了？不过拿来预备着。"(8回)

由于它比较独立，也可以看作是移位到前面的附加问，是一种语用上的临时移位，与现代汉语中的"是不是VP"问句有着本质区别。鉴别办法就是看"是不是"是否可以移位到主语之后谓语之前，如果不可以，则是附加问。《红楼梦》中的这一例句显然不符合移位条件，所以是附加问。这说明，《红楼梦》里的"是不是"主要作用是出现在句子后面，充当"附加问"。

此外，值得注意的是出现了与其他动词"VO不V"格式相平行的"是……不是"问句形式。《红楼梦》里一共有12例。在"是"与"不是"之间出现的成分，有两类，一类是名词性的，有10例。例如：

(59) 你道是新奇异事不是？(2回)

(60) 这是你薛姑娘的屋子不是？(40回)

(61) 雨村老爷是贵本家不是？(92回)

(62) 打这金刚，瞧他是金刚不是！(104回)

另一类是动词性的，只有2例：

(63) 我知道你的心病，恐怕你的林妹妹听见，又怪嗔我赞了宝姐姐。可是为这个不是？(32回)

(64) 瞧瞧，是应了我的话了不是？(36回)

可以推论，"是NP不是"的出现和发展要早于"是VP不是"。

第三，19世纪后期的《儿女英雄传》，"是不是"问句已经大量出现，但是没有发现一例"是不是"出现在句前的情况，只有"VP，是

不是?""是不是"充当附加问,这一点跟《红楼梦》非常相似。例如:

(65) 十三妹嘻嘻的笑道:"哦!单把个'不'字儿抹去了,这剩的是'愿意'、'愿意',是不是?"(9回)

(66) 我可不懂得这些甚么古啊今啊、书哇文的,还是我方才说的那句话,人家是个老家儿,老家儿说话再没错的,怎么说咱们怎么依就完了。你说是不是?(20回)

(67) 舅太太道:"'不打'甚么?我替你说罢:'老了么?不打卖馄饨的!'是不是呀?当着外姐姐,这句得让姑太太呀!"(22回)

(68) 老爷,还有一说。今日这何姑娘占了个上首,一则是他第一天进门,二则也是张姑娘的意思。我想此后叫他们不分彼此,都是一样。老爷想是不是?(28回)

"是……不是?"格式,《儿女英雄传》里也有,"是 VP 不是?"有6例,"是 NP 不是?"有7例,出现的概率几乎是一样的。这跟《红楼梦》里只有2例"是 VP 不是"形成鲜明对比,说明"是 VP 不是"格式有了发展。例如:

(69) 这姓褚的可是人称他褚一官的不是?(14回)

(70) 到门口下了马,便问奴才说:"这里是安宅不是?"(36回)

(71) 原来大凡大江以南的朋友见了人,是个见过的,必先叫一声;没见过的,必先问问:"这个可是某人不是?"(37回)

(72) 大姐姐,你说这是他娘的苗子不是!(40回)

(73) 褚大娘子笑说:"二叔,听我们是没心眼儿不是?有甚么说甚么。"(15回)

(74) 说着，又回头问着何姑娘道："姑娘，你想这话是这么说不是？"（24回）

(75) 姐姐，是这么说的不是？（26回）

(76) 瞧瞧，是应了我的话了不是？（36回）

"是……不是"中间，例（68）到（72）是名词性的，例（72）到（75）是动词性的。

第四，20世纪初的《骆驼祥子》，主要格式还是"VP，是不是？"例如：

(77) "受苦的命！"她笑了一声。"一天不拉车，身上就痒痒，是不是？……"

(78) 咱们要是老在这儿忍着，就老是一对黑人儿，你说是不是？

(79) 这玩艺一成家，连大带小，好几口儿，死了也不能闭眼！你说是不是？

(80) "既是还得去拉车，"曹先生慢慢地说，"那就出不去两条路。一条呢是凑钱买上车，一条呢是暂且赁车拉着，是不是？……"

但也开始出现了少量"是不是"在"VP"前面的句子，但是仍然保持相对独立性，不能认定为"是不是VP"句式。例如：

(81) "我说是不是？"虎姑娘拿着时候进来了，"还是祥子，别人都差点劲儿。"

(82) "是不是？我就知道你要问这个嘛！你不是娶媳妇呢，是娶那点钱，对不对？"

至于"是……不是？"格式一共只有3例，其中名词性的2例，动词性的只有1例：

(83) 谁知道她肚子里的小孩是他的不是呢?

(84) 随便的把车放下,他懒得再动,不管那是该放车的地方不是。

(85) 见了先生,我就说祥子说啦,教先生快跑。今个晚上祥子锁上大门,跳到王家去睡;明天他去找事。是这么着不是?

根据张敏统计,《老舍文集》第 11 卷上收 6 部话剧,采用"V 不 VO"词序的句子大多是带谓词性宾语的,19 例中有 12 例是动词"是"(7 例是助动词)。例如:"是不是欠了谁的债?"(朱德熙 1991)这起码说明,"是不是 VP"格式已经开始在北京话里流行,并且正在逐步发展。

第五,20 世纪末的王朔小说,除去间接问句里的"是不是","是不是"构成的问句,主要有这么几种情况:

1. "是不是 VP?"有 193 例。例如:

(86) 是不是咱们工艺水平上不去,设计了造出来却走样儿?(王朔《编辑部的故事》)

(87) 你们这儿的风俗是不是自己必须糟踏自己?(王朔《编辑部的故事》)

(88) 是不是腰特显粗?(王朔《动物凶猛》)

(89) 你小时候尿炕是不是也因为你妈的鼾声带着哨音?(王朔《痴人》)

2. "VP 是不是?"有 34 例。例如:

(90) 这个人挺有意思是不是?(王朔《痴人》)

(91) 一个女孩,走州穿县,跋山涉水,了不起是不是?(王朔《浮出海面》)

(92) 像杀猪的是不是？（王朔《千万别把我当人》）

(93) 换我也得恼你是不是赫本？（王朔《玩的就是心跳》）

3. "是不是 NP?"有 12 例。例如：

(94) 我是不是你心目中的那个人？（王朔《过把瘾就死》）

(95) 是不是中等个，鹰钩鼻子薄嘴唇？（王朔《人莫予毒》）

至于"是……不是"，则一例也没有发现。这说明充分："是 VP 不是?"基本上退出交际舞台，而"是不是 VP?"已经成为现代汉语的一种主流句式。

从《金瓶梅》到王朔的小说，可以清晰地看出这一格式发展的轨迹：一条线索是"是 VP 不是"（实际上也包括"是 NP 不是"）从多到少，一条线索是"VP 是不是"从无到有，又从多到少；再一条线索是"是不是 VP"从无到有，再从少到多。

	金瓶梅	红楼梦	儿女英雄传	骆驼祥子	老舍话剧	王朔小说
是 NP 不是?	0	10	7	2	0	0
是 VP 不是?	0	2	6	1	0	0
VP 是不是?	0	12	大量	大量	0	34
是不是 VP?	0	0	0	0	12	193

"VO-neg-V"主要是北方方言句子类型，而"V-neg-VO"主要是南方方言的句子类型（朱德熙1991）。"是……不是?"格式从《红楼梦》至今逐步退出了历史舞台，取而代之的是"是不 NP/VP"格式。我们在《现代汉语正反问研究》（邵敬敏 1996）一文中早就指出："V 不 VO"格式取代"VO 不 V"格式，一是方言的原因。南方方言地区，如吴方言、粤方言地区由于经济活力强，从而为南方方言向北方方言的渗透推波助澜。但"最根本的原因还在于句法结构本身的特

点"。比之北方方言句子类型"VO 不 V",南方方言句子类型"V 不 VO"更有优势。"V 不 VO"中疑问结构结合紧密,从而更能显示疑问焦点,在语义理解上,V 与不 V 语义同时顺向联系 O,这符合人们的思维走势。同样道理,"是不是 NP/VP"句式也比"是 NP/VP 不是"句式在焦点理解上具有明显的认知优势。

另外,从语言系统内部本身的需要来看,我们发现,一般动词的"VP 不 VP"正反问格式在使用上要受到很多制约,最根本的一条就是,复杂谓语里的主要动词一般不能作"VP 不 VP"正反重叠,但"是不是 VP"中的 VP 却既可以是简单结构,也可以是一个复杂结构。从我们所收集到的语料看,VP 的复杂结构形式主要有以下两个方面:

1. 谓语中含关系小句。例如:

(96) 你小时候尿炕是不是也因为你妈的鼾声带着哨音?(王朔《痴人》)

*你小时候尿炕也因为你妈的鼾声带没带着哨音?

*你小时候尿炕因为没因为你妈的鼾声带着哨音?

(97) 你是不是因为革命友谊蜕化成儿女私情,有点转不过弯来?(王朔《空中小姐》)

*你因为革命友谊蜕化成儿女私情,有没有点转不过弯来?

*你因为没因为革命友谊蜕化成儿女私情,有点转不过弯来?

2. 谓语动词、形容词有状语修饰。例如:

(98) 不信问他们,是不是都这么叫?(王朔《一点正经没有》)

*都这么叫不这么叫?

*都这么叫不叫?

(99) 他是不是和你很熟，……（王朔《我是狼》）

　　＊他和你很熟不熟？

　　＊他和你很熟不很熟？

在这种情况下，要保留状语，只能变成"是不是 VP"格式。要直接重叠动词，则必须删掉状语。

　　此外，感觉类动词一般不能正反重叠，带感觉动词的句子要变成正反问得加"是不是"。例如：

(100) 没人管了是不是觉得不舒服？（王朔《过把瘾就死》）

　　＊没人管了觉得不觉得不舒服？

(101) 你是不是觉得我过去特恶劣？（王朔《我是你爸爸》）

　　＊你觉得没觉得我过去特恶劣？

(102) 你是不是感到正经历那种真正的、无法溢于言表的深沉痛苦？（王朔《我是你爸爸》）

　　＊你感到没感到正经历那种真正的、无法溢于言表的深沉痛苦？

(103) 你是不是成心诓我饭吃？（王朔《痴人》）

　　＊你成心没成心诓我饭吃？

"是不是"既能在简单结构前出现，也能在复杂结构前出现，而一般动词的"VP 不 VP"形式只能出现在简单结构中。现代汉语在对句子进行疑问范畴的语法处理时，如果没有发现疑问标记（如疑问代词），它允许（但并不强迫）从加疑问语气词"吗"和"正反叠用"两种方法中选择一种（徐杰、李英哲，1993）。上面提到的复杂谓语要在疑问句中出现，如果不用加"吗"的方式进行语法处理，就要寻求正反重叠的方式。但正反重叠不能依靠重叠本身原有的词实现，就借助于语用手段把附加问的形式标志"是不是"前移成为"是不是 VP"格式。所以,复杂形式正反重叠构成疑问句的客观需要是"VP,是不是"中的"是不是"前移的契机。"是不是"附加问的语用意义总是就始发句的内容征求对方的同意或希望对方予以证实的(邵敬敏 1996)。那么,既然"是不是 VP"中的"是不是"有相当一部分是从附加问"是不是"前移而来,"是不是 VP"带有明显的肯定语义倾向也是顺理成章的了。

以上说的是发展的内因,从外因来说,可能是受到其他方言的影响。因为西南官话、粤语、吴语、闽语、客家话以及部分北方官话(山东话和东北话)都使用"V 不 VO"句式(朱德熙 1991),也就是说,除了以北京话为代表的大部分北方官话使用的是"VO 不 V"之外,汉语其他地区基本上以"V 不 VO"为主。"是不是 VP"这一句式随同一般的"V 不 VO"句式,逐渐渗透到北方官话里。

我们以吴语作为比较与考察的对象。吴语的"阿是 VP"相当于北方方言"是不是 VP"的正反问句(朱德熙 1985;袁毓林 1993),我们考察了与《儿女英雄传》(成书于道光年间,1821—1851)几乎同时期的海派小说代表《海上花列传》(写于光绪十八年,即 1892 年)前 10 回中的"阿是 VP"问句,发现吴语"阿是 VP"问句跟"是不是 VP"问句有着一种比较整齐的对应关系。

(一)从结构看,"阿是"问句也主要有以下几种格式:

1. "阿是 VP?"例如:

(104)清倌人末,阿是无拨客人来吃酒个哉?(2 回)

(105)善卿低头一想,道:"阿是要买个讨人?"双珠点头道:"说好哉呀,五百块洋钱哚。"(2 回)

2. "VP（,）阿是？"例如：

（106）耐好啊，骗我阿是？（2回）

（107）耐倒乖杀哚！耐想拿件湿布衫拨来别人着仔，耐末脱体哉，阿是？（2回）

3. "阿是NP？"例如：

（108）老伯阿是善卿先生？（1回）

（109）阿是第位赵大少爷？我去喊秀宝来。（1回）

（二）从语义上看，"阿是VP"问句也表现出明显的肯定性倾向。在前10回的51例"阿是VP"问句中，具有肯定性倾向的便有45例，占总数的88%。例如：

（110）子富听了，冷笑两声。黄二姐也笑道："阿是耐有点勿相信我闲话？……"（7回）

（111）善卿道："啥人要吃耐台把啥酒嗄！阿是我勿曾吃歇，稀奇煞仔？"（4回）

（三）从语用上看，"阿是VP"问句也具有与"是不是VP"一样的四种类型。例如：

（112）来安去后，葛仲英因问道："我今朝看见耐条子，我想，东合兴无拨啥张蕙贞（啘）。后来相帮哚说，明朝有个张蕙贞调到对过来，阿是嗄？"（5回，A型）

（113）莲生起身招呼，觉善卿脸上有酒意，问："阿是来哚吃酒？"（4回，B型）

（114）我说末，耐先教月琴先生打发个娘姨转去，摆起台面来。善卿坎坎来，也让俚摆个庄，等蔼人转来仔一淘过去，俚哚也舒齐哉，阿是嗄？（4回，C型）

283

(115) 罗子富向汤啸庵道:"耐看如何,阿是(要勿)去叫俚好?"蒋月琴接口道:"原是耐勿好(啘),俚哚吃勿落哉末,耐去教俚保吃。"(6回,D型)

至此,我们可以大致描绘出"是不是VP"格式的两条发展线索:

一、"是VP不是"在19世纪以来大量发展,但是该句式在思维走势上存在着明显的不足,而且在实际使用中,一般动词的"VP不VP"格式在形成正反疑问格式时会受到某些制约;再加上受到南方方言句子类型,包括吴语"阿是VP"句式的影响和渗透。"是VP不是"逐渐紧缩为"是不是VP"句式,并且成为北方官话的主流格式。

二、附加问"VP是不是"自《红楼梦》以后经常出现,这一句式中,由于"是不是"相对比较灵活,可以在后面出现,也可以前移,成为提问的焦点标志,这就为"是不是VP"格式的大量使用提供了极大的方便,并且逐步凝固和定型。

这两条轨迹的发展,最终都形成"是不是VP?"句式。在这里,我们看到了历时的演变同时伴随着语言类型的地域性推移。(见下页图)

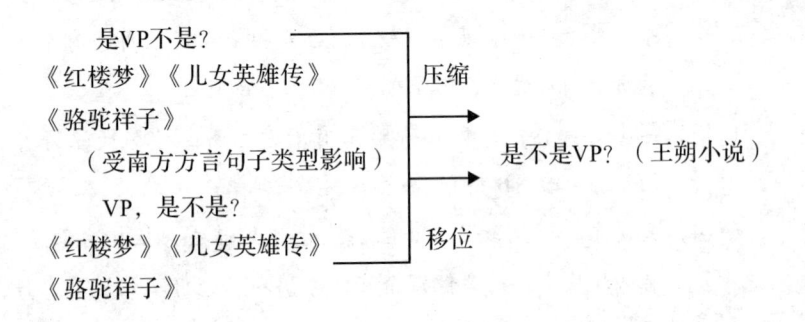

```
     是VP不是?
《红楼梦》《儿女英雄传》      压缩
  《骆驼祥子》
     (受南方方言句子类型影响)        是不是VP?(王朔小说)
     VP,是不是?
《红楼梦》《儿女英雄传》      移位
  《骆驼祥子》
```

桥本万太郎认为，亚洲大陆语言的发展有一个特点，就是它们处于缓慢的不断同化之中，语言由北至南形成一个完整的结构连续体（continuum），而且语言现象"横"的推移和"纵"的演变基本上是一致的（桥本 1985）。我们以上分析也说明，北方方言在同化周边地区的同时，也不断地受到各地方言的渗透和融合，"V 不 VO"正在取代"VO 不 V"是一个明证，南方方言句子类型同化北方方言句子类型也许还可以再增加一个佐证。这一发现显然具有语言类型学的意义。

附注：

① ［信75%，疑25%］只是表示一个信疑度的参照点，实际情况是摇摆的，可以用副词等进行微调。例如：你一定是去北京大学吧？［信＞75%，疑＜25%］他说不定也去北京大学了把？［信＜75%，疑＜25%］因此，也许我们应该把该句式描写为［信50%＜W 吧？ ＞疑0］。

参考文献

丁　力（1999）从问句系统看"是不是"问句，《中国语文》第6期。

郭锡良（1990）关于系词"是"产生时代和来源论争的几点认识，《汉语史论集》，商务印书馆1997年。

李　讷、安珊笛、张伯江（1998）从话语角度论证语气词"的"，《中国语文》第2期。

吕叔湘（1942）《中国文法要略》，《吕叔湘文集》第一卷，商务印书馆1993年。

——（1980）《汉语语法分析问题》，《吕叔湘文集》第二卷，商务印书馆1995年。

——（1985）疑问·否定·肯定，《中国语文》第4期。

钱乃荣（1997）《上海话语法》，上海人民出版社。

［日］桥本万太郎（1985）《语言地理类型学》，余志鸿译，北京大学出版社。

邵敬敏（1996）《现代汉语疑问句研究》，华东师范大学出版社。

陶　炼（1998）"是不是"问句说略，《中国语文》第2期。

许宝华、汤珍珠主编（1988）《上海市区方言志》，上海教育出版社。

徐　杰、李英哲（1993）焦点和两个非线性语法范畴："否定""疑问"，《中国语文》第2期。

杨成凯（1995）高谓语"是"的语序及篇章功能研究，《语法研究和探索》（七），商务印书馆。

袁毓林（1993）正反问句及相关的类型学参项，《中国语文》第2期。

张伯江（1997）认识观的语法表现，《国外语言学》第2期。

朱德熙（1985）汉语方言里的两种反复问句，《中国语文》第1期。

——（1991）"V-neg-VO"与"VO-neg-V"两种反复问句在汉语方言里的分布，《中国语文》第5期。

Halliday, M. A. K. (2000) An Introduction to Functional Grammar (Second edition). Beijing: Foreign Language Teaching and Research Press.

［原载《世界汉语教学》2002年第3期］

（与朱彦合作）

第二节　疑问句的结构类型与反问句的转化关系研究[*]

疑问句有两大类型：第一，结构类型，通常认为有三大类：是非问、特指问以及选择问（含正反问）。第二，功能类型，主要有：反诘问、附加问、回声问和假设问等。这两大类型划分的标准与出发点显然是不同的。

通常认为：疑而不问，是猜测句；疑而询问，是疑问句；无疑而问是反问句。虽然说反问句是"无疑而问"，但是反问跟疑惑似乎并非绝对无关，换言之，既然反问句的本质是否定，那么否定跟肯定是两端，中间是什么因素在起转化作用？我们觉得这个因素应该是"怀疑"，换言之，肯定的反面是否定，那么在这两者之间的过渡地带应该是疑惑。怀疑越强，离开否定就越近；怀疑越弱，离开否定就越远。换言之，一点不怀疑，就是肯定；怀疑到底，就转化为否定。

真性问是有疑而问，而且希望对方给予回答；反问句实际上是一种假性问，假性问跟真性问的区别主要有两点：第一，表层形式是疑问句，深层含义是已有明确看法，实质表示否定；第二，问只是手段，并不真的需要对方回答，对方即使回答，那也不是发问人的真实意图。

---

[*] 本文得到国家社科基金项目"汉语虚词词典编撰的方法论创新及其实践研究"（12BYY101）资助，并在"承继与拓新：汉语言文字学国际研讨会"（香港中文大学 2012）上宣读。

那么问题在于:

第一,反问句是一种功能类型,在结构上跟一般疑问句没有显著的区别。从理论上说,所有的疑问句都可以变成反问句,但是事实上并非如此。我们最感兴趣的是,反问句是如何形成的?换言之,哪些疑问句最容易转化为反问句,哪些疑问句根本无法转化为反问句。

第二,为什么要利用这个"疑问句"的形式外套来包装呢?这可能是一种话语策略,因为直截了当地否定某种看法,当然不是不可以,但是从话语交际来说,起码是不够礼貌、不够策略、不够含蓄。那么代之的最好的形式包装,就是询问。因为询问是最接近于否定的,同时因为"询问"的本质是自己不了解而请教别人,这样就保留了某种回旋的余地,也给了对方一种解释的弹性空间。因此,反问句显然是话语交际中避免激烈交锋的润滑剂,也是双方交际得以展开的缓冲地带。当然由于反问句的长期广泛使用,这一最初的功能显得淡化,因为有的反问句语气还是比较激烈的,甚至于常常引起听话者的反感或不满,从而背离了使用反问句的初衷。

第三,"反问"是不是就等于直接否定?关于汉语反问句的论述,当以吕叔湘的最为精辟且富有启发性。他说:"反诘实在是一种否定的方式,反诘问里没有否定词,这句话的用意就在否定;反诘问里有否定词,这句话的用意就在肯定。"(1982:290)可见,肯定与否定构成了相反又相成的两极,反诘本质上就是一种否定。但是事实上,问题显然要比这复杂得多。由于反问句内部类型繁多,否定程度各不相同,而且反问句还有自己的特殊的语用意义,所以反问绝对不能简单的跟否定画上等号,而且反问还能够传递说话人的某种主观意图以及感情色彩。因此对反问句的功能我们需要做进一步的探讨。

归纳起来，我们希望探求的问题是：
1. 疑问句的结构类型跟反问句的转化关系到底如何？
2. 否定与反诘的差异在哪里？两者是如何转化的？
3. 反问句的话语功能到底是什么？有哪些特殊的作用？

一、是非问与反问句的转化关系

通常认为，陈述句只要给以升调，或者句尾添加疑问语气词，就可以变为是非疑问句，而且是非问只要添加反诘副词，或者添加重音，非常容易转化为反诘问句。比如：

今天是星期天。——今天是星期天（？/吗）——（难道）今天（'）是星期天（？/吗）

那么，是否所有是非问句都可以轻而易举的变为反问句呢？如果能够转化，又有什么条件制约？反问句的形式标记究竟有哪些？

1. 通常认为，是非问的疑问信息是由语调或疑问语气词来承担的，换言之，把上升语调跟疑问语气词几乎看作是等价的。根据我们最新的研究（邵敬敏，2012），发现完全不是那么回事。语调是非问与语气词是非问实际上是是非问内部两个对立的类型，换言之，通常的疑惑，需要进一步区分为两类：语调是非问，发问人对所涉及的话题基本是持怀疑态度的。这种怀疑，是倾向于不可思议、不可理解、不以为然，具有明显的否定性倾向，但是还没达到反问句的完全否定。例如：

（1）他父亲做尽了坏事弄钱，他会是个好东西？（曹52）
（2）他……还配上报纸？（北139）

(3) 江山是唱戏唱出来的？（北41）

(4) "你找我谈心——就是谈这个？"雨翔失望道。（韩寒《三重门》）

语调是非问并非真的要求对方给以回答，而主要在于显示发问人的心理情绪和主观态度。这可描述为：因疑生否，用问显示否定性倾向，但这并不等同于正面否定。

而语气词是非问，包括"吗"字是非问"吧"字是非问与"啊"字是非问，它们体现的疑惑指的是未知，是不清楚，不知道，所以提出询问，要求回答。我们以前在讨论疑惑时，常常把"未知"跟"不解"混淆起来，许多问题就讲不清。因此，"疑惑度"需要进一步区分为"未知度"与"不解度"。

从"不解"的疑惑到否定，只是一步之遥。语调是非问，只要发问人的语气稍微再强一些（例如添加重音），就变成反问句了，而且这类语调是非问几乎都可以轻而易举添加"难道""岂不是""莫非"等反诘副词，可见其语义倾向是一致的。例如：

(5)【难道】你连这个也相信？那些浅的文章是浅的人写出来的，叫"美化"。

(6) 车主道："有什么好讲，快交几十块啊，【莫非】想赖掉？乘不起就别乘，自己跑回来。"（韩寒《三重门》）

(7) 难道他老了？（北34）

(8) 当初梁君就栽在上海"夜不眠"，莫非这黑店生意兴隆又开了分店？（韩寒《三重门》）

这几例，实际上都不需要对方回答，例(5)(6)两句（句中【】原文没有的，表示这里可以添加反诘副词，那么就变成典型反问句），发问人自己的后续句就明确显示了自己持否定的态度，可见事实上已经接近于反问句了。例（7）（8）本采就已经使用了"难道"等表反诘副词，更显示了说话人的否定性的态度，显然已是反问句了。可见，是非问中，最容易变为反问句的就是语调是非问。

而且，正因为发问人持否定态度，在话语里往往会有贬义的讽刺词语或句子夹杂。例如：

(9) 读书就为钱，我现在目的达到了，还读个屁书？（韩寒《三重门》）

(10) 你听说了吗，四班里一个女的考不好自杀了，你不知道？真是消息封闭，你在深山老林里啊！（韩寒《三重门》）

2. 相比较而言，"吗"字是非问的怀疑是真的不知道、不明白，属于求知性的。"吗"字是非问单独时很难理解为反问句，往往需要加上"难道"等反诘语气副词才可以构成，试比较下面三组例句的前后句：

(11) 这种追求难道是一件值得别人同情的事吗？

——这种追求是一件值得别人同情的事吗？

(12) 如今吕不韦难道会放过你吗？

——如今吕不韦会放过你吗？

(13) 如果我们向齐王进攻，岂不是帮助吕氏叛乱吗？

——如果我们向齐王进攻，是帮助吕氏叛乱吗？

以上三例"吗"字是非问，如果去掉反诘副词"难道"等，就变成一般的是非问了，除非在口语里，使用特别的语气，重音落在"是""会""是"上面。

需要注意的是，如果是否定形式的语调是非问句，这样的反问语

气就更加强烈,惊讶、不可思议的意味更加浓郁。例如:

(14)你没看见现在杂志上这么这么多的交笔友启事?(韩寒《三重门》)

(15)这不就等于罚了一份书钱?(北170)

同样,否定形式的"吗"字是非问,也很容易构成反问句,即使没有"难道"等副词的帮助。例如:

(16)你不是挺高兴吗?这次怎么了?(韩寒《三重门》)

(17)不是四年一回探亲假吗?(北287)

可见,语调是非问不论否定形式还是肯定形式都非常容易变成反问句,因为从不解的怀疑到否定,往往只是程度略微加强就行了。而"吗"字是非问往往只有否定格式才比较容易变成反问句,因为肯定形式的询问是常规格式,而否定形式询问则是非常规的,好像是出乎意料的,是非常怀疑。试比较:

(18)今天是星期三吗?(自拟)

(19)今天不是星期三吗?(自拟)

例(18)是常用的肯定句式,属于无标记类型,语调平和,一般性询问求答,如果要变成反问句,必须有另外的形式标记,包括口语上的重读、书面上的反诘副词"难道"等。例(19)是否定句式,属于有标记类型,所以就比较容易构成反问句。

"啊"字是非问情况介于语调是非问跟"吗"字是非问之间,由于语气词"啊"带有惊讶的意味,更加接近于反问,但是如果添加反诘副词或句子重音,那就特别容易构成反问句。试比较带或者不带"难道"的"啊"字是非问句,就能够体会出其中的差别:

(20)这是唱啊?(曹167)

——难道这是唱啊?

（21）噢,我就该一辈子趴在椅子上改作业啊?（北293）

——噢,难道我就该一辈子趴在椅子上改作业啊?

3. 至于"吧"字是非问根本不存在反问的语义基础,即使加上语调、重音,也无法转化为反问句。如果硬要添加"难道"等副词,问句更加无法成立。例如：

（22）这儿大多数是临时工吧?（《1982年北京话调查资料》）

——*这儿大多数岂不是临时工吧?

（23）您在北京住了好几代了吧?（《1982年北京话调查资料》）

——*您在北京难道住了好几代了吧?

否定形式的"吧"字句也无法构成反问句,因为发问人既然基本知道否定性答案,只是要求对方予以证实,当然也跟"反问"的否定性语义倾向是不匹配的。

（24）他不敢打你吧?（《1982年北京话调查资料》）

——*难道他不敢打你吧?

（25）你可满意了吧?（《佛法概要》）

——*你岂不是可满意了吧?

总之,在是非问句中,语调是非问是最容易转化为反问句的,"啊"字是非问以及"吗"字是非问可以有条件的不同程度的转化,只有"吧"字是非问是绝对不能转化为反问句的。首先,是非问变为反问句,最容易的办法就是添加反诘副词"难道""岂不""何必"；其次则是句子重音,比如落在能愿动词或判断动词上面；最后则是否定句构成的是非问。可见,反诘副词、句子重音以及否定式是是非问转化为反问句的形式标志。

二、特指问与反问句的转化关系

特指问的疑惑是真的不知道,疑问词是疑问的焦点。问题是这个疑惑跟询问是紧密结合在一起的,既有疑惑,也有询问,要求对方明确有定地给以回答。因此,特指问构成的反问句就不可避免的有其自身的特点:

1. 对特指问来说,要理解为反问句有一定的难度,因为特指问的疑问代词代表的是未知信息,是个传递疑问信息的强式标记,人们在识别时特别容易理解为对方希望获得某种答案,因此,上下文语境对特指疑问句构成的反问句有重要的制约作用。比如:

(26) 谁要钞票?
——谁要钞票?要现大洋!(老)

(27) 吃什么呢?
——我不弄点钱来,吃什么呢?(老)

比较例(26)、例(27)的上下两个问句,上句都是普普通通的特指问句,下句补出上下文,就清楚地看出这两句其实都是反问句。这类反问句跟一般的特指问在形式上没有任何区别,这时就必须依赖于上下文语境,否则很难做出准确的判断。再如:

(28) (个体,)谁给你党票?(北 162)

(29) (都快到更年期了,)嫁什么人呢?(北 298)

(30) (她没有说,)你们怎么知道她要嫁人呢?(曹 299)

(31) (因为性生活不协调的,)你知道有多少?(北 554)

(32) (四凤在这里又没事,)我为什么不带她走?(曹 84)

(33) 我上哪儿去？（我不认识人，我没有钱。）（曹157）

孤立看，都是一般的特指问句；联系上下文，这些特指疑问句都是反问句，可见，对特指问转化来的反问句，语境是至关紧要的，上下文制约了常规特指问与特指反问句的对立。

其次是必须密切联系语音情况，尤其是重音所在点。如果重音落在特指问的疑问代词上，则为常规特指问；如果不落在疑问代词上，或者重音超强，则可能就是反问句。例如：

(34) 谁让你走的？

(35) 你怕什么？

由于常规特指问的疑问代词属于疑问信息的焦点所在，因此重音必然落在这一疑问代词上面，一旦重音移动，不在疑问代词上面了，句子的焦点就转移了，这时标志着反问句的形成。例（35）如果重音落在"什么"上，是真性问。如果落在"怕"或者"你"上面，则就是反问句。此外，超强重音也是反问句的一个重要标记。比如"谁"或者"什么"特别重读，就是反诘问句。需要指出的是，反诘副词在特指疑问句的转化中不起作用，换言之，特指疑问句不能添加反诘副词。例如：

* (36) 难道谁让你走的？

* (37) 难道你怕什么？

例（36）根本不能成立。例（37）似乎可以成立，但是这里的"什么"显然不是疑问用法，而是特殊用法，属于疑问代词的虚指，回答必须是"是"或者"不是"。

2. 由疑问代词虚用构成的问句，表面上好像也是特指问，其实不然。换言之，句中的疑问代词属于任指、虚指等，并不承担任何疑问

信息。例如:

(38) 十五六岁的人讨饭……谁不嫌丢人?（北）

(39) 大家不怕,我怕什么?（北232）

(40) 您看,哪个不说她年轻、好看?（曹167）

(41) 我骗你干吗?（老160）

(42) 可是吃不上饭,怎么教书呢?（老）

(43) 在那里,劳改的,判刑的,什么人没有?（北）

应该承认,疑问代词构成的特指问转化为反问句还是很方便的,也是很普通的。尤其是在某些条件下。例如句中带有能愿动词"敢、肯、会、能"等,或者否定句式,句中带有否定词"不、没、别"。例如:

(44) 奇怪,怎么这个地方会有鸡叫?（曹139）

(45) 连公民权都还没有就成了阶级斗争的对象,谁不怕?（北426）

要注意的是,特指问常常构成混合型的反问句,换言之,既具有一般问句的询问含义,也可以理解为表示否定语用倾向的反问句。这样,就显得反问的语义不那么强烈,口气比较和缓,同时,也可以让对方有解释申辩的余地。例如:

(46) 太太,怎么您下楼来啦?我正要把茶送上去呢!（曹19）

(47) 什么都改良,为什么钱不跟着改良呢?（老91）

(48) 有人又怎么样?住在这个对方还怕人?（曹138）

(49) 义务劳动,种种树有什么不好?（北261）

例(46)"怎么你下楼来啦?"的意思是你不应该下楼来,但是似乎也可以理解为询问下楼的原因。例(47)"为什么钱不跟着改良呢?"的意思是钱也应该改良,都是也可以理解为询问不改良的缘由。这类反问句兼具询问句的特色,可以看作混合型的疑问句,这样,就显得反问的语气不那么强烈,口气比较和缓,同时,也可以让对方有解释申辩的余地。所以鉴别是不是属于反问句,必须借助于上下文语境。至于简略特指问句,例如"人呢?""他不去呢?"绝对不能转化为反问句。因为本身已经确有所问,只是省略了疑问代词。

总之,疑问代词虚用的问句,由于疑问代词并不承担疑问信息,所以,这类问句一定是反问句。一般的特指问句构成反问句,往往是混合型的,句中如果带有能愿动词"敢、肯、会、能"或者否定词语,比较容易构成反问句。简略特指问句则绝对不能构成反问句。

三、选择问、正反问与反问句的转化关系

(一)选择问与反诘问

选择问变化为反问句,相对地说比较困难。因为选择项的存在,与只是否定其中某一项,形成语义上的悖论。这就要求我们不仅结合语境,而且更要结合说话者的主观意愿倾向。

1. 选择问由并列几项构成,一般的选择问要求对方从中选择一项进行回答。这类问句转化为反问句比较困难,因为既然出现的并列项是供对方选择的,本身就隐含着希望对方选择一项(肯定)而舍弃另一项或几项(否定)。因此,选择问构成的反问句,其真实含义也可能是否定其中一项而肯定另外一项。例如:

(50)是我挤对他,还是他挤对我?(皇44)

(51)到底个人事大?还是天下事大?(《郭沫若选集》)

(52) 要是我去了，人家是看新娘子还是看我呀？（北 295）

(53) 看看还是我对？还是把女儿关在家里对？（曹 50）

(50)(51)是否定前项肯定后项，(52)(53)是肯定前项否定后项。其语义倾向必须结合上下文语境以及说话人的主观意图才能确定，换言之，离开了语境和主观意愿，我们无法确认否定项和肯定项。

2. 在语言交际中，选择问的若干项也可能全部否定而另有他选。例如：

(55) 问：你打算去上海，还是去广州？

答：都不去，我去北京。

正因为如此，选择问转化为反问句，更为常见的是对全部选择项进行否定。例如：

(55) 看看咱们这个对方，是有个干净的厕所？还是有条干净的道儿？（老 18）

(56) 我跟你是亲戚，是老朋友？还是我欠你的？（曹 198）

由于这种反问句的形式跟一般选择问没有区别，所以更为依赖于上下文的语境以及说话者的态度，问句前后往往需要出现表态性的词语或句子。比如例（57）的反诘问"这么碰不起"，例（58）的否定语"没有"。例如：

(57) 咳！这个通知，是面做的？泥捏的？这么碰不起？（沙）

(58) 她欺行霸市了？危害四邻了？偷鸡摸狗了？贪污盗窃了？杀人放火了？没有。（《红尘》）

(二) 正反问与反诘问

正反问的并列两项恰好是肯定项与否定项，构成两歧格式，转化为反问句特别不易，在语义理解时，往往不好把握，正如吕叔湘所指

出的:"两歧的形式,反诘的语气不显。"(1944)有时可能是肯定前面的肯定项,从而否定后面的否定项。例如:

(59)可他是个老人是不是?得孝敬……(北 406)

(60)全不懂,全不会,可悲不可悲?(北 33)

有时则可能是否定前面的肯定项,从而肯定后面的否定项。例如:

(61)全世界找得到这样的政府找不到?(老 132)

(62)这价码要是传出去,在这穴头儿还当不当?(皇 65)

显然,这里的语义倾向必须结合语境以及说话者的心理与认知才能够准确把握。

总之,疑问句的结构类型跟反问句存在着复杂的转化关系:"吧"字是非问与特指简略问是绝对不能转化为反问句的;其他大多数都可以转化为反问句,只是出现的频率不同,反诘的程度不同,转化的难易度不同,对语境以及说话者的主观态度的依赖性不同。因此,当我们需要准确鉴别并且理解反问句时,反问句的结构类型、形式标记、语境制约就显得特别重要。从转化为反问句的角度看,语调是非问最容易,其次是疑问代词虚用的疑问句、"啊"字"吗"字语气词是非问,再次是特指问句,最后才是选择问句以及正反问句。

四、反问句的特殊功能意义

反问句的主要功能在于表示否定义,这一点当然极为重要,但只是触及表层语义。我们还必须进一步了解使用反问句跟直接否定句有何区别,为什么在否定之外还有一个反问,换言之,它的核心交际功能到底是什么?

首先来观察一下反问句在不同语境中表示的不同的语用意义。大致可以分为三个层次六种类型：

第一层次，否定度比较弱，表示困惑或者申辩。

1. 困惑意义。对所议论评述的对象、事件不能理解，不可思议，心底里认为这是不应该也不可能发生的，以反问来表达自己的否定性倾向，反问语气比较舒缓。例如：

（63）什么都改良，为什么钱不跟着改良呢？（老19）

（64）奇怪，怎么这个地方会有鸡叫？（曹139）

2. 申辩意义。往往是对对方的话语表示不以为然，认为不应该这样要求，多数是下级对上级、晚辈对长辈的口吻，因此反问语气比较客气。例如：

（65）太太，不是您吩咐过，叫我回去睡吗？（曹21）

（66）我给谁提意见啊？这儿的副经理都是资本家……（老163）

第二层次，表示提醒或催促，否定度中等。

3. 提醒意义。对方本应该记住，或者知道，但却没有做到，说话者表示某种不满，用反问表示提醒，希望对方加以注意。反问语气比较平稳。例如：

（67）你没看见这儿有客么？（曹179）

（68）他不是土匪头子吗？（老36）

4. 催促意义。对方本应该实施某种行为却没有去做，致使说话者感到不满，用反问催促对方马上实施该行为，反问语气比较急促。例如：

（69）糊涂东西，你还不跑？（曹）

（70）叫你上学，你怎么还不去呀？（老40）

第三层次，表示埋怨或反驳，否定度相当强。

5. 埋怨意义。对对方的言行或发生的事情表示极为不满，有埋怨、责备、批评的口吻，反问语气比较强烈，可以对人，也可以对己。例如：

（71）看谁叫你跳了行，改唱戏了呢？（老118）

（72）嘿！怎么这些事都出在我家里呢？（老270）

6. 反驳意义。对对方言行表示强烈不满，甚至于可以达到愤怒的程度，针锋相对地提出不同看法，反问语气相当激烈。例如：

（73）谁说我要吃药？（曹）

（74）有人又怎么样？住在这个对方还怕人？（曹138）

综上所述，反问在不同的语境中有不同的功能，反诘的程度也是有差异的，从最温和的困惑、申辩，到中等语气的提醒、催促，直到语气比较强烈的埋怨和反驳，逐步提升，因而适用于不同的对象和不同的场景。

其次，我们关心的是反问句的核心功能到底是什么？否定之外，还有反问，这起码说明反问实际上跟否定绝对不是等价的。反问，是利用询问的形式表达说话人的否定性倾向，这没有问题。但要真正理解反问句的特点，必须结合说话者的心理与认知，即问一问为什么要使用反问这一句法手段。

第一，反问不是简单的表示否定，而是对交际对方，所评述或议论的对象、话题显示某种不满、反感的情绪，是说话人心理上的一种宣泄，包括沮丧、埋怨、气愤、讽刺、鄙视、斥责、反驳、厌恶、憎恨等。

第二，彰显说话者与众不同的"个性"。以询问作为方式，实际上是表达自己否定性的意图，这是一种话语策略，也是交际手段多样化的表现之一，由于语气、语调、重音的多变，比较容易彰显了自己的独特的个性。

第三，传递说话者对听者的一种"约束"力量。尽管反问并不需要对方的回答，但是这一问实际上就包含了对对方的一种约束力，具有强制、规约作用，显示出言语的控制力，导致对方不得不认真应对，并且倾向于强制认同。

正因为反问句还具有如此丰富多变的特殊功能，所以反问这一交际手段才能够如此盛行，与否定相辅相成。或者更确切地说，是对否定的一种强有力的补充，是用询问的手段显示说话者的否定性倾向，同时又为进一步的交际留有一定的回旋余地。

参考文献

常玉钟（1992）试析反问句的语用含义，《汉语学习》第5期。

郭继懋（1997）反问句的语义语用特点，《中国语文》第2期。

胡孝斌（1999）反问句的话语制约因素，《世界汉语教学》第1期。

刘松汉（1989）反问句新探，《南京师范大学学报》第1期。

刘松江（1993）反问句的交际作用，《语言教学与研究》第2期。

吕叔湘（1982）《中国文法要略》，商务印书馆1982。

邵敬敏（1996）《现代汉语疑问句研究》，华东师范大学出版社1996。

邵敬敏（1996）现代汉语正反问研究，《汉语言文化研究》第4辑，天津人民出版社。

许皓光（1985）试谈反问句语义形成的诸因素，《辽宁大学学报》第3期。

殷树林（2009）《现代汉语反问句研究》，黑龙江大学出版社。
于根元（1984）反问句的性质和作用，《中国语文》第6期。

[原载《汉语学习》2013年第2期]

第三节　叹词疑问句语义层面分析[*]

叹词疑问句是汉语口语中比较特殊的句式，研究的难度主要在于它的语音形式的可变性和它的语义表达的模糊性，因而使人不容易发现它的形式与意义之间内在的联系。本章试图从两个角度对这类由叹词单独构成的疑问句进行考察。首先采用"音义对应类比法"给这类句式进行分类，即对几类相关叹词进行横向比较，寻求它们在形式与意义上相对应的差异；并运用"语义层面分析法"进行语义剖析，即把叹词疑问句的语义分别纳入四个层面：1. 词汇义层面；2. 语调义层面；3. 位置义层面；4. 语境义层面。最后从研究方法论角度对某些问题进行探讨和解释。

能构成疑问句的叹词似乎并不少，根据"音相近、义相类"的原则，大体上可以归为四类，即以［A］［O］［i］和［ŋ］为主体的四个变体群：

（一）啊？［A］　　（三）嗯？［ŋ］

（二）哦？［O］　　（四）咦？［i］

这四类叹词疑问句有共同的语音形式标志，即音节的声调和句子的语调合二为一，呈升调。它有两个变体，一是弱升调，调值约为35，表达的情绪不很强烈；二是强升调，调值约为215，表达的情绪比较强烈。它们共同的语义表示对方的话语、对方的态度，或者某种情况出

---

[*] 本节系提交语法修辞方法讨论会（1987年10月上海）的论文。

乎自己意料之外，并对此有所怀疑。但是，不同类的叹词疑问句又有区别，既有不同的语义侧重点，又有用法上的特殊性，从而形成各自的特色。其中，"啊?"和"嗯?"形成语义上明显的对立，"哦?"和"咦?"则形成另一组语义对立。而从整体来看，这四类叹词疑问句又形成了一种语义互补的局面。我们先分类描写，然后再作一些解释。为行文方便，我们把说叹词疑问句的人记为 A，把交谈的另一方记为 B，与叹词疑问句相邻的前接句或后继句记为 S。

一、"啊?"疑问句

　　[A] 语调急剧下降，表示多种惊讶的情绪，当语调上升变为疑问句 [A]'时，原来的惊讶义并没有完全消失，而是和新的由升调带来的疑问义交融在一起了，从而构成了"啊?"的基本语义：表示又惊又疑，惊疑参半。正因为如此，有时书面上标点符号也写作"啊?!"例如：

(1) 周繁漪　……谁知道这两天，他忽然跟我说他很喜欢四凤。
　　　鲁侍萍　（吃一惊）啊?（曹 57）
(2) 乙　那是干吗呀?
　　　甲　赌一盒"大中华"。
　　　乙　啊?!（侯 74）

"啊?"在话语中的位置有四种：
（一）独用。即说话人 A 只说了"啊?"一句，前后没有其他句子。根据交谈对方 B 的反应，可以分为两种情况：
1. "啊?"以惊为主，并含有疑的因素，即惊中带疑。这时，

"啊?"表示追问,往往促使对方再说一遍或作出进一步解释。例如:

(3) "有功夫!"西北角上一个黄胡子老头儿答了话。

"啊?"王三胜好似没听明白。

"我说:你——有——功——夫!"老头子的语气很不得人心。(老19)

(4) 甲 所以呀!报纸提出了这一点,我的态度是——

乙 虚心接受。

甲 不予考虑。

乙 啊?

甲 今年开工以后,我把各科计划增加了百分之五十。

乙 啊?(侯83)

2. "啊?"以疑为主,并含有惊讶的因素,即疑中带惊。事实上,怀疑和否定是息息相通的,怀疑稍为强化一点就成了否定,而反诘正是怀疑和否定的结合形式。这时,"啊?"就表示反诘,并且还有提醒对方修改失误之处的作用。例如:

(5) 乙 王金龙?

甲 哎,上场是这样儿。

乙 (念小锣"冒头")(对观众)您看,抖袖是一只一只来,正冠、捋髯……

甲 啊?

乙 (急捂)这没胡子。(侯316)

(6) 甲 拍几回就得吃几回,要不怎么电影演员差不多都有胃病哪,那都是吃的。

乙 啊?

甲　可也不一定。

乙　根本不是。(侯 319)

（二）处于语首，后面跟着后继句。根据后继句的句类可以分为两种，一是后继句为疑问句，这又有两种情况：

1. "啊?"惊中带疑，表示追问，后继句"S?"即具体的追问内容。该格式表示说话者 A 基本上相信了 B 的话语，尽管惊讶，但总的态度倾向于肯定。由于尚有所怀疑，所以需要作进一步追问。这可看作是"啊?"独用 1 的发展。例如：

(7) "你演得太成功了！"

"啊?! 你、你看了彩排？"

"你坏，为啥不给我票？还是我自己想办法搞到一张……"苏南埋怨地看了她一眼。(王小鹰《片段》)

(8) 甲　不折不行。

乙　怎么？

甲　他把一卷儿绷带给落在肚子里啦！

乙　啊？那怎么办哪？

甲　非折不可。……（侯 30）

2. "啊?"疑中带惊，表示反诘，后继句"S?"即具体的反诘内容。该格式表示说话者 A 基本上不相信 B 的话语，总的态度倾向于否定，所以需要作进一步反诘。这实际上也是一种"提醒"标志，提醒对方注意话语中的失误之处，"S?"正是具体点出失误的内容。因此，这可看作是"啊?"独用 2 的发展。例如：

(9) 甲　舞台上不但人走道儿迈方步，连马走道儿也迈方步。

乙　啊？怎么马也还迈步儿？

甲　唉，舞台上不能用真马，就是一棵马鞭儿……（侯314）

(10)　甲　外边还有电网。

　　　乙　啊？电网？

　　　甲　用绳子编的。（侯366）

二是后继句为非疑问句，这也有两种情况：

1."啊？"主要表示惊讶和意外，怀疑的因素很少，说话者A的基本倾向是肯定、赞同的，用"S。"来表示具体肯定的赞同的内容。例如：

(11)　乙　绷带不是拿出来了吗？

　　　甲　把剪子又落在里头啦。

　　　乙　啊？这记性是不好。（侯30）

2."啊？"主要表示怀疑，并含有惊讶意味。说话者A的基本倾向是否定、驳斥的，用"S。"来表示具体驳斥的内容。例如：

(12)　甲　对啰！我就是优秀服务员沈美英，人称沈大姐——

　　　乙　啊？沈美英是女同志！（侯265）

总之，不论"啊？"的后继句是不是疑问句，凡第1种情况的"啊？"都表示"惊中带疑"，说话者A的态度倾向于肯定、理解、追问；而第2种情况的"啊？"则表示"疑中带惊"，说话者A的态度倾向于否定、不解、反驳。显然，这些语义不是由叹词"啊"及其语调决定的，而是由后继句的内容决定的，因此，这些语义应属于语境义。

（三）处于语尾，根据前接句的句类也可以分为两种：一是"啊？"紧接在疑问句之后，"S？"表示说话者A的疑问，而"啊？"则是对"S？"的进一步"逼问"，等于把上述问句再强调一次，但显得

更为简洁有力。这时,"啊"是有疑有问。例如:

(13)"你们要干什么,啊?——来呀……"那人一声呼叫,对面琉璃牌楼后头,又闪出两个来。(韩少华《红点颏儿》)

(14)刘四狂笑起来,"……滚!永远别再教我瞧见你,上他妈的这儿找便宜来啦,啊?"(骆 129)

二是"啊?"紧接在非疑问句之后,"S。"或"S!"表示说话者 A 有所主张,有所要求,但尚未最后确定,因而用"啊?"征求对方 B 的意见,表示"商量""咨询",等于说:"怎么样?""好吗?"例如:

(15)内当家擦着泪儿,狠狠瞪了老头儿一眼:"你呀,神经病!白赚俺两碗绿豆汤!俺就不信日头能跟西边出!俺就不信共产党的天下能叫人翻个儿,老头子,没事瞎嘀咕,睡你的省心觉吧。啊?"(王润滋《内当家》)

(16)绩成说:"咱家的事儿,从来是大小都你说了算,俺服气!这遭听俺一回,啊?你准吃不了亏。"(王润滋《内当家》)

不管以"啊?"的前接句是疑问句还是非疑问句,由于"啊?"是承接自己的话语而发,所以"惊讶"的语义因素明显弱化,几乎很难感觉出来。而"疑问"义又可以分化为"怀疑"和"询问"两种因素,第一种用法是有疑有问,疑问参半;第三种用法则以问为主,问中带疑。

(四)处于语中,即"啊?"出现在对方未说完的话语中间,表示应答兼催问。或是 B 吞吞吐吐说了半截子话,A 用"啊?"插入表示自己在倾听并催促对方快说;或是 B 叫了一声 A 名字,A 用"啊?"表示听见了并催促对方有话快说。例如:

(17)乙 您知道我在哪儿住吗?

甲　不知道！您住哪儿？

　　乙　这个——

　　甲　啊？

　　乙　——不告诉你！（侯 298）

(18)　甲　我说春红同志……

　　乙　啊？

　　甲　姑娘——啊……进屋吃饭吧。（侯 210）

这里，由于"啊？"是承对方未说完话语而发，所以"惊讶"的语义因素也大为弱化，"怀疑"的因素也不强，也属于以问为主，问中带疑。

归纳起来，"啊？"的基本语义是表示惊疑。它的不同位置的用法及其语义是：（一）独用时表示追问或反诘；（二）处于语首时，后继句是疑问句则表示追问或反诘，后继句是非疑问句则表示赞同或驳斥；（三）处于语尾时，前接句是疑问句表示逼问，前接句是非疑问句则表示商量；（四）处于语中时，表示应答兼催问。需要特别指出的三点是：

1. 当"啊？"独用或处于语首时，它是针对 B 的话语而发，"惊讶"语义因素比较明显；而"啊？"处于语尾或语中时，由于是承接自己的话语或对方未说完的话语而发，"惊讶"语义因素基本上不存在，只有"疑问"语义存在，而且是以问为主，问中带疑。这种语义因素的差异，是由于"啊？"在话语结构中的位置所造成的，因而属于位置义。

2. "啊？"独用和处于语首时，话语结构位置相同，但第 1 种情况语义表现为肯定，是"惊中带疑"，第 2 种情况语义表现为否定，是

"疑中带惊"。这种语义因素的对立，是由上下文语义来决定的，换言之，离开了具体的语境便失去了这种语义，因而属于语境义。

3."啊？"处于语尾时，根据前接句的句类，第一种用法是有疑有问，疑问参半；第二种用法是以问为主，问中带疑。这种语义因素的区别，是由上文的句类来决定的。句子的语气分类属于广义的语用分类，因而也可以划归语境义。

二、"嗯？"疑问句

"嗯？"有若干语音变体：嗯［ŋ̍］、呣［m̩］、哎［ɛ］、哎［e］。它们的区别主要在于开口度的大小，依次排列为［ɛ］、［e］、［ŋ̍］、［m̩］。

［ŋ̍］短降调表示应答和赞许，当语调上升变为疑问句［ŋ̍］时则主要用来表示疑问。跟"啊？"相同，"嗯？"在话语中的位置也有四个：

（一）独用。根据交谈对方 B 的反应，可以分为两种情况：

1."嗯？"表示追问，往往促使对方再说一遍或作出进一步解释。例如：

(19) 甲　（学上海话）"汏汏绢头。"

　　　乙　嗯？

　　　甲　"汏汏绢头。"（侯 328）

(20) 鲁四凤　谁？

　　　周繁漪　（没有想到四凤这样问，忙收敛一下）

嗯？——大少爷。(曹 20)

(21) 鲁四凤　我不知道。

周繁漪　（看了她一眼）嗯？

鲁四凤　我没看见大少爷。(曹 20)

2. "嗯？"表示反诘，提醒对方注意失误。往往还能促使对方修正自己的原话。例如：

(22) "美美，上我家去。"

"嗯?!"美美蹙起眉愤怒地看着我。

"哦——是我们的家。"美美已警告过我多次了，我家就是她家，我俩是一家。（王小鹰《一片深情》）

（二）处于语首。后继句有两种：一是疑问句，"嗯？"表示追问，"S?"为具体追问的内容。例如：

(23) 甲　现在伤口已经切开了。

乙　嗯？大夫，流血了吧？

甲　嗯。别紧张，已经用止血钳给止住了。(侯 193)

(24) 乙　唉……不是这么说，笑一笑，十年少。

甲　嗯？怎么讲？

乙　一笑就少活十年。(侯 24)

二是非疑问句，"嗯？"的语调有两种：一是普通的升调（35 或 215），表示反诘；二是特殊的曲折调（2141），表示否定。例如：

(25) 甲　临完弄一大碗，足有半斤。

乙　不是吃一点儿吗？

甲　嗯？拿水和和全吃啦！(侯 401)

(26) 甲　……"有事兄弟服其劳，杀鸡焉用宰牛刀；兄长观阵，

　　　　待小弟前去——来呀！拉过我的牛来。"

　　乙　哎？上阵骑马呀！

　　甲　骑牛比古人。（侯 481）

（三）处于语尾。前接句也有两种：一是疑问句，"嗯？"表示逼问，相当于把上述问句重复一遍，但显得更为简洁有力。例如：

(27) 内当家把手往后一拨弄，直冲孙主任说："要是有主儿，进门来得通个名报个姓呀！俺没见这号人，踩着人家的门，管着人家的事儿，还没个商量！这家，你当？俺当？唵？"（王润滋《内当家》）

(28) 谁劝我，嗯？（洪深《少奶奶的扇子》）

二是非疑问句，"嗯？"表示商量，说话者 A 有所主张，有所要求，但尚未最后确定，用"嗯？"来征求意见。例如：

(29) 黎晴用手指点了点她的眉心："鬼东西，快去看看他，他送道具去剧院了。我要回家，不陪你了，嗯？"（王小鹰《片段》）

(30) "阿信！"他站住了，似乎有人叫他，嗯？（王安忆《本次列车终点》）

（四）处于语中，"嗯？"表示应答兼催问。例如：

(31) 我只好吞吞吐吐地说："昨天早晨……"

　　她看我沉吟着不说了，便抬起大眸子瞪着我："嗯？"（航鹰《金鹿儿》）

(32) "老何。"

　　"唵？"

　　"到底什么才是毛泽东思想呢？"（石言《秋雪湖之恋》）

通过以上分析，我们可以发现"嗯?"和"啊?"的用法和语义十分相似。特别是当"啊?"处于语尾或语中时，几乎没有什么表示惊讶的意味，在一般情况下可以同"嗯?"互用而基本语义不变。但是，"嗯?"和"啊?"的语义对立仍是明显的。

1. "啊?"处于语首或独用时，"惊讶"的语义因素非常明显，同"嗯?"不能混用。这一差异在下面例句的对比中可以清楚地体会到。

(33) 丙　唉，你知道我那个菊花青的骡子……
　　　乙　啊！
　　　丙　那个尺码儿，那个腰头儿，多好哇！
　　　乙　是啊！
　　　丙　完啦！
　　　乙　嗯？
　　　丙　那天没留神掉在茶碗里淹死啦！
　　　乙　啊？你说什么？（侯 492）

丙突然说那头骡子完啦，乙对此当然感到意外，是不大相信的，所以用"嗯?"表示怀疑、追问。可是当丙居然说那是因为骡子掉在茶碗里才淹死的，乙当然要大吃一惊，所以用"啊?"表示惊疑、追问。从"嗯"发展到"啊?"从怀疑发展为惊疑，是很自然的。如果先用"啊?"再用"嗯?"那就不合适了。

2. "嗯?"及其语音变体在表示否定义时，语调上，都有一个变体，即曲折调（2141）。而"啊?"则没有这种语调变体，语义上也只能表示反诘、反驳，而不能强烈到公然表示否定。试比较：

(34) B　我明天就回北京。
　　　A₁　[A]˜？明天别走！

A_2 [ŋ]˜? 明天别走!

A_3 [m̥]˜? 明天别走!

A_4 [ɛ]˜? 明天别走!

A_5 [e]˜? 明天别走!

只有 A_1 不能成立，A_2—A_5 都可以说。这进一步说明 [ŋ] [m̥] [ɛ] [e] 内部形式和意义基本上是一致的，跟 [A] 则形成对立。

根据上述两条理由，基本语义"惊疑"和"怀疑"的对立，上升语调和曲折语调及其相应语义的对立，我们把"啊?"和"嗯?"及其变体划分为两类。

当然，"嗯?"的变体还是有区别的。一是情绪强弱不同，凡开口度越大，情绪越强；反之，开口度越小，情绪越弱。二是有的变体有特殊的用法和语义。

上级对下级、长辈对晚辈、主人对仆人常用"呣?"显得语气比较威严，显示出说话者的身份和地位。而反之，下级对上级、晚辈对长辈、仆人对主人则不宜用"呣?"，否则就是一种很不礼貌的表示。本节（三）（四）中所举例都符合上述原则。

"唉?"则常常出现在某些官气较足的领导者讲话报告之中，带有居高临下垂询的味道，因此显得有些"官腔"。例如：

(35) "什么内容! 是不是写走资派，唉?" 张局长说话时，很有几分领导风度。(西戎《在住招待所的日子里》)

(36) 这时，"东皮"先生又说话了："孟姜女明明是外国人，你们怎么把她说成是中国人了! 唉?"（曹业海、吴棣《草包总编》)

三、"哦？"疑问句

"哦？"也有几个变体：哦［O］、噢（喔）［ɔ］、嚄（嚯、嚿）［xuo］。它们的区别也在于开口度的大小，开口度越大，情绪越强烈；反之，情绪越弱。

［O］语调长而缓降，表示醒悟，等于说"原来如此"。当语调上升变为疑问句［O］时，原来的醒悟义并没有消失，而是和新的疑问义交融在一起。因此，"哦？"的基本语义表示：悟中存疑，已悟尚疑。

"哦？"在话语中的位置也有四个：

（一）独用。表示悟疑，即对方 B 的话语已听明白了，但尚有所怀疑、有所保留。"醒悟"和"怀疑"两种语义因素中，明显的是悟大于疑，即说话者 A 的基本态度是倾向于理解的。例如：

(37) 鲁四凤　是啊……她听说妈也会写字，念书，也许觉得很相近，所以想请妈来谈谈。

　　　鲁侍萍　哦？……（曹 51）

(38) 甲　第一要学会打秋千。

　　　乙　这我不学就会。

　　　甲　哦？

　　　乙　小时候我在幼儿园里阿姨教我打。（笑林等《驯虎记》13）

（二）处于语首。后继句有两种情况：一是疑问句，"哦？"表示追问，意思是听明白了，理解了，但尚有怀疑要追问，"S？"即具体追问的内容，对方往往会作进一步解释。例如：

(39)"他刚回苏州,就去世了。"

"噢?病故的?"

"不,高兴死的。"(唐栋《兵车行》)

(40)"大黎,你——变了。"

"哦?变好了,还是变坏了?"

"变得……开朗了、冲动了,还有……高尚了!"(王小鹰《片段》)

二是非疑问句,"哦?"表示理解、明白了,虽然对此仍有所保留,但并不要求对方作进一步解释,"S。"则表示说话者A所理解的具体内容。例如:

(41)周繁漪 (觉得周萍没有理她)萍!

周 萍 哦?(低了头,又抬起)您——您也在这儿。(曹28)

(42)甲 你懂什么,有那个就能进去。

乙 噢,冒充跑包的。

甲 我刚往里一走,那人问我:"干什么的?""嗯!"(指包袱)

乙 嚄?说话都不敢说。(侯353)

(三)处于语尾。前接句往往是疑问句,是顺着B的话语而来,"哦?"针对此话而发,说话者A的态度似倾向于理解、明白,虽然仍有所保留。例如:

(43)周繁漪 (忙说)倒了!我叫四凤倒了。

周朴园 (慢)倒了?哦?——(向四凤)药还有吗?(曹32)

(四)处于语中。表示明白了,理解了,同时希望对方接着说下去,有催问作用。例如:

(44) 周　冲　(低下头)我想把我的学费拿出一部分送给——
　　　周朴园　哦?
　　　周　冲　(鼓起勇气)把我的学费拿出一部分送给——(曹32)

总之,"哦?"不论处于话语中什么结构位置,都表示以悟为主、悟中带疑的语义。换言之,如果说话者 A 的态度倾向于不理解、不相信,就不能用"哦?"至于悟疑之外的其他语义则由"哦?"的结构位置和上下文来决定。

四、"咦?"疑问句

"咦?"的变体是"咦(噫)"[i]和"也"[ie]。同样,开口度较大则情绪较强烈。"咦?"表示对方的话语或某种情况大大出乎说话者意料之外,因而感到诧异、奇怪和不理解。"咦?"的基本语义为诧异兼疑问,以疑为主。"咦?"很少独用,一般不出现在语尾,最常见的是处于语首,后继句有两种情况,一是疑问句"咦?"表示追问,疑问句具体说出感到诧异和怀疑的问题。例如:

(45)"不是演了才唱吗?"
　　"咦?!谁说!"(史铁生《我的遥远的清平湾》)
(46)"很便宜,作书签多好,像不像嘛?"
　　"不知道。"
　　"咦?还要为五分钱生气呀?我早忘到九霄云外去了!"(王

戈《树上的鸟儿》)

(47) 累,不挣钱。咦?他们也够绝的,怎么一边听我说,一边就计算起岁数来了?(张辛欣、桑晔《小齐和他欢乐的伙伴们》)

二是非疑问句,"咦?"表示否定,非疑问句具体表示反驳的内容。例如:

(48) "噫?不买拉倒!"孙三硬邦邦地顶道,解开缰绳就走。(赵本夫《卖驴》)

(49) "也?这就是我要问你的事。"(孙旭光《最后五分钟》)

"哦?"和"咦?"相比较,语义上有明显对立。"哦?"虽也有怀疑,但却以悟为主,总的态度倾向于理解,只是理解之中尚有疑问,相当于"真的吗?"而"咦?"则表示诧异、奇怪,以疑为主,总的态度倾向于不理解,相当于"怎么搞的?"因此,用"哦?"显得语气含蓄、平稳而有礼貌;而用"咦"则显得比较冒失、直率而缺乏礼貌。试比较:

(50) B 小王这次考了100分!

A₁ 哦?真的?他有什么窍门?

A₂ 咦?怎么搞的?他也会考100分?

显然,A₁和A₂中的叹词疑问句不能互换。

五、"嗯哼?"疑问句

汉语的叹词疑问句几乎都是单音节的,近几年来,在部分青年中出现了一种双音节叹词疑问句。它有多种语音变体形式,如:"嗯哼?""唔嗯?""嗯嗯?""喔嚄?"等,但在语调上,都是前一音节短促下降后一音节稍长上升。它似乎是一种"舶来品",欧美人士经常使用。例如:

(51)凯瑟琳叫住我,笑着说:"一定非常聪明。他要我小心!格格格,可是我对他说,他的担心和保护我都不要!不要!嗯哼?"她自信而又狡黠地冲我点点头。我也笑起来,唉,这些老外朋友们!(吕进《留学生楼》 153)

年轻人最善于模仿,所以这一种叹词疑问句在部分青年,尤其是青年知识分子中颇为流行、时髦。例如:

(52)她学会了不知是从喉咙还是鼻腔里不时地滚出一句"唔嗯?"截断别人的谈话。是首肯,认可?还是漫不经心,不以为然?鬼知道!反正这是现在最时髦的语气词——其实,也不知道是哪位从人家外国留学生那里批发来的。(陈建功《飘逝的花头巾》)

(53)"很可能没有(钱)"讳避这个字眼儿。一斤面条才两毛钱,没有?
"没零钱……"
"嗯嗯?"
"当时没零钱,晚上交了款,有发票。"(简嘉《女炊事班长》)

这类双音节叹词疑问句的用法和语义同"嗯?"相似。

六、余论

不论哪一类叹词疑问句,当它进入交际场合,由于上下文和广义

语境的影响、制约,它还能表示出更为复杂的感觉和情绪。例如:

(54) 王福升(气得失了神)啊?谁?……是金八,金八爷。(曹 171)

(55) "他没参加这个戏的演出。"
"啊?为什么?他是我们学院的高才生呀!"(王小鹰《片断》)

(56) 甲　眼泪刚流出来她不擦,在半道上等着它。
乙　啊?跟眼泪定约会啦!(侯312)

(57) "吴导演,我是董丽华,啊?!你不是吴导演?嗳,嗳嗳……"(王小鹰《片断》)

(58) "啊?"崔书记像触电似的猛地站起来,他还是第一次听到。一股热血涌到头上,他十分愤慨。(迟松年《秋别》)

(54)表示慌乱,(55)表示不满,(56)表示嘲讽,(57)表示失望,(58)表示愤怒。当然,其他感情,如:不安、兴奋、悔恨、羞愧、哀伤、鄙视、责备、内疚……也都可以表现。总之,这种语义不是叹词疑问句本身词汇、结构、句类所具有的,也不是由叹词疑问句在话语位置中身份所决定的,这是种广义的语境义。

交际话语中的叹词疑问句的语义,实际上是四个层面语义综合投射的叠影体。以往有些学者在发掘这类句义时,往往抓住某个具体交际场合中显示出来的某种语义,便认定它是某叹词疑问句的基本语义,这不免有些过于执着了;另外也有些学者没有深入比较这几类叹词疑问句之间的差异,而只是笼统地一律把这些句义都说成是"惊疑",这显然也太粗疏了。我们采用"语义层面分析法"和"音义对应类比法",就是希望针对上述两种弊病,从叹词疑问句的内外分析同时入手。对内，把纷繁交融的语义按四个不同层面区别开。这四个层面是：

1. 叹词固有的词汇义，如：惊讶、应答、醒悟、诧异。

2. 上升语调所赋予的句类义（语调义），即疑问义。

3. 叹词句在话语结构中的位置，即与其他句子建立一定关系后所获得的结构义（位置义）。如：追问、逼问、催问、商量、反诘等。

4. 叹词疑问句在一定的上下文和语境中所获得的语用义（语境义）。如：肯定、否定、慌乱、不满、嘲讽、失望、愤怒等。

对外，我们采取"音相近，义相类"的原则，对多种叹词进行分类，尽可能地把语义的差异跟语音的对立对应起来，从而分出四类叹词疑问句，其中，"啊？"和"嗯？"形成语义明显的对立：惊讶与无惊讶语义的对立；"哦？"和"咦？"则形成另一组语义对立：理解与不理解语义的对立。

近来一些学者提出要区分语义、语法、语用三个平面的主张，这对语言研究的深化是有积极意义的。但是，我们认为对这一说法要正确理解，不要引起误解，似乎语义是同语法、语用平行的平面，而事实上，它不只是指词的意义，而应涉及到语言的各个平面。此外，对语法有广义和狭义的两种理解，狭义的语法平面实际只是指句法结构，因此，我们建议，三个平面应为：词汇平面、句法平面和语用平面，而语义（或叫意义）则同时与这三个平面都发生关系，从而形成词汇义、句法义和语用义。在每个平面都要力求解决表达该平面语义的形式问题。要特别注意的是两点：

1. 这三个平面不是一刀可以切清楚的，换言之，总有一些范畴兼属于两个平面，因而形成一种"过渡地带"。例如：构词法，它既属于词汇平面又属于句法平面；词的精确再分类也如此。句类划分，既属于句法平面又属于语用平面。

2. 每种平面的意义内部又可以分出若干层次，换言之，意义是多层次的。例如：语用义包括言内之义和言外之义，言外之义又分为"非相应句类义"和"相应修辞义"。

从本文对叹词疑问句的语义层面分析来看，把语义分归几个平面，并看作是多层次的，可以有助于我们把语义分析精密化、形式化。

最后要说明的重要一点是关于叹词疑问句在方言中的区别。据胡明扬先生调查，[O] 和 [i] 都不是地道的北京话（《北京话的语气助词和叹词》，《中国语文》1981 年第 5、6 期），我们认为这是符合事实的。"哦?"和"咦?"的部分语义表达，在北京话中是由"啊?"来承担的。这主要是指"哦?"和"咦?"处于语首跟着后继句的情况，凡"啊?"处于语首的用法 1，即倾向于理解的语义，可以同"哦?"互换，凡用法 2，即倾向于不理解的语义，可以同"咦?"互换，尽管它们在语义上有所区别。从另一个角度讲，"哦?"或"咦?"处于其他位置的语义表达就很难由"啊?"来承担了。因而，现在出现了一种动向，即北京人开始从其他方言中吸取"哦?"和"咦?"的用法，在我们收集的例句中，有一些就是地道北京人说的或用的，如侯宝林、史铁生以及口述者"小齐"，当然典范的白话文著作，即"普通话"的使用则更普遍了，如曹禺的剧作。现代汉语不少方言区里这四种叹词疑问句是齐全的，如吴方言的上海话，而西南官话、中原官话使用"哦?"更普遍。虽然各方言区的叹词疑问句的分合有所不同，但把现代汉语的叹词疑问句分为四类显然有最大的概括性和解释力，即使北京话中很少甚至不用后两类叹词疑问句，也并不影响我们的研究结论。

而把它们的语义按不同层面进行剖析则是超越方言的一种研究原则和方法，自然有它的普遍意义和作用。

[原载《语文研究》1989 年第 2 期]

第四节 疑问句群语义关系分析[*]

句与句在话语中连接在一起成为一个句群,这个句群之中,句子与句子之间必定具有某种逻辑语义关系。这种句间语义关系的研究,以往总是局限在陈述句范围内进行,而事实上,如果前后两个以上疑问句连用,形成一个疑问句群,疑问句与疑问句之间也必定存在一定的逻辑语义关系。

设疑问句为"S?",两个疑问句连用,即构成"S_1? S_2?"结构,本节将分析"S_1?"与"S_2?"之间错综复杂的语义关系。先分析与一般陈述句句群相类似的几种语义关系,然后重点分析疑问句群特有的若干种语义关系的类型,最后对三个以上疑问句连用的语义关系及层次组合作一些探讨。

一、常规语义关系

常规语义关系主要指跟一般陈述句句群相类似的联合语义类型,它可以分为以下四种:

(一)并列型:语义并列,同时提出平行的两个问题,前后疑问句语义不分轻重,可以互换位置而语义基本不变。常见的是主语相同而谓语不同的两句并列。例如:

---

[*] 本节系提交第四届现代语言学研讨会(1993年10月北京)论文。

(1) 你走了谁当检验工？谁管宣传队？（北 530）

(2) 要不是为了祖国，谁吃这个苦？谁受这个气？（北 413）

当然，也可以是整个事件的并列。例如：

(3) 我也想当牛，可他妈车呢？地呢？（北 204）

(4) 电视机？录音机？啥也没有。（北 51）

此外，还包括语义对立的并列。例如：

(5) 你不信？又做你的梦啦，不想想你是谁？他是谁？（曹 16）

(6) 做农多少钱？旧报纸几个银钿？人情大如债呢！（北 136）

（二）连贯型：按逻辑思维的顺序或事物发展的次序逐个发问，前后问句原则上不能颠倒。例如：

(7) 你们认识包头工业局的人吗？北京的呢？（北 391）

(8) 你觉得我读的书不够多？想的也不够吗？（北 186）

(9) 刚不给共产党赔钱就乐？就想重新来个平均主义？（北 252）

(10) 你去过百乐门吗？吃过大菜吗？（北 57）

（三）递进型：前后问句在语义上有逐层递进的意思，即后一问句在前一问句基础上进一步提问，因此前后问句次序原则上也不能互换。例如：

(11) 你知道你现在做的事是对不起你的父亲么？并且——（停）——对不起你的母亲么？（曹 36）

(12) 难道我们就为考大学活着吗？就是为考大学拼命吗？（北 198）

(13) 嗨！你当真有人听？真有人信？（北 262）

(14) 你以为妈怕穷么？怕人家笑我们穷么？（曹 51）

（四）选择型：它不同于问句内的几项选择，而是一个问句表示

一种选择。选择项可以是两项或两项以上,可以有连词表示,也可以没有。例如:

(15) 你们要命呢?还是要现大洋?(骆 107)

(16) 刑满以后,是想留场就业?还是想出去?(北 375)

(17) 虎给吃了?跌死了?让散兵打黑枪了?唉!(北 453)

(18) 我也不知道他们在追求什么,为出路?为考大学?为教养?(北 181)

并列型与连贯型的问句之间往往不用什么关联词语,也难添加关联词语,"S_1?"与"S_2?"主要依靠语义上项目的对举或事物发展顺序来判别。而递进型在"S_2?"之前可以用连词"并且",选择型在后一个问句之前可以用连词"还是"。

二、特殊语义关系

除以上四种常规语义关系的问句句群类型之外,还有一些只有问句句群才有的特殊语义关系。

(一)同一型:对同一事实,可以从不同角度进行询问,"S_1?"与"S_2?"实为同义。但它不同于一般的并列型,后者问的是并列的几件事,而前者问的却是同一件事,仅仅角度不同,即换个问法而已,在语义上所指同一。因此,并列问不能少问一个,而同一问可以减少一个而不影响问句的基本意思,而且少哪一个问句都可以,另一个问句依然成立。例如:

(19) 谁是你女婿?谁要你女儿当老婆?(北 168)

(20) 姜昆是专业演员了?和侯宝林、马季是同行了?(北 427)

(21) 昨天虽然是不公正的，但是能老埋怨昨天吗？诅咒历史吗？不能，我不干。（北 459）

(22) 张海迪不是也想过自杀吗？她当时的表现不也是感到"人生之路越走越窄"吗？（北 199）

"S_1?"与"S_2?"可以都是一般问句，如例（19）（20），也可以都是反问句，如例（21）（22），虽然由于前后问句同义，可以任意删去一个而语义基本不变，但是这两个同义问句的连用，从语用交际效果来看，主要是加强了发问的语势，从而给对方留下更为深刻的印象，在手段上，或者使用同义词语的替换，如例（19）（21），或者利用同义句子的更迭，如例（20）（22）。

（二）追问型：即问完"S_1?"又紧接着用"S_2?"对"S_1?"进行追问。这里有两种情况：

一是"S_1?"与"S_2?"或者完全同形，即重复性追问，或者后问比前问省略一些，为简略式追问。跟"S_1?"相比，"S_2?"的信息完全相等或者少于"S_1?"，但从交际功能上看，"S_2?"的作用主要是追问，表现了发问者迫不及待要求对方马上给以回答的急切心情，而仅仅一个"S_1?"显然是不具备这种语用特点的。例如：

(23) 周　萍　什么时候？什么时候？（曹 125）

(24) 仇　虎　不像人？不像人？（原 16）

(25) 曾　皓　江泰究竟来不来？他来不来？（曹 418）

(26) 王新英　所长，有消息没有？有没有？（老 265）

从结构形式看，追问为求快速，如"S_1?"比较复杂，则"S_2?"往往有所简略，如果 S_1 本身已很简短，则全部重复；从语音特点看，"S_2?"要比"S_1?"的语气加重一些，从而显示发问人的催促、追问的心理。

二是"S_2?"为"是吗?""是吧?""是不是?""对不对?""好不好?"等问句以及由叹词独用构成的"啊?""嗯?"等问句。这种追问句,似乎是附加问句,其实明显不同。[①]区别的关键在于:附加问之前的句子必定为非疑问句,而追问句之前的句子必定是疑问句。试比较下面两组例句:

A_1　老头子,没事瞎嘀咕,睡你的省心觉吧!啊?(王润滋《内当家》)

B_1　你们要干什么?啊?(韩少华《红点颏儿》)

A_2　你想叫四凤念书,是么?(曹 92)

B_2　谈个人简历?是吗?(北 263)

其中 $A_1 A_2$ 中的"啊?""是么?"都是附加问,而 $B_1 B_2$ 中的"啊?""是吗?"则为追问。附加问是针对上文陈述的内容征求对方的看法,或希望对方予以证实;追问则针对上文所询问的内容,催促对方尽快予以回答。从信息论角度讲,追问的"S_2?"完全没有超过"S_1?",因此,如果删去"S_2?","S_1?"依然成立,而且基本语义不变,但是从交际功能上讲,有了"S_2?"就增加了催促、追问的语气。

这里要特别指出一点:如果"S_1?"是个反问句,后面又有这一类形式的"S_2?",从形式上看,"S_2?"属于追问句,但由于"S_1?"是个反问句,说话者是无疑而问,所以在语义表达上相当于一个陈述句、感叹句或者祈使句,这时的"S_2?"不但具有催促对方回答这一语用功能,而且有要求对方予以证实或希望对方表示看法的作用,因此,这一类"S_2?"是追问与附加问相结合的混合句式。例如:

(27)谁没三亲六故呢?是不是?(北 321)

(28) 你怎么看着天花板唱呢？是吗？（北 149）

（三）补充型：前一问句由于问话时心情比较急迫，未经仔细考虑便脱口而出，询问的内容相对比较简略或不完整，所以马上再用第二个问句作进一步补充询问。这里又有三种情况：

一是具体补充询问。即"S_2?"询问比较具体、丰富，而"S_1?"询问则比较抽象、简略。实际上，"S_2?"是对"S_1?"的一种解释，也是为对方回答提供一种导向。例如：

(29) 周　萍　你预备怎么样？你要跟我说什么？（曾 45）

(30) 周　萍　你说我自私么？你以为我是没有心肝，跟她开开心就完了么？（曹 120）

(31) 你指的什么理论准备？是看书还是调查现状？（北 157）

(32) 你干啥？进呢？不进呢？（北 361）

"S_1?"与"S_2?"可以是同一种问句句式，如例（29）（30），也可以是不同问句句式，如例（31）（32）。

二是延伸补充询问。即"S_1?"先用一两个词简单询问，然后才由"S_1?"发展为完整的"S_2?"询问。这是由于发问人怕对方不理解自己询问的内容而作必要的补充。例如：

(33) 周繁漪　你？你也骗我？（曹 112）

(34) 潘月亭　谁？谁来电话？（曹 170）

(35) 不要钱？世上真有不要钱的？（北 224）

(36) "卖断"给我了，做啥工？这地方有啥工做？（北 53）

三是惊疑补充询问。即发问人由于惊疑，先用叹词独用的疑问句或由疑问代词"什么""怎么"独用的疑问句发问，然后马上再作具体的询问。因此"S_2?"是对"S_1?"惊疑的补充询问。

"S_1?"由叹词"啊""嗯""哦""咦"等构成,这些叹词疑问句虽然各自表达的语法意义有差异,但后续句"S_2?"则都是点明惊疑的具体问题。例如:

(37)啊?那怎么办哪?(侯30)

(38)嗯?大夫,流血了吧?(侯193)

(39)哦?变好了,这是变坏了?(《片断》)

(40)咦?!谁说?(史铁生《我的遥远的清平湾》)

"S_1?"也可以由疑问代词"什么""怎么"构成,"什么?"表示对对方的话语又惊又疑,后续"S_2?"往往是回声问,表示不相信对方的话或没听清楚对方的话,要求对方进一步证实。[②]"怎么?"则是虚问之后,紧接着一个实问。例如:

(41)张乔治 什么?我进了你的卧室?(曹114)

(42)鲁大海 什么?他们三个人签了字?(曹70)

(43)陈白露 怎么?输了赢了?(曹181)

(44)周朴园 怎么,这窗户谁开开了?(曹35)

以上三类问句形式虽然不同,但在表达功能上却具有共同的特点:"S_1?"所传达的信息基本上可以包含在"S_2?"之中,从信息论角度看,删去"S_1?"保留"S_2?"也就够了,但从交际功能角度看,"S_1?"的存在表现了发问人询问的急切心情与惊讶的感情。

(四)试答型:"S_1?"先提出一个问题,是设问句,然后"S_2?"试图对"S_1?"作出回答,但又不敢肯定,所以用疑问形式出现。因此,"S_2?"对"S_1?"来讲是种尝试性回答,也可以理解为"S_2?"是对"S_1?"的可能性解释之一。例如:

(45)什么叫"文化过渡带"?你创造的名词?(北223)

(46) 什么是待业，是失业吗？（北 203）

当然，"S_2?"也可以同时又是设问，后面再紧接着发问人明确的回答，这时态度可能是对"S_2?"的肯定，也可能是对"S_2?"的否定。例如：

(47) 你们算算嘛，那是哪一年？一九四七年？正是那年。（北 520）

(48) 你们说，谁是王？是老虎？不，我看是人。（北 215）

（五）假设推论型。"S_2?"的疑问只有在假设"S_1?"所问的事实成立的前提下才得以提出，从而形成"假设—推论"的语义关系，而且"S_2?"所问的也是对"S_1?"所问的进一步深化。例如：

(49) 烧火？煤呢？（北 291）

(50) 考察？有证明吗？（北 224）

(51) 哟！不错呀，又改写小说啦？发表了吗？（北 33）

(52) 你们准备写吗？怎么开头呢？（北 327）

如例（49）等于说："烧火？（如果烧火，那么）煤呢？"因此可以纳入"S_1?""如果 S_1，那么 S_2?"的语义框架。其中"S_1?"一般以是非问句为主，也可以是正反问。例如：

(53) 见面全问同一句话，"考不考？什么专业？"（北 417）

(54) 毛主席那身体还在不？让看不？（北 1）

（六）假设反驳型。"S_1?"为反诘问兼设问，然后"S_2?"针对"S_1?"的表层义进行辩驳，即假设 S_1 成立，然后针对 S_1 的事实进行反驳，这时"S_2?"也属于反诘问。例如：

(55) 我们能那样吗？那不犯法了？（北 325）

(56) 叫你去你能不去吗？组织性纪律性哪去了？（北 241）

(57) 干嘛承包呢？四五十人，那么好整？（北 162）

(58) 没人?你是干嘛的?(北 496)

如例(55)等于说:"我们能那样吗?(如果能那样),那不犯法了?"前后两个问句的语义重心在前句,后句则是一种证明"$S_1?$"反诘义成立的一种理由,换言之,"$S_1?$"由于是反问句,本身已有明确的态度,"$S_2?$"只是进一步的反驳,如果省去"$S_2?$",则"$S_1?$"照样成立,且语义基本不变;添上"$S_2?$"则前一问句问得更为有力。

(七)条件反驳型。"$S_1?$"为反诘问,然后"$S_2?$"针对"$S_1?$"的深层语用义进行辩驳,即在承认"$S_1?$"所问的反诘义成立的前提下,然后提出转折性辩驳。例如:

(59) 你不是皇室吗?干嘛拥护共和国呢?(北 529)

(60) 你想,资本主义国家不也有好人吗?他们为什么不歌颂这些人?(北 200)

(61) 要说拍马屁,谁不会?可那叫人吗?(北 229)

如例(59)等于说:"你不是皇室吗?(既然是,可是)干嘛拥护共和国呢?"即可以纳入"$S_1?$ 既然非 S_1,可是 $S_2?$"的语义框架。

条件反驳型的前后问句的语义重心在后句,前句则是证明后句反诘得以成立的一种条件。换言之,如果删去前句,后句问语照样成立,添上前句则辩驳更为有力;但如果删去后句,只保留前句,虽然可以成立,但询问义表达不完整。

假设反驳型与条件反驳型有明显区别,前者"$S_2?$"是针对"$S_1?$"表层义发问、反驳;后者"$S_2?$"则是针对"$S_1?$"深层义发问、反驳。由于"$S_1?$"与"$S_2?$"都是反诘问,有时就可能产生歧义。例如:

(62) 你想一个中学教员,对着县里那么多人事关系,他懂?他不愁?(北 266)

第一种理解为:"他懂?如果懂,那么他不愁?"即表示如果他懂得人事关系的复杂性,不能不发愁,这属于假设反驳型;第二种理解为:"他懂?既然他不懂,可是他不愁?"即表示他既然不懂得人事关系的复杂性,不能不发愁。

(八)反驳释因型。"S_1?"为反诘问,为了证明"S_1?"反诘问的深层语用义的成立,紧接着用另一反诘问"S_2?"来作解释,从而构成"结果—原因"的语义关系。例如:

(63)"半钢"还不懂?手表不是有"半钢""全钢"吗?(北 211)

(64)但是,苦恼,不也是忧国吗?不爱国还忧什么?(北 259)

(65)咋是谎信儿?电台不是报了吗?(北 160)

(66)否则干嘛收回去?报上不是批判过吗?(北 173)

例(63)等于说:"'半钢'还不懂?(因为)手表不是有'半钢''全钢'吗?"

三、多重型问句的语义关系及层次

如果三个问句以上连用,"S_1? S_2? S_3?"则构成多重问句,其中的语义关系就更为复杂了,并形成不同层次的组合关系。例如:

(67)周繁漪　什么?求婚?你跟她求婚?(曹 26)

(68)周朴园　什么?她就在这儿?此地?(曹 62)

(69)工人拿了干什么使?记账?记今天买了三毛钱苹果,昨天买了一盒烟?(北 169)

(70)陈白露　谁?你是谁?你是干什么的?(曹 150)

例（67）是"S_1?（惊疑补充型）/S_2?（延伸补充型）//S_3?"例（68）是"S_1（惊疑补充型）/S_2?（同一型）//S_3?"例（69）是"S_1（试答型）/S_2?（具体补充型）//S_2?"例（70）是"S_1（追问型）/S_2?（延伸补充型）//S_3?"。

多重问句句群的层次关系跟一般陈述句构成的句群层次不同，如果属于特殊语义关系，它就是层层推进方式，即首先"S_1?"和"S_2?"构成第一层次，然后再与"S_3?"构成第二层次，其余以此类推。例（67）—（70）就属于这一种情况。但是，如果两个问句属于一般语义关系，即为并列、连贯、递进、选择，则它们首先形成一个层次，然后才可能跟别的问句发生联系。例如：

(71) 你干革命干了多少年了？三十多年了？快四十年了？（北 319）

(72) 四十几年前，北京只有一百万多一点人口，现在呢？八百万？九百万？一千万？这就叫人口大爆炸！（北 134）

(73) 你是去杭州？还是去苏州？你到底去哪里？

(74) 你爱听音乐，而且爱听古典音乐？是吗？

例（71）是"S_1?（试答型）/S_2?（选择型）//S_3?"例（72）是"S_1?（试答型）/S_2?（选择型）//S_3?（选择型）//S_4?"，例（73）是"S_1（选择型）//S_2（同一型）/S_3?"，例（74）是"S_1（递进型）//S_2（追问型）/S_3?"。

附注：

① 参见第二章第二节"'X 不 X'附加问研究"。

② 参见第三章第三节"叹词疑问句语义层面分析"。

第五节　间接问句及其相关句类比较

现代汉语疑问句,从结构形式看,可分为两大类:一类由非疑问形式构成,即是非问句;另一类由疑问形式构成,即非是非问句,它包括一般的特指问、选择问与正反问。疑问形式可记作 Q,Q 可以独立成句,也可以作为一个结构成分出现在另一个句子中,通常是充当宾语,这正反映了汉语句法结构可以"套叠"的特点。语法学界通常采用一种形象的说法,Q 称为子句,包含 Q 的句子 S 称为母句。本节拟讨论由 Q 作宾语子句所构成的母句的性质与特点。

一、间接问句 S_1 与直接问句 S_2

Q 作宾语的句子有两种基本类型:
一是全句为陈述句,记作 S_1,Q 虽然保留疑问形式,但已失去了其独立使用时作为疑问句的性质与功能,降级为母句 S_1 中的一个成分。例如:

(1) 你知道谁来了。
(2) 你了解这是为什么。

Q "谁来了"与"这是为什么",如果独立,则必定是疑问句,但在 S_1 中,它只起某种称代作用,"谁"相当于"某个人","为什么"相当于"某种原因",并不承担任何疑问信息,而且也没有询问功能。通常,这类 S_1 叫做"间接问句",实际上 Q 既不是疑问句,S_1 也不是疑问句，只能说 S_1 的宾语 Q 还保留着问句的结构形式特点。

二是全句为疑问句，记作 S_2，它与一般疑问句有所不同，关键是大疑问句 S_2 中套了小疑问句 Q，它又可以分为两类：一类为非是非问，其形式标志为句尾可添加语气词"呢"，记作 S_{21}，S_{21} 中，Q 实际上是全句的主体，无论特指问、选择问还是正反问，都保留着原问句的特点。例如：

(3) 你看谁来了（呢）？

(4) 你说他到底去不去（呢）？

(5) 你知道谁来了（呢）？

(6) 你认为我们去杭州好还是去苏州好（呢）？

另一类为是非问句，其形式标志为句尾可添加语气词"吗"，记作 S_{22}。根据 Q 作用的不同，S_{22} 又可分为两种：

1. 混合疑问句，即全句除了是非问句外，宾语 Q 仍保留原非是非问句的性质与特点，既疑且问，记为 S_{221}。例如：

(7) 你知道谁来了（吗）？

(8) 你了解这是为什么（吗）？

2. 回声疑问句：全句只能理解为是非问句，Q 只是转述性的，虽存疑但不询问，记为 S_{222}。例如：

(9) 你问谁来了（吗）？

(10) 我说过他去不去（吗）？

判断一个带 Q 子句作宾语的句子是 S_1 还是 S_2，是 S_{21} 还是 S_{22}，是 S_{221} 还是 S_{222}，关键在于母句 S 的谓语动词，同时也跟动词的时态以及母句的主语人称有密切联系。为讨论方便，除特别标明之外，一般假定母句主语都是第二人称，因为问句作为句子的交际类型，最常出现在对话中,第二人称是使用频率最高的人称。

二、Va 的小类与疑问句 S_2

根据以上分析,Q 子句作宾语的母句 S 可以归纳为以下几种类型:

$$S\begin{cases}S_1 \text{ 间接问句(陈述句)} \\ S_2 \text{ 直接问句}\end{cases} \begin{cases}S_{21} \text{ 非是非疑问句} \\ S_{22} \text{ 是非疑问句}\end{cases} \begin{cases}S_{221} \text{ 混合问句} \\ S_{222} \text{ 回声问句}\end{cases}$$

首先,我们把动词 V 的一般式是否能构成 S_1 作为一个标准,凡只能构成 S_2 而不能构成 S_1 的动词,记为 Va;凡既能构成 S_2 又能构成 S_1 的动词,记为 Vb。

Va 内部又可以分为两类:

Va_1:看、说、猜、想、听⋯⋯

Va_1 及其构成的"你 Va_1 Q"母句 S_{21} 有以下几个特点:

1. "你 Va_1"可以单独使用,跟后面 Q 子句之间可以有明显的停顿。例如:

(11) 你看,他们哪一个是想顺我的心?(曹 353)

(12) 你说,是我瞎疑心,还是你瞎疑心?(原 122)

(13) 你听,谁叫你?(曹 293)

(14) 你猜,现在是几点钟了。(曹 139)

而且,"你 Va_1"还可以重复使用。例如:

(15) 你看,你看,这是谁做的事?(曹 292)

"你 Va_1"的位置也比较自由,一般出现在句首,但也可以移至句中,

或者句尾。例如:

(16) 今日中国之希望,你看是在南还是在北?(野 144)

(17) 这到底是什么玩艺儿,你说呢?

正因为"你 V_{a_1}"相对独立,它后面才可以带上语气词"吧""哪""嘛"。例如:

(18) 你说吧,你预备怎么样呢?(曾 86)

(19) 你看哪,这是谁来了?

(20) 你们算算嘛,那是哪一年?(北 520)

2. V_{a_1} 可以重叠使用。例如:

(21) 你看看我们过的什么日子?(曹 244)

(22) 说说,说说爸爸什么样儿,是四方脸,还是圆脸?(老 285)

(23) 你们想想,你们是哪一件事对得起我?(曾 79)

(24) 猜猜谁来吃晚饭?(转引《动词用法词典》)

3. V_{a_1} 既可以带谓词性宾语,也可以带体词性宾语。例如:

(25) 你看这部电影?

(26) 你说他?

(27) 你想那个问题?

(28) 你猜她出的谜?

4. V_{a_1} 有进行时态,并且是第三或第一人称,这时才可以构成间接问句 S_1。例如:

(29) 他正在看来的人是谁。

(30) 他正在说春游到哪儿去玩。

(31) 我正在想那儿发生了什么事。

(32) 我正在猜她花了多少钱。

5. 母句 S_{21} 如用语气词,只能是"呢",不能是"吗",说明 S_{21} 为非是非问句。例如:

(33) 你看我有资格到妇女商店来没有呢?(老 192)

(34) 你看,我是把她当成妹妹呢,还是当成侄女儿?(郭 357)

(35) 老奶奶,你想,李大妈干吗掉眼泪呢?(老 224)

(36) 您听,谁在叫我呢?(曹 343)

如果 V_{a_1} 为进行时态,则构成的疑问句为 S_{22},如母句 S_{22} 用语气词,只能是"吗",不能是"呢",这说明 S_{22} 为是非问句。例如:

(37) 你正在看来的人是谁吗?

(38) 你正在说春游到哪儿去玩吗?

(39) 他正在想那儿发生了什么事吗?

(40) 他正在猜她花了多少钱吗?

"你 V_{a_1}",吕叔湘认为可算作"发问词"[①],一般语法教材也倾向于看作"独立成分",即属于语用成分;[②]另一方面,也有人认为应把其中 Q 看作 V_{a_1} 的宾语。[③] 我们认为具体问题要具体分析,当 V_{a_1} 为进行时态,不论出现在 S_1 还是 S_{22} 中,则 Q 都应分析为 V_{a_1} 的宾语,这时的 V_{a_1} 语义都相当实在、具体。当 V_{a_1} 出现在 S_{21} 中,由于"你 V_{a_1}"与 Q 都具有相对独立性,"你 V_{a_1}"的作用在于"提醒对方,引导问句,催促表态",而且"你 V_{a_1}"可以删略而并不影响 Q 问句的成立及其基本语义表达,因此最好还是把它看作一种语用成分,即承认 Q 为独立的问句。

V_{a_2}:以为、认为、觉得、觉着……

跟 V_{a_1} 不同,V_{a_2} 同后面的 Q 宾语结合相当紧密,即 V_{a_2} 实际上是一种粘宾动词。例如：

(41) 你以为我是谁？（曹 102）

(42) 你以为我是强盗？是小偷？（风 646）

(43) 那你认为我能不能当作家？（北 202）

(44) 你觉得你最合适唱谁的风格？（北 148）

V_{a_2} 及其构成的 "你 V_{a_2}" 母句 S_{21} 有以下几个特点：

1. 由于 V_{a_2} 跟 Q 结合相当紧密，因而不允许两者之间有较大的停顿，"你 V_{a_2}" 的位置也比较固定，总是出现在句首，有时也可以在句中，如 "这件事你以为是谁的错？" 但一般不出现在句尾。V_{a_2} 之后也不允许有语气词出现。

2. V_{a_2} 不能重叠使用。

3. V_{a_2} 只能带谓词性宾语，决不能带体词性宾语。

4. V_{a_2} 没有进行时态，因而也就不可能构成 S_1 以及 S_{22}。

5. 母句 S_{21} 如用语气词，只能是 "呢"，而不能是 "吗"。

对比 V_{a_1} 与 V_{a_2}，可以发现它们有一系列的区别性特征，见下表：

比较项	V_{a_1}	V_{a_2}
1. V 与 Q 之间有无较大停顿	+	-
2. V 之后可否带语气词	+	-
3. "你 V" 位置是否自由	+	-
4. V 可否重叠使用	+	-
5. V 能否带体词性宾语	+	-
6. V 有无进行时态	+	-

从语义特征看，V_{a_1} 往往表示人体所发出的具体的认知动作行为，而

V_{a_2} 则表示人们所具有的抽象的认知行为。但是，两者也有一个最重要的共同点，即它们都不能构成 S_1 和 S_{22}，只能构成 S_{21}（不考虑 V_{a_1} 进行时态的情况）：

	S_1	S_{21}	S_{22}
V_{a_1}	*你看谁来了。	你看谁来了吗？	*你看谁来了呢。
V_{a_2}	*你以为谁来了。	你以为谁来了吗？	*你以为谁来了呢？

因此，把 V_{a_1} 与 V_{a_2} 归为一大类也不是没有道理的。第一，"你 V_a" 都只能构成疑问句，而且为非是非问句，句尾只能带语气词 "呢"；第二，V_a 都表示一种认知行为，区别仅仅在于 V_{a_1} 比较具体，V_{a_2} 比较抽象；第三，"你 V_a" 都有共同的语用作用：提醒对方，引导问句，催促表态。"你 V_{a_1}" 与 "你 V_{a_2}" 在不违背原句意的情况下可以互换使用；第四，"你 V_a" 可以删略，而不妨碍 Q 问句的成立与基本语义的表达。

从语用平面看，"你 V_a" 可以当作一种独立的语用成分；从句法平面看，也可以把 Q 看作 V_a 的宾语，即承认 V_a 是句子 S 的主要谓语动词。但从 V_{a_1} 与 V_{a_2} 的区别看，则把 "你 V_{a_1}" 看作语用成分更为适宜，把 "你 V_{a_2}" 看作句法成分更加合理。总之，我们把由 "你 V" 构成的 "你 V_aQ" 问句称为 "提引性问句"。

三、V_b 的小类及其构成句类的差异

V_b 的主要特点是既可以构成间接问句 S_1，也可以构成直接问句 S_2，从而跟 V_a 形成对立。

Vb 内部也可以分为两类:

Vb_1: 知道、明白、认得、记得、懂得、忘记……

Vb_2: 了解、调查、研究、讨论、争论、打听……

Vb_1 与 Vb_2 具有明显的区别:

1. Vb_1 不能重叠,Vb_2 可以重叠或带补语"一下",并可以构成间接问句 S_1(第一人称)与祈使句(第二人称)。例如:

(45)我们商量商量这事让谁处理。(转引《动词用法词典》)

(46)我们试验一下这开关灵不灵。(转引《动词用法词典》)

(47)你回忆回忆谁参加那次会议了。(转引《动词用法词典》)

(48)你们分析一下他们为什么没打赢这场球。(转引《动词用法词典》)

"Vb_2Vb_2"或"Vb_2 一下"还可以构成疑问句 S_{21}。例如:

(49)你了解了解他到底是谁(呢)?

(50)你调查一下这错误是怎么造成的(呢)?

(51)我们研究研究几天可以完成(呢)?

(52)我们打听一下今晚吃什么(呢)?

要注意的是,这类问句一般都不用语气词"呢",如用了"呢",整个句子似可分析为"你了解了解,他到底是谁呢?"

2. Vb_1 没有进行态,而 Vb_2 可以有进行态,并可以构成间接问句 S_1(第一、第三人称)。例如:

(53)我们在争论动物有无语言。(转引《动词用法词典》)

(54)我正在琢磨他当车间主任合适不合适。(转引《动词用法词典》)

(55)大家都在酝酿谁当主任最合适。(转引《动词用法词典》)

(56) 他们在争吵这口井应该打哪儿。(转引《动词用法词典》)

"正在 Vb_2"还可以构成疑问句 S_{22}（第二、三人称）。例如：

(57) 你正在了解他是谁吗？

(58) 你们正在调查这错误是怎么造成的吗？

(59) 他正在研究几天可以完成这计划吗？

(60) 他们正在打听今晚吃什么吗？

从语义特征上讲，Vb_1 属于思辩性认知行为，而 Vb_2 则属于动作性认知行为。当然，把 Vb_1 与 Vb_2 归为一大类也是有道理的，它们至少有两个重要的共同点：

1. Vb_1 与 Vb_2 都可以构成间接问句 S_1。例如：

(61) 你也知道我这一次到这里来是为什么。(曹 145)

(62) 谁的心里都明白他是什么人。(转引《动词用法词典》)

(63) 至于《刑法》《民法》不仅没有，还争论过设这些法有没有用。(北 241)

(64) 调查他到底进过大学没有。(转引《动词用法词典》)

2. Vb_1 与 Vb_2 也都可以构成直接问句 S_{22}，如带语气词只能是"吗"或"吧"，不能是"呢"。例如：

(65) 你还记得你的名字为什么叫萍么？(曹 36)

(66) 这该明白省工省料省多少了吧？(北 98)

(67) 你可以打听到她的坟在哪儿么？(曹 61)

(68) 你了解他是怎样到广州去念书的吗？

S_{22} 实际上是一种特殊的是非问，即是非问与特指问或选择问、正反问双重疑问信息套叠在一起的混合句式。

你知道他是谁吗？= 你知道吗？+ 他是谁？

你了解这是谁干的吗？= 你了解吗？+ 这是谁干的？

因此，回答时既可以针对第一层次母句，也可以直接针对第二层次子句，也可以同时作双重回答。但一般以直接回答子句为多，因为针对子句回答的内涵大于针对母句的回答，回答了子句实际上也已经回答了母句，而反之，回答了母句并不一定包括子句的内容。例如：

(69) 周朴园　你知道她现在在哪儿？

鲁侍萍　我前几天还见着她！（曹 62）

(70) 张乔治　露露，你知道昨天晚上我为什么到你这里来？

陈白露　难道你也是要跟我求婚来的？（曹 181）

前一例针对母句回答，后一例针对子句回答。

Vb_1 与 Vb_2 的异同可以归纳成下表：

	重叠式			进行态		一般式		
	S_1	S_{21}	S_{22}	S_1	S_{22}	S_1	S_{22}	S_{21}
Vb_1	−	−	−	−	−	+	+	−
Vb_2	+	+	+	+	+	+	+	−

四、间接问句 S_1 中 Q 的作用

间接问句 S_1 可以根据其中 Q 作用的不同分为三类：

（一）转述性 Q：即 Q 在原谈话中本是问句，现改为叙述该提问的事实，对问话人来讲，Q 当然是既疑且问，但对转述人来讲，则重点已转移，不疑也不问。这类句子以言说动词"问""说"为主。例如：

(71) 服务员见我来回转磨，就问我想干啥。（北 358）

(72) 怪不得林老师问我怕不怕。（北 149）

(73) 单个问，就问这位在我们这儿有什么人活动。（北 79）

(74) 每到大站，列车员……问要不要水。（北 350）

（二）称代性 Q：即 Vb 肯定式带 Q 宾语，其中 Q 并不存疑也不询问，仅仅指称某种已知但未说出来的信息。例如：

(75) 我来揭发他是如何腐蚀青年的。（转引《动词用法词典》）

(76) 汇报自己出差时都干了什么。（转引《动词用法词典》）

(77) 描写他怎样刻苦学习。（转引《动词用法词典》）

(78) 他记得我是谁。（转引《动词用法词典》）

或者指称某种通过 Vb 动作便可以获知的信息。例如：

(79) 从沙头角回来，就要数一数你们够不够数。（北 176）

(80) 我真地好怀疑，我这两年学的这份坏，到工厂，能不能老老实实干活。（北 206）

(81) 我们举手表决他能否入团。（转引《动词用法词典》）

(82) 记录他们是怎样成功的。（转引《动词用法词典》）

（三）存疑性：即 Vb 的否定性带 Q 宾语，Q 在这里代表疑惑信息但并不询问。这主要有以下几种格式：

1. 不 Vb。例如：

(83) 那时并不知道共产党怎么回事。（北 25）

(84) 你不明白退下来是什么滋味。（北 34）

(85) 俺那时也不懂癌是啥。（北 2）

(86) 怕我勾了她们的男人——甭管她们有没有男人。（北 303）

2. Vb 不 C。例如：

(87) 闹不清我在台湾还是香港了。(北 421)

(88) 渐渐已分不出她究竟是哭是笑。(古龙《边城浪子》 358)

3. 没 NPVb。例如:

(89) 除了北京和咱天津,真没人知道啥是"茶汤",管这叫"面糊糊"。(北 50)

(90) 读者,根本没必要,也没理由知道我叫什么。(北 309)

要特别注意一点,间接问句中 Q 宾语,有时由于语用上的需要,可以移位到句首,充当话题主语,或者用"连"提前,以示强调。例如:

(91) 谁在哪唱什么戏,哪地方卖不要票儿的自行车,美国是咋回子事,全能听到。(北 43)

(92) 大家坐一块儿,话特别多,上哪儿买菜;怎么在街上受气;去哪儿看病;找谁唠唠;全有得说。(北 32)

(93) 是烟是雾,我们辨识不清,只见灰濛濛一片……(李健吾《雨中登泰山》)

(94) 其实,他连怎么造计划书,怎么运水泥、沙子,怎么施工都不知道?(北 73)

五、若干语言现象分析

(一)"你知道 Q 吗?"与"你知道 Q 呢?"

"你知道 Q?"为 S_{22} 问句,它可以不带任何语气词。例如:

(95) 你知道社会是什么?(曹 31)

(96) 你知道什么叫名誉?(曹 141)

(97) 嘿！你知道今天谁上我们编辑部来了？（北 35）

(98) 他知道谁是华罗庚？（北 469）

如果这一类问句带上语气词，也只能是"吗"或"吧"。例如：

(99) 你们知道咋忌烟吗？（北 510）

(100) 你知道糖怎样作的吗？（老 188）

(101) 你知道刚才来的老太太是谁吗？（北 352）

(102) 你们也知道三等奖都是什么水平了吧？（北 295）

这类问句还可以宾语移位到句首。例如：

(103) 为什么叫你到这儿来，你知道吗？（《横沟正史——迷宫之门》）

"你 V_bQ 呢？"问句似乎也可以成立。例如：

(104) 你知道他是谁呢？

(105) 你了解这是谁干的呢？

但这一类问句的意思是："如果你知道他是谁，那又怎么样呢？""如果你了解这是谁干的，那又怎么样呢？"即这属于非是非问句的"简略式 V_b 呢？"[4]或者是另一种情况，即由 V_b 构成的正反问带 Q 子句，这时全句也可以带语气词"呢"。例如：

(106) 你知不知道我究竟是什么人（呢）？（24）

（二）"不知道 Q？"与"谁知道 Q 呢？"

"不知道 Q？"表示对所问之事 Q 有疑，全句一般不用语气词。例如：

(107) 不知道你们要了解哪方面的情况？（北 130）

(108) 不知道老爷说的是哪一件？（曹 60）

(109) 遇见您真高兴，不知您是否愿意和我一起吃顿午饭？（闻

311)

(110) 我也不知道这是我的缺点还是优点？（皇 122）

"谁知道 Q?"是个反问句，为加强反问语气，全句句尾往往带语气词"呢"，当然也可以不带"呢"。例如：

(111) 可是，谁知道弟弟改了名字没有呢？（老 229）

(112) 谁知道都有些什么样的能人呢？（北 501）

(113) 谁知道谁说的？（曹 325）

(114) 谁知道什么时候上汤？（北 22）

"不知道"在这儿的作用相当于一个发问词，即引导 Q 问句，具有相对独立性，所以这类问句在口语中如加语气词，可以加"呢"。但如果添加语气词"吗"，则确实是在问知不知道 Q 了，或者成为一个反问句了。试比较：

(115) 不知道老爷说的是哪一件呢？

(116) 不知道老爷说的是哪一件吗？

"谁知道"在这儿的作用也相当于一个发问词，导引 Q 问句，表示泛指"没有人知道 Q"或"不知道 Q"。与"不知道 Q?"相比，更带有不满等情绪。[⑤]

(三)"我问 Q?""他问 Q?"与"你问 Q?"

动词"问"构成的"VQ"句式，不同的人称构成不同性质的问句。一种是"提引性"的，主语为第一人称。例如：

(117) 我问你究竟想走不想走？（曹 282）

(118) 那，我问你今儿晚上吃什么呢？（老 20）

"我问你""我问""问你"后面可以有较大停顿，目的是引起对方注意，其作用相当于"你看""你说"等，如果省略，也不妨碍问句的存在。例如：

(119) 我问你，你今天晚上上哪儿去了？（曹 112）

(120) 问你，新经理是党员，还是群众？（老 168）

另一种是"复述性"的，主语为第三人称。例如：

(121) 我妈妈问：小人儿是干什么的呀？（老 145）

(122) 他问我，疯大爷种什么树？（老 34）

要注意的是：直接复述与间接转述这两种句子区别很小，直接复述为疑问语气，V 与 O 之间可以有较大停顿；间接转述为陈述语气，V 与 Q 之间没有明显停顿。两者可以很容易地转换。例如：

(123) 有些老头儿没事儿就给他们打电话，问有会议没有，有请柬没有，有要讨论而不是传阅的文件没有；全没有，就问：有追悼会没有？

这段也可以改为：

(124) 有些老头儿没事儿就给他们打电话，问有会议没有？有请柬没有？有要讨论而不是传阅的文件没有？全没有，就问有追悼会没有。

再一种是"回声问"，主语为第二人称。例如：

(125) 你问我是谁吗？

(126) 你们问他去不去吗？

如果动词"问"重叠，主语又是第二人称，则全句为祈使句与非是非问的混合式。例如：

(127) 借我钱，买田产的时候，你问问他们记得不记得？（曹 312）

(128) 我叫他们累得罢了官，下了台，你问问他们知道不知道？

（曹 312）

（129）你问问她愿意跟我，还是愿意跟你？（曹 85）

（130）你们下去问问……到底是听他的，还是听我们的？（北 286）

形式是疑问句，但表达的意思是一种祈求，同时 Q 的疑问含义仍然存在。

附注：

① 《中国文法要略》290 页，商务印书馆 1982 年。

② 胡裕树主编《现代汉语》385 页，上海教育出版社 1987 年。

③ 陈炯《试论疑问形式的子句作宾语》，《安徽大学学报》1984.1。

④ 参见第一章第五节"'非疑问形式＋呢'疑问句研究"。

⑤ 参见第二章第四节"反问句的类型与语用意义分析"。

［原载《华东师范大学学报》1994 年第 5 期］

第六节 "什么"非疑问用法研究

"什么"表示疑问,指代未知而欲知的信息,这是它的基本用法。在长期使用过程中,"什么"还产生了许多颇具特色的引申用法,即"什么"在句中不表示疑问,不构成特指疑问句,也不要求对方予以针对性回答的非疑问用法。本节试图通过大量生动的汉语实例,对"什么"的非疑问用法作一全面分析:(一)按语法意义分类进行描述,并寻求其形式上的标志;(二)考察其在交际话语中的使用特点;(三)探讨疑问用法和非疑问用法之间的内在联系。

一、全指性"什么"

全指性"什么"表示它所指代的范围之内无一例外,具有周遍性意义。[①]它的形式标志有三条:

(一)"什么"必须出现在全句主要谓语动词之前。从句法结构角度考察,可能有三种类型:

1. "什么"(或由"什么"构成的偏正词组)作主语。[②]例如:

(1)四外什么也看不见。(骆 21)

(2)什么也不行!什么也不会!(骆 103)

(3)我说,回去吧,二姑娘,什么事儿都好办。(老 45)

(4)房子里什么吃的也看不到,老鼠多,全给老鼠拖走了。(83/557)

2. "什么"（或由"什么"构成的偏正词组）跟动词构成动宾词组充当条件分句。例如：

（5）站在"左"的立场，看什么全是右的。（北 313）

（6）有他那样的丈夫，她作什么也没过错。（骆 192）

（7）想不让你演，你说什么也演不成。（相声集）

（8）比如你到鞋店买鞋，对这双鞋，你挑什么毛病他都有词儿。（侯 94）

3. "什么"（或由"什么"构成的偏正词组）跟介词构成介词结构充当状语。例如：

（9）那天，他跟你到咱们家来，我觉着比什么都光荣。（孙犁《白洋淀纪事》）

（10）这个人对什么事儿都很认真。

（二）"什么"后边，谓语动词之前必须有副词"都/也"相照应。肯定式一般用"都"（"总""全""老"）。例如：

（11）这些老娘儿们，什么见不得人的事都能说得出口。（83/92）

（12）无论是干什么，他总不会辜负了他的机会。（骆 4）

（13）她说什么，祥子老用心听着，不和她争辩。（骆 35）

有时也可以用"也"照应，但较少。例如：

（14）他自己年轻的时候，什么不法的事儿也干过。（骆 37）

否定式则一般用"也"。如：

（15）姑娘似乎什么也没听见。（83/460）

（16）自有老天保佑他，什么也不必怕。（骆 25）

也有用"都"照应的。例如：

（17）当了顾问，他什么都不要，但要一点权，提意见的权。

(《文摘报》1982.8.31)

这一倾向性选择可以从下面两例中得到佐证：

(18) 我本来什么也没有，一见着他呀，忽然间我什么都有啦！（老110）

(19) 甲 这样的人不把思想扭转过来，干什么也不行。

乙 对，干什么都得有正确的服务态度。（侯91）

这种选择应该说是由"都""也"不同语法意义所决定的。用"都"表示总括，强调无一例外，适宜于肯定语气；用"也"表示类同，暗示有潜在的否定对象的存在，因而否定语气显得婉转一些，适宜于否定句。

(三)"什么"前边可以出现连词"无论"（"不论""不管""任凭""随便"）等，从原则上讲，凡全指性"什么"句式之前如无这一类连词，都可以添加上去。换言之，"无论"和"都/也"可以同现，从信息论角度看，两者同现，其中一个是羡余的，但从交际角度看，则起到了强调、加重语气的修辞作用。例如：

(20) 不管剧中人是什么地方人，也得北京味儿，比如《空城计》……（侯325）

(21) 任凭老郭再问什么，他都缄口不语……

当出现"无论"等连词时，已有了周遍性的意思，因而副词"都/也"也不一定再出现。例如：

(22) 张光奎沉吟了一下，接着说："也好嘛，不管干什么，有个工作就行。"（优110）

(23) 不管什么享儿吧，反正我现在没有时间，得等以后吧。（《解放军文艺》1982.10）

这一格式可以描写为"(无论)什么……(都/也)……"。其中，(无论)和(都/也)可以同时出现，也可以只出现一个，但不能都不出现。

全指性"什么"在口语中可以重叠使用，以加重语气。例如：
(24) 什么什么名利也没有，只是因为是我们的责任编辑。(北 610)
(25) 那时没电，是使油灯，使人推煤，什么什么也不使机器。(北 521)

二、例指性"什么"

例指性"什么"表示除了已列举项之外，还有一些尚未列举的同类项，具有列举未尽的意思。它有两种基本格式：

(一) x (y、z……) 什么的

"什么"指代跟 x、y、z 同类的未列举项，在语义上相当于"等""等等"。该格式形式标志有三个：

1. "什么"出现在已列举项之后，跟助词"的"构成"什么的"结构。单用"什么"不行。例如：
(26) 新闻什么的都是弟弟大眼贼带回来的。(83/397)
(27) 小偷儿什么的，差不多快断了根。(老 36)
有时，"x 什么的"后面还可以出现中心语。例如：
(28) 不爱管贩卖人口、拐带妇女什么的臭事。(老 104)

2. 出现在"什么的"之前的列举项数目不限，二、三项最为常见，也有列举五、六项的。列举项之间常有语气停顿，有的还伴随着

语气词。例如:

(29) 粉饺、粉条、豆制品;木耳、黄花、鸡蛋什么的;对了,还有油条和麻酱,往嘴里吃的,什么都要票。(北 227)

(31) 信鬼的同时,口里说着时兴话:五讲四美啦,文明礼貌啦,什么的。(397)

3. 列举项以名词性词组为主,也可以是动词性词组。例如:

(31) 有外国人来参观什么的,我就给抄个外文卡片挂在那儿。(北 74)

(32) 最后登了个调查报告,说有多少万人从东往西上班,有多少人从西往东上班,应该对调工作什么的。(北 438)

(二) 什么 x、y (z……)

"什么"总括所有的同类项,包括已列举的和尚未列举的,在语义上相当于"例如""比方说"。该格式形式标志也有三个:

1. "什么"出现在列举项之前,有两种类型:

A. "什么"单用,辖管后面所有的列举项。例如:

(33) 他的周围全是什么铅笔、圆规、丁字尺……,下面铺着大图纸,还有三角板、量角器,看样子是个老设计了。(相声集)

(34) 自从虎妞搬来,什么卖羊头肉的、熏鱼的、硬面饽饽的,卤煮炸豆腐,也在门前吆喝两声。(骆 142)

B. "什么"分用,即分别出现在各列举项之前。例如:

(35) 什么西苑又来了兵,什么长辛店又打上了仗,什么西直门外又在拉伕,什么齐化门已经关了半天,他都不大注意。(骆 12)

(36) 什么故意的绷大价，什么中途倒车，什么死等好座儿，他都没学会。(骆 175)

2. 列举项出现在"什么"之后，至少两项以上，不能只是一项（如果只有一项，即非"例指"）。列举项之间常有语气停顿，有的还伴随着语气词。例如：

(37) 甲　引导啦！什么作业计划呀，操作规程呀，一律作废全用不着了。(侯 81)

(38) 什么公民团咧，什么请愿团咧，凡是有人出钱的事，他全干。(骆 295)

3. "什么"后的列举项可以是名词性词组，也可以是动词性词组，例句见前。

第（一）种格式和第（二）种格式可以合在一起使用。例如：

(39) 什么美术学院的来画个人物"速写"啦，电影厂的来录个鸟儿叫的"效果"啦，连外宾华侨要求合个影留念什么的，老人们都通达得很，来者不拒。(83/44)

这两种格式的语法意义基本相同，但稍有区别。在形式上，如果只列举一项则只能选用第（一）式而不能用第（二）式。在语义上，（一）式表示说话人只能说出这一类中的一项或几项，不能一一列举，所以后面用"什么的"笼统表示还有许多同类项；（二）式则先用"什么"圈定一个范围，后面再随便举几个例，表示在说话人看来用不着全部列举，这几项就足够了。在感情色彩上，（一）式是中性的，而（二）式由于和表示否定性的"什么x（y）"形式相同，受其影响，也往往带上某种表示不满的感情色彩。例如：

(40) 地道的北京土语说起来啰嗦，什么名词、副词、代名词、感

叹词用得太多！（侯 322）

(41) 在旧社会，由于受了统治阶级的思想影响，一般人取名字都好用什么福、禄、寿、喜这样的字眼儿。……新社会里给小孩子取名字，跟过去就不一样啦，喜欢用红、英、刚、强这样的字眼，表示要革命，要为人民服务。（侯 227）

第二例很说明问题，"福、禄、寿、喜"在说话人看来是不妥的，所以前面按上个"什么"，而"红、英、刚、强"是妥帖的，因此没安上"什么"。由于以上三方面的差异，在实际口语中，表例指的格式多倾向于选用第（一）式。根据张辛欣、桑晔的口述实录文学作品《北京人——一百个普通人的自述》的不完全统计，例指性"什么"共出现19次，全都采用第（一）式，而第（二）式则倾向于表示否定的意思。

三、承指性"什么"

承指性"什么"，指前后两个"什么"（分别记为"什么$_1$"和"什么$_2$"）所指相同，而且形成一种"倚变"关系，即"什么$_2$"由"什么$_1$"所决定。"什么$_1$"表示一种"任指"，而"什么$_2$"则承"什么$_1$"而来，表示"承指"。两个"什么"可以同时出现在一句之中，但较少见。例如：

(42) 什么树开什么花，什么藤结什么瓜。

一般地讲，两个"什么"分别出现在前后两个分句中，这是汉语连锁句法的一种。它的格式有两种：

（一）前后分句结构相同，"什么$_1$"和"什么$_2$"在两个分句中充当的结构成分也相同。这时,前后分句中其他成分必定有一个要不同,这个可变项主要有三种:1. 主语;2. 动词;3. "什么"所修饰的中心语。可以变一项、两项,甚至于三项,但不能完全不变。

1. 变一项的:

A. 主语变。例如:

(43)对!跟他一块儿去,他干什么,我干什么。(相声集)

(44)你们受什么罪,我受什么罪!别的就不用说了!(老 19)

B. 动词变。例如:

(45)我做什么,就失败什么。(相声集)

(46)我是说,人家突击队有什么先进经验,用什么先进经验;有什么活儿,干什么活儿。(老 337)

2. 变两项的:

A. 主语和动词都变。例如:

(47)人家什么时候送来,咱们就什么时候接着。(老舍《女店员》)

(48)你缺什么,祖国人民想到什么;你要什么,祖国人民送什么。(杨朔《三千里江山》)

B. 动词和"什么"的中心语都变。例如:

(49)有什么样的经验,就变成什么样的人。(骆 197)

C. 主语和"什么"的中心语都变。例如:

(50)人家给咱们什么零件,咱们就给人家什么机器。

3. 变三项的。如:

(51)上边定什么词儿,咱就编什么调儿。(当 173)

(二)前后分句结构不同,"什么$_1$"和"什么$_2$"在两个分句中充当不同的结构成分。

1. "什么$_1$"作主语,"什么$_2$"作宾语。例如:

(52) 不能什么书快就卖什么,要算政治账,不能光看见钱。(北 173)

(53) 什么好吃,他就吃什么。

2. "什么$_1$"作宾语,"什么$_2$"作主语。例如:

(54) 再进一家快餐店,又出来,看什么,什么贵。(北 189)

(55) 他想要什么,什么就买来了。

"什么$_1$"是任指的,所以不定指,而"什么$_2$"则因随"什么$_1$"而定,相对定指。即如果"什么$_1$"是甲,"什么$_2$"也是甲;"什么$_1$"是乙,"什么$_2$"也是乙。因此,有时,"什么$_2$"可以用"这个"来替代。例如:

(56) 社会叫我们来扮演什么角色,大伙喜欢什么角色,我们就得扮演这个角色。(蒋子龙《拜年》)

四、借指性"什么"

借指性"什么"是临时借来替代某个对象。从形式上讲,"什么"可以借指一个音节、一个词、一个词组,甚至于一个句子或一段话;从意义上讲,"什么"借指的情况大体上可分为三类情况:

(一)"什么"借指未知信息。说话人不能说,这是因为认知上的缺陷,不知道某个字、词、句,为了使交际顺利进行下去,临时用"什么"来替代一下这个话语障碍。例如:

(57) 上海没有一个字的路,大概是通什么路或是什么通路吧。

（相声集）

(58) 我们这一代人，多年受的教育，形成了"无限热爱、无限信仰、无限崇拜"，还有一个无限什么……（北 313）

（二）"什么"借指特殊信息。说话人不愿说，这是说话人明明知道但由于忌讳、不便等原因不想直率地说出来，故借用"什么"来临时替代，以传递一种模糊的信息。例如：

(59) 生个不太聪明的孩子，就有好多人说我们什么、什么的……（北 490）

(60) 你们老太爷，说起来，要是真的有了什么，……也可以说是福寿双全了。(《夏衍剧作选》)

（三）"什么"借指次要信息。说话人不必说，因为他认为主要信息已经传递，而某种次要信息不必具体说明，可以借用"什么"来替代，从而使交际话语更加简洁、精练，重点突出。例如：

(61) 我从北京回来，到此时此刻，只同你们两个谈过我在北京见过什么人，什么人同我谈过什么话。（吴强《灵魂的搏斗》）

(62) 小芹把她娘怎样主婚，怎样装神，唱些什么，从头至尾细细向小二黑说了一遍。（赵树理《登记》）

借指性"什么"可以重复出现，表示替代的对象不止一个。例如：

(63) 有人说自从十几岁热爱上什么、什么，一听我就想乐。（北 73）

(64) 叽里咕噜，又快又不清楚，真是鬼话，好像翻来覆去总说几个字，什么什么灵，什么什么拿赛。(《邓友梅集》 17)

"什么"不仅可以借指名词，还可以借指动词、形容词。例如：

361

(65) 在原来，我以为是天大的事儿，真的干了，也没什么，什么也不什么。(北 303)

(66) 新社会了，咱们都得什么点。(锦云、王毅《笨人王老大》)

(67) 家楣跟他说，在青年会办的补习学校里教书，他相信得什么似的。(夏衍《上海屋檐下》)

五、虚指性"什么"

虚指性"什么"指代的是受动词支配的某个（些）不确定的人、物、事，语义上相当于"某个（些）"。在形式上有两个特点：

（一）"什么"有两种形式，一是动词词义的制约，决定了宾语的性质和内容，因而只要出现"什么"便可在语义上得到自足，换言之，不必出现受"什么"修饰的具体对象。例如：

(68) 张三李四王二麻子，干什么、吃什么、想什么、能耷什么，全在咱脑子里！(北 395)

(69) 他要捣毁那可怜的"防空洞"，会遭致什么是最明白不过了。(83/442)

二是动词词义还不足以显示宾语的性质和内容，所以必须出现受"什么"修饰的对象。例如：

(70) 第一天大家都对他有戒心，深怕这个眼尖手快的人会出点什么纰漏。(陆文夫《围墙》)

(71) 我也想安静一下，到什么山里去做做他一样的诗。(夏衍《秋瑾传》)

（二）"什么"或"什么 x"一般出现在动词之后充当宾语，但也

有特殊情况。一是在有对举关系的并列句中,作为受事或描写对象的"什么""什么 x"可以出现在动词之前。例如:

(72) 什么要,什么不要,已经很清楚了。

(73) 什么书好,什么书不好,大家心里应该明白。

二是用介词"把""对""被"等可以把"什么""什么 x"提到动词之前,但在语义上仍是受事。例如:

(74) 他把什么东西理了一下就睡觉了。

(75) 不知最近她对什么发生了兴趣,老往那儿跑。

值得注意的是,虚指性"什么"在某些句式中表示特殊的意义。

1. 否定句中,"没有什么 x"比单说"没有 x"语气要委婉、含蓄一些,表示数量少或程度差。例如:

(76) 第一天没拉着什么钱。(骆 6)

(77) 他没有什么模样,使他可爱的是脸上的精神。(骆 5)

(78) 他原先是开绸布庄的,看那气派也就顶多是个小财主,爱字画,家里专收旧字画,依我看多半是赝品,没什么真迹。可有一幅仇十洲的画是真的,……(北 65)

"没拉着什么钱"是说钱是拉着一点,但太少;"没有什么模样"意思是不怎么有模样,长得不帅;最后一例更说明问题,"没什么真迹"不等于完全没有真迹,至少有仇十洲那一幅是真的。可见,"没什么 x"表示虽然有一点点 x,但因数量太少或程度太差,几乎不能算有,但比起"没有 x"来,要留有余地,语气和缓些。

2. 猜测句中,x 之前加上"什么",表示说话人不敢肯定、没有把握的估测态度。这类句子往往兼有"想必、好像、一定、恐怕、也许"表测度的词语。由于"什么"指代不定的未知信息,所以加强了这种猜测语气。例如：

(79) 昨日在烂泥渡附近江面发现无名女尸一口……我说这一定为了什么恋爱自杀。(夏衍《都会的一角》)

(80) 卖菜人手中数着铜板，好像受了什么天大的委屈似的挤进门来。(夏衍《上海屋檐下》)

3. 祈使句中，"什么"加上时间词处所词，用来提醒对方注意时间、地点、场合，不要去做或应该去做某件事。例如：

(81) 什么时候了，你还不快起床！

(82) 看看这是什么地方，还不住嘴！

六、否定性"什么"

否定性"什么"出现在句中，表示说话者对所议对象持一种否定态度。具体语境中还可以表示反驳、贬斥、禁止、劝阻、讽刺等意思。它有五种格式：

（一）什么 x

否定的对象是被"什么"修饰的词语 x，x 以名词为主，"什么 x"后面一般还跟着进一步表示说话者否定态度的话语。例如：

(83) 还有什么"中国之春"，更他妈的胡扯了。(北 525)

(84) 什么革命组长，流氓！(83/548)

(85) 什么好事！一去就是两三个钟头，太腻人啦！(侯 61)

(86) 什么老字号啊！越老越不值钱。(老 112)

（二）什么 x、y（z……）

否定的对象也是被"什么"修饰的词语，但该词语有两项以上，

两项之间有语气停顿,常常伴随着语气词,"什么 x、y(z……)"前后还有表示否定态度的话语。例如:

(87) 什么请愿呀,诺言呀,统统都比纸还薄。(83/270)

(88) 妈,你老是相信鬼话,什么坟上的树啦,花烛熄灭啦。(《夏衍剧作选》)

这种格式还有"什么"分别出现在 x、y 项之前的。例如:

(89) 她撇撇嘴:"她老是给我们讲大道理,什么'一根杠子,一副绳子,一个翻架的传家宝'啦,什么'铁姑娘的光荣传统'啦,越听越烦。"(魏继新《燕儿窝之夜》)

(三)什么 x、x′

x′是按 x 临时仿造的,即事实上是不存在的,从而加强"什么"的否定性质,充分显示说话人对 x 鄙夷、不满、贬斥的态度。例如:

(90) 什么乾隆爷、乾隆奶奶的。(83/281)

(91) 什么金圆券、银圆券的,小面额的根本不点,干脆分好面额上秤称。(北 63)

(92) 什么鸡极、鸭极的,反正我沉得住气,不乱捧场,不多招事。(老 62)

(93) 好得很啦,什么日内瓦日外瓦,我一点也不知道。(夏衍《都会的一角》)

(四)什么 x 不 x

该格式中,x 词性不限,即名词也可以受"不"修饰,这在句法上是超常规的。表示无论对 x 还是不 x 这正反两种情况都毫无例外的持否定态度。例如:

(94) 管什么金鱼贵不贵!(老 67)

(95) 只要想到能体面地办婚礼，就没有什么苦不苦的念头。（北 537）

(96) 只要看人不缺胳膊断腿，眼睛鼻子也全，"海麦斯"收下，什么证明不证明的！（83/78）

(97) 我只盼白玉能规规矩矩的做生意，盼望珍珠别出了毛病，我不明白什么社会不社会。（老舍《方珍珠》）

（五）什么 x、-x

x 和 -x 是一对反义词或意义对立的词，用"什么"来表示无论对 x 还是 -x 都毫无例外的持否定态度。例如：

(98) 什么新车旧车的！只要车份儿小就好。（骆 292）

(99) 什么一传二传，什么有衣穿没衣穿，现在有碗饭吃就行了。（当 195）

(100) 可一到他口里，就会有无数的什么雅啦，俗啦的这些个道理。（曹 346）

要注意"什么 x、y（z……）"是个歧义格式（设 A 和 B）。例如：

(101) 什么张三、李四……

A 式表示"例指性"，B 式表示"否定性"。在语音形式上，A 式的句重音落在列举项上，"什么"相对轻读；B 式的句重音落在"什么"上，后面的中心语相对轻读。在语义上，A 式因是例指性，后面列举项都是实际上存在的；而 B 式"什么"后面的 x、y 虽然也可能都是客观存在的，但常常是仿造和假设的，即属于"什么 x、x'""什么 x、-x"或"什么 x 不 x"。从具体语境讲，A 式往往跟表肯定的话语，例如"什么张三、李四，全都来了。"B 式往往跟表否定的话语，例如"什么张三、李四，我根本不认识！"

七、反诘性"什么"

一般地讲,说反问句时,说话人已有明确态度,肯定形式表示否定意思,而否定形式表示肯定意思。可见,"什么"出现在反问句中并不负载疑问信息,而只是起加重反诘语气、强化否定性质的作用。它有三种格式:

(一)"什么"直接充当宾语。例如:

(102) 嗨!一家人还谢什么呀?(相声集)

(103) 笑什么?这也值得好笑!(83/506)

(104) 吵什么?主任瞪了齐玉珠一眼,这是组织决定。(当105)。

(105) 我怕什么?这些年我的心都死了,我恨死了我自己。(曹311)

形容词也可以临时跟"什么"作宾语,往往是接对方的话予以反驳。例如:

(106) 邻居　那么人一定很多啦。

　　　　女　多什么,昨天假使不是礼拜天,也许会比平常少。

　　　　　　(夏衍《都会的一角》)

(107) 甲　十年不好吗?

　　　乙　好什么呀,十年她非要生三个。(相声集)

(二)"什么x"作宾语,x是动词性的,有"什么"修饰才可以作宾语。例如:

(108) 人家都叫我大方,……大方有什么不好?(83/483)

367

(109) 江泰　这有什么可笑话?!给完了钱我们就搬家。（曾311）

(110) 逃命是要紧的，可是赤裸裸的一条命有什么用呢？（骆19）

（三）"什么"插在动宾词组或支配式动词中间。它有三种类型：

1. "x什么y"。例如：

(111) 二春！这儿有的是人，你占什么先，姑娘人家的。（老58）

(112) 废什么话？反革命还会住在这儿？(83/253)

2. "x的什么y"。例如：

(113) 你捣的什么乱！嗯？交代你的问题！(83/512)

(114) 她嫁谁有你的什么，你关的什么心！（曹禺《北京人》）

3. "x的是什么y"。例如：

(115) 这办的是什么公？（曹禺《蜕变》）

(116) 到处是臭虫咬，这到底睡的是什么觉？

有时在口语中，个别形容词、名词仿造这种类型，词中间也插入"什么"，但只见第一种类型。例如：

(117) 施小宝　小孩子的事认什么真！（《夏衍剧作选》）

(118) 我不在要什么紧？（王蒙《青春万岁》）

(119) 他是"劳模"，劳什么模！

有两点应引起注意：

1. 第（一）种格式在口语中，"什么"前面的动词或形容词可以在"什么"之后再重复一次，例如：

(120) 笑什么笑？

（121）好什么好？

原意不变，但语气更为强烈而急切。

2. 第（三）种格式中，"x 的什么 y"和"x 的是什么 y"会引起歧义。例如：

（122）你写的什么文章？

一种意思是否定"写文章"这种动作行为，即"不必"写，有劝阻义；另一种意思是否定"文章"本身，即认为文章质量不高，简直不能算是文章。第一种意思的具体语境如："人家都在玩儿，你写的什么文章？"第二种意思的具体语境如："这种东西还想去发表？你写的什么文章？"

八、独用性"什么"

"什么"独用时，除表示没听清追问的一般用法之外，还可以表示一些特殊的语法意义。

（一）"什么"用来表示惊讶、出乎意料的意思，并不表示疑问，也不需要对方回答。例如：

（123）蒋　纪　我……我要走了，请给我一点儿盘川……

　　　　秋　瑾　什么？这时候向我要盘川！（夏衍《秋瑾传》）

（124）周朴园　我听人说你现在做了一件很对不起自己的事。

　　　　周　萍　（惊）什——什么？（曹 36）

（二）"什么"加上语气词"呀"，表示对对方话语的一种否定，往往带有不满、贬斥的含义。例如：

（125）要是功课一般，特别爱用功，还多了条优点呢！表扬说：

学习刻苦！什么呀！（在当地，青少年惯用"什么呀"来表示带有贬义的否认——作者注）（北 197）

(126) 乙 噢，我知道了，你们住的是别墅啊！

甲 不，那个地方除了椰林，没别的树！

乙 什么呀！我是说你们住的"别墅"。（相声集）

九、余论

吕叔湘先生认为："一句话，从形式上说，不是肯定就是否定。问句，在某种意义上，可算是介于二者之间。"[③]因此，从疑问句分别演变为肯定句和否定句，是完全可以理解的。疑问代词"什么"有两个基本作用，一表示指代对象，二表示疑问语气。当它出现在特指疑问句中时，这两种作用同时发生效能，即既指代未知信息又负载疑问信息。但在引申用法中，这两种作用就发生了变化，这里有两种情况：

（一）指代作用强化，而疑问作用弱化。在"全指""例指""承指""借指"和"虚指"这几种类型中，"什么"指代某种对象的作用是十分明显的，但它只指代一个范围，至于具体到底什么对象则仍不清楚，因此只能是"不定指"。"疑"和"问"的范围和性质不完全一致，严格地说，虽然它们的关系异常密切，但毕竟是两码事。"不定指"虽然没有"问"的因素，但仍含有"疑"的因素。

"什么"的基本用法和这些引申用法之间没有一条不可逾越的鸿沟，它们之间存在着内在的必然的联系，这从下面这些问答实例中可以得到证明：

1. "什么"可以用来询问自己不知道的字或词。例如：

(127)"这是刚调来的肖——什么来着?"(83/88)

(128)"久久地什么你呢?"……哈,洋学生,口字边一个'勿'字,念什么?……(83/508)

这种疑问句语调,如果改成陈述句语调,其中的"什么"便成为"借指"。例如:

(129) 这是刚调来的肖什么。

(130) 久久地什么你。

比较疑问句和陈述句中的"什么",可以看出,在指代未知信息这一点上是相同的,区别只在于前一种"什么"有问的含义,而后一种"什么"没有问的含义。

2. 用"什么"来询问,可以用"什么"来作回答。如:

(131) 甲　现在手术正进行切断肋骨,你有什么感觉吗?

乙　没什么,没什么。我听见刀子、剪子叮当儿的。(侯192)

(132) 甲　药铺里边的人吓一跳呀:"老先生,您买什么呀?"老头儿说:"我什么也不买,我是撞进来的!"(侯51)

前一例答句中"什么"是虚指,后一例答句中"什么"是全指,都是承对方的问句而来,跟疑问句中"什么"的区别主要也在于有没有问的含义。

(二)指代作用弱化,而疑问作用则转化为否定作用。这主要是指"否定性"和"反诘性"两种引申用法。怀疑因素稍为加强一点就很自然地转化为否定,而否定因素稍为减弱一点就很自然地转化为怀疑,两者可以说是息息相通的。至于"否定"和"反诘"之间关系就更密切了。

否定性"什么"不指代某个对象，只是表示说话人的一种否定态度，这种否定，在形式上没有否定词，是一种语义上的否定。反诘性"什么"也不指代某个对象，反问句仅仅只有问的形式而无问的实质，"什么"起的作用也是表示语义上的否定。

从中可以看出，"什么"的疑问用法和非疑问用法之间有两条轨迹：一是指代作用的强化，二是怀疑作用的强化。

至于"什么"发展演变的历史线索，吕叔湘先生著、江蓝生同志补的《近代汉语指代词》一书已作了一些分析，我们同意他们的某些看法，但是这一课题显然还有待于进一步的研究。

附注：

① 前人称为"任指"，但"任指"容易误解为"任意指代"，所以我们改称"全指"。

② 我们同意陆俭明《周遍性主语及其他》（《中国语文》1986.3）的分析，认为这种句式中的"什么"是主语，而不是什么宾语提前。

③《中国文法要略》341页，商务印书馆1982年。

[原载《语言教学与研究》1989年第1期]

（与赵秀凤同志合作）

第四章 汉语方言疑问句研究

第一节 汉语方言正反问的类型学比较

一、汉语方言类型的纵横观

关于汉语方言的划分,我们首先应该树立一个应用观念,即根据不同的目的,可能采用不同的角度或标准,并将得出完全不同的结论。其次还应该树立一个层次观念,即汉语的各个方言实际上不是处于同一历史层面上的,划类应该体现出这样的历史发展理念。

从类型学角度,汉语方言可以采用横向分类和纵向分型的办法。横向分类,主要考虑地域的毗邻与隔离;纵向分型,主要考虑历史的传承与分合。我们主张将这两个方面结合起来考察,因为这样也许更能显示汉语方言类型学研究的意义。

(一) 关于汉语方言的大区

汉语方言学界历来有南北两分说以及南北中三分说之别。我们不主张把汉语方言简单地分为南北两大区，因为这样的分法无法合理解释许多方言现象，特别是南方方言内部的一些重大差异现象；但是也不同意一下分为南、北、中三个方言区，因为这样的分法常常会掩盖住中部和南部的不少共同之处。

在我们看来，现代汉语的方言，首先可以区别为两个大区：北方方言和南方方言。基本上以长江为线。长江以北为北方方言，或者叫作北部方言，以黄河为核心地带；长江以南为南方方言。南方方言可以再细分为南部方言和中部方言。长江流域的吴方言、湘方言以及后来南下插入的赣方言，基本上属于中部方言；而珠江流域以及东南沿海的粤方言、闽方言和客家方言就属于南部方言。这样就把汉语方言先按照南北一分为二，再把更加复杂的南方方言按照长江流域和珠江流域一分为二，从而形成北方方言、南方方言（中部方言和南部方言）两个层次的三个方言大区。这样的区分主要出于几个方面的考虑：

第一，方言可懂度。一般地说，北方方言区的人，第一次听中部方言，虽然有困难，但是多多少少可以听懂一部分，大约20%—40%，而如果听南部方言，则基本上听不懂，即使有少数几个词语好像明白了，其可懂度只有10%—20%。[①]

第二，中部方言表现出一种北方方言与南方方言之间过渡性方言的特征，以分别最具代表性的北京话、上海话和广州话为例。（邵敬敏、鲍茂振1997）

1. 语音方面：

北京话："j-q-x"和"g-k-h"两套声母形成对立互补。

粤方言：完全没有声母"j-q-x"，分别读为"z-c-s"或者

"g-k-h"（如"九"，粤方言读为"gou"）。

吴方言："见"组字大部分读为"j-q-x"，而部分则还保留古音，读为"g-k-h"（如"街"，上海话读为"ga"）。

2. 词汇方面：

北京话：用熨斗来熨衣服。（名词"熨斗"以及动词都用"熨"）

粤方言：用烫斗来烫衫。（名词"烫斗"以及动词都用"烫"）

吴方言：用电熨斗来烫衣裳。（名词"电熨斗"用"熨"，动词却改用"烫"）

3. 语法方面：

北京话：*有没有 VP?（只能问：VP 了没有?）

粤方言：有没有 VP?（回答：有，有 VP）

吴方言：有没有 VP?（回答：*有，*有 VP；VP 勒）

(二) 方言的历史发展线索

从历史发展来看，北方几次人口大迁移，正反映了南方方言内部的几大方言实际上是在不同时代形成的，早期先是吴语、湘语分派，中期是闽语、粤语形成，后期是赣语、客家语突起。吴方言实际上是古汉语南下时，与古越语融合而成；湘方言则是古汉语和古楚语融合而成，所以，吴方言跟湘方言几乎同时代形成，两者有不少相通之处。吴方言再南下，就形成闽方言，所以也可以说闽方言是在古汉语和古越语的基础上产生的，虽然吴方言形成早于闽方言，但是由于地域接近北方话，受其影响深而广，闽方言保留古代成分反而多于吴方言。粤语则早在秦代就形成，古汉语是主流，也受到古越语的影响，由于偏于岭南，跟北方话等更缺少交流，保留古代成分最多；中唐以后，赣方言在吴方言和湘方言之间插入，同时北方话两次大规模南下，形

成散点状的客家话，也带有赣语、粤语的影响。（周振鹤、游汝杰1986）

可见，一是移民历史，二是地理位置，三是方言的互相影响，这三点对方言的形成及其异同产生主要作用。处于长江流域的方言（吴方言、湘方言以及赣方言）呈现出过渡型方言的特点，处于珠江流域和东南沿海的闽语、粤语和客家话则由于地域和历史的原因，跟北方话相去甚远。当然，北方方言也是可以再区分的，比如江淮官话、西南官话等接近长江的地区也具有某些过渡型方言的特点。江淮官话的正反问，"VO—Neg—V"和"V—Neg—VO"同时存在，但是它们有雅俗之分：雅语说"VO—Neg—V"，俗语说"V—Neg—VO"，也就是说，后省式接近于书面语，比较雅，前省式接近于口语，比较俗。

汉语方言正反问的基本类型有三个：

I. VP—Neg—VP？

II. VP—Neg？

III. K—VP？

通常认为，I式是原型，II式和III式就有争议，但在类型学上有比较的价值，所以本文一律看作正反问的变式。I式内部还有变式，也是我们研究的对象。

二、"VP—Neg—VP"型问句及其省略式

现代汉语正反问的基本格式是：VP—Neg—VP，如果VP是个单音节动词或形容词，那么各方言表现出很大的一致性，都说成"V—

Neg—V",例如:去不去?好不好?但是如果 V 后面带有宾语的格式(VO—Neg—NO)或者是双音节的动词、形容词(AB—Neg—AB),就会出现不同的变式,而且呈现出不同的类型倾向,这也正是我们特别关注的。

甲、VO—Neg—VO:这可以称为"完整式",传达的信息是齐全的,但是太啰唆了一点,所以,在实际使用中并不占优势,其实很少用到,尤其是动词为双音节或者宾语较长的时候。

乙、VO—Neg—V:这可以称为"后省式",后面的动词宾语承前省略,显得比较简洁。

丙、V—Neg—VO:这可以称为"前省式",前面的动词宾语蒙后省略,显得比较简洁。

根据目前公开发表的材料[②],我们对 38 个方言点进行了统计,发现它们对这两种变式的具体使用情况如下(如果材料提到新、老派的区别,我们只取老派材料):

表 1:

地点 类型	呼和浩特	固原	兰州	北京	天津	魏县	邢台	开封	获嘉	洛阳	武汉	鄂城	黄石	随州	绵阳	重庆	贵阳	杭州	湖州
V-Neg-VO							+				+	+	+	+	+	+	+	+	+
VO-Neg-V	+	+	+	+	+	+	+	+	+	+									

表2：

地点\类型	绍兴	金华	温州	上海	苏州	广州	中山	增城	茂名	柳州	福州	岳阳	长沙	新化	益阳	宜丰	客家	客家	客家
V-Neg-VO	+	+	+	+	+	+	+	+	+	+	+	+	+	+	+	+	+	+	+
														常用	常用	常用			
V$_o$-Neg-V													+	+	+	+	+		

事实说明，北方方言主要使用后省式"VO—Neg—V"，中部方言以及南部方言主要使用前省式"V—Neg—VO"。但是实际情况比较复杂，即某些方言两种格式并存使用，比如湘方言、赣方言、客家方言的部分地区以及北部方言的少数地区（如河北邢台），但即使这样，这些地方的总趋势也还是前省式占优势，而吴方言以及闽方言、粤方言则基本上只使用前省式。

按照一般常理，承前省要比蒙后省更符合人们的心理习惯，因为前面出现的词语，如果在后面还需要再次出现，由于重复，可以不必出现，这在信息链里不会引起断裂。而蒙后省，则需要等到后面的词语出现时才完成信息链的连接。但是事情的发展却让我们感到惊奇。客观现实是："VO—Neg—V"逐渐被"V—Neg—VO"所替代。如果我们进一步探索使用前省简便格式的原因，也许可以有以下几点理由：

第一，焦点集中原则。在一个疑问句里，最重要的是疑问信息的传递，疑问信息也就是疑问焦点，在正反问中，正反两项就是疑问焦点,"VO—Neg—V"和"V—Neg—VO"相比较,前者的焦点被O隔开,比较分散,后者V和Neg—V毗邻,焦点集中。

第二,语义顺指原则。在"VO—Neg—V"中,前者V的语义后指O,而后者Neg—V的语义却需要前指O。一个句式中,语义一会儿后指,一会儿前指,显然不利于语义的理解;"V—Neg—VO"中,V以及Neg—V的语义同时指向后面的O,指向明确而单一。

第三,格式类推原则。省略式最早应该只出现在"VO—Neg—VO"格式中,后来类推到"AB—Neg—AB"而仿造出"A—Neg—AB","A—Neg—AB"这类格式的普及,又反过来促进了前省式的发展和普及。

三、"VV(O)"变式

在"V—Neg—VO"型方言中,有些方言还经常把"V—Neg—VO"继续紧缩成"VVO",要注意的是,不同的方言紧缩为VV(O)的方式也会有所不同,因此,跟"V—Neg—VO"与"VO—Neg—V"的对立一样,有没有"VV(O)"以及"VV(O)"紧缩方式的对立也可以看作是语法上区分方言类型的一个参项。从目前发表的正反问材料可以看出,作为一类特殊的正反问格式,"VV(O)"主要分布于随州、浠水、重庆、泗阳、舟曲、诸暨、嵊县、绍兴、金华、武义、于都、会昌、连城、长汀、福州、横县等方言点。这些地点的方言,虽然有的归属官话,有的归属吴语、闽语或客家话,个别归属平话,但在地域分布上,除甘肃白龙江流域的舟曲外,其余大都属中部方言,个别属南部方言。即使是官话方言点,也基本都处于长江流域。

至于"VV（O）"的紧缩方式，则有省略否定词的Ⅰ式、否定词跟前边动词融合成一个音节的Ⅱ式、否定词跟后边动词融合成一个音节的Ⅲ式三种类别[3]。而且在类型倾向上，官话和吴语都采用省略式即Ⅰ式；客家话、闽语都采用融合式Ⅱ式，平话则采用融合式Ⅲ式。显然，这种分布倾向跟这些方言之间的亲疏关系与源流关系基本是对应的。

下面我们把汉语方言中的"VV（O）"式正反问及其紧缩类型的分布情况总括为下表[4]：

地点	所属方言	"VVO"的紧缩类型	语例
随州	江淮官话	Ⅰ式[5]	吃吃饭哪？（吃不吃饭哪？） 有有我的？（有没有我的？）
浠水	江淮官话	Ⅰ式	买这个牛你出出不起钱？ 三大缸子水，你喝喝不了完？
重庆	西南官话	Ⅰ式[6]	你认认得他？（你认不认得他？） 她漂漂亮？（她漂不漂亮？）
泗阳	江淮官话	Ⅰ式	红红？（红不红？） 洗洗衣服？（洗不洗衣服？）
舟曲	中原官话	Ⅰ式[7]	致朵花香子很，是是？（这朵花香得很，是不是？） 致事他知道知道？（这件事他知道不知道？）
绍兴	吴语	Ⅰ式[8]	饭吃吃？（吃不吃饭？） 小王来来？（小王来不来？）
诸暨、嵊县	吴语	Ⅰ式	晚稻种（勿）种来？（晚稻种不种？）（嵊县） 呷（勿）呷老酒来？（喝不喝黄酒？）（嵊县）
于都	客家话	Ⅱ式	明朝你去去赣州？（明天你去不去赣州？） 那股赖子灵灵气？（那个男孩儿机灵不机灵？）
会昌	客家话	Ⅱ式	底些果子食食得？（这些果子能吃不能吃？） 你曾曾食饭？（你吃了饭没有吃饭？）

（续表）

地点	所属方言	"VVO"的紧缩类型	语例
连城（新泉）	客家话	Ⅱ式	喜^{35}喜欢这件？（喜不喜欢这件？） 飞得高^{35}高？（飞得高不高？） 曾^{35}曾洗脚？（洗脚了没有？）
长汀	客家话	Ⅱ式	做^{24}做工？（干活不干活？） 削^{24}削皮？（削皮不削皮？） 曾^{24}曾洗衫？（洗没洗衣服？）
福州	闽话	Ⅱ式	ny˧ sɛn˧ nɛ˩？（你洗不洗？） i˧ mɛm˧ mɤ˩？（你买不买？）
横县	桂南平话	Ⅲ式	mei^{122} xɔi^{53} mo xɔi^{53} xɔt^{33} ŋao^{21}？ → nei^{122} xɔi^{53} mɔi^{53} xɔt^{33} ŋao^{21}？（你去不去学校？） mei^{122} ʔiu^{53} mo? iu^{53} tsin^{12}？ → mei^{122} ʔiu^{53} miu^{21} tsin^{12}？（你要不要钱？）

四、"VP—Neg"型问句

"VP—Neg"型问句是由 VP 与否定副词组合所构成的正反问句。对于这类正反问格式的来源，历来有两种观点：一种认为是"VP—Neg—VP"的省略，另一种认为本来就是一种独立格式。对于其在类型比较中的作用，也有两种观点：一种是认为不能看作具有区别方言类型特征的重要参项（朱德熙，1985、1991）；另一种认为在类型比较中可与"VP—Neg—VP"及"K—VP"鼎足而立（余蔼芹，1992）。我们认为，完全否认汉语方言中的"VP—Neg"与"VP—Neg—VP"有内在联系的说法固然是不正确的，但是把"VP—Neg"全部看成是

"VP—Neg—VP"的省略，也是走向了另一个极端。因为从历史上看，"VP—Neg"曾作为独立的、主导型的正反问格式来使用。根据裘锡圭（1988）和冯春田（2000）的研究，这类格式早在西周铭文中就已出现。在古汉语文献中，从先秦到南北朝，"VP—Neg"都是唯一的正反问形式。（张敏，1990）以后也一直是汉语中的常用格式。另外，我们曾经讨论过现代汉语里有一类疑问句格式，是无法用省略进行解释的，因为无法补出所谓省略的部分。（邵敬敏，1996）例如：

（1）你自己有个决定不？（曹禺选集）

（2）你有事不？（新儿女英雄传）

这更证明，"VP—Neg"格式起码有一部分不是通过省略获得的。因此我们倾向于认为：凡是可以补出省略的成分而且句子成立语义基本不变的，看作省略式；如果补不出省略成分或者虽然补出来但是语义不符的则看作近代汉语遗留下来的独立格式。两种来源不同形式相同的格式并存，我们应该是可以理解的，也是可以接受的，这恰恰说明，语言演变的复杂性和交叉性，是不同历史层次造成的结果。所以把该格式看成是汉语方言中具有区别方言类型的重要参项，也不失为一种恰当的举措。

事实上，即使是现在，很多方言的正反问都是倾向于选用"VP—Neg"型的。例如，在整个东北地区（限老派）以及山东胶莱河以西的内陆地区，人们大都使用"VP—Neg"式；（黄伯荣，1993；罗福腾，1996）此外，山西、青海、陕西北部、甘肃临夏以及河北有些地方，也是"VP—Neg"占绝对优势。（朱德熙，1991；邵敬敏、王鹏翔，2003；郭校珍，2005）例如：

（3）他知道不？（东北话）

第四章　汉语方言疑问句研究

(4) 说清楚没?（东北话）

(5) 你愿意去不?（山东聊城话）

(6) 想起来了没?（山东枣庄话）

(7) 你去呃啵?（山东寿光话）

(8) 他吃饭勒不?（山西娄烦话）

(8) 吃烟呀不?（山西偏关话）

(10) 第明你进城勒不?（山西平遥话）

(11) 这瓶子酒香咧不咧?（山西汾阳话）

(12) 你会游泳勒不?（陕北话）

(13) 他胖噢没?（陕北话）

(14) 你上课不噢?（陕北话）

(15) 你吃饭了没?（青海西宁话）

(16) 你去哎哗?（河北获鹿话）

跟"VP—Neg"在北部方言大面积的片状分布相比，在中部方言和南部方言中，"VP—Neg"虽没有如此的广泛分布，但在吴方言、湘方言和闽方言中也并不少见。例如，在吴方言的代表点上海话中，就有相近的三种疑问形式并存（徐烈炯、邵敬敏，1998）：

A. 侬去勿?

B. 侬去勿啦?

C. 侬去哦?

A式和B式，显然都属"VP—Neg"。C式末尾的"哦"，实际上是"勿啦"的合音，我们把这一类看作是正反问向由真正的疑问语气词构成的是非问发展过程中的过渡形式①。此外，据余蔼芹（1992）的调查，在吴语区，除上海外，崇明、宁波、天台等，也都是"VP—

383

Neg"占优势。

在湘语区中,像湘乡、衡阳、益阳、长沙、湘潭、娄底、隆回等地也都存在"VP—Neg"。例如:

你买书不?(湘乡话)

你喜欢其不?(衡阳话)

你屋里禾扮咖有啰?(益阳话)

你还想吃土豆炖牛肉不啦?(长沙话)

你崽伢子过年回来不?(湘潭话)

你去唱歌不啰?(娄底话)

摆起花哩有?(隆回话)

而对于闽方言来说,在以厦门话为代表的闽南方言中存在着"VP+怀/无/未?"这样的"VP—Neg"格式。如:

(17)伊要来怀?(他要来吗?)

(18)王先生有来恁兜无?(王先生来你家了吗?)

(19)小陈睏醒未?(小陈睡醒了吗?)

据甘于恩、邵慧君(1996)的研究,这些格式实际上是正反疑问句省略了后一分句的谓语动词后弱化而来的(伊要来伊来?→伊要来怀?[重读式]→伊要来怀?[轻读式]),到了轻读式的阶段,否定词"怀""无""未"等跟纯粹语气词的作用差别就很小了。但是,从是否黏附(独立回答问题)这点来看,"怀""无""未"都可以单独回答问题,表示否定,这点又与普通话"吗"这类语气词有明显的不同。

在以福州话为代表的闽东方言中,存在着下面两种正反问格式(陈泽平,2004):

A　肯定结构+否定结构　　　B　VP+句末否定词

（20）面有无红？　　　　　面有红无？

（21）面会鲙红？　　　　　面会红鲙？

（22）—　　　　　　　　　伊去上班未？

其中B式跟闽南话的"V—Neg"没有什么不同。不过，福州话的B式没有轻读式，说明B式的否定语义还比较显豁，还没有完全虚化为句末语气词，而且句末的"无""鲙""未"跟闽南话的句末否定词完全一样，都可以单独回答问题。此外，在闽语区，台中、宜兰、揭阳等地也都是"VP—Neg"占优势。（余蔼芹，1992）

前面已经提到，从历史发展线索来看，古越语实际上是闽方言的源头之一，因此吴方言和闽方言之间存在某些相似之处也是完全可以理解的。至于中部、南部的其他方言，则"VP—Neg"使用较少，只是在那些交通相对闭塞的地方有零星的使用。另外，有一点值得一提的是，在粤语和湘语中，虽然整体上都采用"VP—Neg—VP"格式，但如果询问完成态，也用"VP—Neg"。例如：

（23）你食咗饭未？（你吃过饭没有？）（粤语广州话）

（24）阿江落班未？（阿江下班没有？）（粤语广州话）

（25）你尔本学生证盖哩章冇有？（你那本学生证盖了章没有？）（湘语新化话）

（26）四爷呷哩冇？（四叔吃了没有？）（湘语新化话）

五、"K—VP"型问句

"K—VP"型问句是在VP前添加疑问副词所构成的问句。关于

"K—VP"是不是正反问句,学界大致有三种看法:第一,倾向于属于是非问,例如赵元任(1928)、刘丹青(1991)、李小凡(1991)都持这种观点。第二,明确归属于正反问,例如朱德熙(1985)依据答话方式、语气词分布以及在系统中的地位,把它归入正反问。他的观点得到比较多的学者(如王世华,1985;施其生,1990;贺巍,1991)的认可。第三,另列一类"正反是非问",例如徐烈炯和邵敬敏(1998)认为它在形式上接近于是非问,功能上接近于正反问,换言之看作一种过渡型的问句,邵敬敏的疑问句系统更是把它跟是非问并列为"单项是非选择"和"双项是非选择"。(邵敬敏,1999)本文为了讨论方便,把它同"VP—Neg"都看作汉语方言正反问的一种变式。

通常认为这个在 V 之前表示疑问的"K—"是个疑问副词,在不同的方言里读音并不相同,写法也各有差异。主要有:"可、克、果、格、给、咸、阿"等。大多数疑问副词的声母都属于舌根音 g—k—h,比较特殊的是苏州话的"阿",其实"阿"是入声字,前面带有一个喉音,接近于 [hɐʔ]。举例如下:

(27) 你可睡觉?(你睡觉不睡觉?)(河南信阳话)

(28) 饭可熟吧?(饭熟没熟?)(江西玉山话)

(29) 这样做可可以?(这样做可以不可以?)(安徽霍邱话)

(30) 耐阿晓得?(你知道不知道?)(江苏苏州话)

(31) 他果喜欢你?(他喜欢不喜欢你?)(江苏如东话)

(32) 你格上街?(你上不上街?)(云南昆明话)

(33) 你克吃炆蛋?(你吃不吃茶叶蛋?)(安徽合肥话)

(34) 你给吃凉茶?(你吃不吃凉茶?)(云南鹤庆话)

(35) 你咸买得到?(你买得到买不到?)(广东新丰话)

第四章　汉语方言疑问句研究

(36) 花儿c∫ๅ香？（花儿香不香？）（山东长岛话）

(37) 那个芒果嗠香？（那个芒果香不香？）（四川攀枝花话）

(38) 他是不来？（他来不来？）（山东威海话）

(39) 你是没吃饭？（你吃没吃饭？）（山东牟平话）

该格式的分布区域不是很广，主要通行于以下地域：

吴语区　江苏省的苏州、无锡、常熟、昆山、南通、靖江、江阴、金坛、丹阳、张家港、武进、吴江；安徽省的铜陵、泾县；江西省的玉山

客家话区　江西省的刀安、南康、兴国、大余、上犹、安远、崇义；广东省的新丰；安徽省的合肥、蚌埠、灵璧、泗县、五河、嘉山、凤阳、全椒、芜湖

江淮方言区　安徽省的贵池、安庆、东流、六安、霍邱、临泉、涡阳、颍上、阜阳、无为、巢县；江苏省的淮安、盐城、南京、东台、海安、如东、如皋、溧水、邗江、高邮、江都（西部）、仪征、睢宁、扬州、四甲；河南省的信阳

西南方言区　云南省的昆明、通海、个旧、蒙自、会泽、曲靖、大理、思茅、梁河、鹤庆；四川省的攀枝花

北方方言区　河南省信阳；山东胶东半岛的荣成、文登、威海、乳山、牟平、海阳、烟台（芝罘老派）、福山、平度、潍坊、蓬莱、龙口、长岛

上表所列地区，可以分为两种情况：第一，吴方言和客家方言，分别属于中部和南部方言。第二，江淮方言区，虽然属于北方方言，但是跟吴方言毗邻，方言之间的渗透和影响是比较明显的；北方方言以及西南方言则有少数地方保留了这类问句的特点。可见，"K—VP"

387

不能简单地判断是主要见于南方方言的一种正反问格式,这样,把"阿 V?"作为南北方言的类型学标记就显得有点勉强。

为什么山东方言、西南方言也会有这类疑问句式?我们认为,这需要从历史上去寻找源头。我们查阅了近代和现代部分文学作品,发现近代汉语的"可"字疑问句,在北方方言里一直沿用至今。按照年代先后,先看《金瓶梅》,一般动词都可以加上"可"来发问。例如:

(40)那日可要叫唱的?

(41)那戴方巾的,你可认的他?

(42)你这狗才,可成个人?

(43)瞿爹见小的去,好不欢喜,问爹明日可与老爷去上寿?

(44)小弟有一事相求,不知哥可照顾么?

(45)我自兑银与你成交,可好么?

有趣的是我们还发现了"可有"跟"有 O 没有"混合的句式,这是两种类型的疑问句式并存的格局。例如:

(46)一个人到果子铺问:"可有榧子么?"

(47)孟玉楼问道:"可有大姐姐没有?"

再看《今古奇观》,其中"可是""可有""可晓得"构成的疑问句最为常见。例如:

(48)你的妻子可是昨日登时打死了?

(49)郎君可是鲁公子么?

(50)可有个白布裹肚么?

(51)夫人悲伤不已,问田氏可有爹娘。

(52)你到鲁家时,可曾见鲁学曾么?

(53)你妻子是何等人家?可曾过门么?

一般动词也可以前加"可"来提问。例如:

(54) 大尹道:"可俱是实?"

(55) 看官,你可晓得,古老有句言语么?

(56) 你可认得真么?

(57) 有几件首饰,可用得着么?

(58) 有个两全之策在此,不知母亲可听?

(59) 若耳上没有环儿,可成模样么?

《红楼梦》所用的语言,尤其是对话的口语,一般认为属于早期现代汉语,我们也发现有这类句式,而且类型更为丰富,除了"可是""可曾",还有许多动词和形容词都可以这样提问。例如:

(60) 舅母说的,可是衔玉所生的这位哥哥?

(61) 妹妹可曾读书?

(62) 林姑娘的行李东西可搬进来了?

(63) 敢烦仙姑引我到那各司中游玩游玩,不知可使得?

(64) 我问哥儿一声,有个周大娘可在家么?

(65) 我们的车可齐备了?

(66) 姐姐可大安了?

(67) 叫人送过来的,你可吃了?

比较有意思的是不仅存在"可有 O 没有"的混合句式,而且还进一步出现了"可 VO 没有"的混合句式。例如:

(68) 雨村因问:"近日都中可有新闻没有?"

(69) 这药可有名子没有呢?

(70) 这姥姥不知可用了早饭没有?

(71) 月例香供银子可曾得了没有?

最后我们观察更加口语化的《儿女英雄传》。例如：

(72) 尊客方才说到淮安，请问有位安太老爷，讳叫作学海的，同尊客可是一家？

(73) 十三妹姑娘可有甚么交代？

(74) 你这令爱姑娘可曾受他的作践？

(75) 况且"探花"两个字，你可知道他怎么讲？

(76) 白脸儿狼说："你老可要我作甚么呀？"

(77) 母亲且莫着忙，儿子先请示，我父亲这一向身子可安？

混合句式则出现了"可+A不A"的格式。例如：

(78) 老人家，你问他一声，我们且离了这个地方，外面见见天光，可好不好？

可见，"可"字疑问句在部分北方方言（例如山东方言、西南方言）和部分中部方言（例如吴方言）以及部分南部方言（例如客家方言）中有遗留。但在其他一些方言中却已经被别的类型所替代，例如北京方言，查阅《骆驼祥子》，全书没有1例"可"是用于这一疑问句式的。

六、其余格式的比较

(一) 双音节谓词的正反问

双音节谓词（AB）所构成的正反问，比如"了解不了解？""漂亮不漂亮？"完整式当然能说，但一般很少说，大量使用的是它的简便式"A—Neg—AB"，这是根据"VO—Neg—VO"省略为"V—Neg—VO"仿造而来的，现在不仅在南方方言里大量出现，而且在北方方言里也普遍使用。这类格式有几个特点：

第一，具有明显的类推性。"VP—Neg—VP"中，VP如果是双音节的动宾式动词（可以写作AB）如"革命、理发"等，甚至于虽然不是动宾式但却常常被看作是动宾式的词语如"睡觉、洗澡、小便"等，都可采用这种格式。比如："革不革命？理不理发？睡不睡觉？洗不洗澡？小不小便？"

第二，前省式"V—Neg—VO？"使用的普遍性南方大于北方，但是，"A—Neg—AB？"则无论南方，还是北方，几乎都使用，几乎从来也不用"AB—Neg—A？"（"革命不革？理发不理？睡觉不睡？洗澡不洗？小便不小？"），我们只发现客家方言和湘方言里有个别地方也使用后省式。这更加说明，人们在思维联想方面，更为倾向于前面可以暂存某些信息，再往后面寻找支撑点，而不大希望在最后出现一个非词作为句子的结束。

第三，即使是双音节形容词和多音节动词，也按照相同的方式简化。例如："时不时髦？""小不小气？"甚至于出现"大不大扫除？""政不政治学习？"

第四，更为有趣的是在否定词之前还可以添加副词"也""都""倒"，例如"晓也不晓得""厉倒不厉害""漂都不漂亮"。

（二）"有—Neg—VP"格式

用"有—Neg"（有无、有冇、有没有、有勿有）来提问，如果后面带的是动词性的VP，则主要在吴方言、湘方言、闽方言和粤方言中使用。但是尽管这四个方言都可以如此提问，肯定性回答时，闽方言和粤方言可以用"有"，吴方言和湘方言却不能，只能用时态助词"勒""哩"（了）来帮助。吴方言跟湘方言在历史上具有同源性，所以，当年说楚语（后来发展为湘方言）的伍子胥到了吴国，对话大体上没有问题。例如：

(79) 有冇去过？（有，有去过。）（粤方言）

(80) 有冇有去过？（去过哩。）（湘方言）

(81) 有勿有去过？（去过勒。）（吴方言）

（三）"V—Neg—V 得 C"格式

动补结构构成的正反问，通常都是完整式，正反形式前后出现，一般都是肯定式在前，否定式在后。例如：

(82) 你坐得下坐不下？（北方方言）

但是吴方言、湘方言、粤方言和客家方言这类提问格式都采用一种比较特别的形式，例如：

(83) 侬坐勿坐得落？（吴方言）

(84) 你坐唔坐得落？（粤方言、湘方言）

这类格式估计是仿照"V—Neg—VO"而成，即用"V—Neg—V"作为疑问焦点，随后原先的宾语 O 用补语"得 C"来替换，这样就构成了"V—Neg—V 得 C"格式。

七、方言类型比较的意义

为显示汉语方言正反问的基本层次，我们根据已经公开发表的方言语法材料，结合我们课题组调查的语料（邵宜的江西宜丰话、周娟的湖南新化话、邵敬敏的上海市区话、彭小川的广州话、曾毅平的广东石城（龙岗）客家话、甘于恩的福建福州话），可把其类型和地域分布图示如下：

第四章 汉语方言疑问句研究

序号	正反问类型	北方方言	吴方言	赣方言	湘方言	闽方言	客家方言	粤方言
1	Vp—Neg—Vp	+	+	+	+	+	+	+
2	Vp—Neg	+	+	少	少	+	少	少
3	K—VP	少	少	-	-	-	少	-
4	VO—Neg—VO	少	少	少	少	少	少	少
5	VO—Neg—V	+	-	少	少	+	-	少
6	V—Neg—VO	-	+	+	+	+	+	+
7	VV（O）	少	少			少	少	
8	AB—Neg—AB	+	少	少	少	少	少	少
9	A—Neg—AB	+	+	+	+	少	+	+
10	AB—Neg—A	-	-	-	少	-	少	-
11	有—Neg—VP	-	+	-	+	-	-	+
12	有—Neg—VP? 有	-	-	-	-	-	-	+
13	V—Neg—V 得 C		+		+		+	+

事实上，上表所列，还只是一个大致的框架。汉语方言的情况远比我们想象的复杂，往往形成犬牙交错的格局，类型学上很难截然分开，其最主要的特点是"并存消长"。这大体上有以下几种情况：

1. Ⅰ乙式"VO—Neg—V"与Ⅱ式"VP—Neg"并用。例如北京、天津、山西、陕北、青海等方言。

2. Ⅰ丙式"V—Neg—VO"与Ⅱ式"VP—Neg"并用。例如东北、山东、福建、浙江、广东等方言。

393

3. Ⅰ甲式"VP—Neg—VP"与Ⅲ式"K—VP"并用。例如江苏、安徽、云南方言。

4. Ⅱ式"VP—Neg"与Ⅲ式"K—VP"并用。例如汕头方言。

5. Ⅰ乙式"VO—Neg—V"与Ⅰ丙式"V—Neg—VO"并用。例如湖南、江西、福建等方言。

6. Ⅰ丙式"V—Neg—VO"与Ⅱ式"VP—Neg"以及Ⅲ式"K—VP"并用。例如上海方言。

但是,这些并用并存的格式在同一方言中并不总是"并驾齐驱"地起作用的,从共时角度看,可能是一种类型为主,也可能存在两种都比较普遍的情况;从历史发展的角度看,它们经历了一个"此消彼长"的过程。例如,在上海话中,实际上存在着三种正反问类型:"K—VP"在老派上海人口中还经常使用,中年派减少,到了新派的年轻人口中,使用就非常少了;相反,"V—Neg—VO"在老派上海人口中使用还较少,但到了新派的年轻人口中,却使用比较多了。然而不管如何,"V—Neg"始终占据主导地位。

除了"并存消长"的总特点外,汉语方言正反问的分布还有两个特点也是比较重要的:

第一,对立互补

首先是北方方言跟中部方言以及南部方言形成对立互补局面,尤其在几个大的类型方面:

1. 在正反问的三大类格式中,"Vp—Neg"格式主要是北方方言、吴方言以及闽方言大量使用,呈现三大片状连续性分布,而其他方言只是少数点状分布。这种分布状况与北方方言向南边挺进,与当地古越语形成吴方言,并挤压古越语再向南边发展,促使闽方言形成这一发展线索是基本吻合，且是相互印证的。尤其在吴方言和闽方言的交界处浙江温州一带，方言面貌更加接近，以至于平阳的蛮语到底是属于吴方言还是闽方言，长期以来争论不休。（颜逸明，1994）

2. "V—Neg—VO"与"VO—Neg—V"形成对立互补格局。前者主要是中部方言和南部方言使用，后者主要是北方方言使用，赣方言、湘方言和粤方言的部分地区也可以使用。至于VV（O）（包括Ⅰ—Ⅲ式），则是对"V—Neg—VO"型方言进行下位再区分的重要参项。

3. "K—VP"格式主要是吴方言、客家方言以及北方方言的部分地区使用。事实上，从历史上来看，该格式不如说是近代汉语格式的遗留，在北方方言的江淮方言、西南方言、山东方言和中部吴方言以及南部客家方言中都存在。所以把"K—VP"句式看作区别南北方言的标志是不妥的。

其次是南方方言也形成了某些对立互补局面。这主要表现在：

1. 用"有—Neg—VP"来提问，主要是吴方言、粤方言、湘方言的特色，而赣方言、闽方言和客家方言很少这样的句式。不过，在具体使用上也有差异，关键是粤方言如果作肯定性回答，可以单独用"有"，也可以用"有VP"，然而中部的吴方言和湘方言虽然可以这样提问，但不能用"有"来作肯定性回答。从而我们可以把这三个方言看作某一类型的集合。

2. 用"V—Neg—V得C"来提问，主要是吴方言、湘方言、粤方言和客家方言的特色。吴方言和湘方言属中部方言，粤方言和客家方言属南部方言，而同样属中部方言的赣方言和属南部方言的闽方言却很少这样使用。这反映了南方方言在"V—Neg—V得C"上所表现出来的一致与差异。

第二，重叠交叉

从正反问的三大类型来看，横向观察，"V—Neg—V"是基本格式，尤其是单音节动词或者形容词，几乎每个方言都可以这样提问。"Vp—Neg"由于可以看作是近代汉语的继承，也可以看作后省式的进一步发展，所以使用的范围比较大，北方方言、吴方言、闽方言属于常用格式，其他方言里也有部分使用。"K—VP"只有北方方言、吴方言和客家方言部分地区使用，其余方言一般不用，这种格式也可能是近代汉语的一种遗留，并已经开始萎缩。至于变式的情况则不仅呈现犬牙交错的格局，而且还往往是你中有我，我中有你。比如"V—Neg—VO"往往出现在南方方言中，但是福建莆田话里，正反问的省略式就不是前省式，而恰恰是后省式，跟北方方言一致。

纵向观察，北方方言和吴方言的种类最为齐全，只是"K—VP"型不是那么普遍，仅仅部分地区使用而已，但是在"VO—Neg—VO"的省略式上则形成对立，北方方言依赖于后省式，吴方言依赖于前省式。有趣的是湘方言、闽方言和粤方言主要使用前省式，但是也有部分地区使用后省式，而且不用"K—VP"格式，"VP—Neg"格式也很少使用。闽方言和客家方言比较特别，在只用前省式不用后省式这一点上，跟吴方言一致；然而闽方言不用"K—VP"格式，却用"VP—Neg"，客家方言这两类都可以用，但只限少数地区，并不普遍。

八、结束语

总之，正反问格式在汉语方言的分布，并非井然有序、板块分明的，而是形成了一个类型多样、层次叠加、分布上犬牙交错的格局。

因此，对汉语方言正反问进行类型学探讨，我们首先应确立汉语方言类型的纵横观，即横向考虑到地域的毗邻与隔离，纵向考虑到历史的传承与分合。正是在这种纵横结合的基础上，我们确定了一个具有层次性、区域性和灵活性的方言分区系统，然后探讨了汉语方言正反问在这个区划系统中的分布及所表现的类型状况。可以看出，虽然汉语方言的正反问确实表现出了比较强的类型学特点，例如，"Vp—Neg"在北方方言、吴方言以及闽方言的连续片状分布和在其他方言的零星点状分布、"V—Neg—VO"和"VO—Neg—V"在南方方言和北方方言的互补分布以及"有—Neg—VP"在中部方言和南部方言的对立性回答等，其类型特征都很明显，但是，从总体上来看，同一方言点多种正反问类型及变式并存消长以及同一方言区正反问类型重叠交叉的现象也并不鲜见。因此，对于汉语方言正反问的类型分布来说，应该是整齐与交错并存，有序与无序共现。整齐和有序之处，固然应引起我们的重视，交错与无序之处，更需我们去研究和梳理。要使该课题在今后的研究中取得新的突破和进展，除了继续加强材料的调查与挖掘之外，还需运用有效的理论和方法，重点解决好方言内部的"无序"和"交错"现象。

附注：

① 关于方言之间可懂度的研究，游汝杰、杨蓓《广州话、上海话、普通话词汇接近率的计量研究》认为：粤语词汇和普通话的接近率为 48.24%，上海话词汇和普通话的接近率为 67.21%。但是郑锦全先生的研究表明，普通话跟粤方言的可懂度只有 17%。此外，根据新加坡国立大学中文系吴英成博士的研究，南方三大方言群（闽方言、粤方言和客家方言）之间的可懂度很低。

(参见 2002 年 12 月"华人地区语文生活与语文计划国际学术研讨会",吴英成《开放中国属性:海外华人圈华语变体切片》武夷山会议,见网站资料)

② 本文使用的正反问材料,主要来自公开发表的 50 余篇(部)论文(论著),参考文献中已列出一部分,其余并未一一列出。

③ 朱德熙(1991)只概括出前面两种类型。事实上,第三种类型也是存在的,只是采用这种类型的方言较少罢了。

④ 表中所列使用"VV(O)"式正反问的方言点,都是紧缩式与原式并用的,因此,我们很容易作出"VV(O)"是由"V—Neg—V(O)"紧缩而来的判断。可是,有些方言的"VV(O)"式正反问,却似乎无法按紧缩式理解。例如,在山东的长岛、招远等地,存在着以下正反问语例:

你会会?(你会不会?)(长岛)

你去去?(你去不去?)(招远)

这些市县本身并不存在跟"VV(O)"并列的另一种说法"V—Neg—V(O)"(历史上某一时期当地是否有过这种形式今无从查考),而且周围临近的方言也不存在"V—Neg—VP"式正反问。(罗福腾 1996)正因如此,有些学者并不把这些正反问看作是"V—Neg—V(O)"的紧缩,而看成是用动词重叠表示正反问的说法。对于这种情况,表中没有列入。

⑤ 随州话中形容词一定要说"V—Neg—V"。

⑥ 重庆方言可重叠的 V 一般限于双音节动词或形容词。

⑦ 在舟曲话中,"VV"只能出现在句末,大部分的宾语都得提到动词之前,只有个别单音节宾语可以用在动词后,如"你买药买药?"(莫超 2004:185)

⑧ 绍兴方言中,动宾结构的词或短语构成的正反问句,一般要求把宾语放在重叠的动词前作受事主语。(寿永明,1999)

⑨ 我们认为,作为正反问的"VP—NEG"末尾都必须出现有明确否定义

的副词,或者否定副词再加上语气词(两个比较独立的音节)。凡是否定副词跟语气词已经合为一个音节,不能再区分开来的,我们一般都不看作正反问。例如:

佢缘得上吗[ma^{44}]?(他爬得上吗?)(开平话)

来盲?(来吗?)(大埔话)

[原载《暨南大学学报》2007年第2期]

(与博士生周娟合作)

第二节　陕北方言的正反是非问句

陕北即指陕西省北部地区，在行政区划上由延安、榆林两市所辖的二十五个县区组成，包括宝塔、黄陵、洛川、黄龙、富县、宜川、甘泉、延长、延川、子长、安塞、志丹、吴旗、榆阳、府谷、神木、佳县、吴堡、清涧、绥德、子洲、米脂、横山、靖边、定边等。

本文所说的"陕北方言"是指"晋语陕北片"，即上述宝塔、榆阳等十九个县（黄陵、洛川、黄龙、富县、宜川、定边六县除外）的当地人所说的地方话。

一、前言

陕北方言属于北方方言区，它的疑问句系统跟普通话基本一样，也可以分为是非问句、特指问句和选择问句三种结构类型（正反问句是选择问句的一种特殊形式），但我们通过比较，发现普通话的是非问句通常有两种格式：1. 句子结构跟陈述句相同，单纯依赖上扬语调来表达疑问；2. 句末用疑问语气词"吗"或"吧"来表示疑问。而陕北方言好像只有跟普通话第一种格式相当的是非问句，如"今天是二月二？"却没有第二种利用疑问语气词的是非问句。然而有趣的是，口语中大量出现另外一种疑问句格式，它既像正反问，又像是非问，或者说，形式上类似于正反问句，只是正反问句的否定部分省去否定词后面的成分，只剩下一个"不 [pəʔ³]"或"没 [məʔ³]"，如"今天是二月二不？"而且这一种格式比只靠语调来承担疑问信息的是非问使用频率更高。其基本格式为"VP—neg？"（当然也可能加上不同形式的体标记），如"他吃饭也不？""车开走喽没？""给花浇水来来没？"等等。

　　关于现代汉语疑问句的分类，根据不同的标准可能有不同分法。范继淹（1982）的"疑问句功能系统"，认为除了特指问句之外，其他的问句都是一种选择问句，这就把是非问跟选择问（包括正反问）沟通起来了，后来，邵敬敏（1996）进一步提出了"疑问句的选择系统"，主张把所有的疑问句都看成是一种"选择"，因此疑问句可以分为是非选择和特指选择两种，而是非选择包括"单项是非选择"与"双项是非选择"，这就把通常分属两大类的"是非问"与"正反问"在语义表达层面上打通了。因为实质上，无论是非问还是正反问，它们都要求在回答时做出肯定或否定（即正面或反面）的明确选择，所以，是非问和正反问在意义上是相等的。

　　但是，我们也必须承认，这两种疑问句在句法结构形式上仍存在着明显的区别：正反问是用肯定否定相叠的形式来表疑问；而是非问则有两种形式，一是采用表疑问的上扬语调，二是句尾带上疑问语气词"吗"或"吧"。陕北方言典型的是非问句只有第一种，而没有第二种，但却多出来一种用类似于正反问的形式表达是非选择的格式"VP—neg？"

　　我们感兴趣的就是这一种新的疑问句类型。这种类型的特点是表层结构形式是肯定项 VP 与否定项 neg—VP 的并列，而且否定项中的 VP 已被省略，其实际的表达形式就表现为整个肯定项与否定词的并列。由于句尾没有疑问语气词，其煞尾的否定词似乎已经语法化，变

401

化为一种疑问标志,开始接近于疑问语气词。从语言类型学的角度看,这种问句比较特殊,所以我们有必要对其进行全面描写和分析。

二、共时的比较分析及特征界定

从结构形式考察,陕北方言的这类"VP—neg?"问句应该属于正反问句的省略格式,它要求听话人在正与反、是与否两个对立项之间确定一项作为回答,其中句末的否定词"不"或"没"后一般能够补出 VP 或 VP 的一部分。如:

1. 单纯动词谓语句

   他来不?→他来不来?
2. 动宾谓语句

   你吃饭不?→你吃饭不吃饭?
3. 动补谓语句,可分为七种:
   a. 带可能补语的

   她洗净不?→*她洗净不洗净?
   b. 带结果补语的

   娃娃吃饱喽没?→娃娃吃饱喽没吃饱?
   c. 带程度补语的

   疼得厉害不?→疼得厉害不厉害?
   d. 带状态补语的

   雨下得大不?→雨下得大不大?
   e. 带趋向补语的

   你躺下不?→你躺下不躺下?

f. 带数量补语的

进一回城不？→进一回城不进？（部分补出）

4. 双宾句

给他钱不？→给他钱不给他钱？

5. 兼语句

叫他去不？→叫他去不叫他去？

6. 连谓句

出去吃不？→出去吃不出去吃？

7. 主谓谓语句

他身体结实不？→他身体结实不结实？

8. "把"字句

把猪杀喽没？→把猪杀喽没杀？

9. 被动句（陕北方言常用"让"字）

让人笑话不？→让人笑话不笑话？

10. 形容词性谓语句

她勤快不？→她勤快不勤快？

从语义功能考察，我们发现"VP—neg?"式问句的问话和答语跟普通话的是非问句基本对应，其句尾的"不""没"语义已经虚化，跟普通话的"吗"字作用相当，试比较：

陕北方言　　　　　　　普通话

问：今天是二月二不？　今天是二月二吗？

答：是嘞。/不是。　　是的。/不是。

问：你吃饭也不？　　　你吃饭吗？

答：吃也。/不吃。　　吃（呢）。/不吃

问：车开走嗫没？　　　车开走了吗？

答：开走嗫。/没（开走）。　　开走了。/没有（开走）。

问：给花浇水来来没？　　给花浇水了吗？

答：浇来来。/没浇。　　浇了。/没浇。

这可以从两个方面证明：

第一，以上各句在陕北方言的口语里可以把"不、没"省略掉，从而将原问句变换成我们前面提到的单纯用语调来表达的是非问句，其意义完全相同。例如：

今天是二月二不？＝今天是二月二↗？

你吃饭也不？＝你吃饭也↗？

车开走嗫没？＝车开走了吗↗？

给花浇水来来没？＝给花浇水来来↗？

我们认为，句子的否定词作为语义的焦点，在句中往往起着举足轻重的作用，一般是不能省略的。它在上述句中可以省略，说明它已开始虚化、弱化，已经不是典型的否定词了。

第二，黄国营（1986）认为"'吗'字是从正反问句末表示'反'（否定）的那一部分虚化而来的"，即是非问句是由正反问句发展而来，语气词"吗"是由否定词虚化而来。从历史发展来看，"不""没"与"吗"都是双唇音，语音形式相当接近，亦可说明"VP 吗"正是从"VP 不"发展而来。可以这样认为，"不""没"虚化的轨迹是这样的：

他去不去？→他去不？→他去吗？

事实上，陕北方言的"不""没"正处于这样一个语法化的进程当中。也就是说，历史的发展轨迹在方言中留下了线索。因此，我们有理由认定，陕北方言的这种问句恰恰反映了汉语正反问发展为是非问句的轨迹应该是："Vp—neg—VP？→VP neg？→VP 吗？"需要强调的是，陕北方言中处于疑问句句尾的否定词"不""没"正在虚化进程中，但虚化得还不彻底，因为：第一，"不"和"没"还可以分清楚；第二，否定词后面可以补出 vp 来；第三，否定的语义还残留着；第四，普通话可以问"你北京人吗？""今天星期三吗？"陕北方言却不这么问"你北京人不？""今天星期三不？"而只说"你是北京人不？""今天是星期三不？"因此我们姑且把这类处于疑问句末的否定词称之为准语气词，与此类似，太田辰夫（1987）也将现代汉语中放在句末表疑问的"没有""不是""不"等当作准句末助词，认为"它们全都包含否定概念，放在句末构成是非疑问句"。

以上讨论结果显示，陕北方言的"VP—neg？"问句形式上是正反问简略格式，而意义上却属于是非问，即用正反问的简略形式表达了是非问的语义内容，基于此，我们不妨把这一疑问句格式命名为"正反是非问"。从陕北方言的疑问句系统考察，我们发现了一个用语气词煞尾的是非疑问句空位，而这类特殊的正反是非问恰恰填补了这个位置。

三、历时的比较分析

从历时角度看，这种"正反是非问"在古代汉语和近代汉语资料中都有丰富的例证。吕叔湘先生（1982）指出："文言里的反复问句在形式上也和单纯是非问句更加接近了，因为文言里不重复句子的一部分词语，只在句末加一'否'字（古多作'不'）或'未'字，或

'无'字。"他举的例是:

△即有水旱,其忧不细,公卿有可以防其未然救其已然者不?(《汉书·于定国传》)

△君除吏已尽未?吾亦欲除吏。(《史记·魏其武安侯列传》)

△晚来天欲雪,能饮一杯无?(白居易《问刘十九》)

△而太史氏又能张大其事为传,继二疏踪否?不落莫否?(韩愈《送杨少尹序》)

朱德熙先生(1991)曾以五代时期编集的禅宗语录《祖堂集》为例,统计出全书中"VP—neg"句式出现了500余次,而"VP—neg—VP"句式总共才出现了11次,说明当时最占优势的正反问句式恰恰正是"VP—neg"。

邵敬敏(1996)查阅近代汉语语法资料,认为"V(O)不?"句式是当时的正反问句的主要形式,如:

△禅师见佛性不?(《神会语录》)

△心即无住,知心无住不?(《神会语录》)

△未委娘子赐许以不?(《秋胡变文》)

△不知公等求得仙否?(《入唐求法巡礼行记》)

而现代文学作品中,"VP不""VP没有"用得也不少:

△你记得他不?(袁静、孔厥《新儿女英雄传》130)

△快过年了,刷刷墙不?(北123)

△你到底疼我不?(原32)

△她喝了没有?(曹395)

△屋子塌了没有?(老55)

综上所述,陕北方言的正反是非问句"VP—neg?"是古代汉语经过近代汉语的一种遗留格式,如果把"VP—neg?"放到一个动态的过程中看,它又是古汉语正反问和现代汉语"吗"字是非问之间的一种过渡格式。只不过这种格式在陕北方言中还处于变化的进程之中,而在普通话中则已经基本演变为"吗"字是非问了。

四、关于"VP 不?"和"VP 没?"

陕北方言的正反是非问句"VP—neg?"在运用中可分为"VP 不?"和"VP 没?"两种情形,由于其中的"不""没"并未完全虚化且二者在使用时必须严格区分,它们仍然保持着否定词的特点。

邵敬敏曾论及"V 不"和"V 没有?"的区别,认为"'V 没有?'问的是客观情况,是一种已然体,表示过去或现在已经发生了的动作行为。而'VP 不'问的是主观态度,是一种未然体,时间可指现在或将来"。这一规律同样也适用于陕北方言,具体地说,在陕北方言的正反是非问句中,"VP 不"和"VP 没"可以从四个方面(或角度)进行比较:

第一,"VP 没"一般是对于"实现"的询问,"VP 不"是对未实现的询问。例如:

  A. 你们这次参观杨家岭也不?

  B. 你们这次参观杨家岭来来没?

"参观……不?"是对未实现活动的询问,"参观……没?"是对活动实现的询问。

  A. 明天聚会他去也不?

  B. 上次的聚会他去来来没?

A句询问的是未然的情况，B问询问的是已然的情况。

第二，"VP不?"询问的是主观的愿望或能力，"VP没?"则询问一种客观的效果或结果（先决条件是：句子的主语必须是具有主观愿望或能力的生命体）。例如：

  A. 他来也不?

  B. 他来嘞没?

A句着眼于"他"的主观态度来询问，B句则着眼于客观结果来询问，并不涉及"他"的主观态度。

  A. 你会说普通话不?

  B. 你会说普通话嘞没?

A句询问是否本来就具备"说普通话"的能力，B句询问是否已由不会到会。

第三，我们发现，"VP不?"可询问是否具有某种性状，是静态的；而"VP没?"则询问某种性状是否出现，是动态的。例如：

  A. 灯亮嘞不?

  B. 灯亮嘞没?

A句是对灯"亮"这一性质的询问，问的是性状，是静态的，而B句是对灯"亮"这一变化的询问，问的是变化，因而是动态的。

  A. 他们那儿富嘞不?

  B. 他们那儿富嘞没?

A句是对经济基本状况的询问，B句是对经济状况是否发生好转的询问，一静一动，意义不同。

  A. 延安下雪嘞不?

  B. 延安下雪嘞没?

A 句询问延安有没有"下雪"这样一种自然现象,属静态范畴;B 句则问延安最近或现在(到目前为止)是不是开始下雪了,属动态范畴。

第四,我们还发现,"VP 不?"询问的可以是惯常性的、相对永久的恒态活动,"VP 没?"则多用来询问偶然的或一次性的暂态活动。前者判断性较强,带有探求结论、断言的意味,后者陈述性较强,倾向于纯事实或事件的描述,如:

A. 南方人喝酒嘞不?

B. 那几个南方人喝酒来来没?

A 句询问一种习惯或爱好,B 句则询问偶然的一次活动。

A. 枣树开花嘞不?

B. 枣树开花没?

A 句主要着眼于枣树的一贯性特征即性状来询问,B 句侧重于对事物暂态特征是否出现的询问。

尤其让人发生兴趣的是由动词"是""有""在"所构成的正反是非问,它们分别构成"是……不""有……没"和"在……不"这三种固定格式,其中,前一种格式跟普通话基本一致,没有"是……没?"格式,而后两种则有所不同。例如:

*A. 你有钱不?

B. 你有钱没?

*A. 你来的时候妈妈在家没?

B. 你来的时候妈妈在家不?

陕北方言中,作为动词"有"和"在",其否定式为"没有"和"不在",没有"不有"和"没在"格式,所以"你有钱没?""妈妈在家不？"的问句形式成立，其中的"没"和"不"不可互换。这跟普通话有所不同，普通话"有"字句的正反问句，除了句尾有"没"之外，也可以用"不"来询问，例如：

这个有名字不？（曹禺选集）

你有事不？（新儿女英雄传）

普通话里，动词"在"的否定可以是"不在"，也可以是"没在"，所以"张三在家不？"以及"张三在家没有？"两种问句并存。至于陕北方言的介词"在"，那是另外一回事了，因为它在句中常组成介宾词组作谓词的附加成分，而构拟是非问句时往往是以谓词而不是以附加成分为着眼点的，所以用"不""没"煞尾的问句都会出现，如"火车在南京站停也不？""火车在南京站停来来没？"

综上所述，除了比较特殊的"有""在"以外，一般情况下，用"VP 不"所询问的，是做某事的必要性、可能性或人的意愿、能力以及事物的静态属性，用"VP 没"所询问的，是动作行为的实现或完成，是对动态的一种客观描述。尤其主语是人时，"VP 不"多从心理活动着眼，"VP 没"多从动作变化考虑。以上就是二者最主要的区别。

五、"VP—neg？"常见类型

日常生活中，陕北方言的正反是非问句"VP—neg？"往往含有丰富的体貌意义。陕北方言的体貌范畴尚待全面考察，但其体标记在话语中随处可见，主要由动态助词和语气词来承担。[①]这里根据六种体的句法表现对"VP—neg？"分类如下：

1. 惯常体的"嘚［·lə］+不"式，询问是否存在某种事实。

例如:
（1）你会游泳嘚不？
（2）这个人你认得嘚不？
（3）他是党员嘚不？
（4）新媳妇漂亮嘚不？
（5）少收一点儿行嘚不？

这里的"嘚"为语气词②，相当于普通话的"呢"，含有对某一事实探究核实的口气，口语中快速说出时可以省去，但语气有所减弱。

另外，前面讨论的特殊动词"有"作谓语（或谓语中心）时的正反是非问句，其格式为"嘚+没"式，也宜归于惯常体，多询问是否领有或存在。如：
（6）这后生有工作嘚没？
（7）你有身份证嘚没？
（8）到西安有地方住嘚没？
（9）这事儿到底有人管嘚没？

2. 未然体的"也〔·iɛ〕+不"式，询问是否将要发生。例如：
（10）他来也不？
（11）你喝水也不？
（12）我走嘚小孩哭也不？
（13）明天颜色变黄也不？
（14）你找见（找得着）他也不？

陕北方言的语气词"也"比较有特色，它本身蕴含着"将要干什么"的意思，故未然体正反是非问多指将来，句中可有表将来的时间词伴随。

但是用于虚拟语气时,也可以指过去:

(15) 要是当时我不在,你来也不?

(16) 要不是有人说闲话,你走也不?

"也+不"式和"嘞+不"式对译成普通话后,在话语形式上看不出有什么区别,如:"你抽烟也不?"与"你抽烟嘞不?"用普通话讲是同一个形式"你抽不抽烟?"或者"你抽烟吗?"事实上,这两种问句在陕北方言中是有区别的,前者"你抽烟也不?"问的是一种意愿或打算,是询问"你现在想不想抽烟?"而后者"你抽烟嘞不?"问的是一种固有的习惯或爱好,如同问"你平时会不会抽烟?"

此外,惯常体的"嘞+不"式是一种总结性、评价性的问句,故句子的谓语中心可以是动词,也可以是形容词;而"也+不"式是一种预测性的问句,因此句子的谓语中心只能是动词。如陕北方言可以问"新媳妇漂亮嘞不?"而不可问"新媳妇漂亮也不?"

3. 已然体的"喽[·læ]+没"式,询问是否已经发生。例如:

(17) 他胖喽没?

(18) 客人走喽没?

(19) 电影你看喽没?

(20) 小李把钱领喽没?

(21) 你吃嘞药喽没?

(22) 主任回嘞家喽没?

"喽+没"式又可分为两种情形,一种是不带宾语的"动(形)+喽+没"式(其中的"喽"相当于普通话的了$_{1+2}$),表示动作已经完成或状态已有改变,如(1)(2)(3)(4)例。另一种是带宾语的"动+嘞+宾+喽+没"式(其中的"嘞"和"喽"分别等于普通话的了₁和了₂），既表示动作已经完成，又表示事态有了变化，如（5）（6）例。

"嗫+没"式和"嘞+没"在用于"有"字谓语句构成的正反是非问句时，意义的差别是很大的。如"有工作嗫没？"和"有工作嘞没？"两个问句，前者问的是一种变化了的事实：已知被问者过去没有工作，询问其现在是不是有了，强调了一个从无到有的变化过程。而后者仅着眼于一般现在情况的询问，只问现在有没有工作，所问的是既成的事实。

"嗫+没"式在时间上也可以指现在、过去和将来：

（23）（现在）你妈妈到家嗫没？

（24）你打电话的时候你妈妈到家嗫没？

（25）明天这个时候你妈妈到家嗫没？

4. 继续体的"不+嗫〔·læ〕"式，询问是否继续进行。例如：

（26）你上课不嗫？

（27）这件棉袄你穿不嗫？

（28）明天他来不嗫？

（29）妹妹胖不嗫？

有时，还可在"不"字前再加"嘞"字，构成"嘞+不+嗫"式，这个"嘞"同样有一种深究的语气，如：

（30）你听老师的话嘞不嗫？

（31）小李这几天想家嘞不嗫？

这里出现了一个问题：继续体的"不+嗫"与前面三种体格式顺序正好相反——将"嗫"放到了否定词之后。这又该作何解释呢？

我们认为，正反是非问句的这种体貌类型格式决定于其完整的正

413

反问原型格式,即正反问原型格式省去否定词后面的部分并保留体标记(动态助词或语气词)时,就得到了我们现在口语中常说的正反是非问体貌形式。前面三种体的格式是这样变化来的:

$$VP\ 嘞 + 不\ VP \xrightarrow{省VP} VP\ 嘞不:吃嘞不吃 \rightarrow 吃嘞不$$

$$VP\ 也 + 不\ VP \xrightarrow{省VP} VP\ 也不:吃也不吃 \rightarrow 吃也不$$

$$VP\ 嗫 + 没\ VP \xrightarrow{省VP} VP\ 嗫没:吃嗫没吃 \rightarrow 吃嗫没$$

而继续体则因其原型格式不同而显其特殊,它的变化过程应该是:

$$VP + 不\ VP\ 嗫 \xrightarrow{省VP} VP\ 不嗫:吃不吃嗫 \rightarrow 吃不嗫$$

原型格式中的否定部分"不 VP 嗫"含有改变常规原态或原定计划之意(先有"不 VP",后加"嗫",其实也意味着新情况的出现,其中的"嗫"相当于普通话的"了$_2$"),所以其完整格式"VP 不 VP 嗫"乃至于省略格式"VP 不嗫"蕴含的疑问意向就应该为"是否遵循常规原态或原定计划……"这正是继续体的语法意义所在,如(3)例,可以设想的问话背景为:a. 按常规他每天都来;b. 他原计划明天来。然后要问"他明天是不是继续来(或按计划来)?"整个疑问构拟形式用陕北方言的正反是非问表达出来,就是继续体的"明天他来不嗫?"相对应的普通话应该是"明天他还来吗?"必须要加上一个副词"还"。

"不 + 嗫"式与前面谈到的"嘞 + 不"式"嗫 + 没"式都可用于形容词性谓语句,如"他胖不嗫?""他胖嘞不?""他胖嗫没?"三者的区别在于:"他胖不嗫?"是以知道被问者原来胖为信息前提,问现在是不是还像以前一样胖甚或继续胖下去;"他胖嗫没?"是知道被问者原来不胖（很可能是瘦），问现在变胖了没有；"他胖嘞不？"则是对被问者的状况一无所知，仅从一般现在的意义上询问。三者用普通话表达分别为："他还胖吗？""他胖了吗？""他胖吗？"

5. 持续体的"着［tʂə³］+ 不"式，询问是否正在持续进行。例如：

(32) 门开着不？

(33) 墙上挂地图着不？

(34) 小英哭着不？

(35) 妈妈洗衣服着不？

(36) 你这几天复习着不？

(32)(33)例询问状态是否持续，(34)(35)(36)例询问动作是否持续，这些问句内部的"动+宾+着"是陕北方言中占绝对优势的一种句法结构形式，它与普通话"动+着+宾"结构语序不同，但语法意义一样，"着"都是动态助词，如陕北话说"洗衣服着嘞"，普通话则为"洗着衣服呢"。关于这个问题，乔全生（1998）作过详细研究，他认为唐宋至明清"VP着"结构非常普遍，后来，"'着'的前移导致了'VX着'结构的转化，这种转化是建立在两种结构同义、'着'字同质的基础上的。"所以"动+宾+着"应该也是古汉语句法结构在陕北方言中的一种遗留。

此外，在询问动作是否持续时，普通话必须在动词前加上副词"正""在"或"正在"，而陕北方言则只需要用"着"来表示，不必加进行态的副词。如例（34）用普通话来问就是"小英正哭着吗？""小英在哭吗？""小英正在哭吗？"陕北方言直接问为"小英哭着不？"

我们还要指出，持续体跟继续体有相近之处，即都有"延续不间断"的意思，但实际上其语法意义有所不同，持续体是立足于状态或动作之外，总观其状态的整体效果或动作的持续进行态势；继续体则立足于动作行为进行历程中的某一个点，留意这一个点之后的轨迹是否继续延伸。试比较：

  A. 墙上挂地图着不？
  B. 墙上挂图不喽？

A句是站在局外的角度询问状态的整体效应是否持续存在，B句则参与到事情当中，询问是否继续按计划或惯例"在墙上挂上地图"。

  A. 小英哭着不？
  B. 小英哭不喽？

A句询问"哭"的行为是否正在持续进行，B句则已知被问者正在哭（或哭过），而询问现在（暗含的一个点）是不是继续还在哭。

  同时，陕北方言"着+不"式也可以指现在、过去和将来。例如：

（37）你们（现在）吃饭着不？
（38）我叫你那阵儿（那时候）你们吃饭着不？
（39）我七点以后过来，你们吃饭着不？

  6. 曾然体的"来来 [·lⁿi·lⁿi] +没"式，询问是否曾经发生。例如：

（40）你们到西安去来来没？
（41）这道题老师讲来来没？
（42）你问老杨来来没？
（43）他们跌倒来来没？

其中的"来来"相当于普通话的语气词"来着"。"来来"的作用是指明一个事件或一种状态是曾经发生过的或是过去完成了的，所以"来来+没"式问句常常可有表示过去的时间词伴随：

（44）你以前考虑这些事情来来没？

（45）走的时候家里给你钱来来没？

（46）他10岁以前挨打来来没？

（47）爷爷年轻时抽大烟来来没？

（48）小李夜儿（昨天）晚上来来来没？

例（48）中第一个"来"为动词，后两字"来来"是语气词。

六、结语

本文主要从两个方面分析陕北方言的正反是非问句。首先，我们从类型学的角度，特别是在与现代汉语是非问句发展轨迹的比较中，认识到陕北方言的正反是非问句实际上反映了汉语早期的正反问向是非问发展的轨迹。在正反问句中，由于语言交际的经济原则，否定词"不"与"没"后面的 VP 常常省略，导致否定词单独出现在句尾，语音形式轻化，这就为副词向疑问语气词发展这一语法化的进程提供了必要的条件。陕北方言的正反是非问，从普通话历史发展角度来看，就是这一语法化历程中的遗留格式，这种格式在目前来看还是一种相对稳定、能产的句法结构，且使用的范围还相当广。

其次，我们从句法、语义和语用角度分析了陕北方言的正反是非问句的句法特征，对问句里煞尾的"不""没"的共同的虚化趋势和不同的分工情况进行了探讨，陕北方言实际的话语交际当中，灵活多样的体貌标志在正反是非问句里得到淋漓尽致地体现，我们根据体貌的不同对其内部小类作了全面细致的描写；同时通过跟普通话的对比，找出每一小类与普通话是非问的对应关系。这样在一定程度上揭示了陕北方言正反是非问句的总体特征。

总之,我们认为,正反是非问句在陕北方言乃至整个现代汉语的疑问句中都占有比较重要的地位,对它进行深入细致地研究,有助于我们更深刻地理解现代汉语是非问句的句法结构特征以及疑问语气词语法化的历史发展进程。

附注:

① 关于语气词当体标记的问题,龚千炎《谈现代汉语的时制表示和时态表达系统》(《中国语文》1991.4)曾经有过论述,他把时态副词、时态助词和时态语气词都看作时态范畴的语法标记。我们这里的语气词就是指时态语气词。

② 语气词出现在句中,并不奇怪。太田辰夫《中国语历史文法》(1987,331页)认为现代汉语的句末助词(语气词)可分为两类:一类表非叙述语气,它们位于句子的最后,表示整个句子的疑问、推测等语气,如"呢、吗、吧、啊"等;另一类表叙述语气,它们"不限于处于句子的最后面(即它的后面常常有其他的非叙述的句末助词),不是给全句,而是给述语添加存在、已然、曾经等叙述的语气。"可见,当两个语气词连用时,前一个表叙述语气,后一个表非叙述语气,陕北方言的语气词正好证明了这一判断:语气词"嘞、也"等是表叙述意义的体标记,准语气词"不、没"表非叙述意义的疑问、推测。

参考文献:

范继淹(1982)是非问句的句法形式,《中国语文》第 6 期。

龚千炎(1991)谈现代汉语的时制表示和时态表达系统,《中国语文》第

4 期。

黄国营（1986）"吗"字用法初探，《语言研究》第 2 期。

刘育林（1993）《陕北人学习普通话教程》，陕西人民出版社。

吕叔湘（1999）《现代汉语八百词》（增订本），商务印书馆。

吕叔湘（1982）《中国文法要略》，商务印书馆。

乔全生（1998）从洪洞方言看唐宋以来助词"着"的性质，《方言》第 2 期。

邵敬敏（1996）《现代汉语疑问句研究》，华东师范大学出版社。

太田辰夫（1987）《中国语历史文法》，北京大学出版社。

徐杰（2001）《普遍语法原则与汉语语法现象》，北京大学出版社。

朱德熙（1991）"V—neg—VO"与"VO—neg—V"两种反复问句在汉语方言里的分布，《中国语文》第 5 期。

[原载《方言》2003 年第 1 期]

（与王鹏翔合作）

第三节　吴方言（上海话）疑问句研究

　　通常认为，现代吴方言的代表是上海方言，有关上海方言的记录和研究，最早可以追溯到艾约瑟《上海口语语法》（1853），但是那主要还是口语语法的调查和记录，几乎没有什么分析。真正具有现代语言学意义的方言语法研究的论著当推赵元任的《现代吴语的研究》（1928）。这中间，虽然出版了不少关于上海方言的书籍，其中不乏语法的章节，但是多为材料的记录，或者教科书。例如 Anonymous《土话指南》（1889）、J. W. Rofoot & F. Rawlinson《沪语开路》（1915）、王廷珏《实用上海话》（1919）、《上海指南卷九》的《沪苏方言纪要》（1926）等。1949年以来的上海方言的调查研究，主要还是集中在语音系统和词汇系统，语法的重视，是逐步得到体现的。

　　吴方言可分为五大片：太湖片、台州片、东瓯片、婺州片、处衢片。内部分歧比较大，所以还可以再分为若干小片。（颜逸明1994）吴方言早期以苏州话为代表，近期则以上海话为代表。所以，对吴方言的疑问范畴研究，可以以上海话为主。

　　吴方言的疑问范畴之所以开始引起大家的兴趣，源于朱德熙的《关于汉语方言里的两种反复问句》（1985）以及《"V—neg—VO"与"VO—neg—V"两种反复问句在汉语方言里的分布》（1991），他指出这两种不同的词序代表了方言的不同句法类型，前者主要见于南方方言，后者主要见于北方方言。这一研究引起了广泛的注意和争论，多数不赞同朱的结论，一是否认"阿V"疑问句属于正反问，认为应该属于是非问；二是也不认为它同是非问完全对立互补，认为在不少方言里，两种句式共存。王世华、施其生、贺巍、余蔼芹等先后发表了文章，其中，刘丹青《苏州方言的发问句与"可VP"句式》（1991）以及徐烈炯、邵敬敏的《"阿V"及其相关疑问句句式比较研究》（1999）的论文涉及吴方言的疑问句式。这一研究不仅显示了汉语方言里反复问句的复杂性和多样化，而且揭示了这类句型的动态变化，因此具有语言类型学的意义。

关于上海话的疑问范畴，一直没有专门的研究，涉及有关研究主要有三家：

1. 许宝华、汤珍珠主编的《上海市区方言志》（1988），语法部分执笔人游汝杰；特点是仍然以词法统辖句法，基本上在传统语法的框架里进行，分别从"疑问代词"和"疑问语气助词和疑问句"两个角度进行描写。对事实的观察比较细致，但往往只是列举，遵循的是《新著国语文法》的路子。

2. 钱乃荣《上海话语法》（1997），除了"疑问代词"以及"疑问语气助词"仍然采取列举之外，还另外在"常用句法"中单列"疑问的表现"，可惜依然只是列举事实，缺乏分析。比较精彩的是关于"是非问句的变化"，已经初具历史发展的眼光。特别需要指出的是钱氏后来出版的《上海语言发展史》（2003）专列"疑问句的变化"，包括"选择问句的变化"和"是非问句形式的纷杂"两个小节，都有精彩的论述，这是前人没有涉及过的历史发展领域。

3. 徐烈炯、邵敬敏《上海方言语法研究》（1998），其中有三篇跟疑问范畴有关：上海方言与北方方言疑问代词比较研究、"阿V"及其相关疑问句式比较研究、包孕疑问句的句法特点。特点是就上海方言和普通话进行了专题性的比较研究，相对比较深入，尤其是"阿V疑问句"的分析颇有特色。书后附有《上海方言语法纲要》，简要介绍了疑问代词、疑问语气词以及疑问句式的特点。

综上所述，吴方言的疑问范畴只有一些零星的专题研究，以及描写为主的列举式的介绍，并没有进行过系统的研究，更谈不上比较有特色的深入研究。

关于上海话的研究，还有一点必须说明：上海由于地位特殊，特别开放，全国各地区的人几乎都有，方言之间不可避免地相互影响、交融，加上几十年来普通话的推广与普及，所以，这100多年，尤其是最近几十年来上海话发展变化得特别快。上海话，根据变体的年龄层次，一般可以分为三派：老派、中派和新派。三派基本一致，但略有差异，属于方言内部的社会变体。一般地说，老派是指20世纪40年代以前出生的上海人，中派指20世纪40年代至70年代出生的上海人，20世纪80年代以后的就是新派了。这不仅反映在语音上，而且还反映在一些用法上。例如："阿V"问句，老派比较多，中派可以接受，但用的时候主要限于熟语性质的"阿是""阿有""阿会得""阿晓得"等少数几个，新派则基本上不用这类句式。

一、吴方言是非问

疑问语气词、语调跟是非疑问句的关系最为密切。因为，是非疑问句的疑问信息主要由语气词或者语调来承担。所以，我们首先可以分为两大类：带疑问语气词的和用语调来表示疑问信息的。凡是带有疑问语气词的，语调可以升，也可以平，或者降。上海方言里的疑问语气词跟普通话的疑问语气词大体对应。主要有以下几种：

（一）带疑问语气词的是非疑问句

A. 哦

上海方言的疑问句常常用"勿"煞尾，读为入声［Və?^{23}］。例如：

(1) 侬明早去勿？

(2) 侬讲闲话算数勿？

(3) 衣裳好看勿？

(4) 伊是美国人勿？

这个"勿"，我们通常可以看作是"V 勿 V"的后省式，因为可以这样还原：

(1)' 侬明早去勿？→侬明早去勿去？

(2)' 侬讲闲话算数勿？→侬讲闲话算数勿算数？

(3)' 衣裳好看勿？→衣裳好看勿好看？

(4)' 伊是美国人勿？→伊是美国人勿是？

这个"勿"在书面上跟否定副词"勿"同形，所以我们可以看作正反问的省略格式，但是，在口语中读作轻声，语义也明显虚化，表示否定的意义不那么明确了，所以我们有理由相信它正在虚化为一个疑问语气词。这类疑问句的语调比较平缓，疑和信各半，没有明显的倾向。"哦"字问句，我们认为是在"勿"的基础上加上"啊"构成，读为［VA^{34}］，表示对某个问题确有怀疑，基本上不清楚，所以要发问，希望对方给以明确回答，是求证性询问，相当于普通话的"吗"字的求证问句，这就属于是非问句了。例如：

(5) 侬是北京人哦？

(6) 伊有迭本书哦？

（7）夜饭侬吃过勒哦？

（8）香港伊去过哦？

"哦"后面还可以带上语气词"啦"，语气更加强烈，带有不耐烦的语用含义。例如：

（9）伊是北京人哦啦？

（10）侬有一千块哦啦？

（11）伊是北京人，对哦啦？

（12）侬交我一道去，好哦啦？

B. 嚎

"嚎"字问句，表示已经基本上知道某个信息，但是还不能确认，所以提出来，要求对方证实，相当于普通话里的"吧"字问句。例如：

（13）伊是北京人嚎？

（14）侬有30岁嚎？

（15）夜饭侬吃过勒嚎？

（16）此地到伊面头有10里路嚎？

C. "末"（么）

肯定式跟否定式的疑问意义有所不同。肯定式表示对所述事实出乎意料，带有惊讶口吻。例如：

（17）伊迭个胆子倒不小末？

（18）侬也吃过西餐末？

否定式实际上是反问语气，表示一种"提醒"口气。例如：

（19）侬皮夹子里勿是有100块洋钿末？

（20）三毛，侬勿是要学生意末？

D. 喏

肯定式跟否定式的疑问意义也有所不同。肯定式表示对所述事实要求对方验证该信息是否准确，带有不大相信的惊讶口吻。例如：

(21) 鱼伊吃过嗻？

(22) 侬明早去嗻？

否定式实际上是反问语气，既表示"提醒"，也表示一种"不满"口气，意思是简直不能相信。例如：

(23) 小王，侬勿轧苗头嗻？

(24) 介便当的问题，侬也勿晓得嗻？

(二) 语调是非疑问句

即没有出现任何语气词，只是依靠升调来表示疑问信息的疑问句，该疑问句表示强烈的不相信，语气上虽然还没有反问句那样强烈，但是实际上表示出乎意料，极端怀疑。例如：

(25) 侬是北京人？

(26) 伊有迭本书？

(27) 侬夜饭吃过勒？勿要骗我嚜。

(28) 侬明早也要去香港？我哪能勿晓得？

(29) 叫我也要出操？

(30) 听你迭能讲，侬也是苏北？

这类疑问句也可以使用语气词，但不是疑问语气词的"啊"。

"啊"字问句，表示已经知道某个信息，但是不敢相信、不敢确认，通过发问，希望对方予以确认，语气里含有惊讶、出乎意料的意味。这类疑问句，语调必须是升的，如果改为降调，就可能是感叹句或者陈述句。例如：

(31) 侬是北京人啊？

(32) 伊有迭本书啊？

(33) 侬夜饭吃过勒啊？

(34) 我也有资格参加啊？

如果疑问语气词是"喀"，则表示出乎意料的"惊讶"，例如：

(35) 侬是北京人喀？

(36) 伊有迭本书喀？

(37) 侬夜饭吃过喀？

(38) 我也有资格参加喀？

上海方言的是非问，有个鲜明的特点，就是动词的宾语往往提前到句首充当话题。例如：

(39) 我八千，你七千，规矩懂哦？（《上海滑稽戏选集》6）

(40) 大饼吃哦？（同上9）

(41) 啥物事拿来哦？（同上13）

(42) 迭个会哦？（同上20）

(43) 黄包车侬看见过哦？（同上22）

二、吴方言特指问

特指问是指由疑问代词承担疑问信息的问句，所以这类句式跟疑问代词密切相关。上海话的疑问代词比较特别，有三个系列：A. 独用系列；B. 由"啥"跟名词组合而成的系列；C. 由"鞋里（衣）"跟其他名词组合而成的系列。

A. 独用系列　　　　　　B. 组合系列

1. 问事物：　　　　　　啥—啥格、啥末事—啥格末事

2. 问人：　　　　　　　啥人——啥格人

3. 问处所：　　　　　　啥地方（啥场化、湖荡）——啥格地方

4. 问时间：几时　　　　啥辰光——啥格辰光

5. 问目的原因：哪能　　为啥、做啥、啥事体——啥格事体

6. 问情状：哪能

7. 问方式：哪能　哪能格

8. 问数量：几格　几忽　多少

9. 问程度：几忽　多少

10. 问选择：鞋里（衣）

1—3，只有组合系列，没有独用系列。6—9，只有独用系列。4—5 则两个系列兼有，10 比较特殊，选择的对象虽说可以无所不有，但实际上主要是问人、物和处所，其他的很难组合。可见上海方言的疑问代词内部有适当的分工，从而形成一个比较整齐的疑问代词系列。

由于特指问都需要由疑问代词来承担疑问信息，所以这一类疑问句跟疑问代词的关系特别密切。按照提问的内容，疑问代词通常可以分为：

1. 问人

现代汉语里，"谁是张老三？"跟"张老三是谁？"都可以提问，但是两者有明显区别：前者询问是"哪一个"，语法意义是"指别"（A），从一群人中间指出特定的一个；后者则可以有两种理解：第一种，等同于"谁是张老三？"（A）；第二种，是询问"什么人"，语法意义是"解释"，即指出该人具有的属性（B）。这可以从回答看出来：

(44) 谁是张老三？（哪一个是张老三）他是张老三。（A）

(45) 张老三是谁？张老三是他。（A）

(46) 张老三是谁？张老三是他哥哥。（B）

现代汉语里用的都是同一个疑问代词，只是语法位置的不同体现了语法意义的不同。而在上海话里，"啥人"相当于"谁"，在不同的语法位置，也是有区别的。例如：

(47) 啥人是阿三？迭个人是阿三。（A）

(48) 阿三是啥人？阿三是伊格阿弟。（B）

(49) *阿三是啥人？阿三是伊。（A）

可见，"啥人"在主语位置是指别，"啥人"在宾语位置是求解，如果回答是指别，就不能成立，听者会感到很奇怪。

凡是问人，"啥人"问的是"什么人"，是询问人的属性；"鞋里格人"问的是"哪一个人"，询问的是指别。例如：

(50) 伊是啥人？伊是我阿妹。

(51) 伊是鞋里格人？伊是里头最最长格人。

(52) *伊是啥人？伊是里头最最长格人。

(53) *伊是鞋里格人？伊是我阿妹。

(52)(53)的回答都无法满足提问的要求，所以是不能成立的。

"啥人"和"啥格人"也是有区别的。后者相当于询问"什么样的人"，比起"啥人"更加具有追究性，所以不出现在主语位置，只能出现在宾语位置。例如：

(54) 伊是啥人？（一般性询问）

(55) 伊是啥格人？（追究性询问）

(56) 阿三是啥人？（一般性询问）

(57) 阿三是啥格人？（追究性询问）

(58) *啥格人是阿三？

例（54）相当于问的是："他是谁?"回答可以是指别：伊是小张。也可以是解释：伊是我同学。例（55）的回答只能够是"解释"，不能是指别，但是例（56）和例（57）的回答都要求是解释，因为主语"阿三"已经指别。正因为"啥格人"要求解释，所以它不可能在句首充当主语，例（58）不成立。下面再举一些实际句例：

（59）啥人?（《上海滑稽戏选集》16）

（60）姓啥叫啥?（同上 16）

（61）侬是啥人?（同上 16）

2. 问事物

"啥"和"啥格"主要用于泛问，相当于普通话的"什么"。"啥"不能单独成句提问，总是跟"格"组合成为"啥格"来询问。例如：

（62）＊啥?

（63）啥格? 侬鞋（也）要去?

如果受到数量词语修饰，则可以单独用"啥"提问。例如：

（64）侬怨我点啥?（《上海滑稽戏选集》15）

（65）侬想吃点啥?

"啥格"中的"格（个）"相当于"的"（定语标志），"啥格"的意义跟"啥"基本相同，只是用法上有所区别。"啥"可以在句子中充当主语、宾语和定语，例如：

（66）啥叫聪明?（主语）

（67）侬勒讲啥?（宾语）

（68）今朝啥日脚?（定语）

"啥"跟单音节名词组合做定语时，要受到限制，往往要用"啥格",例如"买啥格菜?""坐啥格车?"有时好像只是在问"啥菜?""啥车?"其实可以感觉到"格"的弱化音节,实际上是"格"在语流中的弱化或省略。至于修饰双音节名词,一般不受到限制,可带"格",也可以不带"格",只是口语中带"格"的比较普遍。比较带"格"和不带"格"的句子,我们可以发现两者的区别仅仅在于语气的不同,前者比较强,带有追究意味,后者普通。例如:

(69)侬穿啥衣裳?

(70)侬穿啥格衣裳?

(71)啥地方好白相?

(72)啥格地方好白相?

至于"啥"做状语,询问"怎么""为什么"。我们发现,早期吴语(苏州话)也是可以的。下面我们引用《海上花列传》的例句为证。例如:

(73)秀宝夺过手说道:"教耐做媒人,啥勿响嗄?"

(74)蕙贞道:"洪老爷,耐啥见仔沈小红也怕个嗄?"

(75)张蕙贞便也笑道:"耐哚拳啥勿豁哉嗄?"

(76)王莲生道:"耐哚酒啥勿吃哉,子富庄阿曾完嗄?"

(77)啸庵道:"耐汤老爷倒也要紧哚啘,啥勿搭倪罗老爷坐一歇,说说闲话嗄。"

也发现用"为啥"来发问的。例如:

(78)陈小云道:"善卿为啥还勿来?只怕先到仔别场花去应酬哉。"

但是现在上海话则必须说成"为啥""做啥","啥"单独做状语,老派上海人还可以说,而且也听得懂,但是新派基本上不说了。

具体询问事物,常常用"啥事体"(事情)、"啥末事(物事)"(东西);"啥格事体"(事情)、"啥格末事"(东西)。其中"啥事体"还可以用来表示"干什么",可以理解为"做啥事体"的口语交际中的语用省略。例如:

(79)侬敲我一记,啥事体?

(80)啥事体?我又无没碍着侬!

(81)侬勒吃啥末事?

(82)啥物事拿来?(《上海滑稽戏选集》13)

3. 问时间

啥(格)辰光(泛问,一般倾向于某天里的具体时间)、几时(问哪一天)、啥(个)日脚(问具体哪一天)、几点钟。例如:

(83)侬啥(格)辰光来嗫?我中浪头来嗫。

(84)侬几时来嗫?我前天来嗫。

(85)侬啥(格)日脚来嗫?我3月5号来嗫。

(86)侬几点钟来嗫?我四点钟来嗫。

"几时、几点钟"跟普通话基本一致,这是问的"时点"。如果问多少时间(时段),则用"几忽辰光?"例如"到学堂要几忽辰光?"但是现在逐渐被"多少辰光"替代,显然是受到普通话的影响。

时间不论长短,"啥辰光"都可以用;如果时间比较短,就不能用"几时",这可能跟发问人的心理预设有关。例如:

(87)马上吃饭勒,侬啥辰光回来?

(88)*马上吃饭勒,侬几时回来?

(89)明早啥辰光过来?

(90)*明早几时过来?

(91) 还有半个月就要开学勒,侬啥辰光回来?

(92) 还有半个月就要开学勒,侬几时回来?

至于"鞋里(衣)"则只能跟"年""月份""号头"(日)组合,即比较大的时点,而不能跟"钟头""分钟"等比较小的时点组合。例如:

(93) 侬鞋里(衣)年来㗲?

(94) 侬鞋里(衣)月份来㗲?

(95) 侬鞋里(衣)号头来㗲?

(96) *侬鞋里(衣)钟头来㗲?

(97) *侬鞋里(衣)分钟来㗲?

4. 问处所

有两套问法:鞋里搭(鞋衣搭)?啥地方?前者比较土,老派常用,后者跟普通话比较接近,新派常用。还有一种更加土的问法:本地人,尤其是浦东人常常问"啥湖荡?"(湖塘)可能跟周围的地理环境有关,因为那时浦东地区水网交叉,湖泊特别多,所以,问地方依照水面来定位是最方便的了。"啥场化?"是苏州地方话,老派上海人也经常这样使用,《海上花列传》就有不少这样的例句。"场花"相当于"地方"。例如:

(98) 我看起来,上海场花要寻点生意也难得势㗲。

(99) 耐就上海场花搭两个朋友,也刻刻要留心。

(100) 就是张小村、吴松桥,算是自家场花人,好像靠得住哉,到仔上海倒也难说。

(101) 张寿问道:"该搭是啥个场花嗄?耐哚倒也会白相哚!"

(102) 长福道:"耐说像啥场花?"

不过，无论"啥湖荡"，还是"啥场化"，现在上海方言里使用已经很少了，最常用的询问还是"啥地方"，这也是受到普通话的影响。例如：

（103）格张纸头上写格是啥地方？(《上海滑稽戏选集》12)

（104）我问侬：侬勒啥地方？（同上 13）

5. 问目的原因

"做啥"，相当于"干什么"，"为啥"，相当于"为什么"，"哪能"，相当于"怎么"。"做啥"有几种形式：做啥、做啥事体（简略式"做啥体""啥事体""啥体"）。"为啥"也有几种形式：为啥（为仔啥、为点啥）、为啥事体（为啥体）。例如：

（105）侬做啥勿去？（你干什么不去？）

（106）侬为啥勿去？（你为什么不去？）

（107）侬哪能勿去？（你怎么不去？）

此外，还有一种问法：做啥道理、为啥道理、哪能道理，跟不带"道理"的提问相比，似乎比较倾向于追究性发问。

如上文所述，"啥"以前可以单独用来询问"目的、原因"，现在则必须说成为"做啥""为啥"。"哪能"应该属于吴语的底层，"做啥""为啥"，似乎受到普通话的影响，是仿照"干什么""为什么"发展来的。例如：

（108）我还没有问侬过，侬到上海来做啥？(《上海滑稽戏选集》7)

（109）为啥哭？（同上 39）

（110）哪能弄出隔壁头阿姐？（同上 13）

（111）哪能道理？

"哪能道理"可以单独发问，相当于"怎么回事？"问的是原因。

6. 问方式

"哪能"也可以问方式：

（112）我哪能去法？（我怎么去法？）

（113）迭只小菜哪能烧法？（这只菜怎么烧？）

（114）那么哪能办法呢？（《上海滑稽戏选集》17）

（115）侬自己昨日出去的辰光哪能讲？（同上12）

其实普通话里的"怎么"本来就有两种用法：问原因和问方式（邵敬敏1996）。例如：

（116）你怎么去上海？上海我没有去过。（重音在上海，问原因）

（117）你怎么去上海？当然坐飞机去了。（重音在怎么，问方式）

同样，上海话里"侬哪能到上海来格呢？"（《上海滑稽戏选集》17）就是歧义的。可以有两种理解：

（118）侬哪能到上海来格呢？我到上海来寻条出路。（重音在上海，问原因）

（119）侬哪能到上海来格呢？我是坐小船来格。（重音在哪能，问方式）

实际情况是"三阿姐"问"三毛"为什么要到上海来，是问原因，如果改用"为啥"就没有歧义了，只是问原因。

7. 问情况

"哪能"如果做谓语，单独提问（不做定语和状语），也可以问情况。例如：

（120）伊最近身体哪能？（怎么样）

（121）我准备去打球，侬哪能？（怎么样）

（122）我要哪能才考得取研究生？（怎么样）

(123) 到底哪能一桩事情？(《上海滑稽戏选集》13)

8. 问数量

几（几个）、几忽、多少。显然"几忽"是方言色彩浓的，"多少"则明显受普通话影响。例如：

(124) 侬有几个铜钿？

(125) 侬有几忽铜钿？

(126) 侬有多少铜钿？

(127) 八仙桥几钿？(《上海滑稽戏选集》5)（"几钿"是"几忽铜钿"的简称)

(128) 侬有几日天勿吃饭拉？(同上 13)

普通话里，"几"不能单用，往往跟可计数的单位名词组合，而且一定要有量词，例如"几个人？""几本书？""几只鸟？"不可以说"几人？""几书？""几鸟？"然而"几忽"可以单独提问："用几忽拿几忽，勿要浪费！"而且往往跟集合名词或者抽象名词组合，组合时也不需要量词，例如"几忽铜钿""几忽物事""几忽辰光""几忽本事"等。

"多少"组合的是可数名词，则量词可用可不用，例如"多少床""多少张床""多少人""多少个人"。如果组合的是集合名词，则往往不用量词，例如"多少钞票""多少物事""多少水""多少本事"。

9. 问程度

程度跟数量是息息相通的，所以用来问数量的"几忽"和"多少"也可以来问程度，所修饰的对象主要是形容词和心理动词。现在使用"多少"比"几忽"多得多。例如：

(129) 迭个河浜有几忽（多少）深？

435

(130) 伊到底有几忽（多少）漂亮？

(131) 侬到底了解伊几忽（多少）？

(132) 迭座山有几忽（到少）高？

10. 问选择

主要用"鞋里"（鞋衣）跟其他名词组合来进行提问，而且往往需要用量词组合，目的是从若干个中间选择一个。比如：

(133) 鞋里（鞋衣）个？（哪一个？）

(134) 鞋里（鞋衣）搭？（哪里？）

(135) 鞋里（鞋衣）位？（哪一位？）

(136) 鞋里（鞋衣）日？（哪一天？）

(137) 鞋里（鞋衣）件？（哪一件？）

其中的"鞋"，也可以写作"阿"。我们认为应该是"阿"更加接近本义，在吴方言里用"阿"来发问是比较普通的。而"阿"［A?］作为元音单独成为单韵母音节，发声时，元音前面往往会发成一个喉塞半元音．[h]，这就跟上海话里的"鞋"同音了。

总的来讲，上海方言的疑问代词，有几个比较明显的特点：

(1) 疑问代词分为两大系列：独用系列和组合系列，两者对立互补。

(2) 疑问代词带不带"格"，一般在语义上没有区别，但在表达上形成差别。

(3) 跟普通话相比，上海方言的疑问代词出现"同化"和"简化"的趋势。比较土的疑问代词逐渐淘汰，而改用普通话通用的疑问代词。

(4) 上海方言特指问也有简略格式，即不出现疑问代词，只用

"呢"来提问。例如:

(138) 三毛,老头子人呢?(《上海滑稽戏选集》30)

(139) 不是这个,还有呢?(同上30)(还有的东西呢)

(140) 我勿去呢?侬拿我哪能办?

(141) 明早走勿脱呢?

(5) "哪能"可以单独发问,也可以修饰动词、形容词,或者修饰名词。例如:

(142) 哪能?侬到底去勿去?

(143) 侬看哪能?(《上海滑稽戏选集》26)

(144) 到底哪能上去?

(145) 侬讲,伊到底有哪能好?

(146) 格么哪能办法呢?(《上海滑稽戏选集》17)

(147) 哪能道理?(同上29)

三、吴方言正反问

(一) 一般正反问

上海方言里的正反问还是比较普遍的。可以分为两大类:

A. 单音节

主要是动词或者形容词,格式为"V勿V"。例如:

(148) 是勿是?

(149) 有勿有?

(150) 去勿去?

(151) 对勿对?

(152) 好勿好？

B. 双音节

包括 AB 双音节的动词、形容词，以及动词带着宾语各种情况，比较复杂。根据肯定形式 AB 的省略形式不同，又可以分为两种情况：

1) 完全格式：AB 勿 AB。例如：

(153) 吃饭勿吃饭？

(154) 打扫勿打扫？

(155) 漂亮勿漂亮？

虽然是完全格式，实际口语中却比较少见。因为太烦琐。

2) 简略格式：A 勿 AB？不限于动宾词组，也包括双音节动词与形容词。例如：

(156) 吃勿吃饭？

(157) 打勿打扫？

(158) 漂勿漂亮？

这一格式属于常规格式，在上海方言里运用相当普遍。

上海方言的正反问有几个特点：

第一，除了"是勿是"可以携带谓词性宾语，"有勿有"也可以，这跟普通话不太一样，却跟粤方言、闽方言比较相近。普通话的"有没有"后面只能够带体词性宾语。但是上海方言里，肯定性回答不能用"有"或者"有 VP"，这点是上海方言跟粤方言和闽方言的重要区别所在。例如：

(159) 是勿是侬去讲？

(160) 报纸侬是勿是已经买来了？

(161) 有勿有吃过饭？吃过勒。

（162）香港侬有勿有去过？去过勒。

第二，正反问可以带上语气词，例如：

（163）伊到底是勿是呢？

（164）伊去勿去呢？我也勿晓得。

（165）是勿是侬去讲啊？

（166）是勿是侬去讲嗒？

加上"呢"，（163）表示深究；（164）表示设问，可以自问自答。如果带"啊"，表示征求意见，一般性询问。如果带"嗒"，表示对已经发生的事件追究、盘问。

(二)"阿"字问句

这其实是苏州话的格式，是不是属于正反问，历来有争议。为了论述方便，我们暂且归到这里予以讨论。其实最好的办法是自成一类。上海人里，中老年说得比较多，年轻人用得比较少。此外，上海方言里，主要是用一些常用格式："阿是""阿有""阿好""阿会""阿会得""阿要""阿有啥"等。例如：

（167）侬阿是北京人？

（168）里面阿是杨树浦？（《上海滑稽戏选集》9）

（169）伊阿有迭本书？

（170）迭个小贼阿有神经病嗒？（《上海滑稽戏选集》8）

要特别注意的是，"阿是""阿有"以及"阿好""阿会"等后面还可以带上动词性宾语。例如：

（171）阿是三日天无没吃啦？（《上海滑稽戏选集》29）

（172）阿是到了？（同上7）

（173）阿是侬还要击鼓叫怨呀？（同上15）

（174）那面孔上阿是勒浪开南货店？（同上22）

（175）阿有啥讲也勿讲就跑脱勒？（哪里有讲也不讲就跑掉了的？）

（176）伊阿好讲闲话勿算数咯？（他怎么能够讲话不算数的？）

不过，一些常用动词，也可以在动词前面加上"阿"来发问。例如：

（177）阿寻着哦？（《上海滑稽戏选集》28）

（178）侬夜饭阿吃过勒？

（179）日本侬阿去过？

（180）伊阿来海？

"阿"显示疑问焦点，一般句末不需要疑问语气词，但是也可以添加"啊"或者"哦"，还可以是"咯"，但是不可以加"嚎"。例如：

（181）侬阿是北京人啊/哦？

（182）伊阿有迭本书啊/哦？

（183）迭个小贼阿有神经病咯？

"阿字问"，往往用"阿是、阿有、阿晓得、阿会得"来提问，成为常规格式。这可称为"前问式"。例如：

（184）侬阿晓得，刚刚这个小囡是寻啥人来咯？（《上海滑稽戏选集》17）

（185）阿有啥个办法想？（同上17）

（186）老伯伯，你阿是袋袋里的钱包不见了？（同上30）

所谓的"后问式"，实际上就是附加问。例如：

（187）侬也去上海，阿是咯？

（188）伊也要去香港，侬阿晓得？

前后两种格式比较，说明"阿是"在前面的句子带有提醒对方注意，

"阿是"做附加问,是验证句。例如:

(189) 侬有几日天勿吃饭拉?阿是三日天无没吃啦?(《上海滑稽戏选集》29)

(190) 外头湿嗒嗒个,阿是落雨啦?

(191) 伊有三日没吃饭勒,阿是嗨?

(192) 外头落雨勒,阿是嗨?

四、吴方言选择问

上海方言的选择问,语调在第一个选择项后面明显提升。例如:

(193) 侬是吃饭,还是吃面?

(194) 侬是去北京,去南京,还是去哈尔滨?

有趣的是语气词"呢"的位置,如果只有两个选择项,一般出现在第一个选择项的后面;如果有三个选择项,可以出现在第一和第二个选择项的后面,但是通常不出现在最后一个选择项的后面,这显然跟普通话不太一样。例如:

(195) 侬是吃饭呢,还是吃面?

(196)? 侬是吃饭,还是吃面呢?

(197) 侬是去北京呢,去南京呢,还是去哈尔滨?

(198)? 侬是去北京,去南京,还是去哈尔滨呢?

在这样的选择问中,选择连词"还是"常常可以省略,普通话里很少有这样的问法。例如:

(199) 迭个塘里个鱼多呢,还是勿多?→迭个塘里个鱼多呢(,还是)勿多?

（200）阿拉是去北京呢，还是去南京？→阿拉是去北京呢（，还是）去南京？

上海方言的疑问句，还有一些比较特殊的提问方式：

第一，比较喜欢出现"我问侬"等格式，明确显示询问的意图。例如：

（201）我问侬：侬勒啥地方？（《上海滑稽戏选集》13）

（202）我问侬，侬苏北到上海，今朝侬要勿碰着那姐姐，侬稀饭有得吃哦？（同上25）

（203）好啦，我再问侬，今朝碰勿着那阿姐，侬阿是投亲不遇，阿要流落他乡？（同上25）

第二，喜欢运用"勿晓得……"这样的格式来表示自己的疑问。例如：

（204）勿晓得小赤佬跑得快哦？（同上21）

（205）勿晓得迭种书包几钿一只？

第三，喜欢用"侬晓得""侬看"这类提示语来发问。例如：

（206）侬晓得是啥物事？（《上海滑稽戏选集》21）

（207）老伯伯，侬想迭个小囡作孽哦，投亲不遇，路费也无没。（同上28）

（208）老伯伯，侬想想看，大人都饿勿起，小囡哪能好饿三日天呢？（同上29）

[原载《汉语方言疑问范畴比较研究》，暨南大学出版社2010]

第四节 "阿V"及其相关疑问句式比较研究

一、上海方言的疑问形式

上海方言里，除了特指问句之外，用得最普遍的问句形式主要有三种：

（一）前加式：阿VP?

（二）后加式：VP哦?

（三）正反式：V勿V?

"前加式"和"后加式"是上海方言固有的，"前加式"在上海方言的老派中还很有市场，这主要是受到苏州方言的影响。有人指出："阿"的用法多见于老派，青少年很少用，中年用得较多的是"阿有、阿是、阿会得、阿好"。（许、汤1986）这一观察基本上是正确的。"后加式"新派上海人用得比较普遍，现在"后加式"则有取代"前加式"的趋势，"正反式"则明显是近若干年受普通话的影响引入的。"阿"相当于一个疑问副词，该问句在形式上接近于是非问句，而在功能上则接近于正反问句；"哦"相当于一个疑问语气词，该问句在形式上和功能上都显示是一个是非问句。

本文主要讨论"前加式"，同时也联系"后加式"以及"正反式"做一些比较。"阿"的作用就是显示询问人的疑问焦点所在，所以"阿"总是重读。主要出现在动词、助动词或形容词的前面。例如：

(1) 侬明早阿到香港去？
(2) 伊阿是个上海人？
(3) 侬阿会拍照片？
(4) 伊阿聪明？

二、"阿"的疑问功能

"阿"的主要作用是显示"疑问焦点"，但是如果句子里已经有了明确的疑问焦点，应该说"阿"就失去了存在的价值。因此，一般的特指疑问句（包括简略的特指疑问句）、正反问和选择问是不能再用"阿"的。例如：

(5) ＊阿啥人去？
(6) ＊阿我格书呢？
(7) ＊侬阿去勿去？
(8) ＊侬阿去北京还是去上海？

但是，我们发现有前加式和正反式的混合式，即如果是在一个间接问句中，正反问形式充当句中的宾语或主语，可以在它的前面再用"阿"，显然，这里的疑问形式并不承担疑问信息。例如：

(9) 我勿晓得伊阿去勿去。
(10) 伊阿去勿去我勿晓得。

根据朱德熙（1985）的研究，这是一种不同历史层面的"沉积"，是吴方言受北方方言影响的结果，是一种"混合句式"。刘丹青（1991）认为在共时平面来看，它们的分布是有区别的。在苏州方言里，这一格式有两个特点：一是形式上多采用"V 勒勿 V"，这实际上是"正反选择问",其中的"勒"相当于上海话里的"老",是个连词。二是"阿V勒勿V"除了可以直接询问之外,还可以用在"间接问句"中。例如:

(11) 奈到底阿去勒勿去?

(12) 山东地方阿冷勒勿冷?

(13) 阿去勒勿去我作勿落主。

(14) 我勿管俚阿去勒勿去。

不过,上海方言跟苏州方言不同,一是没有"阿V勒勿V"的格式,二是"阿V勿V"不能直接询问。因此我们倾向于把这一种情况看作是一种旧的疑问表达形式(阿V)衰退,另外一种新的疑问形式(V勿V)引进过程中,不同方言疑问表达形式交融的结果,这种交融首先不是在疑问句中表现出来的,而是在传达疑问信息的间接问句中表现出来的。

此外,我们还发现有前加式和后加式的混合式,即后加式"V哦"在前面再添加一个"阿",从而形成"双重询问",当然,其中一个疑问信息是"羡余"的。例如:

(15) 侬阿去哦?

(16) 伊阿会得走错脱路哦?

在后加式逐步取代前加式这个变化过程中,两种说法出现交叉的情况也是可以理解的。

如果宾语部分有疑问代词,谓语动词前面用了"阿",这时的疑问代词实际上并不承担疑问信息,而是疑问代词的一种"虚指"用法。换言之,不必对疑问代词进行回答,而只要就"阿"所管辖的谓语动词做出简单的肯定或者否定的回答,如果是肯定,还可以进一步做出具体的回答。例如：

（17）侬阿吃啥点心？　　　回答：吃咾，吃饺子。
（18）侬阿做啥生意？　　　回答：做咾，做木头生意。
（19）侬阿晓得伊姓啥？　　回答：晓得咾，伊姓李。
（20）侬阿看见伊辣做啥？　回答：看见咾，伊辣揩地板。

表面上看起来，好像问句不但针对谓语动词，而且也针对宾语里的疑问代词，其实"阿"询问的只是谓语动词，跟宾语里的疑问代词无关。这有两个方面的证明：

第一，可以只针对谓语动词做出回答，而不对疑问代词做出回答。例如：

（21）侬阿吃啥点心？　　　回答：吃咾，随便吃啥。
（22）侬阿做啥生意？　　　回答：做咾，目前还保密。
（23）侬阿晓得伊姓啥？　　回答：晓得咾，侬问伊做啥？
（24）侬阿看见伊辣做啥？　回答：看见咾，不过我勿讲拨侬听。

第二，如果是否定性回答，也不可能继续就疑问代词做出回答。例如：

（25）侬阿吃啥点心？　　　回答：勿吃啥点心。
（26）侬阿做啥生意？　　　回答：唔没做啥生意。
（27）侬阿晓得伊姓啥？　　回答：勿晓得伊姓啥。
（28）侬阿看见伊辣做啥？　回答：唔没看见伊辣做啥。

如果是肯定回答，还可以继续对疑问代词做出针对性回答，这是语用的问题，跟句法结构无关。

由于"阿"能够显示疑问焦点，所以能够区别某些歧义结构。例如"V得C"这个动补结构可能是歧义的，比如"写得好""跑得快",如果是问句,既可以指一种可能性,意思是"写得好写勿好?""跑得快跑勿快?"(上海方言里一般的问法是"写勿写得好?""跑勿跑得快?");也可以是指一种结果情态,意思是"写得好勿好?""跑得快勿快?""阿"出现在这样的"动补结构"中不同的位置,就能有效地消除歧义,这主要是由于"阿"限制了疑问焦点的辖域。

如果出现在动词前面,这等于问"写勿写得好?"例如:

(29)伊阿写得好?

(30)侬阿跑得快?

如果"阿"出现在补语前面,这等于问"写得好勿好?"例如:

(31)伊写得阿好?

(32)侬跑得阿快?

当子句是个疑问形式时,母句也是疑问句,在句法结构形式上也有可能发生混淆,即可能会有两种理解。例如:

(33)伊/侬晓得啥人来勒?

(34)伊/侬记得迭条路走勿走得通?

(35)伊/侬讲今早为啥介冷?

(36)伊/侬猜李先生今早去勿去?

第一种是把母句理解为"是非问句",第二种是把母句理解为"特指问句"或者"正反问句",在口头上,不同类型疑问句的重音是不同的,区别还是明显的:

如果句子重音在母句的谓语动词上,则为"是非问句";如果句子重音在疑问代词或疑问结构上,则为"特指问句"或"正反问句"。

另外一个分化的办法就是在句尾添加疑问语气词:

如果加上"啊"或者加"哦",这显示母句应该是"是非问句";

447

如果加上"呢",这实际上是子句在询问,属于"特指问句"或"正反问句"。

如果当子句虽然是疑问形式,但是只是个非问形式,即带疑问语调或疑问语气词,却没有疑问代词或疑问结构,这时到底是母句在询问还是子句在询问,就可能产生歧解了。例如:

(37) 伊/侬晓得李先生已经来勒哦?

(38) 伊/侬记得今早是星期三哦?

(39) 伊/侬讲今早老冷格哦?

(40) 伊/侬猜李先生今早要走哦?

句尾的语气词"哦"可能属于母句,这是在问"伊/侬晓得勿晓得"。即:

(41) 伊/侬晓得(李先生已经来勒)哦?

句尾的语气词"哦"也可能属于子句,这是在问"李先生来没来"。即:

(42) 伊/侬晓得(李先生已经来勒哦)?

但是,我们无法利用语气词来进行分化,因为无论在子句还是在母句里出现的都是语气词"哦"。在上海方言中可供分化的办法之一就是添加疑问副词"阿"或"阿是",如果加在母句的谓语动词前面,那么疑问焦点就在母句上。例如:

(43) 伊/侬阿晓得李先生来勒?　　回答:晓得喀/勿晓得。

(44) 伊/侬阿记得今早去开会?　　回答:记得喀/勿记得。

(45) 伊/侬阿是讲今早老冷喀?　　回答:是喀/勿是喀。

(46) 伊/侬阿是猜李先生今早要走? 回答:是喀/勿是喀。

如果加在子句的谓语动词前面,那么疑问焦点就在子句上。例如:

(47) 伊/侬晓得李先生阿来勒？　　回答：来勒/唔没来勒。
(48) 伊/侬记得今早阿去开会？　　回答：去开会/勿去开会。
(49) 伊/侬讲今早阿是老冷嗻？　　回答：是老冷嗻/勿是老冷嗻。
(50) 伊/侬猜李先生阿是今早要走？回答：是今早走/勿是今早走。

三、"阿"与助动词、否定词的相对位置

"阿"可以出现在助动词前面来询问，上海话的助动词主要有：

要、肯、敢、好、会、会得、可以、能、能够、好意思……原则上，这些助动词都可以利用"阿"来询问，但是，"阿"不能出现在助动词的后面，只能出现在助动词的前面，因为助动词跟主要谓语动词结合紧密，而"阿"的疑问主要是针对助动词的，助动词不能脱离"阿"的语义辖域。例如：

(51) 勿许耐去，阿要气煞人？（30）
(52) 阿肯搭倷要好嘎？（52）
(53) 耐阿敢勿拨我吃？（64）
(54) 迭本字典侬阿好借拨勒我？
(55) 侬阿会划船？
(56) 侬阿会得游泳啊？
(57) 阿好意思说倷教耐勿要去嘎？（59）

"阿"不能直接出现在否定词语的后面，即"阿"不能被直接否定。例如：

(58) ＊侬勿阿晓得迭桩事体？

(59) ＊伊勿阿猜迭桩事体？

但是，如果"阿"出现在低一个层次，即在宾语位置上，当然可以出现在否定词语的后面。例如：

(60) 伊勿晓得侬阿会得来？

(61) 侬唔没问伊阿讲过迭句闲话？

"阿"也不能直接出现在否定词语的前面，换言之，不能就一个否定的命题来用"阿"提问，而只能对一个肯定命题用"阿"来提问。例如：

(62) ＊伊阿勿晓得迭桩事体？

(63) ＊今早阿勿算过节？

但是，如果否定词语出现在低一个层次，即在宾语或补语中，则没有问题。例如：

(64) 阿怕倪先生勿许耐嘎？（18）

(65) 侬阿猜勿着伊条谜语？

"否定"的标志"勿""唔没"和"疑惑"的标志"阿"，在句法位置上似乎是相互排斥的，即有了"勿"，就不再允许"阿"在同一个位置出现，反过来，有了"阿"，也不再允许"勿"在同一个位置出现。

"阿"与"勿"为什么相互排斥？这一个问题似乎还没有人研究过。

如果从句法角度来考虑，按当前生成语法对短语结构的分析，大概较多的人会主张把否定词引导的成分看成专门的一类短语，叫作 Neg P。至于"阿"字句引导的成分是否也可以看成专门的一类，譬如叫作 Q P，并没有人提起过。假设 Neg P 和 Q P 占据同一个结构位置，

Neg P 的中心语"勿"和 Q P 的中心语"阿"也占据同一个位置,似乎可以说因此不能相容,但是诸如此类解释的说服力其实并不大。

还可以从语义角度考虑。我们先考察一下几种疑问句在语义方面的某些区别。赵元任(Chao 1968)早就指出过"是非问"与"正反问"的一大区别是用"是非问"表示发问者对某个命题持疑问,而用"正反问"则表示态度中立。后来李纳和汤普逊(Li & Thompson 1979)对此作了一些修正,他们认为问题不在于发问者对答语内容的期望属于肯定还是否定,而在于对问话内容的假设,即命题属真或假。他们继而提出:"正反问句"只能用于中立情况,而"是非问句"还可以用于非中立情况。汤庭池(1988)认为这一提法基本正确,他也作了一些补充,邵敬敏(1996)也有类似的说法。我们也从这一分界出发来解释,认为"阿"字句、选择问跟正反问一样,只能用于中立情况。试比较下列例句:

(66)侬到勿到上海去?

(67)侬到上海去还是勿到上海去?

(68)侬阿到上海去?

这三个疑问句从语义倾向来讲,是完全一样的,即肯定和否定各占50%。然而"是非问句"就不是中立的了,北京话带疑问语气词"吗"以及上海话带疑问语气词"哦"这类"是非问句"就属于这一种情况。在非中立的情况下,两者所占的百分比不同,譬如三七开,在这个基础上加否定词,就会改变原来的比例,比如三七开变为倒三七。例如:

(69)侬到上海去哦?

(70)侬勿到上海去哦?

我们还认为，只能在非中立的情况下疑问句才可能出现否定式，因为在询问语义中立的情况下，肯定形式中两种可能各占50%，如果加上否定词，两者仍然各占50%，这个否定词显然是多余的，否定形式等于无效。因此在中立性疑问句中没有必要也不能使用否定形式。例如：

（71）侬到勿到上海去？

（72）＊侬勿（到勿到上海去）？

正因为如此，中立性的"阿"字句也没有必要使用否定形式。

要注意，这里说的是"阿"为什么不能跟"勿"同现。"阿是"和"阿"不同，"阿是"可以跟"勿"同现，下文第六部分讨论。

四、状语在"阿"字句中的分布

"阿"是个疑问副词，所以在句法结构中必定出现在谓语动词的前面充当它的修饰语，如果该谓语动词的前面已经有了别的一些状语，这就会产生一个"阿"和其他状语能否同现，以及如果同现位置谁先谁后的问题。

现在我们来考察一下，当句子的谓语动词前面带有一些其他状语时，"阿"所出现的位置情况。

1. 时间名词：

（73）阿今早去？

（74）今早阿去？

（75）阿三点钟走？

（76）三点钟阿走？

2. 介宾短语：

（77）阿辣屋里做功课？

（78）辣屋里阿做功课？

（79）阿搭伊讲过闲话？

（80）搭伊阿讲过闲话？

3. 程度副词：

（81）阿交关聪明？

（82）＊交关阿聪明？

（83）阿来得格结棍？

（84）＊来得格阿结棍？

4. 频率、时间副词：

（85）阿时常来此地？

（86）＊时常阿来此地？

（87）阿一直写下去？

（88）＊一直阿写下去？

5. 情态副词：

（89）阿一道来？

（90）＊一道阿来？

（91）阿呆板勒海？

（92）＊呆板阿勒海？

6. 单音节副词：[①]

（93）阿再写一本书？

（94）＊再阿写一本书？

（95）阿齐辣此地？

(96) *齐阿辣此地?

7. 形容词做状语:

(97) 伊阿老仔细格问过侬?

(98) *伊老仔细格阿问过侬?

(99) 侬阿清清爽爽格晓得伊是侬亲戚?

(100) *侬清清爽爽格阿晓得伊是侬亲戚?

8. 情绪语气副词:

(101) *阿到底去?

(102) 到底阿去?

(103) *阿大约摸会去?

(104) 大约摸阿会去?

9. 感叹语气副词:

(105) *阿居然来勒?

(106) *居然阿来勒?

(107) *阿简直像只狗?

(108) *简直阿像只狗?

10. 否定副词:

(109) *阿勿开心?

(110) *勿阿开心?

(111) *阿唔没回来?

(112) *唔没阿回来?

我们认为,以上分布各有其语义上的原因。第十类否定副词为什么不能跟"阿"同现,上文已经说明。第九类语义副词通常用于感叹句。例如:

(113) 侬居然敢打人!

(114) 伊简直勿是人!

感叹语气与疑问语气很不一样,感叹的前提是承认事实,而不是怀疑事实。所以这些语气词在任何一种疑问句里都不能出现。例如:

(115) *伊居然来哦?

(116) *伊居然来勿来?

(117) *伊居然到北京还是到上海?

(118) *啥人居然来勒?

应该注意的是这种限制纯属语义限制,与疑问句的结构和语调无关,所以这些副词有可能在反诘问句中出现。例如:

(119) 伊居然来勒?

说这句话时,发问者心中实际上不存在疑问,虽然借用了疑问句的语调,书写时也可以加上问号,其实是问句形式的感叹句。

第八类语气在疑问句中的位置早就有人研究过了。殷天兴(Ernst 1984,1994)都提到"到底"这类副词主要表达说话者强烈不耐烦的情绪。Jackendoff(1972)也早就指出以说话者为中心的副词(speaker oriented adverbs)不同于以主语为中心的副词(subject-oriented adverbs)。最近 Cinque(1997)更进一步研究了前者在句中的位置,他还列举了一些汉语现象。以说话者为中心的副词一般只能位于句首或者主语后助动词之前。如有否定词,这些助动词应该位于否定词之前。例如:

(120) 幸亏他没有看见。

(121) 他幸亏没有看见。

(122) *他没有幸亏看见。

"幸亏"跟疑问语气不相容,我们可以换一个副词来测试一下:

(123) 大约模伊阿来?

(124) 伊大约模阿来?

(125) *伊阿大约模来?

"阿"不能放在"大约摸"这类副词之前。

我们把谓语动词标为 V,把"阿"之外的其他状语标为 A,无非有四种可能:

	(一)	(二)	(三)	(四)
阿 AV?	+	+	-	-
A 阿 V?	+	-	+	-

显然,第一部分中的第一类到第二类状语属于(一),第三类到第七类属于(二),第八类属于(三),第九类和第十类属于(四)。其中,(二)最多,(三)最少。

状语实际上应该有两种,一种是修饰、限制动词中心语(包括形容词)的,另一种是修饰、说明整个句子的。前者跟中心语的结合比较紧密,很难有别的词语把它们隔开,可以出现"A 阿 V"形式;而后者则位置比较自由,换言之,跟中心语的结合程度不那么紧密,不可以出现"A 阿 V"形式。

一般地说,在一个句法结构中,左边的词语总是先出现的,它的语义辖域往往是右指的,即可以涵盖右面的词语;而右边的词语则往往是晚出现的,它的语义辖域一般不可以反方向逆指,涵盖它左面的词语。在"状语—中心语"结构中,语义重心往往在修饰语上,"阿"要显示这个疑问焦点,然而如果这个疑问焦点跑到"阿"的辖域之外

(左边)去了,句子当然不能成立。[②]

至于第四部分中的第八类和第九类都是语气副词,应该是属于全句的,有的可以在"阿"的前面使用,有的却不能,这和状语的类型没有关系,主要是因为这些语气副词所表示的语气是否符合疑问句的需要。

"阿"虽然可以出现在第一类状语,即时间名词前或后两个位置,但是语义有所不同。"阿 AV?"询问的是整个 VP,所以语义的重点显然是在状语的时间。比如(73)例,问的不是"去不去",而是问"是不是今早"去;而"A 阿 V?"询问的只是 V 动作本身,时间则在询问的内容之外,比如(74)例,问的是"去不去",而"今早"则是确定无疑的了。第八类介宾短语也可以出现在"阿"的前面或后面,语义也有所不同,在"阿"之后,询问的重点是"介宾短语",比如(77)例,问的重点是"做功课辣勿辣屋里";在"阿"之前,询问的重点是动词短语,比如(78)例,问的重点是"做勿做功课",至于"辣屋里"并非询问的内容。

五、"阿 V"句与"V 勿 V"句比较

现在,我们再来比较一下这些状语在"V 勿 V"正反问格式中出现的情况。

1. 时间名词

(126) 今早去勿去?

(127) 三点钟走勿走?

2. 介宾短语

（128）辣屋里做勿做功课？

（129）搭伊讲唔没讲过闲话？

3. 程度副词

（129）＊交关聪勿聪明？

（130）＊来得格结勿结棍？

4. 频率、时间副词

（131）＊时常来勿来此地？

（132）＊一直写勿写下去？

5. 情态副词

（133）＊一道来勿来？

（134）＊呆板勒勿勒海？

6. 单音节副词

（135）＊再写勿写一本书？

（136）＊齐辣勿辣此地？

7. 形容词做状语

（137）＊伊老仔细格问唔没问过侬？

（138）＊侬清清爽爽格晓勿晓得伊是侬亲戚？

8. 情绪语气副词

（139）到底去勿去？

（140）大约摸会勿会去？

9. 感叹语气副词

（141）＊居然来勿来？

（142）＊简直像勿像只狗？

10. 否定副词

(143) ＊唔没开勿开心？

(144) ＊唔没回唔没回来？

用"V勿（唔没）V"正反问，情况跟用"阿"来询问，不太一样。第三、四、五和七这四类是肯定不能说的，第六类比较特殊，基本上不能说，个别可以说，可能是副词的语义不同所引起的；第八类倒是能说，第一、第二类也可以说，只是它在语义上只等于"A阿V？"不等于"阿AV？"第九、第十类也都不能说，理由跟"阿"字句相同。

下面我们把这十类状语在"阿"字疑问句和"V勿V"正反问句中的情况做一个比较：

	阿AV？	A阿V？	AV勿V？
一、时间名词	+	+	+
二、介宾短语	+	+	+
三、程度副词	+	-	-
四、频率副词	+	-	-
五、情态副词	+	-	-
六、单音节副词	+	-	-/+
七、形容词状语	+	-	-
八、情绪语气副词	-	+	+
九、感叹语气副词	-	-	-
十、否定副词	-	-	-

通过比较，我们可以发现，由"阿"构成的问句和正反问既有相同的一面，也有不同的一面。但是，显然在上海方言中"阿"字问句不等

于正反问,但是也不宜把"阿V"问句看成为跟"V哦"问句一样的属于是非问句,上文第三部分已经讨论过这两种问句的区别,所以上海话"阿"字句有其特性。

关于副词和其他状语在"V不V"正反疑问句式中的分布限制,殷天兴(Ernst 1994)有详尽的研究。他的做法是:第一,把状语分成两大类;第二,提出一条"同构原则"(Isomorphic Principle)来排除某些副词在"V不V"句中出现的可能性。他所区分的两类状语中,一类比较接近于论元(argument),这包括表示时间、地点、受益、目标、工具等意义的状语,这类状语可以出现在"V不V"句式中,另一类是更加纯粹的状语,他称为"核心状语"(core adverbial),包括表示方式、程度、认知、情状、原因等意义的状语,这类状语不可以出现在"V不V"句中。后一类状语要受同构原则的限制,而前一类状语不需要受此限制。所谓"同构原则"大体上是说:如果成分甲在句法结构中的位置高于成分乙,那么在作语义解释时,甲的域大于乙。所谓结构位置高低用统制(c-commard)来定义,在这里我们不可能做详细解释。所谓域的大小可以通过以下的例子说明:

(145)小兰不可以睡楼上。

(146)小兰可以不睡楼上。

这两句话的意思不同,第一句中否定成分的域大于情态成分,第二句中的情态成分的域大于否定成分。[③]

殷天兴的分析基本上适用于上海话的"阿"字句。为什么以上一至五类副词不可用于"V勿V"句,而可以用于"阿"字句,因为两者句法结构不同。以下是两种句法结构简化的树形图:

(a)　　　　VP
　　　　／　＼
　　　ADV　　V
　　　乱　　勿跑

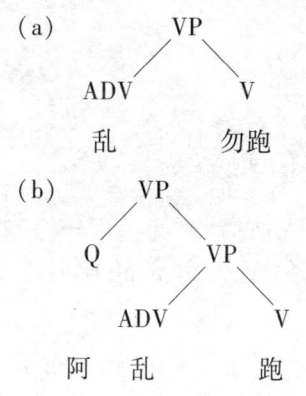

(b)　　　　　VP
　　　　／　　＼
　　　Q　　　VP
　　　　　　／＼
　　　　　ADV　V
　　　阿　　乱　　跑

（a）中副词"乱"句法结构位置高于动词"跑"，也高于疑问成分"V勿V"，为了简便起见，图中没有给"V勿V"独立的位置。根据殷天兴的同构原则，这句话的意思应该是："乱跑还是乱勿跑？"由于"乱勿跑"不成话，所以"乱跑勿跑"也不能成立。而（b）的情况则不同，这句话的意思应该大致相当于"是否乱跑？"这样疑问成分就可以管到副词。用语义学的话说，疑问成分的域大于副词的域；用功能主义的话说，副词在疑问焦点之内。不论用什么术语，其实说的是一回事。

殷天兴并没有提到"居然"等第九类语气副词，我们上文已经说过这些副词在意义上与任何形式的疑问语气不相容，可见，副词在疑问句中的分布不能都看作句法上的限制。

"V勿V"在疑问句里是疑问焦点，不允许其他成分插入，上述任何一种状语都不可能插入其间。例如：

（147）＊今早去勿今早去？

（148）＊辣屋里做勿辣屋里做功课？

（149）＊时常勿时常来此地？

(150) *一道勿一道来?

(151) *先吃勿先吃点心?

(152) *到底去勿到底去?

(153) *居然来勿居然来?

六、"V哦"句和"阿V""V勿V"句式的比较

以上十类状语,如果用来构成"V哦?"句式,则除了第九类,其他都可以成立。例如:

(154) 昨日去过哦?(第一类)

(155) 搭伊讲过闲话哦?(第二类)

(156) 交关聪明哦?(第三类)

(157) 时常来哦?(第四类)

(158) 一道来哦?(第五类)

(159) 先吃点心哦?(第六类)

(160) 伊老仔细格问过侬哦?(第七类)

(161) 到底去哦?(第八类)

(162) *简直像只狗哦?(第九类)

(163) 勿开心哦?(第十类)

比较"阿V""V勿V"和"V哦"三种疑问句式跟其他状语的配合问题,就会促使我们思考,这三种疑问句式的作用和差异究竟有什么不同。

我们发现,它们的主要不同在于疑问辖域的区别:

"哦"是处于句子末尾的疑问语气词,它可以对整个句子以及句

子的某个部分表示疑惑,因此语义的辖域最大。状语不论出现在动词之前还是出现在动词之后,都在疑问辖域之内。

"阿"不可能对位于它前面的主语询问,它的疑问辖域只限于谓语部分,如果谓语动词的修饰语在"阿"的后面,则疑问焦点可以在这个修饰语上,如果修饰语出现在"阿"的前面,则已经脱离了"阿"的疑问辖域范围,疑问焦点在谓语动词上。例如:

(164)侬阿今早去?

(165)侬今早阿去?

"V勿V"的疑问辖域只限于谓语动词本身,因此,从语义辖域这一角度来说,"V哦"是最宽的,"阿V"其次,"V勿V"最小。

七、"阿是""阿有"和"阿曾"

关于"阿是"。

汉语中"是"有两个,一个是动词,一个是副词。区别就在于"是"后面的词语是名词还是动词或形容词。因此,"阿是"也有两个:一个是疑问副词"阿"在修饰判断动词"是"。例如:

(166)伊阿是侬格小囡?

(167)老伯阿是善卿先生?

另一个"阿是"本身即为疑问副词,是疑问副词"阿"和语气副词"是"的结合体,已经融合成一个词了。[④]例如:

(168)伊阿是走勿动勒?

(169)耐阿是做仔包打听哉?

(170)伊阿是老聪明咯?

（171）阿是热闹点？（8）

当"阿"修饰动词或形容词时，有时可以跟"阿是"替换。例如：

（172）侬阿想去北京？

（173）侬阿是想去北京？

（174）侬阿相信伊考勒个第一？

（175）侬阿是相信伊考勒个第一？

但是，用"阿"跟用"阿是"所表示的疑惑程度有所区别，用"阿"的疑惑程度要大一点，而用"阿是"的疑惑程度要小一点，言下之意问话人并不是一点也不知道，而是多少已经知道一些，说出来希望对方予以证实。

"阿是"跟其他副词在句法结构中的同现问题，也和"阿"基本一样，凡是"阿"不能出现的位置，"阿是"也不行，凡是"阿"可以的位置，"阿是"也可以，而且在口语里更加自然和顺口。两者的区别主要有两点：

第一，单个动词一般用"阿"比较好，用"阿是"反而不大说，如果一定要说，必须在句尾添加语气词"喏"或"勒"。例如：

（176）侬阿来？

（177）？侬阿是来？

（178）侬阿是来喏/勒？

（179）侬阿了解？

（180）？侬阿是了解？

（181）侬阿是了解喏/勒？

第二，"阿"不能跟否定副词同现，而"阿是"可以出现在否定词语的前面。我们可以从两个方面来解释两者分布的不同：

（一）上文第三部分已经说过什么样的疑问句中可以出现否定成分。"阿"是中立情况下的提问，而"阿是"却不表示中立提问。在这一点上，"阿是"与带"哦"的是非问句相似。既然非中立，就可以允许从反面提问，就不排斥否定成分。

（二）用了"阿是"，主要不是要求对方作正反选择，而是说话者对某个判断表示疑惑，要求对方证实，接近于英语中的"is it the case that"。例如：

（182）伊阿是勿晓得迭桩事体？

（183）伊阿是猜勿着迭桩事体？

（184）今早阿是勿算过节？

（185）侬阿是勿大开心？

中国方言学界对上海方言里的"阿"字疑问句到底应该归属于哪一类疑问句，历来颇有争议。一种意见认为应该属于"正反问"，一种意见则认为应该属于"是非问"。一个主要依据的是语义功能，一个主要依据的是结构形式。其实在我们看来，"阿"字句既不是是非问，在某些方面也不同于"V 不 V"形式的正反问，它是吴方言里的一种特殊的疑问句，在结构形式上并不具备正反问的特点，同时在语义功能方面又跟是非问明显有区别。语法研究中分类固然需要，但并不是最重要的，最重要的是对种种语法现象做出精细而准确的描写和中肯而深入的解释。而且我们更不必用固有的分类模式束缚住自己的手脚。

关于"阿有"。

"阿"还经常用在动词"有"的前面来询问。例如：

（186）侬阿有迭本书啊？

（187）侬香港阿有去过啊？

"阿有"用得相当普遍，但是跟普通话的"有没有"有所不同，它的后面不但可以跟名词短语，而且还可以跟动词短语，只是很少做附加问，却常常用在反问句里。例如：

（188）伊阿有三十岁勒？

（189）伊阿有去过新疆？

但是，在回答动词性宾语时，如果是肯定的，不能用"有"，或者"有V"，而只能直接用该动词；如果是否定的，则可以用"唔没"，比如（189）例句的肯定性回答是："去过新疆嘞"，不能回答"有"或者"有去过新疆"；否定性回答是："唔没去过"。然而广州话则可以用"有"或者"有"加上动词来回答。从而在这一疑问句式上，北京方言、上海方言和广州方言形成非常有趣的渐变对应规律：

	提问方式：有没有V？	肯定性回答：有/有V
北京方言	−	−
上海方言	+	−
广州方言	+	+

关于"阿曾"。

"阿曾"只用于动作的过去时，相当于"阿V过"，也可以再在动词后面带上时态助词"过"或者其他表示动作完成的"好""脱"等。例如：

（190）侬阿曾去过新疆？

（191）伊阿曾吃过苦头？

（192）阿曾写好？

（193）阿曾吃脱？

现在的上海人中间,老年人还常常使用"阿"来帮助提问,而中年人则已经大体上放弃了这一种用法,但是,第一,还保留了部分的用法,这主要是使用熟语性的"阿是""阿有""阿肯""阿要""阿会得",第二是能判断这个"阿"用得对不对。至于年轻人,原则上已经不用"阿"来询问了,即使熟语性的"阿 X"也很少使用了。但是,要注意的是,语言的使用有一个层层叠加、互为消长的过程,某一种用法可能用的频率大大降低,但也不会立刻绝迹,这必定有一个漫长的过程,在同一个方言中,几种用法同时并存,甚至于混用,都是可能的。(文中例句,极大部分是上海方言的口语材料,少部分转引于用苏州方言写成的《海上花列传》,例句后面数字即该书的页数。)

附注

① 把单音节副词归成一类也许不太恰当,但是在语义方面找不出共同性的特点,只好暂且如此。

② 用先后左右来说明不太精确,后加式问句中疑问词"哦"的辖域就在它的前面。形式语言学中有更好的办法来表达辖域大小。

③ 只会说汉语的人往往不会觉得这是个问题,但是有些语言中句法位置与语义域不一定都一致。例如:"All that glistens is not gold."这句话既可以按字面意思解释为"发光的都不是金子",也可以解释为"发光的不都是金子"。

④ 如果理解为"是"是一个语气副词,"阿"是一个疑问副词,即由"伊是走勿动勒",变为"伊阿是走勿动勒?"这也不失为一个思路。

参考文献

刘丹青(1991)苏州方言的发问词与"可 VP"句式,《中国语文》第

1期。

闵家骥、范晓、朱川、张嵩岳（1986）《简明吴方言词典》，上海辞书出版社。

钱乃荣（1992）《当代吴语研究》，上海教育出版社。

汤庭池（1988）国语疑问句研究续论，《汉语词法句法论集》，台湾学生书局。

许宝华、汤珍珠主编（1988）《上海市区方言志》，上海教育出版社。

赵元任（1928）《现代吴语的研究》，清华研究院丛书第4种。

朱德熙（1985）汉语方言里的两种反复问句，《中国语文》第1期。

Chao, Yuren. 1968. Grammar of Spoken Chinese. Berkeley & Los Angeles: University of California Press.

Cinque, Guglielmo. 1997. Adverbs and the Universal Hierarchy of Functional Projections. MS. Venice: University of Venice

Ernst, Thomas. 1984. Towards an Integrated Theory of Adverb Position in English. Bloomington: Indiana University Linguistics Club.

Ernst Thomas. 1994. Conditions on Chinese A-not-A questions. Journal of East Asian Languages 3: 241–264.

Jackendoff, Jay. 1972. Semantic Interpretation in Generative Grammar. Cambridge: MIT Press.

Li, CharlesN. & Sandra A. Thompson. 1979. The pragmatics of two types of yes-no question in Mandarin and its universal implications. Papers from the Fifteenth Regional Meeting of Chicago Linguistic Society. Chicago: University of Chicago.

［原载《中国语文》1999年第4期］

（与徐烈炯合作）

第五节　上海方言话题疑问句与命题疑问句比较

一、上海方言正反问的三种类型

通常认为，上海方言的正反问有三种形式并存：

（一）VP 勿 VP？

（二）阿 VP？

（三）VP 哦？

第（一）类的形式在普通话里是典型的正反问，可以称为正反问的"原型"格式，如果 VP 比较复杂，尤其是 VP 为双音节或多音节动词，或者宾语比较长，正反问的完整式就显得特别累赘拗口，所以省略式比较盛行。从理论上讲，这又可以分为前省式"V 勿 VO？"与后省式"VO 勿 V？"但是上海方言里没有后省式，只有前省式。在我们看来，这类问句跟一般是非问的形式虽然不同，但是话语功能实际上是一致，或者说是相近的。因为，这两类问句的回答都只能是肯定或者否定。所以我们把是非问叫作"单项是非选择问"，把正反问叫作"双项是非选择问"，合称为"是非选择问"。（邵敬敏 1999）

第（二）类到底是不是正反问，历来有争议。我们认为，它在形式上接近于是非问，但在功能上接近于正反问，换言之可以看作一种过渡型的问句，所以叫作"正反是非问"。（徐烈炯、邵敬敏 1998）本文为了比较方便，把它看作汉语方言正反问的一种变式。

第（三）类情况比较复杂一些。因为在实际口语中，它有三种形式：

1. VP 勿？这可以看作"VP 勿 VP"的后省略式，也可以看作近代汉语"VP 不"句式的一种遗留。"勿"还保留着否定词的意义和词汇形式，语义相当于正反问"VP 勿 VP？"

2. VP 勿啦？这显然是"勿"加上语气词"啊"构成，应该分析为"VP 勿/啦"，语气加重，并且语义上有追问、逼问的意思。

3. VP 哦？这实际上是"勿"和语气词"啦"长期同现以后的合音，也是目前使用频率最高的格式。

前两类看作正反问的简式，应该没有问题，第 3 类有点麻烦。因为"勿"与"啊"已经完成合音的过程，融合为一个音节，形式上属于是非问，类似于北方方言里的疑问语气词"吗"，如果把"哦"看作疑问语气词，那就应该属于是非问句，但是由于跟前两类格式并存，可以看出合音的历史还不那么长久，而且 2 式和 3 式几乎可以自由替换（许宝华、汤珍珠 1988），所以，不妨看作"VP 勿"的变式。

二、上海方言三种正反问格式的使用情况

我们感兴趣的是这三种正反问格式在上海方言里的使用情况及其消长趋势。

"VP 勿 VP？"实际上不是上海方言的疑问句式，我们调查了《滑稽戏选（一）》（上海文艺出版社 1982）的"三毛学生意"，该剧中的三毛等多数人是从苏北来的，说的是江淮官话，一共也才 5 例，其中 4 个都是"是不是"，真正由动词构成的只有 1 例。例如：

(1) 今天你是不是去出诊呀？（滑54）

(2) 你管不管？（同上40）

这类句式尽管不太多，但是，1949年以来，随着普通话的普及，在新派上海话里明显增多。特别是动宾格式的正反问句，往往采用前省式"V勿VO"，有些口语形容词根据类推原则，也说成"A勿AB"，可见，这是上海方言里新兴的疑问句式。例如：

(3) 今朝侬课上勿上？

(4) 迭件衣裳漂勿漂亮？

"阿VP？"也不是上海方言本身的"土产"，明显受到苏州话的影响。上海话有老派、中派和新派的区别。使用"阿VP"发问的人，老派最多，说明在19世纪到20世纪40年代上海方言的面貌跟苏州话比较接近；中派大多是30—60年代出生的上海人，这类问句即使还在用，也限于某些特定格式，比如"阿是""阿有""阿好""阿会得"。（许宝华、汤珍珠1988）至于新派，主要指70年代以后出生的上海人，这类句式几乎不说，汤志祥编写的《基础上海话》（香港中华书局2001）里只举到"阿是"一种用例。这说明，由"阿VP"来提问的形式在这100年来，随着苏州话在上海方言里的影响的减弱，变得越来越罕见了。现在只剩下"阿是""阿有"等少数几个词语，而且明显已经词汇化了。我们查阅《三毛学生意》（大约53 300字节，创作于20世纪50年代，相当于中派上海话），发现"阿VP？"一共31例，其中，"阿是"最多，18例，"阿有"5例，后面询问的对象可以是单个名词，也可以是动宾短语或者句子。例如：

(5) 阿是这个吴先生？（滑56）

(6) 阿是侬还要击鼓叫怨呀？（同上15）

(7) 阿有啥个办法想？（同上 17）

(8) 迭个小贼阿有神经病？（同上 8）

"阿要"4例，"阿会（得）"1例，后面都是跟的动词性短语或者句子。例如：

(9) 阿要尝尝我格豆腐花？（滑 36）

(10) 瞎子阿会追得来哦？（同上 72）

"阿"直接修饰一般动词的例句非常少，仅有4个：

(11) 侬阿算勒浪敲？（滑 66）

(12) 你阿闻着布毛焦气味？（同上 62）

(13) 侬阿想再讨女人啦？（同上 69）

(14) 阿寻着哦？（同上 28）

最后一例还是混合句式，后面有"哦"，前面有"阿"，构成双重提问形式。

"V 哦？"这类问句大量使用，一共41例，显然，属于主流疑问句式，应该是上海方言本地土产。它实际上可以分为两大类：A式话题疑问句；B式命题疑问句。

三、话题疑问句与命题疑问句

话题疑问句与命题疑问句，这是上海方言的两大特色疑问句。

A式：S（NP+VP）哦？

即在句尾直接加上"哦"来发问。要特别指出的是，这类疑问句的特点就是话题鲜明，主要采用非施事名词移到句首充当话题，并且对之提问。上海方言疑问句的话题常常把受事移位到句首来充当，由于问句的主语通常是第二人称，所以一般可以省略不说。谓语 VP 跟语气词"哦"形成一个节拍，话题跟"V 哦"之间往往节奏紧凑，有时也可以有停顿，书面上表现为逗号。例如：

(15) 大饼吃哦？
(16) 米轧来哦？
(17) 迭个，会哦？
(18) 枣子，懂哦？

此外，在判断句或者描写句里，主事也常常充当话题。例如：

(19) 老伯伯，侬想，迭个小囡作孽哦？
(20) 迭位是吴先生哦？
(21) 伊有钞票哦？
(22) 吴先生勒浪哦？

在句首充当话题的，也可能是工具、处所词、时间词等其他语义角色，当受事不出现的情况下，甚至施事也可以做话题。例如：

(23) 格句闲话，侬勒浪钝我哦？
(24) 英国去过哦？
(25) 后日，有空哦？
(26) 侬想去哦？

如果受事和施事都出现在动词之前，无论哪个在前，哪个在后，上海方言里都可以成立，但是受事在前施事在后的句子占压倒优势。例如：

(27) 黄包车侬看见过哦？
(28) 侬黄包车看见过哦？
(29) 饭伊吃过哦？
(30) 伊饭吃过哦？

473

B式：S，VP哦？

即前面先出现一个句子S，可以是陈述句，也可以是祈使句，甚至是感叹句，这个句子不一定出现主语，换言之，动宾短语也属于这一类，接着用"VP哦？"来追问。这实际上是先提出一个命题（S），然后，要求对方表态，所以可以叫作"命题疑问句"。询问的VP最常用的词语是"是哦""对哦""好哦""晓得哦"。例如：

（31）吴先生，剃头是哦？（陈述句）

（32）明朝就调来做，好哦？（陈述句）

（33）侬今年十八岁，对哦？（陈述句）

（34）帽子叫"顶宫"，晓得哦？（陈述句）

（35）叫侬跑开，晓得哦？（祈使句）

（36）帮帮我，好哦？（祈使句）

（37）天气老老好个，是哦？（感叹句）

（38）迭个物事忒贵勒，晓得哦？（感叹句）

这一形式在普通话里也是有的，我们以前称之为"附加问"（邵敬敏1996），它有四个特点：

第一，不独立使用，必须附加在某个非疑问句的后面。

第二，由疑问格式或者疑问词单独构成疑问句。

第三，回答必定是简单的肯定或者否定。

第四，这类问句比较特别，从形式上看，最常见的是正反问、是非问，但也可以是个别特指问（怎么样？），乃至叹词独用问句。从语义上看，却属于单纯的是非问。从功能上看，则表示就始发句S的内容征求对方的意见，或者希望对方予以证实。例如：

（39）你要发誓，过完年就回来，好不好？（北大语料库）

（40）张姐，我真的不知该怎么办，你帮帮我，好吗？（北大语料库）

（41）你早点脱军装，我们兄弟俩联手办厂，怎么样？（北大语料库）

（42）如果老板满意再正式来，啊？（北大语料库）

在普通话里，附加问只是疑问句的一种特殊的语用功能类型，不是优势句式；但在上海方言里，这类疑问句大量存在，占有压倒优势，而且很有特色，所以，我们单独把这类句式命名为"命题疑问句"。

四、两类特色疑问句比较

"话题疑问句"与"命题疑问句"，这两类疑问句在上海方言里都很普遍，它们具有不同的特点，也有适当的分工。试比较：

（43）A. 香港侬去哦？

　　　B. 香港侬去，是哦？

（44）A. 迭双鞋子老贵咯哦？

　　　B. 迭双鞋子老贵咯，对哦？

（45）A. 三千块钞票侬领勒哦？

　　　B. 三千块钞票侬领勒，是哦？

两类疑问句式的区别主要在于：

1. A式结构形式是"S（NP + VP）哦"，"哦"附着在整个句子后；B式结构形式是"S，VP 哦"，"哦"仅仅附着在判断词语 VP 之后。

2. A式的疑问焦点是整个句子 S，所以，没有特别强调的重音；而

B式的疑问焦点是句子S之后单独出现的VP,这正是重音的所在。

3. A式询问的是某个行为(NP+VP)发生与否;B式询问的是对前面的命题(S)是否确认。

4. A式的询问者基本不知道什么情况,疑惑度比较大,疑大于信,问题简明,只要求对方用简单回答;B式则先提出一个完整的非疑问的命题,询问者实际上已经得知某一信息,只要求对方证实,因此,信大于疑。问题更加简明,只要求对方用是非简单确认。

5. A式的回答,针对句子中的VP,所以答语通常承上而来。而B式的回答,针对句后的VP,不是承前句中VP回答。例如:

例(1)A式回答:去噢/勿去。

例(1)B式回答:是噢/勿是噢。

例(2)A式回答:老贵噢/勿是老贵噢。

例(2)B式回答:对噢/勿对。

例(3)A式回答:领勒/没领。

例(3)B式回答:是噢/勿是。

可见A式的回答相对复杂,随着句式的谓语不同而变化。而B式由于VP是有限的几个词语,回答相对简单。

6. 凡是祈使句,或者诉求句,都只能用B式,不能用A式。感叹句,也是使用B式比较自然而且更常见,而用A式,显得比较局促,很少使用。例如:

(46) *A. 侬快点走噢?

B. 侬快点走,好噢?

(47) *A. 我想买双40码的鞋子噢?

B. 我想买双40码的鞋子,有噢?

(48) ? A. 迭个小囡老老聪明嘞哦?
　　　　B. 迭个小囡老老聪明嘞,对哦?

我们认为,命题疑问句是在话题疑问句的基础上发展起来的。汉语语法,尤其是上海方言在话题语法化方面要超过普通话(徐烈炯、刘丹青1998),受事最容易提到句首充当话题,当然,施事或者一般无所谓施受的主事、当事,包括其他的语义论元,都可以充当话题。而命题则更没有任何限制,尤其是祈使句、感叹句,更加适合运用作为命题提出来,再进行询问,从而形成颇有特色的"命题疑问句"。

五、百年前上海土话正反问的历史面貌

为了了解上海方言的原始面貌,我们选取了上海土山湾慈母堂出版的《土话指南》(1908)(以下简称《指南》)作为语言材料考察的蓝本。《指南》附有法语注释,并且附有罗马字母注音,是19世纪—20世纪初对外国传教士进行上海话教学的课本(相当于现在的对外汉语方言教材),"土话"就指松江一带的上海本地方言。《指南》一书的"序"明确指出:"官话指南,本为东洋吴君所撰……然于松属传教士不克其用,未免有恨,概欲译以松属土音为快,余姑就众情,勉按原本译以方言。"换言之,这是"官话"(现代汉语)的方言对译本,比较客观地记录了当时的上海方言,是难得的原始资料,该资料显示,当时上海方言正反问的三种类型已基本齐全,但是使用的概率跟现在有所不同。

第一,话题疑问句最多,一共101例:"S否?"87例,"S没?"14例。例如:

(49) 中国说话，阁下懂否？（指南 5）

(50) 第个几日里，老弟常庄拉屋里否？（指南 17）

(51) 生意学歇否？（指南 44）

(52) 侬先垫得起否耶？（指南 28）

(53) 饭用没？（指南 51）

(54) 筒十块银子换来拉没？（指南 120）

"否"的记音为［va］，跟"哦"同音；"没"相当于"勿"，两者都是入声，韵母相同。用"否"的问句大大多于用"没"的问句，而且"否""没"同现，更加说明"哦""勿"确实具有渊源关系。

第二，命题疑问句，一共29例："S，是否？" 13例，"S，有否？" 6例，"S，好否？" 4例，"S，对否？" 1例。例如：

(55) 老弟今朝是头一日出来，是否？（指南 17）

(56) 比伊小点，还有否？（指南 21）

(57) 格咪倪两家头一淘去，好否？（指南 4）

还有"S，AP否？" 1例，"S，VP否？" 4例。例如：

(58) 筒块地皮大来野，无啥人担伊来种种园地，可惜否？（指南 9）

(59) 老弟封印之后，来总理衙门里，去歇否？（指南 18）

(60) 托办拉筒只醒钟，买着否？（指南 38）

第三，"阿 VP？"，一共25例，其中"阿是 VP" 19例，"阿要 VP" 4例，"阿有 VP" 1例，"阿曾 VP" 1例。没有发现"阿"直接带一般动词、有一些句子句尾还带有"否"来进行双重询问的句子。这说明，这一句式在上海方言里没有占到优势，影响相当有限。例如：

(61) 米价阿是主人家定个？（指南 32）

（62）阿要写啥纸张个？（指南 37）

（63）阿有啥本事？（指南 44）

（64）阿曾补过歇实缺个？（指南 17）

第四，"VP勿VP？"一共13例，其中"好勿好"9例，一般动词4例。这说明，北方方言的典型正反问在上海方言里还比较少见，处于一种发展阶段。例如：

（65）侬想，什介办法好勿好？（指南 75）

（66）骡子好勿好？（指南 109）

（67）自家点点看，到底对勿对？（指南 87）

（68）到底盘盘货色看，究竟缺勿缺？（指南 85）

六、有关正反问句演变的几点启示

考察了上海方言的疑问句类型，我们可以从中发现一些有趣的语言现象以及演变特点，同时，这也给了我们不少启示。

1. 多个方言来源，导致多元化

上海方言在历史上由于受到各个方面方言的影响，19—20世纪初主要是苏州地区和宁波地区向上海输入大量的移民，而且由于他们的经济状况比较好，所以成为强势方言，他们对上海土话的影响力不能小看。到了1949年以后，主要是受到普通话的影响，并且随着苏州地位在吴语区的下降，最近几十年来上海方言疑问句的发展趋势是向普通话靠拢，"阿VP？"句式逐渐衰亡。而以往极少使用的"V勿V""V勿VO"等正反问也开始出现。

2. 两类问句互补，形成主流化

虽然上海方言里正反问的三种句式都存在，话题疑问句"S否?"和命题疑问句"S，VP否?"一直是上海方言疑问句的主流句式，其他只占据辅助地位。这不仅在数量上可以得到证明，而且两者在功能上也形成对立互补的格局，A式偏重于询问话题实现的情况，B式偏重于询问命题认可的情况。

3. 多类交融消长，导致杂糅化

上海土话除了直接借用苏州方言的疑问方式之外，还出现借用格式跟本地格式混用的句式。例如"阿V……?"是苏州方言的典型疑问句式。上海土话虽然也借用了这类句式，但是主要限于"阿是/阿要/阿曾/阿有V?"其中动词跟"阿"直接构成"阿V"疑问句式极少，几乎没有，相比较《海上花列传》，这是用苏州话写成的小说，就出现大量用"阿"直接引入动词的句子。例如：

(69) 庄大少爷阿来里?

(70) 耐阿吃嗄?

(71) 昨日夜头保合楼厅浪阿看见个胖子?

(72) 秀宝是清倌人㗲，耐阿晓得?

(73) 人阿缥致嗄?

(74) 阿二末比仔么二阿省点?

有趣的是上海土话里出现了"阿是/阿要/阿曾/阿有V……否?"混合格式。例如：

(75) 阿要偷果子出去卖个否?（指南34）

(76) 阿要教人来看拉个否?（指南34）

(77) 阿是受累勿轻否?（指南38）

(78) 阿是怕者否?（指南83）

(79) 我阿要紧跟老爷去否？（指南110）

甚至于出现"阿是/阿要/阿曾/阿有 V……，V 否？"的混合格式。例如：

(80) 自家阿是有个果子树园，是否？（指南33）

(81) 阿是厨司贴正放之云耳拉去，是否？（指南106）

(82) 阿是侬有两只官帽，是否？（指南110）

4. 普通话影响扩大，形成新的优势句式

上海方言发展的主流导向是向普通话靠拢，也就是说，在保留话题疑问句与命题疑问句的同时，"V 勿 V"以及"V 勿 VO"或者"OV 勿 V"句式迅速崛起，尤其是话题化的"OV 勿 V"句式更有特色，成为跟"话题疑问句"并驾齐驱的优势句式 C。例如：

(83) A. 饭吃哦？

　　　C. 饭吃勿吃？

(84) A. 迭件衣裳漂亮哦？

　　　C. 迭件衣裳漂勿漂亮？

[原载《华东师范大学学报》2007年第4期]

第六节　上海方言疑问句近百年的历史演变及其特点[*]

一、上海土话与上海方言

"上海方言",通常是指上海地区居民交际时所说的话语,属于吴方言太湖片苏沪嘉小片(颜逸明1994)。"上海土话"则有特定的含义,专指松江府上海县一带人在19世纪末、20世纪初,即清末民初所说的本地话。从20世纪初期到21世纪初期,这一百多年来,上海方言发生了急剧的巨大的演变,我们必须正视这一变化。从历史进程来看,汉语的面貌出现了三次巨变:1. 1919年新文化运动之后;2. 1949年中华人民共和国成立之后;3. 1978年改革开放国策实施之后。从地域上看,对上海方言影响最深远的有三个来源:1. 邻近上海的苏州方言;2. 大量移民带入上海的宁波方言;3. 以国语(普通话)为代表的北方官话。按照许宝华、汤珍珠合编《上海市区方言志》(1988)的研究,他们把当时的上海方言分为三类:老派、中派和新派。当然,这也只是一个权宜的做法,因为老、中、新都只是相对概念。该书所谓的老派大约相当于20世纪初期出生的人,中派大约相当于20世纪

---

[*] 本文得到中国国家社科基金"汉语方言疑问范畴比较研究"资助(批文号:03BYY029)。

40年代前后出生的,新派相当于20世纪60年代前后出生的。至于该书无法涉及的80—90年代以来出生的则应该看作"新新派"了。

为了显示上海土话和上海方言的区别,我们选取了两本当年的上海话教材作为研究的语言材料蓝本。一本是上海基督教会编写的《上海土话短语集》(1862,伦敦)(以下简称《土话》),另外一本是上海土山湾慈母堂出版的《土话指南》(1908,上海)(以下简称《指南》)。《土话》附有英语注释,《指南》附有法语注释,两本书都附有罗马字母注音。显然这是19世纪—20世纪初对外国传教士进行上海话教学的课本(相当于现在的对外汉语方言教材),"土话"就指松江一带的上海本地方言。《指南》一书的"序"明确指出:"官话指南,本为东洋吴君所撰……然于松属传教士不克其用,未免有恨,概欲译以松属土音为快,余姑就众情,勉按原本译以方言。"换言之,这是"官话"(现代汉语)的方言对译本,比较客观地记录了当时的上海方言,是难得的上海土话的原始资料。我们基本以这两本教材的语言材料为蓝本,来观察当时上海土话的疑问句系统,并跟当代的上海方言疑问句进行适当比较。

二、上海土话的选择问、正反问和特指问

(一)上海土话的选择问,数量要比普通话少得多,而且形式也比较单调,缺乏变化。大体上可以分为两套:

1. A和B两个并列项由形容词构成,格式是"A伊(呢)B?"在A项之后的"伊(呢)",我们认为应该属于疑问语气词,而不是连词。例如:

(1) 第个生意内行伊外行？（土话 31）

(2) 今年皮货强伊贵？（土话 105）

(3) 第位学生子读书聪明伊呆笨？（土话 122）

(4) 第个月大伊月小？（土话 161）

(5) 第个物事，阁下看起来是真呢是假个？（指南 3）

(6) 我亦勿晓得银子是假个呢真个？（指南 92）

需要特别指出的是，这个"呢"不同于普通话里的"呢"，前者只能够出现在选择问句的中间，不能出现在句尾，后者既可以出现在句中，也可以出现在句尾。现在上海话里也有出现在选择问句尾的"呢"，这可能是近几十年来受到普通话影响的结果。

2. A 和 B 两个并列项由动词或动词性短语构成，格式是"A 伊（呢）还是 B？"除了"伊（呢）"，还有连词"还是"，例如：

(7) 一起买伊还是买一半呢？（土话 33）

(8) 就上任呢，还是先要到省里去？（指南 19）

(9) 现在是自家种里呢，还是佃户种拉？（指南 23）

(10) 卖拉米行里个呢，还是卖拉客人个？（指南 32）

(11) 行医味，还是人家上门个呢？（指南 16）

《土话》的语气词写作"伊"（音标为 e），《指南》则写作"呢"（音标为 ni），两个语气词出现的语法位置相同，作用也一样，音标的读音相近，只是汉字写法不同。我们怀疑它们实际上是一个词，只是不同地区发音人的口音不同而造成了差异。还有一个"味"（音标为 meh），可能是语气词"么"。

（二）上海土话的正反问格式比较单一，只有"A 勿 A"形式，还没有发现"VO 勿 VO""VO 勿 V""V 勿 VO"的句例。

1. A 主要由形容词构成,最常见的是"好勿好""多勿多""大勿大""够勿够"。例如:

(12) 简对瓶好勿好?(指南 21)

(13) 第个裁缝手脚好勿好?(土话 78)

(14) 第块沟里鱼捉起来多勿多?(土话 91)

(15) 市面上茶叶多勿多?(土话 25)

(16) 线粉干中国人用场大勿大?(土话 96)

(17) 廿担够勿够?(土话 26)

(18) 自家点点看,对勿对?(指南 87)

2. 动词构成的正反问比较少,常见的主要是"有勿有",一般动词或者助动词结构则相当少,而且往往出现在句尾。例如:

(19) 第种能个货色那荡有勿有?(土话 31)

(20) 第块沟里鳖有勿有?(土话 92)

(21) 寒热有勿有?(土话 117)

(22) 自侬作伊保人罢,可以勿可以?(指南 103)

(23) 小姐肯拨勿肯拨,丈人丈母做主。(土话 127)

3. 我们还发现选择问和正反问的混合句式。例如:

(24) 货色多呢勿多?(指南 51)

(25) 险呢勿险?(指南 76)

(26) 假呢勿假?(指南 85)

类似的句子还有:"气呢勿气?""肯呢勿肯?""可笑呢勿可笑?"

4. 我们还发现了比较特别的动补式的正反问,但是我们怀疑这一句式是受到北方话的影响,上海方言至今也不这样提问,特别是"得"的用法明显是北京话的用法。

(27) 坟山地请地理先生看，葬得葬勿得？（土话144）

(28) 告诉我刊，话得呢，话勿得个？（指南48）

（三）上海土话的特指问，结构跟北方话一致，疑问焦点也在疑问代词上，区别只是疑问代词不同。基本上有两套：一是由"啥"构成的，例如：啥人、啥地方（啥户荡、啥场化）、啥辰光等；二是特殊的疑问代词，例如：哪能、几化、鞋里、几点（几时、几月）等。但是在结构上没有什么特殊的地方。

三、上海土话是非问的语气词

上海土话的是非问很有特色，没有单纯依靠语调来承载疑问信息的，只有依靠疑问语气词来承载疑问信息的，所以疑问语气词颇具特色。最常见的句法形式是："S 否？"即一个陈述句的句尾附加上一个疑问语气词"否"，这个疑问语气词，我们以为就是"哦"，构成是非问句。根据我们的分析（邵敬敏2007A），这个"哦"实际上是否定副词"勿"和语气词"啊"的合音，其内部有五个类型：

1. 谓语动词句，加上"否"构成，主语可能是施事（前面四例），也可能是受事（后面四例）。例如：

(29) 郎中先生把过歇脉否？（土话15）

(30) 侬晓得英国个烧法否？（土话37）

(31) 大和尚拉山上否？（指南5）

(32) 常远勿看见者，阁下还认得我否？（指南5）

(33) 饭吃得落否？（土话15）

(34) 那荡行里麻咭夏布买个否？（土话26）

（35）地皮咯啥先要去看一看否？（指南 24）

（36）店号改否？（指南 25）

也有大主语是受事，小主语是施事的。例如：

（37）外国字招牌侬会写否？（土话 125）

（38）田上契张，自家齐看见过否？（指南 24）

（39）阁下格咊替客人简只箱子寻着否？（指南 51）

2. "助动词＋动词"加上疑问语气词"否"构成。例如：

（40）侬要去看戏否？（土话 7）

（41）第件衣裳染拉颜色后首要退否？（土话 102）

（42）第个生活会做否？（土话 7）

（43）外国字招牌侬会写否？（土话 113）

3. 由特殊动词"是""有""拉"（在）构成。例如：

（44）阁下补拉个缺是烦缺否？（指南 17）

（45）侬包里个是碗料家生否？（指南 21）

（46）熟桐油此地有买处否？（土话 96）

（47）今年时疫症有否？（土话 117）

（48）老弟常庄拉屋里否？（指南 17）

（49）老爷拉屋里否？（指南 22）

4. 心理动词构成。例如：

（50）中国人欢喜外国物事否？（土话 34）

（51）腰里觉着酸痛否？（土话 117）

（52）侬身上只管觉着寒寒凛凛否？（土话 117）

5. 形容词构成。例如：

（53）今年年成好否？（指南 27）

(54) 近来自家个贵恙好点否?（指南2）

(55) 侬个眼睛光好否?（土话13）

(56) 身体爽快拉否?（土话13）

(57) 伊块地方生意好做否?（土话26）

(58) 第个人向来牢实个否?（土话156）

上海方言是非问句的疑问手段主要有两个，除了上升语调之外，更多的是依赖于疑问语气词，这个疑问语气词通常写作"勿"，我们认为在上海话里实际上有三个疑问语气词变体：

第一，侬去勿？这个"勿"，有时也写作"没"，或者"么"，这在书面上都有记录。例如：

(59) 账还清拉没?（指南25）

(60) 现在完全好没?（指南25）

(61) 那众位看见伊酒吃个没?（指南97）

(62) 简十块银子，换来拉没?（指南120）

(63) 侬去看个看，房间收作好拉没?（指南124）

(64) 阁下勿认得伊个脾气么?（指南2）

(65) 倪两家头前头拉张老二屋里，一只台子上吃酒个，忘记者么?（指南5）

(66) 用吉郎中出门看病么么?（指南111）

第二，"勿"的标音是 vu，入声，是个否定副词，"没"也是入声，标音是 meh，"么"的标音是 me，应该说，这三个读音是比较接近的。对"侬去勿?"有两种看法：第一，认为它是"侬去勿去?"的简略格式，或者叫作"后省略格式"。由于"勿"长期处于句尾，形式上语音弱化，语义上虚化，有发展为语气词的趋势。"啦"，则是情态语气词，加在句尾，目的在于加强发问的语气，有一种追根寻底的意味。"侬去勿啦?"这个"啦"也有写作"咾"的（声母都是边辅音）。例如：

(67) 保人总是要个，自家寻得着否咾?（指南14）

第三，"勿啦"两个音节如果读得快一点，就成为一个合音"否（哦）"。前一个音节的声母加上后一个音节的韵母：vu + la = va。《土话》和《指南》都把"否"的音标记作 va。例如：

(68) 海里向个舢板船到远个地方去捉鱼否?（土话92）

(69) 侬个令姐是拉旧年出嫁个否?（土话92）

(70) 世兄，史记读过歇否?（指南8）

(71) 行医总比做生意好点否?（指南16）

四、具有上海特色的命题疑问句

上海土话有一种特别的疑问句，它的结构形式是"S，V 否?"特点是一个完整的陈述句在前，语气停顿之后，再用"V 否"发问。这有点类似于北方方言里的"附加问"，但是在上海土话里特别多。我们把这一疑问句命名为"命题疑问句"（邵敬敏 2007B）。即前行句先提出一个命题，然后就这一命题进行提问。这种疑问句的优点在于：命题先行，给对方明确无误的信息，问题简明，只要求对方简单回答，所以在上海土话里盛行。在形式上，它属于是非问，但是在语用功能上，则为正反问，因为要求的回答只是肯定或者否定。我们不妨把这一类型叫作"是非正反问"。这一类疑问句主要有四类：

1. S，判断词 + 否，主要是"是""有"。例如：

(72) 老弟从屋里来，是否？（指南 17）

(73) 老弟今朝是头一日出来，是否？（指南 17）

(74) 比伊小点，还有否？（指南 21）

(75) 比第个再好点，还有否？（土话 26）

(76) 我听见话天井西面箇座房子要出租，有介事否？（指南 13）

2. S, 形容词 + 否。例如：

(77) 水路来，快否？（土话 17）

(78) 第档货色买来，便宜否？（土话 22）

(79) 生意拉拉北路里做起来，见得好否？（土话 34）

(80) 格味伲两家头一淘去，好否？（指南 4）

(81) 箇块地皮大来野，无啥人担伊来种种园地，可惜否？（指南 9）

3. 助动词（+动词）+ 否。例如：

(82) 侬要照第个样子做，会否？（土话 87）

(83) 侬要照第个样子咾做，会否？（土话 87）

(84) 第个价钱减少点，可以否？（土话 46）

(85) 照外国法子，会造否？（土话 85）

(86) 第管洋枪有点毛病，那会收作否？（土话 88）

4. 动词 + 否。例如：

(87) 老弟封印之后，来总理衙门里，去歇否？（指南 18）

(88) 托办拉箇只醒钟，买着否？（指南 38）

这一形式在普通话里也是有的，我们以前称之为"附加问"（邵敬敏 1996），它有四个特点：

第一，不独立使用，必须附加在某个非疑问句的后面。

第二,由疑问格式或者疑问词单独构成疑问句。

第三,回答必定是简单的肯定或者否定。

第四,这类问句比较特别,从形式上看,最常见的是正反问、是非问,但也可以是个别特指问(怎么样?),乃至叹词独用问句。从语义上看,却属于单纯的是非问。从功能上看,则表示就始发句 S 的内容征求对方的意见或者希望对方予以证实。例如:

(89)你要发誓,过完年就回来,好不好?(北大语料库)

(90)张姐,我真的不知该怎么办,你帮帮我,好吗?(北大语料库)

(91)你早点脱军装,我们兄弟俩联手办厂,怎么样?(北大语料库)

(92)如果老板满意再正式来,啊?(北大语料库)

其实,用正反问在陈述句之后发问,《土话》里也是有的。例如:

(93)伊块头四邻八舍打起来,好勿好?(土话76)

(94)令业先生个教法好勿好?(土话8)

(95)生铁载进来,多勿多?(土话30)

(96)我还那啦个行情,买勿买?(土话31)

五、有关疑问句演变的几点启示

考察了上海土话的疑问句类型,我们可以从中发现一些有趣的语言现象以及演变特点,同时,这也给了我们不少启示。

1. 多种来源,导致多元化

如上所述,上海土话受到各个方面方言的影响,特别是苏州地区和宁波地区向上海输入大量的移民，而且由于他们的经济状况比较好，所以成为强势方言，他们对上海土话的影响力，不能小看。比如苏州话的疑问句，包括疑问语气词也曾经大量借用。例如：

(97) 侬厨司做仔几年哉？（土话 37）

(98) 侬净衣裳生活做仔几年哉？（土话 42）

(99) 侬木作头做仔几年哉？（土话 74）

(100) 咳嗽咳仔几年哉？（土话 117）

"仔"是时态助词，相当于"了$_1$"，"哉"相当于语气词"了$_2$"。（赵元任 1926）到了 1949 年以后，主要是受普通话的影响，因此目前上海方言疑问句的发展趋势是向普通话靠拢，"阿 V"疑问句逐渐萎缩，而以往极少使用的"V 勿 V""V 勿 VO"等正反问也开始出现。

2. 多类并存，导致杂糅化

上海土话除了直接借用苏州方言的疑问方式之外，还出现借用格式跟本地格式混用的句式。例如"阿 V……？"是苏州方言的典型疑问句式。上海土话虽然也借用了这类句式，但是主要限于"阿是/阿要/阿曾/阿有 V？"。例如：

(101) 阿是伊要造房子？（指南 27）

(102) 今年打拉个米，阿是比旧年多点？（指南 31）

(103) 米价阿是主人家定个？（指南 32）

(104) 阿曾补过歇实缺个？（指南 17）

(105) 阿要写啥纸张个？（指南 37）

其中动词跟"阿"直接构成"阿 V"疑问句式极少，几乎没有；相比较而言，《海上花列传》这样用苏州话写成的小说，就出现大量用"阿"直接引入动词的句子。例如：

(106) 庄大少爷阿来里？（海上花列传）

(107) 耐阿吃嗄？（海上花列传）

(108) 昨日夜头保合楼厅浪阿看见个胖子？（海上花列传）

(109) 秀宝是清倌人㗲，耐阿晓得？（海上花列传）

(110) 人阿缥致嗄？（海上花列传）

(111) 阿二末比仔么二阿省点？（海上花列传）

有趣的是上海土话里出现了"阿是/阿要/阿曾/阿有 V……否？"混合格式。例如：

(112) 阿要偷果子出去卖个否？（指南 34）

(113) 阿要教人来看拉个否？（指南 34）

(114) 阿是受累勿轻否？（指南 38）

(115) 阿是怕者否？（指南 83）

(116) 我阿要紧跟老爷去否？（指南 110）

甚至于出现"阿是/阿要/阿曾/阿有 V……，V 否？"格式。例如：

(117) 自家阿是有个果子树园，是否？（指南 33）

(118) 阿是厨司贴正放之云耳拉去，是否？（指南 106）

(119) 阿是侬有两只官帽，是否？（指南 110）

3. 主流导向，导致趋同化

在《土话》里，我们发现有一类比较特别的用"呢啥"在句子的结尾来提问的疑问句，而《土话》里却没有发现这样的例句。"VP 呢啥？"表示"是这样呢，还是别的怎么样？"的意思，有点像选择问。例如：

(120) 原来简位姓朱个拉当账呢啥？（指南 35）

(121) 还是侬要买啥巧货呢啥？（指南 25）

(122) 格味现在要银子来做生意呢啥？（指南 25）

(123) 伴阁下一淘去个人亦是做官个呢啥？（指南 17）（回答：是个做官个。）

(124) 老弟，我一向勿看见侬，到啥地方出去之呢啥？（指南 23）

(125) 伊个爷娘勿管个呢啥？（指南 9）

(126) 老弟从屋里来呢啥？（指南 38）

最有意思的是"阿是"跟"呢啥"结合而成的混合疑问句式。例如：

(127) 阿是关之后来买个呢啥？（指南 25）

(128) 勿差，有介事个，阿是阁下要租呢啥？（指南 13）

(129) 箇张纸，阿是徒弟上之店就写个呢啥？（指南 37）

这类疑问句，如果去掉最后的"啥"，前面单独作为疑问句显然是站不住脚的，但是如果把"啥"改为选择问形式，就可以成立。比较下面的选择疑问句，就明白这类句子的语义和功能了：

(130) 老弟箇回同之家眷一淘去呢啥？（指南 17）

(131) *老弟箇回同之家眷一淘去呢？

(132) 同别人搭伴之咾去呢，还是一干子去？（指南 17）

我们核查了对话以苏州话为主的《海上花列传》，没有发现一个这样的例句。我们认为这是上海土话的疑问句类型，原本以为现实的上海方言里这类疑问句也已经被淘汰了，因为市区里的上海话已经不用这样的问句了，尽管年龄大的上海人（包括笔者）还能够听得懂，但是据松江籍褚半农先生告知，现在松江话里实际上还保留有这样的疑问用法，许宝华（1988）也指出有这类疑问句的存在，并且认为老派还能够听懂。可见主流导向是向普通话靠拢，这就导致疑问句的类型逐渐趋向一致。

参考文献

邵敬敏（2007）汉语方言正反问的类型学比较，《暨南大学学报》第2期。

邵敬敏（2007）上海话题疑问句和命题疑问句研究，《华东师范大学学报》第4期。

许宝华、汤珍珠（1988）《上海市区方言志》，上海教育出版社。

颜逸明（1994）《吴语概说》，华东师范大学出版社。

赵元任（1926），北京、苏州、常州语助词的研究，《清华学报》第3卷第2期。

〔原载《现代中国语研究》〔日〕2009年第11期〕

附：部分引例用书

《骆》：骆驼祥子（老舍），人民文学出版社 1979 年版。
《老》：老舍剧作选，人民文学出版社 1959 年版。
《曹》：曹禺选集，人民文学出版社 1978 年版。
《新》：新儿女英雄传（袁静等），人民文学出版社 1978 年版。
《侯》：侯宝林相声选，人民文学出版社 1959 年版。
《沙》：沙叶新剧作选，江西人民出版社 1986 年版。
《闯》：闯荡美利坚（王毅捷），中国青年出版社 1989 年版。
《皇》：皇城根（陈建功、赵大年），作家出版社 1992 年版。
《上》：上海人在东京（樊祥达），作家出版社 1992 年版。
《白》：白刃剧作选，春风文艺出版社 1986 年版。
《原》：原野（曹禺），文化生活出版社 1950 年版。
《北》：北京人——一百个普通人的自述（张辛欣、桑晔），上海文艺出版社 1986 年版。
《83》：1983 年全国短篇小说佳作集，上海文艺出版社 1984 年版。
《当》：当代短篇小说 43 篇，四川文艺出版社 1985 年版。

《家》：家（曹禺），四川文艺出版社1985年版。

《滑》：滑稽小戏选，上海文艺出版社1983年版。

《毛》：毛泽东选集（第一卷），人民出版社1991年版。

第一版后记

现代汉语疑问句研究，是句法与语义、语用相结合研究的一个重要突破口，因此已成为汉语语法研究的热门课题。对此，我一直很感兴趣，并试图走一条与传统语法研究不同的路子，即运用三个平面的理论，以句法结构分析为核心，着重语义分析，并联系上下文等语境进行语用分析。为此，在1992年，我向国家社科基金（七五项目）申报了《现代汉语特殊疑问句研究》课题，并获得了批准。经过几年的研究，写出了一组系列论文，提出了一些新颖的研究课题，得出了一些与前人不同的见解，也发现了一些相当有意思的规律，并在研究方法方面作了一些探索。这些论文，部分已在国内语言学杂志上发表，部分在国际或全国性学术会议上宣读，并引起同行们广泛的兴趣与关注。现在，我把这组论文结集成书，希望它能比较全面、系统地反映我在现代汉语疑问句研究方面的思考。

全书内容大体可以分为四部分：（一）关于疑问句研究的历史回顾与若干理论问题的探讨；（二）疑问句结构类型中的特殊问句；（三）疑问句的语用功能类型；（四）疑问句研究中的其他问题。这一研究在理论上的意义为：探索如何把句法形式与语法意义、静态研究与动态研究、类型描写与解释分析结合起来,以突破目前语法研究旧有的模式,特别在语法意义与语用特征的归纳、描写、解释上有所创新,有所发现。这一研究的应用价值在于:有助于母语以及对外汉语的疑问句教学,对机器翻译、人机对话研究也有参考作用。据我所知,迄今为止国内外尚没有一本关于现代汉语疑问句研究的专著,希望这本书的出版能吸引更多的同行来关心和从事这方面的研究。

在研究与写作的过程中,我有幸得到许多先生、朋友的关心和支持,尤其是朱德熙、胡裕树、吕必松、陆俭明、邢福义、徐枢、饶长溶、宋玉柱、马庆株等先生帮助更大,为此,我向他们表示深深的谢意。当课题完成时,又承蒙胡裕树、张斌、王维贤、范晓、濮侃等教授进行了评审,此外,还要感谢我的恩师、杭州大学中文系王维贤教授为拙作写了"序",感谢华东师范大学给予此书的出版资助。

最后附带说明一下,本书的有关章节跟单独发表的论文相比,内容基本一致,仅少数在体例上作了调整,以求统一,个别因发表时受篇幅限制所作的删节现则补齐。

邵敬敏

1995 年 12 月于华东师范大学

增订本后记

《现代汉语疑问句研究》是1996年出版的,当时华东师范大学出版社的副社长范剑华先生是著名语法学家林祥楣教授的高足,他对汉语语法研究既有研究,也有兴趣。他的慧眼以及支持促成了该书稿的顺利问世。

坦率地说,这本书是国内,其实也应该说是世界上到目前为止唯一的一本研究现代汉语疑问句的专著。质量好不好,确实不敢老王卖瓜。但是,我敢说的是,这些年凡是要研究汉语疑问句或者跟汉语疑问句进行比较研究的,总要参考或者引用该书的一些观点和结论。可能正是因为这一原因,商务印书馆总编辑周洪波先生有一次跟我商谈,提出希望把该书转到他们那里重新出版。正巧,1996年以来,我也陆陆续续撰写了十几篇有关的研究论文,也很希望把这些成果结集出版,这一建议"甚合吾意",所以双方一拍即合。我还特别感谢商务印书馆的叶军女士和责编刘建梅女士,没有她们的热情支持和辛勤工作就不会有这本增订本的问世。

在长达几十年的研究过程中,开始时我就得到我的恩师王维贤教授的支持与指点,他还专门为拙作写序予以鼓励,现在老先生谢世也

增订本后记

已经多年，本书的出版也是对他老人家的一个纪念和缅怀。我还从吕叔湘先生、朱德熙先生和陆俭明先生那里学到了许多极为重要的理论与方法。本书稿所收录的所有的论文几乎都在各种学术会议上宣读过，在国内多家杂志发表过。许许多多的朋友、责编、审稿专家提出了很好的意见与建议，使我受益无穷。我还在跟我的硕士生和博士生的讨论与辩驳中获得众多的启迪，特别是很高兴能够跟我的博士生朱彦、周娟以及进修教师王鹏翔合作撰写了三篇有关疑问句的论文，此外，还有一篇是跟徐烈炯先生合作的，在此一并感谢。

时光流转，时而匆匆，时而悠悠，回想当年，"年方二八"，风华正茂，意气风发，负笈北上。转眼已过花甲，逼近七十，时不我待，需要总结，更要奋进。愿本书作为一个新的起点，继续向前！夕阳无限好，新月上树梢。

邵敬敏
2014 年 3 月